2015年深圳市宣传文化事业发展专项基金资助项目

主　编：尹昌龙
副主编：曹　宇　黄士芳
统　筹：朱德明　杨　红
编　辑：高小军　宋　阳

深圳阅读蓝皮书

深圳全民阅读发展报告2016

SHENZHEN QUANMIN YUEDU
FAZHAN BAOGAO 2016

深圳市全民阅读研究与推广中心

海天出版社（中国·深圳）

图书在版编目（CIP）数据

深圳全民阅读发展报告. 2016：深圳阅读蓝皮书 / 尹昌龙主编. — 深圳：海天出版社，2016.4
ISBN 978-7-5507-1591-2

Ⅰ. ①深… Ⅱ. ①尹… Ⅲ. ①读书活动—研究报告—深圳市—2016 Ⅳ. ①G252.17

中国版本图书馆CIP数据核字（2016）第059002号

深圳全民阅读发展报告（2016）深圳阅读蓝皮书

SHENZHEN QUANMIN YUEDU FAZHAN BAOGAO (2016) SHENZHEN YUEDU LANPISHU

出 品 人　聂雄前
责任编辑　陈　军
责任技编　梁立新
装帧设计　Smart 深圳斯迈德设计 0755-83144228

出版发行　海天出版社
地　　址　深圳市彩田南路海天大厦（518033）
网　　址　www.htph.com.cn
订购电话　0755-83460202（批发）0755-83460239（邮购）
排版制作　深圳市斯迈德设计企划有限公司（0755-83144228）
印　　刷　深圳市希望印务有限公司
开　　本　787mm×1092mm　1/16
印　　张　25.75
字　　数　365千
版　　次　2016年4月第1版
印　　次　2016年4月第1版
定　　价　68.00元

目录 CONTENTSS

特 稿

总 报 告

阅读综合研究分报告

“图书馆之城”研究分报告

“深圳读书月”研究分报告

阅读推广研究分报告

阅读组织研究分报告

阅读空间研究分报告

附 录

特　稿

结合深圳实践加快全民阅读立法相关建议

国务院参事室

2015年11月末至12月初，国务院参事室组织部分参事到深圳进行全民阅读立法调研。通过实地考察读书活动、召开专题研讨会等方式，对深圳市全民阅读活动开展情况以及相关立法工作进展情况有了进一步的了解和认识。12月24日，《深圳经济特区全民阅读促进条例》由深圳市人大表决通过。至此，全国已有四部相关的地方法规和政府规章落地，另三部分别是《江苏省人民代表大会常务委员会关于促进全民阅读的决定》《辽宁省人民代表大会常务委员会关于促进全民阅读的决定》、湖北省政府《湖北省全民阅读促进办法》。这些法规和规章实施后对当地开展全民阅读起到了良好的促进作用。鉴于以上情况，建议尽快出台国家层面的《全民阅读促进条例》。

我们从相关部门了解到，目前我国《全民阅读促进条例》已进入立法程序，其草案几经修改基本完成，已送交国务院有关部门。建议将《全民阅读促进条例》的制定列为重点工作纳入政府年度工作计划，协调国务院法制办、国家新闻出版广电总局等部门，在对立法内容进行充分研议后，尽早提交国务院讨论通过，以立法的形式，为全民阅读活动持续长久地开展提供保障，也对地方立法起到示范、引导作用，为全民阅读营造更好的法治环境。

加快阅读立法进度，须加深认识促进全民阅读立法的必要性和紧迫性。阅读在人类文明演进和社会进步中始终起着重要作用，当今作为竞争的软实力更加受到重视。越来越多的国家把发展全民阅读、提高国民素质作为打造国家综合竞争力、创新力和可持续发展能力的重要战略加以实施，相应地制定促进阅读的法律和行动纲领。美国有《卓越阅读法案》，日本有《儿童阅读促进法》，韩国有《图书馆及读书振兴法》，俄罗斯出台有《国家支持与发展阅读纲要》。

在我国，全民阅读活动受到党中央、国务院高度重视，李克强总理连续两年把"倡导全民阅读"写入政府工作报告。全民阅读工作开展十年来，特别是党的十八大以来，各类活动蓬勃开展，社会影响日益深远，全民阅读率明显提高，对提高公民素质和促进社会进步起到了重要作用。十年来全民阅读的推进，为阅读立法奠定了基础，也为相关法律的出台创造了条件。以深圳市为例，自市委、市政府2000年创办"深圳读书月"以来，持续十五年开展全民阅读活动，被联合国教科文组织授予"全球全民阅读典范城市"称号，读书在改变城市形象、促进城市发展方面起到了重要的促进作用。《深圳经济特区全民阅读促进条例》明确规定政府和有关部门的职责，制定阅读推广办法、阅读保障措施，建立了推动全民阅读的长效机制，使全民阅读活动可持续发展，更好地保障市民的阅读权利。这一经验值得借鉴。全国自2006年开展全民阅读活动以来，中央和各省市主要以部门出台的规范性文件来指导全民阅读的开展，虽然也有效果，但与法律相比，不具有长效性、稳定性，也有较强的部门色彩，且全民阅读涉及多个部门，协调当中也会出现责任不清的问题。这些都需要通过以立法的形式加以解决。

加快全民阅读立法进度，还要认识促进全民阅读立法的"特殊性"。全民阅读立法，并非是要"强制人去读书"，并非规范个人行为习惯，而是规范政府和相关部门的行为、保障公民享有更多的阅读权利。这是一种新型的"促进性法律"，重在促进以政府行为来保障有关阅读的具体措施，而非管制与约束。如我国已经出台的《促进科技成果转换法》《民办教育促进法》《中小企业促进法》，其性质是完全一致的。全民阅读法律对政府提出规定性的义务和责任，而对公民是一种权利层面的保障与促进。通过明确规范政府在全民阅读活动中应当承担的服务，为公民提供更多的阅读资源。

全民阅读立法的特殊性还在于，它不能被其他法律法规所替代，阅读是一个"塑造灵魂"的工程，更多地在精神层面发生作用，全民阅读促进条例和其他法律法规相配合，形成完整的保障公民享有文化权利的法律体系，在增强我国竞争实力和持续发展能力，全面实现小康社会过程中具有重要意义。因此，有必要加快全民阅读立法进度，让《全民阅读促进条例》尽早出台。

2016 年 1 月 7 日

阅读是最好的可持续发展

——关于全民阅读未来发展的几点思考

王京生

当今世界，追求可持续发展渐成一种共识。那么，如何可持续发展，可持续发展的关键是什么？

多年来，深圳一直在持之以恒地推动全民阅读，其实，这解决的未尝不是今天全民族、城市乃至个人面临的共同问题。对于民族、对于城市、对于个人而言，文化，是可持续发展的关键，而阅读，是最好的可持续发展，一种快乐的可持续。

阅读，是推动人类进步最重要的手段。正是通过阅读，我们获取了前人的智慧，探索未知的领域，促进了科学技术的创新和世界的进步。阅读，也是我们每个人观察外部世界并反观内心的重要窗口。透过这扇窗，我们一方面感知世界的精彩和多元，另一方面也获得内心的宁静和愉悦。是阅读，把知识和创造连接起来，把过去和未来连接起来。

一直以来，当人们谈到可持续发展时，常提及环境保护、产业升级、资源利用等。其实，谈可持续发展，不能太“物质主义”。可持续发展中最重要、最根本的是人的可持续，那么，人的可持续靠什么来实现呢？阅读最为关键。通过阅读，可以传承文明、博古通今；通过阅读，可以思考问题、破解难题；通过阅读，可以提升创造力和文化品位，而这些，都为可持续发展注入强大的力量，同时也是可持续发展的目的。

从古至今，读书都是一种散发着文化芬芳的文人雅事，而在深圳，阅读不仅是众多市民的个人乐趣、生活方式，亦成为一座城市高贵的坚持。深圳十几年如一日推动全民阅读，在全国首创的深圳读书月迄今已举办 16 届。

这是对一种高贵的人文价值的坚守，而深圳之所以能创造经济奇迹和文化奇迹，与人们保持着对阅读的巨大渴求、对知识的巨大热情息息相关，一个积累了丰富知识的城市一定能转换成强大的创造力。

全民阅读，让深圳成为一座因热爱读书而受人尊重的城市，成为深圳兴旺发达、永续发展的一个重要动力。

（一）热爱读书的民族必将自强于天下，热爱阅读的城市可以获得发展的不竭动力，热爱阅读的人们可以在阅读中点燃梦想实现梦想，阅读是最重要的可持续，是快乐的可持续

阅读，是最好的可持续，对民族、对城市如此，对个人亦然。

对于民族而言，热爱读书的民族必将自强于天下。强国自国民始，高文化素质的国民自教育始，教育自读书始。凡是有着强大创造力和百折不挠精神的民族，都是热爱阅读的民族。

纵观世界上的优秀民族对阅读的追求，我们可以发现阅读对于民族和国家的意义所在。以色列人善于创新，美国人善于创新，德国产品最经得起考验，日本是最善于接纳外来文化的民族。为什么这些国家和民族都擅长于创新，当我们了解到他们的阅读指数，他们人均读多少书时，你就知其所以然了。以色列人年均读书64本，俄罗斯人年均读书55本，日本人年均读书40本，法国人年均读书20本，韩国人年均读书11本。匈牙利每500人就有一座图书馆。而在酷爱读书的德国，无论是在公园草坪上，还是地铁车厢内，都不难见到德国人静静读书的身影。所以，在创新和发展的背后，是默默无闻的阅读，在发挥着根本性的作用，这也是民族素质和民族精神的展现。

对于城市而言，阅读是城市前行与发展的重要动力。一座城市强大的学习能力、创新能力、创意能力、创造能力，都与阅读密切相关，无数大胆的设想和创意都来源于持续阅读与勤学善学。

今天的深圳，已成为一座文化创意勃发的中心城市，犹如一片郁郁葱葱的“文化绿洲”。在回顾深圳的文化发展历程时，人们可以分析诸多原因，说出众多特点，但是，我们绝对不能忽略一个事实，那就是，这些闪亮的成绩单和阅读之间有着息息相关的密切联系。看似没有交集，实则阅读是文化流动与文明进步的源泉，不仅代表深圳文化的一个方面，而且成为各种文化工作的基石。

试想，一个城市如果没有崇尚阅读的风气，何来崇尚文化？一个城市如果没有良好的阅读氛围，何以培育自己的人才，吸引外来人才？一个城市如果没有生发阅读气象，又何以能以大气压制浮躁，以优雅驱逐粗俗，培育知书达理的市民？而人们在事业发展、创业成功时，如何诗意栖居、优雅生活？从中可见，阅读的重要性不言而喻。

对于个人而言，阅读是人们进步的阶梯和圆梦的路径。阅读不仅是梦开始的地方，可以点燃人们的智慧和梦想，同时，阅读又是圆梦的地方，人们可从阅读中获得强大的精神动力和行动激情，实现灿烂梦想。

在深圳，我们可以找到无数个因为阅读而改变命运的人。五湖四海怀揣梦想的移民在艰辛的工作生活环境中不忘自己的梦想，不忘勤奋读书，通过自身的不断努力，一步步走向通往成功的阶梯。想改变命运吗？必须阅读！每个人的梦想如何产生和实现，阅读都是很重要的途径，而且这种可持续不是痛苦的可持续，当你真正把读书看成生活的一部分时，你是快乐的。读书给我们的是心灵和精神上的快乐，这种快乐，非天然所能至，而要进行后天的熏习。同时，只有通过读书，才能真正培养人的科学精神、理性精神和人文精神。

记得读书月特别顾问陈佳洱先生在给深圳读书月的一封贺信中这么说："倡导全民阅读是惠及民生，利在千秋的公益事业。我任教六十年，读书一辈子，最幸福的是学有所得，最高兴的是人才辈出，最期望的是中国成为书香之国、创新之国、强大之国！"字里行间，正道出了阅读对于个人、对于国家与民族的可持续发展的重要性。

（二）当一座城市把阅读作为最大的无形资产去培育，那么，城市的分量不是金钱可以衡量的，这样的分量将是举世所钦佩和瞩目的

阅读，是最好的可持续。回顾过往，面向未来，我们要有决心，把全民阅读和个人阅读培育成深圳最重要的无形资产之一。

这种无形资产和深圳精神，和深圳其他方面经验是同等重要的。如果有一天，我们能够把阅读作为最大的无形资产去培育，那么，深圳的分量将不是金钱可以衡量的，这样的分量，将是举世所钦佩和瞩目的。那时的深圳，城市因热爱读书而受人尊重，市民沉浸在幸福之中，享受着阅读带给我们的心灵之乐、和美之乐、智慧之乐，以及干事创业的不竭动力。

如何把阅读作为最大的无形资产去培育？那就要在全社会强化对阅读重要性的认识。

习近平总书记多次在重大外交场合谈读书经历，推荐书单，展示的不仅是一种大国姿态，还有中华民族对阅读的态度。他强调要通过书籍去学习借鉴人类社会创造的各种文明，评价说东西方的许多名作不仅可读，更是已成为不同的文化和文明之间沟通的桥梁。他在接受俄罗斯媒体专访时还说："现在，我经常能做到的是读书，读书已成了我的一种生活方式。"李克强总理在全国两会上说，书籍和阅读是人类文明传承的主要载体，用闲暇时间来阅读是一种享受，也是拥有财富。他希望全民阅读能够形成一种氛围，无处不在。我们国家全民的阅读量能够逐年增加，这也是我们社会进步、文明程度提高的十分重要的标志。他认为，把阅读作为一种生活方式，把它与工作方式相结合，不仅会增加发展的创新力量，而且会增强社会的道德力量……

作为中国的最高领导人，他们对于全民阅读的观点，不仅代表中国领导人的素养，也表达了中华民族对阅读的推崇和重视。只有像总书记和总理一样，把阅读作为人生、作为国家的重要事情看待，才能培育成无形资产。

你是一个公务员，在履行公职时，你是否有不断的道德滋养和新知识的获得去主导工作；你是一个教师，你在教学生的同时，有没有主动培养他们的阅读习惯，让他们真正受益终生，不断持续发展；你是一个打工者，你是否意识到知识是改变命运最重要的阶梯，在一天工作之余可以捧起书本，不仅得到心灵的慰藉，也对未来充满信心和憧憬；你是城市主政者，你要认识到阅读是最重要的可持续的关键，从而采取多种行之有效的举措营造良好的阅读风气，让更多的市民从阅读中受益……

全民阅读，需要全民的共同重视，需要全民在这样的共识中不断推动全民阅读的深入发展，进而推动城市和市民的可持续发展。

（三）阅读立法，是保护每个市民的阅读权利，深圳率先实现阅读立法，这个“第一”，是深圳在创造无数个“第一”之后又一个辉煌的表现，是永恒的、与城市共存的传统

2015年，在全民阅读中一直先行先试的深圳，再次创造了一个具有标杆意义的“第一”：2015年12月24日，《深圳经济特区全民阅读促进条例》获市人大常委会会议通过，并于2016年4月1日起实施。这是国内阅读推广领域第一部运用特区立法权制定的法规，将深圳阅读活动“深圳读书月”法定化，并将4月23日世界读书日确定为深圳未成年人读书日。

这个“第一”，是深圳在创造无数个“第一”之后又一个辉煌的表现。这个表现，比一时的经济数据更可贵，是永恒的、与城市共存的传统，也是对市民阅读热情的肯定与回应。

深圳全民阅读的率先立法，历经千辛万苦，经过周密论证，做了大量的工作。这个率先，得益于全体市民丰富而生动的阅读实践，得益于联合国教科文组织给深圳的至高无上的荣誉——“全球全民阅读典范城市”，得益于深圳人的首创精神，得益于市人大对其的重视，得益于宣传文化部门和关心全民阅读的各界齐心协力的推动。

当很多人还不理解阅读立法的意义，甚至提出“阅读也要立法吗”“难道不读书还会犯法吗”等疑问时，深圳没有受影响，而是全力推动。我们深知，阅读立法不是限制市民的阅读权利和阅读行为，而是为权利的实现提供保障和条件，是对每个市民阅读权利和城市阅读活动的法律保障，是为市民阅读提供更多更好的资源、产品和服务，其所明确和规范的是政府在全民阅读活动中的行为。那些把阅读立法理解为强制阅读的人不知道这一意义，就比如保护青少年法，并非强迫青少年做什么，而是让各界保护青少年。阅读立法，是对政府提出要求，不仅是约定，也是约束，而且是强约束。有了阅读立法，与阅读有直接关联和间接相关的部门都必须提供政府资源以促进城市阅读，而这种促进是以每个市民的阅读权利为依归的。阅读立法的实质，就是保护每个市民的阅读权利、文化权利。

有了法律，就需要贯彻好。一方面，政府部门要带头遵守法律，更加自觉地利用法律，该出钱的出钱，该出力的出力，把阅读纳入各级政府的规划，以推动和促进深圳的全民阅读作为重要依归。另一方面，阅读立法保护了市民的权利，市民也要更好行使阅读权利。立法的贯彻过程也是完善的过程，可以不断丰富和完善法律实践，需要市民和各界主动自觉声张立法的重要性，充分运用各种立法的条款，比如阅读基金、未成年人阅读的保障措施等，去推动法律的实施。

（四）民间阅读组织的力量，将决定全民阅读的蓬勃发展之势，深圳应以更大力度推动民间阅读组织的发展，让他们像志愿者一样闪现在城市各个阶层各个角落，成为城市随处可见的风景

深圳读书月活动已举行了16年，读书月的持之以恒与其所坚持的“政府倡导、专家指导、社会参与、企业运作、媒体支持”的运作机制是分不开的，在读书月活动中，民间阅读组织发挥了重要作用。

可以预见的是，民间阅读组织的作用和力量，将决定全民阅读的蓬勃发展之势。民间阅读组织的发展，符合阅读规律。人的阅读是多样化的，兴趣不同、爱好不同、人群不同，就有了民间阅读组织的存在空间和生长空间，让人们在个人阅读的基础之上，可以在阅读组织里切磋交流，同声相求，互相促进。这种促进，最后演变成对全民阅读的促进。

深圳倡导并推动全民阅读，开展读书月，催生了众多的民间阅读组织。而今，风起云涌的阅读组织又在推动全民阅读的发展，他们从阅读的衍生物，变成全民阅读的骨干，成为不可取代的支撑力量。

看一个城市的阅读深入不深入、繁荣不繁荣，关键看阅读组织的活跃程度和数量，及其开展活动的品质。所以，民间阅读组织是需要大力培育的，并且会进一步改变全民阅读的架构。

民间阅读组织，是群体阅读和个人阅读相结合的产物。群体阅读，是保持一个城市阅读积极性非常重要的延续方式，是阅读深化的最重要的途径，而个人阅读是最重要的基础，而且是最终的受益方。两者之间相辅相成，互相砥砺。而民间阅读组织的存在，则在二者之间既穿针引线，又推波助澜，共同构筑起城市全民阅读的壮丽画卷。

放眼未来，深圳读书月也有望从“企业运作，全民参与”发展成为“阅读组织运作，全民参与”。每年的读书月，会成为各种阅读组织争相绽放的平台，也成为国内外阅读组织相互交流的一个平台，越来越多的阅读组织成为各种读书活动的组织者，而政府，则成为全民阅读的“守夜人”。

在深圳这片全民阅读的热土上，越来越多的民间阅读组织破土而出，正在茁壮成长，但广大阅读组织的发展壮大，还需要政府给予更多的关注与扶持，市、区、街道各级政府，深圳阅读指导委员会以及社会各界，都可以帮助创造更好的条件，从资金、场地上给予支持，让一大批民间阅读组织充分发挥作用，进一步夯实城市阅读的基石。

短短几年，深圳涌现出100多个民间阅读组织，其中，青番茄、深圳读书会、三叶草故事家族、彩虹花公益小书房、后院读书会等在深圳乃至国内都颇有影响，尤其是深圳的亲子阅读发展势头迅猛，已成为中国亲子阅读的高地和引领者。但是，从更广泛的全民阅读来看，深圳应有更广阔的空间，努力推动民间阅读组织获得长足发展，使不同民间阅读组织在深圳自由健康成长。

展望未来，我们期待民间阅读组织可以犹如“红马甲”志愿者一样，闪现在深圳各个阶层、各个角落，成为这座城市随处可见的人文风景。我们希望每一个人都可以找到自己的阅读场合、阅读群体，进行阅读经验和阅读知识的分享，进行各自阅读才艺的展示，或辩论、朗诵，或清谈、演讲，让每个市民、每个阅读组织都散发出熠熠闪光的一面，构成蔚为壮观的深圳阅读场景，这才是深圳全民阅读长盛不衰的非常重要的根本。

（五）作为“全球全民阅读典范城市”，深圳在全民阅读中的探索可放眼全球，参与国内外交流，纵览更波澜壮阔的阅读图景，站在更高处看到城市的阅读发展方向，也为中国全民阅读进一步做出贡献

2013 年 10 月 21 日，深圳被联合国教科文组织授予“全球全民阅读典范城市”称号。这一荣誉，是国际社会对深圳全民阅读和文化发展的认可，也激励深圳在全民阅读中的探索，可放眼全球，进一步参与全民阅读的国内、国际交流。

联合国教科文组织总干事博科娃在为深圳颁发“全球全民阅读典范城市”证书时说：深圳是全球唯一获得这个荣誉的城市，从中可以看到中国人对于全民阅读的重视和热爱。这个荣誉代表了中国人民热爱读书的形象。在第十五届深圳读书月闭幕总结活动中，联合国教科文组织助理总干事班德林在中心书城与市民现场互动时，连续说了三遍“文化决定未来”。他说：“当我来到深圳，来到中心书城，我问自己身处何方？我发现我身处未来，所以我的脑海里就有了‘文化决定未来’的感慨。在这里，我看到了如此多读者尤其是年轻人专注在一本本书中，为知识而着迷，这表明这座城市有力量、有希望、有未来。”

经过十多年的发展，深圳的全民阅读已经走在全国乃至世界的前列，当一个城市的阅读取得这样地位的时候，一方面应深根固柢，以丰富的创意和持续的创新把阅读活动开展得更加有声有色；另一方面，要和国内、和世界的更多城市进行交流。

未来，深圳可加强全民阅读的国际合作，可争取和联合国教科文组织合作成立全民阅读的二级机构，同时探索建立全民阅读国际平台。走向世界的中国、正在走向复兴的中国有这个能量，而深圳尤其在全民阅读方面具有话语权和决算权。依托这样的国际平台，可以看到更波澜壮阔的阅读图景，更可以借鉴各种各样的阅读榜样，获取更多的阅读信息，站在更高处看到城市的阅读发展方向，同时为国内的全民阅读做出贡献。

在条件成熟的时候，深圳可多召开国际性的阅读会议和交流活动。2014 年，全球图书会议曾选择深圳举行，由联合国教科文组织、深圳读书月组委会和华强集团参与主办，聚焦“数字图书与未来科技”主题，探索未来图书产业的发展方向，成为深圳汲取科技文化、加强对外联系交流的高层次文化盛会。而此次会议也是2013年在深圳举办的“图书和知识产权深圳会议”的延续。今后，深圳一方面可邀请更多国际城市、国际阅读机构与专家学者参与深圳读书月活动，与深圳各界深度交流城市阅读文化活动的经验；一方面，深圳也可走出去，与阅读走在前列的国家和城市合作开展全民阅读活动，在学习借鉴与沟通交流中进一步提升自身的全民阅读水平。

这样的多元交流，是文化建设的应有之义，也是一个重要的努力方向。从文化主权的角度看，文化主权与民族复兴是同步发展的。中华民族伟大复兴的本质是中华文化的复兴。现在，国家之间的综合国力和软实力竞争，是通过城市群的竞争来实现的。如巴黎之于法国、纽约之于美国、东京之于日本，这些世界性的超级大城市群，都代表了国家软实力的竞争。深圳，既是我们中国人热爱学习传统薪火相传的一个优秀代表，又可作为中华民族中一个热爱学习和阅读的城市闻名于世。

（六）以阅读改造城市公共空间，培育、拓展和延伸公共阅读空间，让书成为公共元素，营造城市的阅读氛围，提升城市的文化品位，让城市到处流淌书香，让阅读无处不在

因为有中心书城、深圳图书馆等这些坐落在中心区的文化院落，深圳的CBD有一个充满书香意味的解读，B也被理解为Book即“书”，而这也让我们看到了，公共阅读空间在城市里扮演的独特角色。

现在，深圳市区有了中心书城、罗湖书城、南山书城等位列国内前十的巨大书城。近年来，简·阅书吧、麒麟书吧等各类特色书吧星罗棋布，宝安书城等也相继落成，“一区一书城”的愿景正在成为美好现实。阅读与衣食住行一样，正成为我们的生活方式，成为生命中不可或缺的东西。如果深圳的十个区都能有一个以书城为中心的文化综合体，生活在不同角落的人们都可以在家附近享受书城模式和书城生活，那会是很了不起、很美好的一件事。在各种文化中，阅读发挥的是基础作用、核心作用。在阅读空间的建设中，需要政府从公共设施、空间、硬件、软件等多方面予以扶持，除了书城、书吧和图书馆建设，包括图书购置经费，都应给予必要的保障。

2015年，深圳图书馆入围“市长质量奖”。这是公共文化服务机构第一次入围，这是一个标志，是一个重大突破，也代表了深圳市政府一种超前的眼光。以前，当我们谈质量奖，主要是谈某个企业、行业的产值和领先作用，当一个城市把图书馆作为“市长质量奖”来予以奖励，体现了一种非凡的境界与眼光，希望深圳可以把这种眼光放到更扎实的文化建设之中。深圳正在建设“图书馆之城”，图书馆要建设好，管理服务要融入创新创意，努力营造全民“悦”读的美好空间，让遍布全市的各类图书馆物尽其用，成为市民乐而忘返的场所。

此外，以阅读改造城市公共空间，让阅读在城市空间的建设、改造和提升中发挥积极作用，可以学习借鉴台湾诚品书店的做法，让书成为公共元素，进入酒店、进入社区、进入咖啡馆等，让城市到处流淌书香，让书随处可见，让阅读无处不在。

阅读，是可持续发展的关键。

读书，不仅关乎一个人的成长进步和内心的快乐丰富，而且关乎一个城市的活力与创造力、一个民族的强盛，更重要的是，它关乎人类的可持续发展。无论是广阔天空的星斗，还是我们脚下不断延伸的道路，都可以在阅读中实现统一。

我们在路上，看见满天星光，梦想成真的脚步怎能阻挡。明天的太阳一定会升起，在闪耀光芒。我相信，在阅读的星空下，深圳人将更加诗意地栖居！

王京生，国务院参事、深圳读书月总顾问

阅读永恒，载体创新

——谈互联网时代的全民阅读

李小甘

自古至今，“阅读”对于个人、社会乃至一个国家、民族而言，其深远意义已无需多言。但“阅读”本身的演化，也见证了人类的技术发展、社会进步以及历史的曲折之处，尤其是技术突破所能拓展的社会阅读空间，是值得深究的一个重要命题。而探讨互联网时代的全民阅读，于此也获得了其理论意义和实践价值。

一、技术与阅读

在现代社会，我们往往将阅读看作一种权利，或者说，阅读权成为公民的文化权因而也是人的基本权利的重要组成部分。然而，回顾历史可知，人的阅读权的获得及其普泛化，并非“自然”赋予的产物，而是“人为”争取的结果，它既取决于以争取或斗争为核心的世界政治和社会过程，也取决于人类的技术突破、进步及其空间扩散的维度。事实上，在人类的早期文明史上，文字与阅读更多的是作为一种“权力”（特权）而非现代意义的“权利”，而被少数人所掌控。比如说，所谓“仓颉造字，而天雨粟，鬼夜哭”，指的是文字被创造后，人们可以经由文字交流思想，致使老天及其代理人（如巫师）的秘密已守不住，于是“天雨粟，鬼夜哭”。而在文字出现以后，人们开始寻找文字的书写工具和载体，比如古代中国人的甲骨、苏美尔人的芦苇秆、古埃及人的麻布、欧洲人的羊皮纸、印度人的棕榈叶等，这其中当然涉及了书写技术因素的进展，但一直到中国汉代发明造纸术为止，这种技术进展是缓慢的。而造纸术发明的划时代意义，就在于它极大地改进了书写工具和降低了书写成本，它与后来发明的印刷术，使得新的媒介——印刷书应运而生。

可以说，造纸术和印刷术的发明，其对人类文明的深刻影响，是怎么强调都不过分的。如在中国，书写载体的发达催生了中华文明的早熟，也由此形成了极为深厚的阅读传统和文化积淀；在西欧，古登堡印刷革命不仅有利于社会识字率和知识传播速度的普遍提高，也直接推动了宗教改革、启蒙运动的兴起，所谓的“印刷资本主义”对现代民族国家的形成和社会大革命的发生也产生了深刻影响。从阅读权的角度看，其最深远的影响就在于，造纸术和印刷术所代表的技术突破性进展，成为冲破阅读特权藩篱的强有力手段，也有效地打破了巫师、教士和贵族阶层对教育、文化资源以及阅读权的社会垄断，使得识字的普及、知识的传播可以经由书写文字的发展进入千家万户，驱动作为“权力的象征”的阅读权由专业化向大众化转变成为一种历史趋势，也即文化由垄断向共享转化——技术由此成为打破垄断、增进自由的重要工具。

进入近代以来，伴随科学革命和工业革命，人类的科技发展更是一日千里，其对人类信息交流、知识积累和文明扩散的影响也更为直接与迅猛。如19世纪以来陆续发明的光缆、电报、电话、照相机、留声机、传真机、摄像机、复印机等光电技术以及图书、报纸、杂志、电视、电影等现代媒体的大量涌现，同时伴随着现代政治的发展和经济社会的进步，不仅极大地便利、拓展了人类信息传播和知识交集的渠道，而且极大地推动了文化和信息的普泛化和民主化进程，从而也为人们以阅读权为表征的文化权利的普遍实现提供了技术基础。

二、互联网使“全民阅读”成为可能

如果说以造纸和印刷为中心的技术发展代表着人类阅读历史的一个里程碑，那么作为“可与瓦特的蒸汽机相提并论的伟大发明”和“人类过去半个世纪取得的最大成就”的互联网于1969年的出现以及TCP/IP协议于1983年的达成，一个全新的互联网时代降临了。尽管在早期阶段，互联网并不属于普通人，而蜷缩在专业人士手中，与普通公众天高地远，但此后30年，随着新的信息技术革命的持续酝酿和狂飙突进，继互联网将所有电脑连接起来之后，1991年http超文本传输协议（万维网）的签订，使电脑连接了所有人：网页出现了，所有人的登录开始了，这是新时代的敲门声，人类由此进入了一个以信息为基础的社会。这一方面驱动了互联网向世界范围的扩展和个人电脑的普及，另一方面则随着2007年第一款苹果智能手机的面世而向移动智能终端延伸。在万维网诞生的1991年，接入互联网的计算机只有20万台，而在今天，据权威机构最新数据，全球互联网用户超过30亿。也就是说有将近一半的地球人口成为网络人口，其结果就是信息的超大规模和速率的膨胀：一家大型微博网站发布的信息，就可以超越《纽约时报》60年的信息量；全球最大视频网站一天上传的影像，可以连续播放近100年；互联网两天积累的信息总和，相当于人类历史留下的全部记忆。伴随海量信息几乎无成本的全球流动，以及人与人、人与物、物与物之间的无限连接，人们有理由相信，著名社会学家曼纽尔·卡斯特[①]所说的一个无处不在的“网络社会”已经诞生。在中国，同样的事实也正在发生与变化。自1994年实现与互联网的全功能连接以来，中国网民数量迅猛增长，目前已成为互联网的泱泱大国：截至2015年6月，中国整体网民规模达到6.68亿，也就是说目前有一半的国人是网民。

那么，互联网时代的来临，对于阅读或全民阅读而言，将意味着什么？

第一，我们将看到，互联网所改变的，首先是“阅读”本身。在互联网时代，我们首先需要对“阅读”进行重新定义。传统的阅读形态主要是指纸质的文字阅读，比如图书、杂志和报纸等，它往往不包括影像内容，更不包括电子文本。但这一切，随着互联网时代的来临，都被颠覆了。换言之，互联网时代的阅读，不仅包括传统的纸质阅读，更包括一切基于互联网或电子

① 曼纽尔·卡斯特：《网络社会的崛起》，社会科学文献出版社，2007年。

设备的文字、影像、图片等内容，阅读的内涵和外延都大大扩展了，而且其对象和内容都处于一种边界日益模糊和不断延伸变动当中。

第二，互联网极大地改善了阅读的渠道、条件与环境。在传统阅读中，我们依赖于容量有限的单一渠道，即图书报刊等纸质阅读形态或图书馆等物理空间，但互联网的出现，不仅使得阅读的渠道变得更加多元化，而且其海量信息也使个人阅读的自由度得到极大提高，尽管现实世界中可能还存在“数字鸿沟”问题，但相比于图书报刊等的购买，kindle 等电子阅读设备、手机等移动智能终端和互联网的多维链接，极大地降低了阅读的成本，提高了阅读的可达性，改变了阅读的习惯和拓宽了阅读的技术条件，从而也优化了整体的社会阅读环境。

第三，更重要的是，互联网真正使全民阅读成为可能。近年来，在学界、业界等社会各界，关于“阅读率”的讨论一直是个热门的社会话题，甚至认定阅读率下降是个趋势性的历史方向。表面看来，这当然有一定的道理，也有一定的调查数据支撑。但事实上，说阅读率下降，在传统阅读的意义上可能是成立的，但在互联网时代，随着电脑尤其是智能手机的普及，不仅催生传统出版的颠覆性变化，而且也可能导致新的阅读革命的出现。如在互联网逐渐普及的 2005 年，我国传统的国民阅读率为 48.7%，比 1999 年下降了 11.7%；而与之相反，网上阅读率却从 1999 年的 3.7% 增加到 2005 年的 27.8%，7 年间迅速增长了 7.5 倍，每年平均增长率达到 107%。①这表明，数字技术和互联网的发展正在改变着人们的阅读习惯，尤其是随着数字终端的普及，通过网络在线阅读、手机阅读、电子阅读器阅读、光盘阅读、PDA/MP4/MP5 阅读等方式看书的人正在迅猛增加。2013 年的调查数据显示，有 50.1% 的受访者使用过数字化阅读，人数首次过半。②如今，在 6.68 亿中国网民中，通过手机等移动终端上网的用户规模达 5.94 亿，占网民总数的 88.9%。在“上网即阅读”的意义上，互联网不仅让全民阅读成为可

① 《中国读者传统图书阅读率下降 网上阅读率增 7.5 倍》，载《中国新闻网》2007 年 4 月 23 日。

② 《中国人去年人均读书 7.25 本 数字化阅读率暴涨》，载《新快报》2014 年 4 月 22 日。

能，而且正在使全民阅读成为一种现实。

三、依托互联网拓展“全民阅读”空间

全民阅读是提升国民素质和国家综合竞争力的重要途径。在当今竞争日趋激烈的全球化时代，深入开展全民阅读活动、推进学习型社会建设对于我国未来转型创新发展的意义尤为重大。而要推动全民阅读发展，其途径和方式当然有很多，比如在美国，从总统到作家，从出版社到书店，其阅读推广活动形式之多样、内容之丰富，值得充分借鉴。[①]在我国，要推动全民阅读，在依托传统出版和实体书店之外，必须立足于读书活动由传统阅读向网上延伸的现实和趋势，高度重视和充分利用互联网这一阅读的重要载体和平台，从加强数字出版和引导网络阅读两个主要方面着眼，全面促进我国全民阅读的更大发展。

首先，在数字出版方面，目前出版业的一个主要趋势，就是市场日益由出版社主导转向大众阅读主导，出版与阅读、读者与作者之间的界限日益模糊，而其契机就是互联网的迅猛发展。作为一场信息技术革命的产物，互联网不仅极大地改变了传统的阅读形态，为全民阅读的实现创造了无限的可能，而且也对传统的出版形态带来革命性的影响，数字出版将成为未来出版的主流和趋势。正是基于此，2006 年颁发的《国家“十一五”时期文化发展规划纲要》，就重点列出了 8 项数字出版工程以加快我国数字出版业的发展，它们分别是数字化多媒体研发工程、国家数字复合出版系统工程、中华字库建设工程、国家知识资源数据库出版工程、国家动漫振兴工程、中国古籍数字化工程、国家版权保护技术开发工程、数字化文化传播工程。《国家“十二五”时期文化发展规划纲要》则进一步提出，要加强互联网等新兴媒体建设，鼓励支持国有资本进入新兴媒体，做强重点新闻网站，形成一批在国内外有较强影响力的综合性网站和特色网站，发挥主要商业网站建设性作

① 张佳伊：《美国怎么做阅读推广》，载《阅读推广　理念·方法·案例》，国家图书馆出版社，2013 年。

用，培育一批网络内容生产和服务骨干企业；打造一批具有中国气派、体现时代精神的网络文化品牌；引导网络文化发展，实施网络内容建设工程，推动优秀传统文化瑰宝和当代文化精品网络传播，制作适合互联网和手机等新兴媒体传播的精品佳作，鼓励网民创作格调健康的网络文化作品。由于种种原因，我国的数字出版近年虽有加速发展之势，并不断适应着互联网时代的阅读需求变化，但也存在不少问题需要破解，比如出版流程的数字化改造、数字版权问题、投融资问题、技术攻关和行业标准问题等，制约着我国数字出版业进一步的发展壮大。因此，如何加强相关的制度和技术配套，以做大做强数字出版为推手，促进我国出版业转型升级，将是发展繁荣我国出版市场、提升我国出版竞争力的主要途径。

其次，在网络阅读方面，随着网络在线、手机、电子阅读器、光盘、PDA/MP4/MP5 等阅读方式的日益流行，尤其是手机移动智能终端已经成为用户连接至互联网的绝对首选，数以亿计的用户每天通过移动互联网发布自己的作品，海量内容通过移动互联网传播、流动、阅读、使用，再衍生出新的作品，移动互联网俨然已成为现阶段最重要的知识传播媒介与阅读渠道和平台之一。因此，我们的全民阅读推广活动必须适应这种社会阅读方式的显著转变，并由此有效调整阅读推广的方式和手段，将是我国未来全民阅读推广的主要方向。在这方面，深圳作出了积极的探索。众所周知，为了推动全民阅读、实现市民文化权利，深圳自 2000 年以来连续举办了 16 届读书月活动，影响越来越大，目前已经成为国内外知名的阅读推广品牌。在早期的活动开展中，深圳读书月主要还局限于传统阅读，即推广纸质阅读，而随着经济社会的快速发展，深圳的网络信息基础设施日趋完备发达，成为中国“最互联网的城市”之一，在此基础上，深圳读书月因势利导，把握新技术、新媒体的特点和趋势，推广手机阅读、网络阅读、电纸书阅读等多种载体的阅读方式，不断创新阅读推广形式，如打造了国内第一家“全民阅读网”等。其中，最值得提及的是深圳读书月与中国移动深圳公司合作推出的“手机阅读季”品牌活动：通过多样化的阅读形式向用户提供各类电子书内容，用户可以选择感兴趣的内容在线阅读，也可请求下载之后离线阅读。由于使用方便，客户可以通过比较低的价格，在线或离线阅读到各种图书和刊物，这不仅能使用户有效利用零碎时间，而且具有携带方便、费用低廉、绿色环保等特点，成为全媒体阅读时代最流行、最积极的阅读方式。自2010年第十届深圳读书月以来，手机阅读季已连续举办了五届，活动内容除了新书首发等，还包括中外阅读文化论坛、新世界·新阅读论坛、网络文学原创大赛、数字图书送青工、名家签售会、十大电子好书评选等一系列有社会影响力的大型活动，深受广大市民欢迎。另外，深圳的一些民间阅读组织也自发地创新阅读推广形式，如知名的后院读书会利用新浪微博开展的“阅读接力”活动，同样是全媒体时代利用新技术、新媒体促进全民阅读的有效方式。

最后，值得提及的是，传统出版和新兴出版、传统阅读和新阅读应是并行不悖、相辅相成、融合发展的。中国新闻出版研究院2014年公布的第十一次全国国民阅读调查数据显示，中国人的图书阅读率在2005年曾降至50%之下，到2007年后才逐年回暖，2009年重新回到50%以上，2013年中国成年国民的纸质图书阅读率为57.8%，比2012年提升了2.9%，是连续第七年上升。①这说明，尽管在互联网时代，数字出版对传统出版、新阅读对传统阅读造成了越来越大的冲击，但由于两者之间各具自身的优点和缺点，在可见的将来，它们不会成为完全的相互取代关系，而呈现“分众化、分类化”、线上线下结合的发展趋势。比如手机阅读有便捷、便利的显在优点，读者可利用碎片时间随时随地阅读海量内容，从而为越来越多的人所喜爱，新阅读更是成为年轻人的主流阅读方式。当然由于手机阅读始终具有“浅阅读”的特点和不足，它就很难完全取代纸质书刊的经典深度阅读，而且手机作为机器工具，以之为阅读平台界面，与纸质阅读相比，在阅读体验方面也存在一些不足。

总之，在互联网时代，新技术、新媒体的层出不穷，对我们传统的出版和阅读造成了空前的冲击，但人们阅读方式的转变和新阅读方式的流行，也

① 《中国国人纸质图书阅读率连续7年回升》，载《海南特区报》2014年4月23日。

为传统出版的转型发展提供了难得的契机。尤其是对于全民阅读而言，由于阅读的推广以及阅读权的广泛获得，在相当程度上是基于技术发展之上的，互联网技术的日新月异及其应用的无远弗届，它又为处于崭新时代的我们创造了前所未有的技术和社会条件，从而也为全民阅读的真正实现提供了无限的可能空间。

李小甘，中共深圳市委常委、宣传部部长

总 报 告

贯彻新的发展理念　依法推进全民阅读

——2015年深圳全民阅读总报告

总报告课题组

2015年是“十二五”规划的完美收官之年，同时又是“十三五”规划的筹划之年，也是深圳经济特区成立35周年。在这重要的年份，深圳的全民阅读工作继续保持持续发展的良好态势，有的工作取得突破性的进展。面对新常态下的全民阅读形势，深圳需要继续擦亮“全球全民阅读典范城市”的城市品牌，进一步推动全民阅读的持续深入发展。本报告拟从2015年深圳全民阅读回顾总结中分析深圳全民阅读面临的形势和机遇，结合国家推动全民阅读的制度设计，提出未来促进深圳全民阅读工作的对策建议。

一、2015年深圳全民阅读的主要特点及存在问题

2015年深圳全民阅读既保持了以往的良好态势，又有新的亮点和新的突破，但也存在一些需要解决的问题。

（一）主要特点

2015年深圳全民阅读的主要特点体现在以下十个方面：

1. **阅读治理现代化前进了一大步，以法治推进全民阅读服务成为深圳全民阅读工作的新保障新支撑**。

2015年12月24日，深圳市六届人大常委会第四次会议通过了《深圳经济特区全民阅读促进条例》（以下简称《条例》），自2016年4月1日起施行。《条例》是国内阅读推广领域第一部运用经济特区立法权制定的法

规，标志着深圳全民阅读工作开始走上依法治理的轨道，迈出了阅读治理现代化的重要一步，深圳全民阅读工作从此有了法制保障和支撑。《条例》的出台是深圳落实全面深化改革和全面依法治国在文化方面的重要举措，也是深圳文化立法的新亮点。

该《条例》总计28条，共5章，包括“总则”“工作职责”“阅读推广”“阅读保障”和“附则”。因为目前国内没有相关的上位法，所以该《条例》的出台本身就是文化立法的重大创新和突破。体现在具体的条文中可以看出该《条例》的特色。比如第一条的立法宗旨，该条提出：“为了促进全民阅读，保障市民阅读权利，提高市民文明素质，根据有关法律、行政法规的基本原则，结合深圳经济特区实际，制定本条例。”该条款表明，《条例》的拟定的出发点和落脚点是为了“促进全民阅读，保障市民阅读权利，提高市民文明素质”。这里《条例》从“市民阅读权利”的角度阐释立法的目的和宗旨，从而把市民阅读权利的保障提高到法治的高度，由此推动从政府到社会促进全民阅读工作的依法落实和依法参与。

该《条例》也把深圳全民阅读工作的经验做法通过法律条文予以法定化，其中之一如该《条例》把“深圳读书月”法定化，使“深圳读书月”品牌成为法定化的活动，从而强化政府推动以及全社会参与的自觉性、积极性和主动性。其中第十八条规定“每年11月为深圳读书月”，并规定了“深圳读书月”的举办机制，即“深圳读书月活动采取政府倡导、专家指导、社会参与、企业运作、媒体支持的机制举办”。该条款还赋予深圳读书月组织机构可以在读书月组织、指导、协调集中开展下列活动，包括“评选全民阅读先进典型，推广相关经验；读书交流；阅读进社区、进学校、进企业等；其他全民阅读促进活动”。该《条例》第十九条还创新设计了“深圳未成年人读书日”，规定“每年4月23日为深圳未成年人读书日”。规定“市、区政府有关行政主管部门、共青团等应当在深圳未成年人读书日组织开展未成年人阅读促进活动；公共图书馆、中小学校、幼儿园等应当开展未成年人阅读及交流活动”。“深圳未成年人读书日”的法律制度设计表明深圳对推动未成年人阅读工作的高度重视，同时也是对一直以来深圳大力推动未成年人阅读工作的一种肯定。

该《条例》还特别设计成立全市性的全民阅读指导机构，提出在市级层面设立“深圳市全民阅读指导委员会”，在“阅读保障”上设定强制性条款和鼓励性条块，规定“市、区政府应当将全民阅读基本公共服务所需经费纳入本级年度财政预算”。规定“市政府可以发起成立公益性全民阅读基金。鼓励企事业单位、其他组织和个人参与或者捐赠全民阅读基金”。还提出对全民阅读促进活动给予补贴的相关规定，对数字化服务平台建设和公共阅读设施建设等都作出了相应的规定。

2. **“图书馆之城”建设持续稳步推进，顺利完成“十二五”规划的各项建设任务和目标。**

“图书馆之城”建设是深圳推进全民阅读、保障市民阅读权利的重要平台和基础载体，也是深圳构建完善的公共文化服务体系的重要组成部分。自2003年启动以来，“图书馆之城”按照规划分步稳步推进。2015年是实施《“图书馆之城”建设规划（2011—2015年）》的收官之年，2011年以来规划设计的各项任务顺利完成。截至2015年底，全市拥有各级公共图书馆620个，其中市级图书馆3个、区级图书馆8个、基层图书馆（分馆、街道图书馆、社区图书馆）609个，另有自助图书馆240台。全市公共图书馆服务体系基本建成，实现了每14万人拥有一座公共图书馆，每1.3万人拥有一个社区图书室（含自助图书馆），社区覆盖率超过95%。

“图书馆之城”统一技术平台有效运转。2008年底，依托深圳图书馆的技术积累，深圳开始搭建“图书馆之城”统一技术平台。2009年6月，深圳市文体旅游局制定实施《深圳市“图书馆之城”统一技术平台建设方案》，市、区图书馆统一服务相关工作全面展开。截至2015年底，全市234个各级公共图书馆及240个自助图书馆已经实现统一服务，实现了一证通行、通借通还和资源共享。2015年，经由统一服务平台处理的文献流通（含借、续借和还回）近430万人次、1872万册次。

“图书馆总分馆制”建设稳步推进。2008年12月，深圳图书馆首家厂区（劳务工）分馆——创维分馆揭牌开馆。2009年6月，由深圳市少年儿童图书馆筹建的全国首家劳务工子女图书馆——蒲公英劳务工子女图书馆大浪分馆开馆。2009年9月，深圳市科技图书馆在留学人员龙岗创业园建立了首家馆外服务站。目前深圳图书馆拥有3家分馆，科技图书馆拥有6家分馆，深圳市少年儿童图书馆拥有4家分馆。福田区政府制定了《深圳市福田区公共图书馆管理办法》，由区财政统一拨款，将街道、社区图书馆的购书经费划归区图书馆管理，统一采购、统一编目、统一配置、统一管理，总计建立了103家分馆。宝安区图书馆建立了6个劳务分馆，南山图书馆建立了8个直属分馆，罗湖区图书馆建立了8个街道图书馆分馆，龙岗图书馆建立了19个直属分馆，盐田区图书馆建立了7个分馆，光明新区图书馆建立了11个分馆，坪山新区图书馆建立了2个分馆。

创建“深圳文献港”。2008年，深圳图书馆、深圳市科技图书馆和深圳大学图书馆联合构建了“深圳文献港”。“深圳文献港”的建立，全面推进了全市主要图书馆数字资源的整合，实现了统一认证、统一检索、联合服务、协调采购，包括380多万种中文图书（占新中国成立后所出版图书的85%以上）的在线检索，全国700多个图书馆数字资源的统一发现与联合文献传递服务。2012年，“深圳文献港”二期工程——“深圳市科技文献信息服务平台”立项实施，“深圳文献港”成员馆增至5家。2015年深圳图书馆除提供馆内文献查阅外，数字资源文献下载量已超过2249571篇，读者通过“文献港”联合咨询平台共获取文献554792篇。

3. **公共阅读设施显著增加，公共阅读空间呈现多层次多元化特色化建设趋势**。

公共阅读设施包括图书馆、大型书城、书店、书吧以及其他设施。本年度深圳除加快建设常态化的图书馆、书城外，还出现新的特色公共阅读空间，为市民阅读提供更多的选择与便利。

公共图书馆设施建设不断完善。市、区公共图书馆不仅数量增加，馆舍面积也在不断扩大。截至2015年底，全市各级图书馆馆舍总面积约34.88万平方米，各级图书馆阅览座位达到38498个，其中残疾人阅览坐席522个。市级公共图书馆由2002年的2家增加到3家。深圳图书馆建筑面积

4.96 万平方米；深圳市少年儿童图书馆馆舍面积 1.56 万平方米；深圳市科技图书馆建筑面积达 4 万平方米；深圳市图书馆调剂书库项目已进入设计阶段。区级图书馆由 2002 年的 5 家增加到 8 家。新建成的宝安区图书馆新馆建筑面积约 5 万平方米，盐田区图书馆新馆建筑面积约 1 万平方米，坪山新区文化综合体（含图书馆）建设进展顺利。布吉文体中心 BTO 项目占地面积 1.94 万平方米，建筑面积 7.7 万平方米，总投资不低于 5.5 亿元，建设内容包括图书馆、文化馆等多项公共文体功能单元及综合性商业配套项目，2015 年 12 月 20 日正式动工建设。

福田区在创建国家公共文化服务体系示范区工作中规划设计了十大文化功能区，其中之一是大力推进图书馆阅读功能区的建设。图书馆阅读功能区强调发挥公共阅读设施的作用和功能，从大阅读的角度强化阅读功能的落实。图书馆阅读功能区的建设依托辖区内所拥有的图书馆网络体系开展全民阅读推广，引导推动发展书城、书吧、书屋等场所的特色阅读功能，拓展公共阅读空间，向全民提供专业、特色、便捷、品质的阅读服务。图书馆阅读功能区的建成需要满足以下四个方面的条件：阅读设施网络建设完善；阅读资源服务供给充足；阅读推广资金、人才和技术保障到位；体制机制改革不断深入，服务效益评估科学。在图书馆阅读功能区建设的标准上，要求完善总分馆服务管理体系，新建街道分馆和社区图书馆均按统一的标准建设，区图书馆总馆建设达到文化部颁二级以上标准，街道、社区图书馆的馆藏资源均按统一标准配置。明确公共电子阅览室和数字图书馆建设的建设要求。另外提出促进社会力量参与，拓展公共阅读空间。

书城书吧作为重要的公共阅读空间建设进程加快。深圳出版发行集团按照“一区一书城、一街道一书吧”的发展目标，强力推进书城、书吧项目建设。2015 年 5 月，新一代文化创意书城的首个样板——深圳书城宝安城盛装开业。宝安书城成功实现第四代书城概念，采用“书城 +”模式，围绕“知识和创意”跨界组合了影城、培训、创意文化用品、品牌餐饮等项目，设立国内书业首创的“微信自助购书体验区”，为公众提供全媒体的立体文化生活和阅读体验。宝安书城是特区一体化后在原特区外规划建设的第一座大型公共文化服务创意综合体，有望成为深圳西部隆起的“文化高地”。继此之后，正在规划筹建的龙岗书城、光明书城、湾区书城将进一步探索第四代书城与毗邻的艺术馆、美术馆、图书馆等公共文化设施多位一体、协同共生，创建以书城为核心、以书城带动并再造城市文化中心的“三馆一城”“五馆一城”等书城文化综合体群落，全面构建全方位、多层次的城市公共文化服务体系。伴随着深圳特区一体化和全民阅读的不断推广与纵深发展，为实施集团“大书城小书吧”战略布局，近年来，深圳出版发行集团在街道、厂区、校园加快以“简·阅”“优阅”等品牌小书吧布点，构建结构合理、层次清晰、大书城和小书吧互为呼应的公共文化服务平台和全民阅读设施体系，形成“十分钟阅读文化圈”，便于市民就近享受公众阅读活动。截至2015年底，简·阅书吧龙华店、观澜店、大浪店、光明店、横岗店、石岩店，麒麟书吧等11家书吧开业运营。书吧项目已成为便民、利民的重要基层文化阵地和载体，丰富了居民文化生活，提升了社区、校园文化品位，先后获得多位中央、省市主要领导的高度评价。西西弗书店探索书店+咖啡店的模式，为深圳读书人创造了新的读书生活空间。深圳友谊书城有限公司利用在深圳特区外多年经营图书的优势，也开始探索传统书业的转型，目前已投资创设书啡生活，探索书吧+生活+服务的综合模式。

4. 公共阅读服务作为基本公共文化服务继续受到政府公共文化机构的重视，公共阅读服务的数量和质量进一步提高。

2015年发布的深圳全民阅读指数表明：在“全民阅读基本建设统计数据”所观测的25项测评内容中，有12项测评内容在2015年度的观测值比前四年的参照基数有所提升，提升项目占比48%。在“阅读的支持与保障”这一指标中的8个二级指标大部分呈现增长或者持平的趋势，显示政府各部门对阅读的支持力度不断加大。14个二级指标中具有显著提升的内容包括馆藏电子图书（含有声图书）种类，全市实体书店、书吧数量，图书、报纸销售量，阅读活动场次，财政性资金投入，媒体支持等内容。二级指标“图书馆”所占权重为12%，测评得分为13.50，相比2014年的监测数据整体有所上升；“千人阅览座位数”和“馆藏电子图书种类”有所上升，其中千人阅览座位数达到3.99，馆藏电子图书（含有声图书）种类达到5830400。二级指标“阅读活动场次”所占权重值为5.0%，测评得分为20.89，显著提升。

公共图书馆服务大数据表明本年度的公共阅读服务数量和质量进一步提升。2015年，深圳图书馆各项业务稳步增长，全年新办读者证8.27万张，同比增长5.97%；接待到馆读者412.8万人次，同比增长5.47%，日均接待读者超过1.3万人次；文献外借总量383.9万册次，同比增长7.54%；举办各类阅读推广活动1326场，参与读者203.2万人次，同比分别增长38.27%、30.01%；电子阅览服务37.56万人次，同比增长2.37%；无线网服务31.98万人次，同比增长30.08%。深圳图书馆年度重点推出的“我阅读·我快乐”——外借文献“增量·增时”全城行动，全市文献外借量增长明显；在“图书馆之城”统一服务框架下实施全城联动的“少儿智慧银行”项目，效果显著，项目实施仅仅6个月，全市3—13岁少儿读者借书量就实现大幅增长，达49.8万册次，接近项目实施前12个月的借书量。

深圳市少年儿童图书馆2015年接待进馆读者数量为110万人次，日均接待读者量约3900人次；办理各类读者证共计11055张，其中儿童读者证为6495张，累计有效读者证数量为59211张。办理借出179320人次，634824册次，还回525972册次，办理集体借阅17639册次，接待读者查询检索2872次。深圳捐赠换书中心（青少年中心）2015年共举办“换书节”16场，其中大型广场换书节5场，参与活动累计约1400人次，累计捐换图书近4000册次。该中心与深圳相关中小学、腾讯慈善公益基金一起形成“3+1帮扶模式”，共同发起“开启梦想·万卉书香——贫困地区学校启卉书屋援建行动”，已援建完成11所“启卉书屋”，共计援助图书3万余册，电脑设备40余套。

宝安图书馆新馆从2015年9月1日起，实施正式全面开放，新馆所有楼层从上午9时起开始服务，实行“6×12”服务时间表，每周开放72小时，2015年新馆累计接待读者120.2万人次，新增读者证2.4万张，图书外借23.1万人次86.9万册次。龙岗图书馆新增藏书31.71万册（总分馆），全区公共图书馆总藏量达到353.3万册，人均公共图书馆藏书量约1.77册，全年总分馆共接待读者311万人次，外借图书109.7万册次，累计有效借书证122894张，常住人口人均持证率6.1%。

深圳书城已成为城市公共文化服务的提供者，建立了以书业为核心、以书城为平台的新型文化业态，致力于为市民提供一个集阅读学习、展示交流、聚会休闲、创意生活于一体，提供文化消费和精神体验的复合式城市文化生活中心和文化综合体，成为推进全民阅读、涵养城市文明、引领城市风尚的主要阵地和重要平台。深圳出版发行集团旗下四大书城一般图书零售量已占包括网络销售在内的深圳全部图书销量的一半以上，因此，更好地满足市民阅读需要，做优秀内容产品的传播者和阳光阅读的指引者是深圳书城的第一核心角色：一是通过“深圳书城选书”“深圳书城选碟”等阅读指引平台，呈现为读者推选好书的专业精神。“深圳书城选书”以“读者够得着的品位”为追求，始终坚持人文精神，坚持高尚品位，坚持价值导向，坚持专业眼光，坚持阅读引领，每月向读者推荐十本思想性、艺术性较高的新书，截至2015年底，共计选书500多种。2015年8月召开“深圳书城选书”100期高层研讨会，中信出版集团、上海世纪集团、广西师大出版社、三联书店等13家优秀出版单位的领导、书评人、评审专家齐聚深圳，进一步研究做精做实“深圳书城选书”项目，提高书城阅读引领力；二是采用名社专架陈列为好书找读者；三是四大书城及书吧重视精选品种，表达“卖好书，卖好好书”的态度；四是通过推行“三金工程”（金牌买家、金牌店长、金牌导购员）持续提升图书采、配、销环节的专业性和服务水平；五是长期坚持开展“深圳晚八点”“全民品读会”“深圳书城讲书会”“亲子阅读论坛”等品牌文化活动，引导充满智慧和正能量的阅读潮流。

5. **阅读推广服务品牌加大内容形式创新，品牌活动的吸引力、凝聚力、影响力进一步扩大**。

本年度最有影响力的品牌活动是坚持长达十六年的“深圳读书月”活动。本届读书月以培育中华优秀传统文化，弘扬社会主义核心价值观为引领，按照“注重品质、贴近百姓、突出创新、示范引领”的总体思路，围绕年度主题“互联网+读书”，共策划了943项活动，比上届增加225项，增长24%，其中重点主题活动53项，一般主题活动890项；参与承办、协办单位314家，比上届增加了75家，增长24%，是迄今为止规模最大、参与单位最多的一届；市民以各种方式参与活动近1200万人次，“赠书献爱心”活动共向37个学校、工厂和社区捐赠263万码洋的图书；中央及省市各级媒体对读书月活动的原创报道近1800余篇（条）次，各大网络和新媒体纷纷转载报道，深圳读书月影响进一步扩大；本届读书月创新力度进一步加大，创新活动大量涌现，53项重点主题活动中，新项目有18个，占比34%；加强对传统品牌项目的创新和提升，比如“经典诗文朗诵大赛”通过“懒人听书”APP开设线上赛区，推动朗诵比赛在全国多个赛区同步进行。创新设立首届“华文领读者大奖”，表彰优秀的华文领读者、阅读组织、阅读空间、阅读项目和书评人，并授予深圳读书月“年度致敬奖”；创办“阅读双城记”，与国际友城英国爱丁堡合作，举办了“扬帆远航：从爱丁堡到深圳”两地阅读活动，加强了国际交流；“年度十大童书”评选活动，致力于打造国内具有专业性、公信力、影响力的中文童书奖，自2014年举办首届后，2015年举办第二届。自2015年4月23日起，活动面向专业机构和个人广泛征集提名，共计推荐童书245种，最终于10月31日评选出“十大童书”。9月初开始，活动组委会践行“以评促阅”的初衷，逐步推进“年度十大童书”百强图书进校园，在36所中小学、幼儿园设置“年度十大童书”专用书架，送进校园童书总计约1万册，6万多名孩子成为“年度十大童书”的真正主角，享受阅读的福利。

深圳出版发行集团16年来在推动全民阅读方面，一直发挥重要作用。作为深圳读书月总承办单位，一直承担着读书月的组织、协调等功能，为读书月发展贡献着自己的独特价值，将全民阅读活动引向纵深，开创了全民阅读的“深圳模式”，被誉为是一种“高贵的坚持”。同时，深圳出版发行集团的中心书城、罗湖书城、南山书城、宝安书城等四大书城及简·阅书吧，是读书月活动开展的主阵地，有力地促进了城市读书热潮的形成。特别是11月30日，读书月最后一天，“温馨阅读夜”借鉴巴黎文化场地通宵开放的做法，中心书城通宵为读者亮灯，夜半之后，数千读者仍然汇聚书城，分享阅读带来的温馨与快乐。一场以读书为名的狂欢，一个近5000人的通宵聚会，10多项的文化活动，在中心书城热烈上演，使这个夜晚的书城，变成整座城市关注的焦点。

2015年，深圳中心书城、罗湖书城等四大书城以及简·阅书吧策划开展了富有品质的公益性文化活动、服务项目，引领优雅、健康、向上的社会风气，通过打造品牌读书活动，引导充满智慧和正能量的阅读风尚。2015年，中心书城接待读者近千万人次，举办的“深圳晚八点”活动，吸引了近10万人参与，越来越多的人选择阅读作为新的晚间生活方式。除夕夜，中心书城举办“除夕守岁黄金屋，新春悦读中国年”活动，与留深的外来人员共同度过了别致的春节。公益阅读活动“沙沙讲故事”通过“亲子共读·我讲书中的故事”每周吸引上百个家庭参与，激发了孩子们对阅读的热爱。此外，还举办了“幸福书单”“深夜真人图书”等公益文化品牌，引进了市政协“委员议事厅”“礼行福田”“文明大家谈”等公益文化活动，2015年举办各类文化活动近800场，2015年初，中心书城被中央精神文明建设指导委员会授予“全国文明单位”称号。新装后的罗湖书城推出了“书立方”“小书房亲子阅读”“我来讲书”等特色公共文化活动。南山书城于2014年9月推出了“全民品读会”，每月一期，以论坛、演讲、讲座等丰富的活动形式呈现。宝安书城策划了“青年梦工厂”系列论坛、沙龙活动，少儿粤剧展演等。简·阅书吧针对暑假读者群，推出了“童心未泯·趣味阅读”系列活动，深受市民欢迎。深圳书城及书吧还精心策划了名家签售、音乐教室、书友会、诗歌朗诵、创意展览等公益文化活动。此外，深圳出版发行集团还主办、协办和参与了“4·23”世界读书日、关爱行动、创意十二月、百万市民讲外语、市民文化大讲堂等社会文化活动，在深圳全社会范围内掀起举办和参与文化活动的新高潮。

深圳图书馆在原有阅读推广活动的基础上提炼整合成深图讲座、深图展览、深图艺苑、深图活动四大系列读者活动，打造成为全馆常规性活动品牌，后又增设了“南书房”，举办深圳学派、深圳学人系列阅读服务活动。2015年举办各类阅读推广活动1326场，参与读者203.2万人次，同比分别增长 38.27%、30.01%。为此，深圳图书馆荣获深圳市“市长质量奖”鼓励奖、“广东省文明单位”“全国社会科学普及教育基地”和全国“全民阅读示范基地”等多项荣誉称号。

深圳市少年儿童图书馆实施“喜阅 365”亲子共读计划、“亲蓓蕾”早期阅读培养计划、“簕杜鹃”青少年经典阅读计划、“金玫瑰”爱心传递计划、“红牡丹”中华文化传承计划、“蒲公英”劳务工子女图书馆计划、“康乃馨”无差别阅读计划和“向日葵”童年珍藏计划等多项阅读计划，举办“图书馆之夜”、少图讲座、少图阅读实践活动、少图影视剧场、亲子共读经典公益大讲堂等品牌活动，为少儿读者提供了丰富的文化大餐。由深圳少年儿童图书馆主办的“我最喜爱的童书”评选活动作为 2014 年首届“年度十大童书”的子活动，全市 31 所小学的学生参加了评选。2015 年 1 月至 4 月，参与阅读的学生进行了实名投票，选出自己最喜爱的童书，最终共有 15814 人参与投票，4 月 19 日举行了“我最喜爱的童书”发布暨阅读分享会。

深圳市科技图书馆（深圳大学城图书馆）举办的“大学城新论·名家讲座”以及各种培训的影响力不断扩大。各区图书馆也形成了各具特色的阅读品牌活动。如福田区图书馆的“大家讲坛”和“读书沙龙”；宝安区图书馆的“宝图星期讲座”“宝图英语沙龙”和“宝图少儿英语”；龙岗区图书馆的“龙岗大讲堂”“龙岗读书会（品书会）”“书香工业园”；罗湖区图书馆的“静心读书会”“尚修学苑”“罗图品书”；南山区图书馆的“博士论坛”“南图沙龙”；盐田区图书馆“海洋文化论坛”；沙头角街道图书馆的“小桔灯阅读计划”等。

6. 依托新技术新媒体开发的公共阅读推广平台逐步完善，“互联网 + 阅读”成为深圳全民阅读的新样式。

2015 年可以说是我国的“互联网 +”大跨越之年。在国家确定的“互联网 +”战略的推动下，深圳依托新技术新媒体大力推进“互联网 + 阅读”，加快建设“互联网 +”下的多元互动公共阅读平台，丰富基于互联网和移动互联网的文献资源，创新“互联网 +”下的阅读推广服务，收到实实在在的成效。

“深圳文献港”移动服务更加便利。读者可通过“深圳文献港”移动服务门户在线阅读平台提供的图书、报刊、视频、音频等资源，免费订阅包括新闻、时评、图书、报纸、杂志、图片、有声读物和视频课程、资讯等近30种频道的资源，实现了本地区及其他图书馆资源联合检索与文献传递服务，也集成了图书馆常用的服务功能。

深圳图书馆建立“三微联动”服务平台。继率先开通新浪微博后，又开通腾讯微博，创设微信公众服务平台，组建成立“微团队”，通过建立QQ群及创建品牌微博等方式为读者提供更加精细化的服务。截至2015年12月底，深圳图书馆微信订阅用户55132人，微博粉丝144585人。微博粉丝数量位居全国第三，仅次于国家图书馆、上海图书馆。深圳图书馆的“微服务”也获得了深圳“2013年度公共服务奖”。

各级公共图书馆借助新媒体开设公众服务平台。据统计，全市3家市级图书馆包括深圳图书馆、深圳市少年儿童图书馆、深圳市科技图书馆，8家区级图书馆包括福田区图书馆、罗湖区图书馆、南山区图书馆、盐田区图书馆、宝安区图书馆、龙岗区图书馆、光明新区图书馆、坪山新区图书馆等都先后开通了微信公众服务号，市民直接可以用手机享受图书馆的阅读服务。福田区开设了福田文体通、南山区开设了南山文体通等公众服务平台，通过APP可以直接了解图书馆阅读服务的信息，并参与相关活动。

2015年4月19日，盐田区图书馆顺利完成文化部科技创新项目——《图书馆智慧平台的研究与示范》的结题与验收，获得文化部科技司聘请专家组的高度评价。智慧平台系统的实现使图书馆的资源、馆员与读者之间达到充分的互动、互联、互通，为读者开放移动APP、智慧墙、智能书架、智慧坐席等创新性服务项目，将于2016年在盐田区图书馆新馆正式运行。

2015年第十六届读书月以“互联网+读书”为年度主题，借助互联网的力量，把全民阅读活动推向更为广泛深入持久的新阶段。本届读书月专门设了“互联网+”活动板块，53项重点主题活动里就有8项与互联网相关联的活动。如开幕式推出电子版深圳阅读地图正式上线、“阅读之美”H5页面创作大赛通过互联网进行征集评选、“领导荐书”采用在线上线下同时推进、“年度十大好书”评选揭晓礼借用微信“摇一摇”功能投票选出2015“年度推荐好书”“读书论坛”的专家侧重探讨互联网与阅读的关系、利用互联网众筹出版《阅读看见未来——对我影响最大的书》、手机阅读季推出新阅读相关活动等。中国移动通信公司深圳分公司开展了“书香深圳——中国移动第六届手机阅读季”活动，活动结合互联网渠道及线下地面活动，活动对象为所有深圳移动客户，活动内容是“15元电子书券+50M免费流量+免费电子书籍”的数字阅读大礼包赠送，覆盖人群超过200万人，赠送人数超过10万。

深圳书城积极拓展虚拟书城空间，极大地提升了服务水平。2014年，提出了“云书城”计划，即按照“一个品牌（深圳书城）、两个领域（online与offline）、三个渠道（实体书城、虚拟书城和移动书城）、四大功能（信息功能、媒体功能、阅读功能和销售功能）”的总体思路进行规划和建设，目标是在“互联网+”形势下创新发展智慧书城模式，实现传统书业数字化转型。2014年11月，深圳书城“云书城”“微商城”正式上线，重点解决PC客户端和移动网络客户端读者的个性化服务需求，让读者在办公室、家里、路上都可以享受深圳书城提供的各种服务，使实体书城的有限空间在与虚拟书城的结合模式中成为无限地带。2015年8月13日，天猫深圳书城图书专营店、益文图书音像专营店同时上线，开辟新的电商领域。8月20日，中心书城24小时书吧拓展服务项目和经营空间，与世界著名的华为公司合作，开设荣耀窝移动数字阅读体验项目，打造“互联网+阅读”新空间。

7. 社会参与全民阅读的自觉性、主动性、积极性越来越高，初步形成政府引导、社会参与的全民阅读发展格局。

阅读服务属于基本文化服务内容，政府应在其中承担主体责任和引导责任，但政府履行职责并不排除和限制社会主体及社会资源参与阅读推广服务。2015年度社会参与的自觉性、主动性、积极性相比以前有显著的提高。从政府与社会的关系来看，主要体现两种方式的参与和介入：一种是政府设计规划引导下的社会参与；一种是社会主体的自觉自发参与。

政府规划下的社会参与指的是政府设计了阅读推广服务项目，通过政策鼓励吸引社会主体和资源参与。罗湖区图书馆推出的“家庭图书馆计划”“真人图书馆计划”及“悠·图书馆计划”都是利用社会资源、激发社会参与的计划。“家庭图书馆计划”推动的家庭图书馆建设通过馆藏定制、活动定制、集体外借、资源支持等方式鼓励藏书家庭面向社区邻里、亲朋好友开展类似公共图书馆服务。首批征集和遴选产生的家庭图书馆有30个。罗湖区图书馆专门制定了《家庭图书馆服务规则》，使家庭图书馆成为以书会友、分享阅读、沟通邻里的平台。仅2015年4月23日世界读书日前后以家庭图书馆为依托举办的“家庭阅读嘉年华”就有14场活动。“悠·图书馆计划”通过悠空间、悠资源、悠生活，营建一个以人为核心、高品质、多功能、极富特色的公共文化空间，目前已在文华社区、楼尚文化创意产业园、笋岗工艺城、东湖中学建立四个悠·图书馆。“真人图书馆计划”以真人为阅读资源，向社会征集志愿者，通过与读者进行面对面的交流提供服务，已有70多名真人提供服务。

社会主体的自觉自发参与体现在以社会主体本身的活跃及社会主体设计实施的阅读项目中。截至2015年12月，深圳市阅读联合会会员单位中，11家活跃民间阅读组织开展阅读推广活动2896场，参与人数近145万人次；书城书吧、报社媒体及书香企业等22家文化机构开展阅读推广活动近1200场，参与人数近300万人次。为支持深圳市阅读联合会会员单位的活动，2015年深圳市文化事业发展专项基金资助500万元用于开展活动。2015年深圳市阅读联合会评选的10个优秀组织奖中，阅读社会组织占了50%，它们是深圳市三叶草阅读文化发展中心、深圳市彩虹花公益小书房、深圳市盐田区听涛读书会、深圳市弘爱阅读推广中心、深圳市大爱阳光儿童剧团；10个优秀项目中，民间阅读组织创办和推荐的项目占了50%，它们是深圳市爱阅公益基金会推荐的“爱阅电台”、深圳市邻家文化科技有限公司推荐的“2015年深圳全民写作计划·社区文学大赛”、深圳市后院文化发展中心推荐的“第四届城市萤火虫换书大会之无人机换书专场”、深圳市爱子乐阅读馆推荐的“一个孩子一本书”、深圳市阅美文化传播有限公司推荐的“2012—2014中国最具影响力图书展暨阅读分享沙龙”。

民间阅读组织创意推出的阅读活动独具特色。深圳市后院文化发展中心举办的“第四届城市萤火虫换书大会之无人机换书专场”紧扣第十六届读书月“互联网+”的主题，创新地将无人机的三大优势紧密结合在活动中。活动开场时，无人机带着“学在南山、读在粤海”活动标语环绕全场，向广大民众阐释活动主题；无人机搭载书籍，循环往复地完成换书过程，让来自企业、高校、社区的广大民众充分体验智能电子设备给阅读带来的全新体验；无人机还发挥航拍特长，全程记录具有美妙视觉效果的换书活动。该项活动吸引了包括企业白领、高校学生、社区群众、少年儿童等在内的超过两百人参与换书。

三叶草阅读文化发展中心的故事家族2008年启动以来，已从最初的十几人发展为遍布全国的近三万个家庭，在全国建立了55个社区站，在2015年做了1563场阅读活动，参与人次达到15万人次。“三叶草”故事家族的品牌活动主要有：培育“故事讲述人”的亲子阅读推广计划，开展社区故事会的社区儿童阅读加油站，每年定期举办的故事讲述大赛和绘本剧大赛，通过故事妈妈团队建设来推动的家校互动计划，通过好书推荐、新书介绍来开展儿童阅读研究计划等等。2015年12月，三叶草受到深圳市教育局的委托，在深圳发起“十万教师阅读行动”，通过线上微分享与教师阅读高峰论坛的方式推动学校成立教师读书会，鼓励教师阅读。

深圳市盐田区听涛读书会与习学书院紧密结合，开展“公益经典能量诵读”活动。2015年12月11日，“国学好声音”2015年盐田区千人经典诵读活动在盐田区田心小学主办，活动参与人数达到1500人，影响广泛。

8. **阅读服务产品生产供给进一步加强，优质出版物有效对接读者阅读需求，阅读文化消费市场活跃度增加。**

深圳出版发行集团旗下的海天出版社是伴随着深圳经济特区发展而成长的综合性城市出版社，立足特区，背靠内地，面向海内外，不断发展壮大。已形成年出书600余种，重印再版率达50%左右的图书生产规模。近年来，在全国国民阅读和购买倾向调查中，曾被评为全国读者最喜爱的十佳出版社之一。2015年，海天出版社好书迭出，品牌在业界大幅提升。截至2015年12月底，共完成图书生产513种，总印数928万册，总造货码洋9978.51万元。其中新版图书271种，重印书242种，完成了《中国花文化史》《非遗·中国年画经典系列》《柳鸣九文集》（15卷）、《胡经之文集》（5卷）、《深圳学派建设丛书》（第二批6种）、《深圳改革创新丛书》（第二批6种）、《自然国学丛书》（第5辑）等重点图书出版，其中《关山月全集》荣获第五届中华优秀出版物奖，《你是哪里人》入选“2015中国最美的书”，《中国玉器通史》《薛定谔之猫》等9种（套）图书分别获得年度全国城市出版社优秀图书一、二等奖，《中国玉器通史》荣获美国印制大奖优异奖，《漂》名列深圳书城2015年度十大畅销新书，《中国花文化史》等7种图书分别获国家、省、市专项基金（资金）资助。同时积极探索工作室机制，成立海天“胡小跃出版工作室”，集中力量抓精品、创品牌。《书都》杂志顺利创刊，并在全国刊博会上成功首发推广，受到业界好评。

深圳报业集团出版社2015年共出版图书101种，其中初版新书72种，重印再版29种。总印数259.47万册，总造货码洋2533.19万元，发行量221.87万册，获得深圳市原创出版物基金扶持的精品项目有《深圳古代史》《大美深圳》《深圳自然读本（学生版）》等。与市史志办合作的项目《深圳历史文化丛书》，包括《深圳掌故漫谈》《深圳民间节俗》《深圳古诗拾遗》《深圳炮楼探秘》四个分册，分别由四名深圳本土作家完成，具有很强的知识性、史料性，广受各界好评。图书营销和推广工作取得新进展，微信公众号“共同体”上线，开始探索新的营销模式，上线以来已在深圳策划多期主题活动及新书发布会，关注量逐步提升。

深圳出版发行集团公司在数字出版方面实施出版流程数字化再造，整合民间阅读组织和各类阅读公众号资源，建立社交阅读平台，培养作者，孵化阅读和出版项目及有关衍生品，推出听书及视频阅读产品，打造全民阅读数字化产业链。开发教辅教材数字化产品，“全民阅读数字出版公众平台”获得国家文化产业专项资金资助，广东国家数字出版基地深圳前海园区获国家新闻出版广电总局批准同意筹建。文博会期间，与韩国坡州出版文化信息产业事业协会签署了战略合作框架协议，组建了前海国家数字出版基地专家顾问团队。编制了广东国家数字出版基地深圳福田园区项目可行性分析及实施报告，并积极寻求市政府、市委宣传部在政策、用地、资金等方面给予支持。

9. **积极推动阅读推广服务向阅读创造创意发展，激发全社会的文化创造动力和活力**。

如何推动全民阅读走向全民写作，使市民的阅读能力素质提高转化为阅读创作成果，实现阅读参与享受向阅读创造创意并实现阅读效益价值的转变，这可以说是全民阅读发展面临的新问题。围绕这一转变，深圳在全民阅读推动工作中，积极探索推动向全民写作的转变，以全民写作的平台建立推动激发市民文化创造动力和活力，实现市民阅读创造创意的效益价值转换。2013 年由《深圳青年》杂志社创设的“全民写作计划”正式启动。“全民写作计划”旨在推动互联网时代的全民写作由分散无序走向集中有序，以规范的标准和程序，将全民写作中涌现出来的好作品、好作者，集中起来进行推介和奖励。

“全民写作计划”通过深圳“社区文学大赛”落到实处。大赛首创“文学 + 社区”模式，探索文学服务社区建设的新思路。在深圳市和福田区宣传文化事业发展专项资金支持下，“社区文学大赛”设立“睦邻文学奖”，激发全体深圳人的文学原创力。“深圳社区文学大赛”提倡“不敲门扉，走进心扉”，就是鼓励文学与社会的良性互动，邻家社区网的作者和读者通过“以文会友”成了心灵挚友。通过覆盖 641 个社区的邻家社区网，收到原创作品及评论超 13 万篇，注册用户 15000 多名，不仅发展成为深圳最大规模的文学赛事，而且将阅读和写作深入推广到了城市社区。“深圳社区文学大赛”邀请海内外文学名家洛夫、李敬泽、苏童、格非、方方、邓一光、高叶梅、虹影、贺绍俊、徐则臣、谢有顺、南翔等担任评委，大大提升了深圳原创文学的创作与欣赏水平。

为激发写作者的创作热情和读者参与的积极性，邻家社区网在全国首创了打赏、邻家币等奖励手段。比如文章的某条评论被加为精华，评论的发布者即被打赏相当于 10 元人民币的 1000 邻家币，同时被评论的文章也随之获得 1000 邻家币，“一炮双响”，加精评论越多，文章所获得的邻家币也就越多。“打赏赚邻家币，对于生活无忧的深圳人算不了什么，但对那些生活在底层、生活困顿的人，却是一种体面而充满敬意的扶持和鼓励。”该计划负责人黄东和介绍，现阶段文学写作者的稿费回报太少，公共文化资源应向写作者倾斜。目前打赏给评论者和原创作者的经费，很大一部分来自于深圳市和福田区的宣传文化事业发展专项基金的资助，福田区已经将“全民写作计划”纳入辖区公共文化建设范畴，并作为创建国家公共文化服务体系的示范项目来扶持。

“深圳社区文学大赛”设有多个分赛：福田区“睦邻文学奖”征文比赛、“龙华草根文学奖”征文比赛、“龙华诗章·羊台山文学奖”征文比赛，还有丰富多彩的落地活动。针对女性阅读与写作的“媛创文学”活动，3月8日在中心书城，超过两百名深圳女性作家来到现场，近百名上台接受采访与致敬。邓一光、秦锦屏、宋唯唯等作家进行了签名赠书。举办“更衣记·媛创文艺”活动，8月15日在星河中心，活动特邀王海鸿、胡野秋、许石林、王绍培、王樽、老亨、朱正文、费新乾、朱蔓青等作为主讲嘉宾，着长衫和旗袍亮相。2015年“睦邻文学奖”颁奖典礼于11月10日在大剧院的深圳文学开幕式上隆重举行。

开展著名作家进社区“睦邻文学奖”系列讲论活动。在2014年举办五场的基础上，2015年接着举办三场，反响热烈。主讲嘉宾有著名作家庞贝（5月16日大浪红茶时间）、著名作家邓一光（5月29日深圳青年大厦）、网络大神丛林狼（12月11日福田图书馆）。探讨城市公共文化建设的“全民写作与公共文化”研讨会10月11日在梅山苑人民网深圳频道举行，尹昌龙、王海鸿、邓一光、吕绍刚、毛少莹、老亨、魏甫华、郭建勋等建言献策。

10. 阅读推广受到更加广泛的重视，专业化、公益性和社会参与成为阅读推广的深圳特色。

专业化的阅读推广成为深圳全民阅读发展的重要特色，本年度深圳继续重视培训阅读推广人，推动已获得相关资格的专业阅读推广人走上社会，提供公益性的阅读推广服务，以民间阅读组织为平台的阅读推广项目和活动的开展成为本年度亮丽的风景。

加强阅读推广人的专业培训。为了提高学校图书馆管理员的专业知识和开展阅读活动的能力，从而将其落实在具体的业务工作中，为学校的教育、教学活动的开展发挥积极的辅助作用，深圳市文体旅游局委托深圳市少年儿童图书馆组织举办了以中小学生人文阅读为主题的阅读推广人培训班，主要培训对象为全市中小学教师。全市共有 300 多名读者报名，最终选出 100 名正式学员及 50 名旁听学员参加培训（以教师为主）。培训班邀请了曹文轩、王余光等知名专家前来授课，受到学员的热烈欢迎。经实习、论文撰写、现场答辩等，最后 35 个学员通过评审成为第四期深圳阅读推广人。

7 月 6 日，深圳市文体旅游局联合深圳市阅读联合会共同举办的“深圳市阅读推广人高级研修班”启动，从深圳市阅读联合会聘用的公益阅读推广人及会员单位从事亲子阅读的相关人员中遴选 15 名学员。8 月邀请国内著名儿童文学专家来深开设主题讲座，11 月组织学员赴台湾进行儿童阅读推广实地访问交流，通过理论与实践的结合，切实提高我市公益阅读推广人的专业素养。

专业阅读推广人的阅读推广成效显著。深圳市少年儿童图书馆推出的“喜阅 365 亲子共读计划”，就是为专业阅读推广人策划设计推出的项目。2015 年该项计划举办“喜阅 365”读书会 40 场，参加读书会的读者每次均为 30 组家庭，每个家庭人数 2—4 人，总计参与人次约为 3600 人；编撰了《“喜阅 365”2015 亲子共读计划》，内含 120 种 2014 年出版的新书推荐及 245 种往年出版的书籍推荐；编撰了《2015 年度“喜阅 365”亲子共读计划优秀童书推荐》，内含 120 种 2014 年新出版的童书推荐；扩大微信微博传播，每天推荐一本优秀儿童读物或家长读物，每日不断更新，腾讯微信、微博与新浪微博同步群发，共计发出 1200 余条信息；腾讯和新浪关注用户均超过 6000 人，腾讯和新浪平台的每日每条平均浏览量也各超过 600 次以上；加强义工团队建设，共计有在册义工 145 人，活跃义工 61 人，举办义工研习班 1 场，参加义工人数 30 人；建立了 519 份小读者档案，目前已为 85 名优秀小读者颁发了奖状。

深圳彩虹花公益小书房以“推广亲子阅读理念，构建亲子良性沟通渠道，让孩子体验到阅读的乐趣”为使命，以“阅读童年，收获梦想”为愿景，重点关注社区家庭亲子阅读成长和流动儿童家庭阅读状况。如今深圳彩虹花公益小书房在全市已经拥有深圳图书馆、宝安区图书馆、南山区图书馆、龙岗区图书馆、罗湖区图书馆、桃源村社区、阳光棕榈园、桃源居、沙井、观澜、泥岗、布吉、莲塘、福保街道以及中心书城等15个分站站点，拥有桃源彩虹花绘本馆和宝安阳光海彩虹花绘本馆两个绘本馆，机构核心管理人员约50人，注册义工680多名，讲师团29人，参与活动的义工1000多人的庞大队伍。在“梦想书包”的公益项目中，彩虹花通过“书籍免费赠阅、故事会引发孩子兴趣、父母讲座促进家庭阅读”三合一服务方式，增加了班级读书会、儿童主题阅读课程、教师培训、家长理念讲座等软性服务。2014年全年在4个城中村社区投放了60个梦想书包，2015年全年在5个城中村社区投放了150个梦想书包，与幸福会合作了5所小学的梦想书包项目。

（二）存在问题

2015年深圳市全民阅读虽然取得了显著的成绩，全民阅读服务又向前推进了一大步，但由于历史原因、投入管理等影响，全民阅读发展仍然存在一些急需解决的问题。需要解决的主要问题体现在以下四个方面：

1. 公共阅读设施建设不够完善，原特区外的公共阅读设施建设严重滞后。

据深圳市文体旅游局组织的全市基层图书馆调查，623家基层图书馆中，历年达标馆502家，占总数80.6%，新建未达标馆121家，占总数19.4%；加入全市统一服务平台227家，占总数36.4%；成为共享工程服务网点448个，占总数71.9%；正常开放的486家，占总数78%，长期闭馆或不正常开放137家，占总数22%。宝安区社区图书馆114家，关闭或不正常开放37家。龙岗区社区图书馆79家，关闭或不正常开放27家。光明新区社区图书馆23家，关闭或不正常开放4家。坪山新区社区图书馆19家，关闭9家。龙华新区社区图书馆30家，关闭1家。大鹏新区社区图书馆22家，关闭或不正常开放22家，基本处于瘫痪状态。另外新设立的龙华新区图书馆、大鹏新区图书馆等还未选址立项建设，人员编制等都还未落实。

2. 公共阅读服务不均等，原特区外的公共阅读服务与原特区内的差距较大。

根据《深圳市基层公共文化服务规定》的服务开放时间标准要求，社区图书馆每周开放时间不得少于36小时，但调查统计发现达到这一标准的社区图书馆所占比例不高。比如龙华新区，该区总计有30个社区图书馆，其中超过36小时标准开放的有7个，所占比例为23%，开放时间最长的图书馆是华联社区图书馆72小时，其次是华城社区图书馆49小时，还有牛湖社区图书馆45.5小时、清湖社区图书馆42小时、三联社区图书馆37.5小时、油松社区图书馆37小时和松和社区图书馆36小时，其他的社区图书馆如福民社区图书馆、桂花社区图书馆、新田社区图书馆、君子布社区图书馆、库坑社区图书馆、三联社区图书馆等每周开放时间都低于36小时标准，最低的是民新社区图书馆每周才开放24小时，未达标率高达63.2%。服务半径的不均衡也造成阅读服务的不均等。原特区内的社区面积小，而原特区外的社区面积比较大。如福田区平均每个社区面积是0.83平方公里，而龙岗区的平均每个社区面积为5.74平方公里，原特区内外社区面积相差6倍。原特区内的社区阅读设施数量多，比例高，密度大，所以公共阅读服务的半径自然较小，市民享受的程度和便捷度也较高。而原特区外的社区公共阅读设施建设数量偏少，比例偏低，范围又大，自然服务半径较长，难以惠及辖区居民。

3. 阅读资源建设不平衡，社区和原特区外的阅读资源严重缺乏和老化。

深圳市文体旅游局调查发现，多数基层图书馆经费无保障，缺乏后续运营费用，包括水电费、网络费、文献更新增加费等。罗湖区从2007年开始，92家社区图书馆每年后续运营费用198万元，由区财政直接下拨到各街道统筹管理，解决了部分经费不足问题，但此后长期未增加，而书刊价格逐年递增，目前仅能维持报刊订购，无力补充新书。南山区部分社区馆的报刊更新，都是区科技局和计生中心统一订购的科普及计生报刊。龙岗区79个社区馆，67个无后续运营费用，仅在建馆初期购置了一批图书，此后长期不更新，基本零增长，早期达标的个别图书馆目前最新馆藏图书竟是2000年的。坪山新区22个基层馆中，只有坪山办事处图书馆在新区成立前接受过龙岗区馆配置的图书，其他大部分基层馆几乎十年没有新购图书。在对大鹏新区社区文体服务调查中，发现社区一级的主要问题包括：经费缺乏，社区文体经费缺乏专项经费，经费得不到保障，可能存在社区建设项目经费打包而文体经费被挪用的现象；社区图书馆面积不达标，资源建设滞后，缺乏更新经费，且未能实现错时服务，未能实现联网服务，电子阅览室空白，管理人员配置空白。新区从龙岗区分出来后，新区街道图书馆原与龙岗区图书馆建立的总分馆体系和联网服务基本失效。在新区自身的图书馆总分馆体系未建立的情况下，目前新区街道图书馆无法实现与市级图书馆的资源共享，无法实现通借通还，严重影响居民的阅读服务。

4. 社会力量参与全民阅读的活力仍未充分激发，政策落实仍需假以时日。

社会力量主要包括三大类主体及其拥有的各种资源：一是企业法人主体及其资源，二是社会组织法人主体（社会团体、民办非企业单位、基金会）及其资源，三是自然人主体及其资源。目前就深圳的社会力量参与全民阅读服务的情况来看，企业和社会组织参与呈现越来越多的趋势，但最大的问题在于社会力量提供的资金支持还没有取得突破性的进展，社会资金支持政府开展的全民阅读设施建设和服务项目以及支持社会组织开展相关全民阅读活动的资金总量与深圳经济发达的城市地位还不能匹配，社会捐助和赞助全民阅读的资金在全民阅读全部投入中所占比例非常小，还不到1%。深圳虽然推进了社会组织登记制度改革，促进了社会组织的发展，然而由于捐赠相关政策的具体落实需要资格认定配套，加上社会组织本身的诚信需要提高，所以社会捐赠社会组织开展公益阅读活动总量也小。例如三叶草阅读文化发展中心就存在着资金困境问题。腾讯微爱是腾讯公益慈善基金会于2011年推出的长期对民间公益组织和高校社团进行资金帮扶和能力建设的互联网公益产品，其核心机制是通过微爱开放平台，由腾讯公益慈善基金会出资、公益组织或高校社团出项目、网友参与做主，将资金捐赠给希望支持的公益项目。2012年，“三叶草”故事家族以社区阅读加油站项目参加“腾讯公益微爱筑力计划线上筹款”，历时两个月，筹款42869元。2013年，“三叶草”继续通过腾讯微爱项目筹集到了5万元的资助，但是这些资金用来承担全国范围内的这么多场活动是远远不够的。深圳市爱阅公益基金会成为仅有的以公益阅读推广为核心资助的基金会，但由于刚刚成立，基金规模有限，所举办的活动也是有限的，目前举办的有影响的活动是开设了“爱阅电台”项目。

此外，深圳于2013年10月获得联合国教科文组织授予“全球全民阅读典范城市”称号，在此方面是全球唯一的城市，同时深圳毗邻香港，文化交流便利，深圳本地更是有大量外国人士在此学习和工作以及来深旅游，尽管深圳已开展许多与外国人士以及香港和台湾同胞的阅读交流活动，但从更高标准来要求，这些活动数量还不够多，影响还不够大，创新度还不够强。

二、推进全民阅读面临新的形势和新的机遇

党的十八大以来，党和国家对全民阅读工作高度重视，将全民阅读上升到提高公民的思想道德素质和科学文化素质，培育和践行社会主义核心价值观，传承中华优秀传统文化和推动社会文明程度显著提高的层面予以倡导和支持，同时把它纳入现代公共文化服务体系和文化产业发展给予大力推进，出台许多相关政策全力促进。在党和国家的高度重视下，全民阅读面临着新的形势和新的机遇。

（一）着眼完善公共阅读服务治理，以党的十八届三中全会和四中全会精神为指引，提高公共阅读服务治理能力，推进公共阅读服务治理的现代化建设

公共阅读服务治理属于公共文化服务的范畴，自然属于文化治理的范围。党的十八届三中全会提出全面深化改革的总目标是“完善和发展中国特色社会主义制度，推进国家治理体系和治理能力现代化”。文化建设属于中国特色社会主义事业“五位一体”的重要组成，自然也是国家治理体系的重要内容之一。从文化发展本身来说，构建完善的文化治理体系、提高文化治理能力，也是文化发展本身的需求。文化部曾提出要通过以下举措促进文化

治理能力现代化：进一步厘清政府与市场、企业、社会组织、个人的关系，进一步简政放权，把该管的事抓在手上管好，把不该管的事交给社会和企业。按照服务型政府要求，充分发挥政府在公共文化资源配置、管理协调中的主导作用，在产业发展方面的引导和服务作用。

特别有意义的是，在党的十八届三中全会作出全面深化改革的决定后，党的十八届四中全会又作出全面推进依法治国的决定。两个全会决定的目标都是为了完善和发展中国特色社会主义制度，推进国家治理体系和治理能力现代化。结合两次全会的精神，就文化治理来说，需要重视四个关键：一是“权利”。党的十八届四中全会第一次在党的重大决定中明确要保障公民文化权利的落实、实现公民权利保障法治化。这是依法治国的重要目标，也应是文化治理的根本目标之一。二是“公平”。党的十八届三中全会提出全面深化改革必须以促进社会公平正义、增进人民福祉为出发点和落脚点，要让发展成果更多更公平惠及全体人民。党的十八届四中全会明确提出加快完善体现权利公平、机会公平、规则公平的法律制度。所以，完善文化治理体系也要基于确保权利、机会和规则公平的立足点。三是“法律”。党的十八届四中全会提出建立健全文化法律制度，所以未来的文化治理的根本手段要转向以法律制度来治理，建立完备的文化法律规范体系、高效的文化法治实施体系。四是“社会”。党的十八届三中全会决定指出“引入竞争机制，推动公共文化服务社会化发展”；“鼓励社会力量、社会资本参与公共文化服务体系建设，培育文化非营利组织”。由此在完善文化治理包括公共阅读服务治理的基础上，未来必须坚持的几个关键是体现权利、公平、法律和社会参与的制度设计和政策措施。

值得欣喜的是国家新闻出版广电总局起草的《全民阅读促进条例》（征求意见稿）已向社会公布，2015 年 2 月 15 日起面向社会征求意见，征求意见稿从全民阅读服务、重点群体阅读保障、促进措施以及法律责任等方面提出具体的促进措施。其中立法宗旨也明确“促进全民阅读，保障公民的基本阅读权利，提高公民的思想道德素质和科学文化素质，培育和践行社会主义核心价值观，传承中华优秀传统文化，推动社会文明程度显著提高”。说明“保障公民的阅读权利”已成为阅读立法的出发点。该《条例》征求意见稿提出的国家促进全民阅读的原则，实际上就是公共文化服务体系建设的原则，即应当遵循公益性、基本性、均等性、便利性的原则。上述宗旨和原则与党的十八届三中、四中全会的精神是一致的。

（二）坚持以新的发展理念引领全民阅读的新发展，以全民阅读的新发展促进现代公共文化服务体系的构建和完善

党的十八届五中全会关于“十三五”时期国民经济和社会发展规划的建议提出要贯彻落实创新、协调、绿色、开放、共享的五大发展理念，这也是全民阅读工作必须坚持的核心理念。在创新发展中激发全民阅读创新活力。当前全民阅读服务必须研究落实全面建成小康社会的新要求，适应经济结构转型升级、新型城镇化、现代信息技术和“互联网+”的发展步伐，加强阅读理念创新、制度创新、发展方式创新。要不断释放阅读新需求，创造阅读新供给，推动新技术在阅读领域的应用，拓展阅读文化发展和传播的空间。让创新意识、创新思维始终贯穿在全民阅读工作之中，让创新在全民阅读领域蔚然成风，不断激发阅读发展动力，释放阅读创造活力。

在协调发展中推动全民阅读协调均衡发展。增强发展协调性，必须在协调发展中拓宽发展空间，在加强薄弱领域中增强发展后劲。一方面，全民阅读要和其他领域协调发展，在推动物质文明与精神文明协调发展中发挥着不可替代的重要作用，必须为两个文明协调发展作出新贡献。另一方面，全民阅读自身也要协调发展，在补齐短板、兜好底线上下功夫，着力解决阅读服务区域不平衡问题，提升基本阅读服务均等化水平，不断缩小区域发展差距。在绿色发展中充分发挥全民阅读的重要作用，提升阅读产品在文化产业和国民经济中的比重，更多依靠创意、版权、品牌，有利于大幅度减少物质形态的消耗和排放，实现产业结构的优化。对照全面建成小康社会的总目标，阅读产品生产自身也要转变发展方式，实现更高质量、更有效率、更可持续的发展。在开放发展中提高阅读文化竞争力和影响力，兼收并蓄各国优秀文明成果，积极推动我国文化走出去，开创阅读文化交流、传播和贸易新局面。

在共享发展中实现阅读服务共享。要作出更有效的制度安排，推动发展成果共享。坚持以人为本，以满足人民精神文化需求、促进人的全面发展为根本目的，不断提高全民族的思想道德素质和科学文化素质。增加公共阅读服务产品供给，使基本阅读服务均等化水平不断提高，公平性和可及性明显增强，切实维护广大人民群众的阅读权利；降低阅读文化消费门槛，扩大阅读文化消费规模，提高群众参与度和幸福感，真正让阅读发展成果惠及全民。

（三）适应国家加快构建现代公共文化服务体系的新要求和新目标，推进现代公共阅读服务体系的建设

2015 年 1 月，中共中央办公厅、国务院办公厅印发《关于加快构建现代公共文化服务体系的意见》提出按照全面建成小康社会的总体要求，牢固树立以人民为中心的工作导向，以改革创新为动力，以基层为重点，构建体现时代发展趋势、适应社会主义初级阶段基本国情和市场经济要求、符合文化发展规律、具有中国特色的现代公共文化服务体系。在原则中提出坚持正确导向；坚持政府主导，从基本国情出发，认真研究人民群众的精神文化需求，因地制宜，科学规划，分类指导，按照一定标准推动实现基本公共文化服务均等化，切实保障人民群众基本文化权益，促进实现社会公平；坚持社会参与。简政放权，减少行政审批项目，引入市场机制，激发各类社会主体参与公共文化服务的积极性，提供多样化的产品和服务，增强发展活力，积极培育和引导群众文化消费需求；坚持共建共享。加强统筹管理，建立协同机制，明确责任，优化配置各方资源，做到物尽其用、人尽其才，发挥整体优势，提升综合效益；坚持改革创新。加快转变政府职能，完善管理体制机制，创新公共文化服务内容和形式，促进文化与科技深度融合，推动文化事业和文化产业协调发展。

该《意见》明确构建现代公共文化服务体系的主要目标：到 2020 年，基本建成覆盖城乡、便捷高效、保基本、促公平的现代公共文化服务体系。

公共文化设施网络全面覆盖、互联互通，公共文化服务的内容和手段更加丰富，服务质量显著提升，公共文化管理、运行和保障机制进一步完善，政府、市场、社会共同参与公共文化服务体系建设的格局逐步形成，人民群众基本文化权益得到更好保障，基本公共文化服务均等化水平稳步提高。

具体举措中提出建立基本公共文化服务标准体系，要求以人民群众基本文化需求为导向，围绕看电视、听广播、读书看报、参加公共文化活动等群众基本文化权益，根据国家经济社会发展水平和供给能力，明确国家基本公共文化服务的内容、种类、数量和水平，以及应具备的公共文化服务基本条件和各级政府的保障责任，确立国家基本公共文化服务指导标准，明确政府保障底线，做到保障基本、统一规范。各地要根据国家指导标准，制定与当地经济社会发展水平相适应、具有地域特色的地方实施标准，逐步形成既有基本共性又有特色个性、上下衔接的标准指标体系。标准以县为基本单位推进落实。建立基本公共文化服务标准动态调整机制，根据经济社会的发展变化，适时调整提高具体指标。完善公共文化设施免费开放的保障机制，深入推进公共图书馆、博物馆等免费开放工作。培育和促进文化消费。鼓励和引导社会力量参与，丰富优秀公共文化产品供给。进一步发挥国家级评奖和艺术、出版等基金的引导带动作用，创作生产更多传播当代中国价值观念、体现中华文化精神、反映中国人审美追求，思想性、艺术性、观赏性有机统一的优秀文化产品。活跃群众文化生活。深入开展全民阅读活动，推动全民阅读进家庭、进社区、进校园、进农村、进企业、进机关。

（四）适应经济新常态，推进阅读文化产品的供给侧改革，促进阅读文化产业和公共服务的协同发展，促进公共阅读服务产品的丰富优质供给

习近平总书记指出，“要在适度扩大总需求的同时，着力加强供给侧结构性改革，着力提高供给体系质量和效率，增强经济持续增长动力，推动我国社会生产力水平实现整体跃升”。

加快阅读文化产业为公共文化服务提供内容、形式和传播手段，公共文化服务为阅读文化产业发展提供市场、导向，营造文化氛围，培育消费习惯。随着公共阅读服务社会化参与形式逐渐增多、范围不断扩大、主体日渐多元，阅读文化产业与公共服务的深度融合将开启，也将更好地满足新形势下人们对于公共阅读服务的全新需求。在供给侧改革中，公共阅读服务、阅读文化产业应当形成合力，全面激活阅读文化消费。公共阅读服务要做到保基本、有提升、不缩水，以“利民、惠民”为根本，通过多元化公共阅读共建模式，提供高质量、对口味、适应现代传播方式的阅读服务产品，提升大众阅读文化素养，为培养阅读文化消费习惯创造良好的文化氛围。

2015 年 11 月，国务院印发《国务院办公厅关于加快发展生活性服务业促进消费结构升级的指导意见》提出以增进人民福祉、满足人民群众日益增长的生活性服务需要为主线，大力倡导崇尚绿色环保、讲求质量品质、注重文化内涵的生活消费理念，创新政策支持，积极培育生活性服务新业态新模式，全面提升生活性服务业质量和效益，为经济发展新常态下扩大消费需求、拉动经济增长、转变发展方式、促进社会和谐提供有力支撑和持续动力。该《指导意见》提出今后一个时期，重点发展贴近服务人民群众生活、需求潜力大、带动作用强的生活性服务领域，推动生活消费方式由生存型、传统型、物质型向发展型、现代型、服务型转变，促进和带动其他生活性服务业领域发展，其中文化服务的任务范围包括：着力提升文化服务内涵和品质，推进文化创意和设计服务等新型服务业发展，大力推进与相关产业融合发展，不断满足人民群众日益增长的文化服务需求。积极发展具有民族特色和地方特色的传统文化艺术，鼓励创造兼具思想性艺术性观赏性、人民群众喜闻乐见的优秀文化服务产品。加快数字内容产业发展，推动文化服务产品制作、传播、消费的数字化、网络化进程，推进动漫游戏等产业优化升级。深入推进新闻出版精品工程，鼓励民族原创网络出版产品、优秀原创网络文学作品等创作生产，优化新闻出版产业基地布局。积极发展移动多媒体广播电视、网络广播电视等新媒体、新业态。推动传统媒体与新兴媒体融合发展，提升先进文化的互联网传播吸引力。完善文化产业国际交流交易平台，提升文化产业国际化水平和市场竞争力。同月印发的《国务院关于积极发挥新消费引领作用加快培育形成新供给新动力的指导意见》提出要积极顺应和把握消费升级大趋势，以消费升级引领产业升级，以制度创新、技术创新、产品创新满足并创造消费需求，要发挥新消费引领作用是更好满足居民消费需求、提高人民生活质量的内在要求，支持消费升级重点领域和方向包括服务消费、信息消费、绿色消费等，其中的服务消费包括支持文化服务消费，还包括推动网络文化、数字内容等新兴文化产业及传统文化消费升级。以上政策都包括支持全民阅读的内容。

（五）把握国家大力鼓励支持社会力量参与公共文化服务的政策导向，造就社会力量参与公共阅读服务的良好环境

社会力量参与公共文化服务从2007年8月中央首次明确建设公共文化服务体系的内涵定义开始，就已确定为我国公共文化服务体系建设的基本内涵。《中共中央办公厅国务院办公厅关于加强公共文化服务体系建设的若干意见》指出："按照结构合理、发展均衡、网络健全、运行有效、惠及全民的原则，以政府为主导、以公益性文化单位为骨干、鼓励全社会积极参与，努力建设以公共文化产品生产供给、设施网络、资金人才技术保障、组织支撑和运行评估为基本框架的覆盖全社会的公共文化服务体系，切实保障人民群众看电视、听广播、读书看报、进行公共文化鉴赏、参加大众文化活动等基本文化权益。"

2015年1月印发的《中共中央办公厅国务院办公厅关于加快构建现代公共文化服务体系的意见》明确指出要坚持社会参与的原则，构建政府、市场、社会共同参与公共文化服务体系建设的格局，指出要通过四个方面的措施来增强公共文化服务发展动力。这四方面措施包括：一是培育和促进文化消费。二是鼓励和引导社会力量参与；吸引社会资本投入公共文化领域；建立健全政府向社会力量购买公共文化服务机制；推广运用政府和社会资本合作等模式，促进公共文化服务提供主体和提供方式多元化。鼓励和支持社会力量通过投资或捐助设施设备、兴办实体、资助项目、赞助活动、提供产品和服务等方式参与公共文化服务体系建设。三是培育和规范文化类社会组织。四是大力推进文化志愿服务。由此表明，"鼓励和引导社会力量参与"

已成为推进公共文化服务体系建设的重要方向和重要内容，在政策指导和实践推进中都有十分重要的意义。

国家法律法规也有相关规定。1999 年 9 月 1 日起施行的《中华人民共和国公益事业捐赠法》对捐赠用途、使用范围、财产保护、受赠管理、优惠措施等内容进行明确，为公益性社会团体和公益性非营利的事业单位接受捐赠，为自然人、法人或者其他组织进行捐赠提供了明确的法律保障。国务院及相关部门也制定了系列政策。《财政部、中宣部关于进一步支持文化事业发展的若干政策》提出“十一五”期间国家支持文化事业发展的有关经济政策，其中第六项“继续鼓励对宣传文化事业的捐赠”。2012 年 6 月，文化部发布《文化部关于鼓励和引导民间资本进入文化领域的实施意见》，鼓励民间资本参与公共文化服务体系建设。2012 年 9 月，文化部与中央文明办推出《关于广泛开展基层文化志愿服务活动的意见》提出广泛开展文化志愿服务活动，组织动员专业文化工作者和社会各界人士志愿参与基层文化建设和群众文化活动。2014 年 11 月，国务院发布《国务院关于创新重点领域投融资机制、鼓励社会投资的指导意见》（国发〔2014〕60 号），要求进一步鼓励社会投资特别是民间投资，促进重点领域建设，增加公共产品有效供给。在国务院指导意见的基础上，财政部先后发布具体的推进政策细则，包括《财政部关于推广运用政府和社会资本合作模式有关问题的通知》《政府和社会资本合作模式操作指南（试行）》和《政府和社会资本合作项目政府采购管理办法》，公共基础设施建设项目是 PPP 项目实施内容之一。

2013 年 10 月，国务院办公厅发布《关于政府向社会力量购买服务的指导意见》，指出“通过发挥市场机制作用，把政府直接向社会公众提供的一部分公共服务事项，按照一定的方式和程序，交由具备条件的社会力量承担，并由政府根据服务数量和质量向其支付费用”，规定承接购买服务的主体包括依法在民政部门登记成立或者经国务院批准免予登记的社会组织，以及依法在工商管理或者行业主管部门登记成立的企业、机构等社会力量。

（六）提高应用新技术新媒体的自觉性积极性，促进“互联网＋阅读”行动，实现多元立体形态的阅读提升

基于互联网和移动互联网技术支撑下的现代阅读已突破传统阅读模式，生活其中的每一个人都必须面对和适应这种技术趋势，充分利用现代技术促进阅读。国家层面已充分意识到这一点。2015 年 1 月印发的《中共中央办公厅国务院办公厅关于加快构建现代公共文化服务体系的意见》提出的构建现代公共文化服务体系，其中的“现代”的含义就在于将现代技术应用于阅读服务。为此该《意见》明确了适应现代技术发展的措施。其中之一是要加大文化科技创新力度，将公共文化科技创新纳入科技发展专项规划，深入实施国家文化科技创新工程，加强科技成果转化应用，实施一批公共文化服务科技创新应用示范项目。

在加快推进公共文化服务数字化建设措施中，提出结合“宽带中国”“智慧城市”等国家重大信息工程建设，加快推进公共文化机构数字化建设；统筹实施全国文化信息资源共享、数字图书馆博物馆建设、直播卫星广播电视公共服务、农村数字电影放映、数字农家书屋、城乡电子阅报屏建设等项目，构建标准统一、互联互通的公共数字文化服务网络，在基层实现共建共享；提高资源供给能力，科学规划公共数字文化资源建设，建设分布式资源库群，鼓励各地整合中华优秀文化资源，开发特色数字文化产品；支持数字版权公共服务平台建设，实现公共数字文化资源有效保护；加强公共文化大数据采集、存储和分析处理；加快推进数字文化资源在智能社区中的应用，实现“一站式”服务。

在提升公共文化服务现代传播能力措施中，提出着眼于形成与我国经济社会发展水平相称的传播能力，加快构建现代文化传播体系，保障信息传播的高效快捷和安全有序；灵活运用宽带互联网、移动互联网、广播电视网、卫星网络等手段，拓宽公共文化资源传输渠道。大力推进“三网融合”，促进高清电视、互动电视、交互式网络电视（IPTV）、手机电视等新业务发展，推广数字智能终端、移动终端等新型载体；推进数字出版，构建数字出版物传播平台。

三、未来推动全民阅读持续发展的对策思路

2016年是“十三五”规划开局之年。在党和国家对全民阅读的高度重视下，深圳必须贯彻落实党的十八大以来“四个全面”的精神，顺应新的形势要求，抢抓新的发展机遇，以新的发展理念引领全民阅读，同时根据党和国家制定的推进全民阅读的政策精神，结合本市实际，突出本市特色和优势，推动深圳全民阅读的持续深入发展，更好地保障市民的阅读权利。

（一）围绕两个总体目标部署落实全民阅读工作，以全民阅读的积极成果助力城市建设和文化建设

第一是围绕市六次党代会提出的深圳城市建设总体目标。2015年6月市六次党代会报告提出深圳要“努力建成现代化国际化创新型城市”。这是未来五年深圳城市建设和发展的总体目标。而总体目标的具体体现之一是提出“努力建成更高质量的民生幸福城市”，要求“牢固树立以民为本的执政理念和价值追求，实现全体市民共建共享、包容发展。全面实现基本公共服务均等化，努力让群众享有更优质的教育、更稳定的工作、更满意的收入、更可靠的社会保障、更高水平的医疗、更舒适的居住条件、更优美的生态环境、更有品质的文化服务，使群众对美好生活的向往不断变成现实。到2020年，居民人均可支配收入达到6万元，民生保障水平居全国前列”。

第二是围绕《深圳文化创新发展2020（实施方案）》提出的文化建设的总体目标。该方案于2016年1月印发实施，其提出文化建设的总体目标是“努力建设与现代化国际化创新型城市相匹配的文化强市”，提出“在未来五年，逐步将深圳打造成为精神气质鲜明突出、文化创新引领潮流、文艺创作精品迭出、文化活动丰富多彩、文化设施功能完备、文化服务普惠优质、文化传媒融合发展、文化产业持续发展、文化形象开放时尚、文化人才群英荟萃的国际文化创意先锋城市，努力建设与现代化国际化创新型城市相匹配的文化强市”。强化忧患意识，坚持问题导向、需求导向，夯实基础，补齐

短板，谋划长远；要求坚持传承、扬弃、创新，把创新摆在文化发展的核心位置；要求坚持以国内外先进城市为标杆，努力体现现代化国际化水平；要求坚持以人为本，便民利民，不断满足市民日益增长的精神文化需求。全民阅读是文化建设的题中之意，自然必须为文化强市建设助力增色。

（二）切实贯彻市委市政府制定的《关于加快构建公共文化服务体系的实施意见》的精神，以现代公共文化服务体系的加快构建促进全民阅读工作的提高

市委市政府制定的《关于加快构建公共文化服务体系的实施意见》是贯彻落实党和国家推进现代公共文化服务体系建设的实施意见，是今后五年深圳构建现代公共文化服务体系的纲领性文件，也是全民阅读服务的指引性文件。该《实施意见》提出深圳构建现代公共文化服务体系的总体目标是："围绕市第六次党代会提出的深圳城市发展的总体目标，贯彻《深圳文化创新发展2020》，全面落实公共文化服务标准化、均等化、社会化、数字化、法治化、国际化等建设任务，到2020年，建成与深圳经济社会发展相适应的、与现代化国际化创新型城市相匹配的，标准先进、发展均等、供给丰富、服务高效、依法规范、保障有力的全国领先的公共文化服务体系，主要指标居全国前列，市民文化权利得到全面切实保障。"

在构建原则中提出坚持价值引领，大力培育和践行社会主义核心价值观，弘扬深圳精神和深圳观念，促进在全社会形成积极向上的精神追求和健康文明的生活方式，推进文化强市建设。坚持需求导向，把实现市民文化权利作为构建现代公共文化服务体系的出发点和落脚点，把握新形势下人民群众的精神文化需求，实现公共文化服务与群众文化需求有效对接。坚持创新驱动，进一步解放思想，创新发展思路和体制机制。坚持标准均等，以标准服务推动均等服务，以均等服务推动特区一体化服务，稳步提高全市公共文化服务的均等化水平。坚持社会参与，进一步调动和激发社会力量广泛参与、支持公共文化服务体系建设。

（三）推进《深圳经济特区全民阅读促进条例》的落实，提高全民阅读工作的依法保障水平

《深圳经济特区全民阅读促进条例》自2016年4月1日起施行，因此2016年可以说是依法推进全民阅读工作的元年，抓好《条例》的贯彻落实应成为2016年全民阅读的重点工作。根据该《条例》的规定，2016年首先需要启动并完成的工作就是按照《条例》第六条的规定，设立深圳市全民阅读指导委员会。建议按照《条例》规定的“市全民阅读指导委员会由市宣传、文化、教育、财政、民政、人力资源和社会保障、卫生和计生等部门以及市总工会、共青团、妇联、文联、残联等组织组成”，由深圳市文体旅游局（新闻出版广电局）牵头发起成立深圳市全民阅读指导委员会，在指导委员会成立后即可履行职责。

依照《条例》，其他全民阅读工作也要抓紧推进。比如4·23世界读书日，《条例》规定每年4月23日为深圳未成年人读书日。《条例》要求“市、区政府有关行政主管部门、共青团等应当在深圳未成年人读书日组织开展未成年人阅读促进活动；公共图书馆、中小学校、幼儿园等应当开展未成年人阅读及交流活动”，“鼓励企事业单位、其他组织和个人开展各种形式的未成年人阅读促进活动”。因此2016年的4·23将成为深圳第一个未成年人读书日。如何推动“深圳未成年人读书日”活动的开展，需要全民阅读指导委员会、文化主管部门以及相关部门和社会的共同努力。

（四）落实《深圳市基本公共文化服务实施标准》，以落实公共阅读服务标准推动实现标准阅读服务

《深圳市基本公共文化服务实施标准（2016—2020）》是落实《国家基本公共文化服务指导标准》和《广东省基本公共文化服务实施标准》的地方标准，是深圳市构建现代公共文化服务体系的量化标准。该项《标准》涉及服务设施配置等14个方面，其中作为基本公共文化服务的公共阅读服务也在标准约束范围。推动这一《标准》的实施将为深圳市现代公共文化服务体系的全面构建和公共阅读服务体系的完善提供强有力的资源支撑。

该项《标准》规定了服务设施配置标准规定：以步行10分钟为服务半径，统筹设置公共文体设施。到2020年，每万人文化设施面积不少于2500平方米，服务半径不低于“十分钟文化圈”。服务设施开放标准包括政府投资的公共图书馆、文化馆、博物馆、美术馆、街道文体中心、社区综合文化服务中心等公共文化设施向社会免费开放，基本文化服务项目健全并实行免费服务。市级、区级的公共图书馆、文化馆每周开放时间≥56小时，街道文体中心（文化站、公共图书馆）每周开放时间≥48小时，社区综合文化服务中心（含社区图书馆）每周开放时间≥36小时。公共文化设施免费开放与公众的工作时间、学习时间适当错开，错时开放时间不少于总开放时间的三分之一。

公共阅读服务标准明确规定：推动区及以下公共图书馆实行总分馆制运作，2018年底前总分馆实现率达到80%，2020年达到100%。加强图书文献资源建设，按常住人口计算，2020年全市人均藏书（含电子图书）≥2.4册（件）。全市公共图书馆人均藏书（含电子图书）年新增≥0.1册。市级、区级公共图书馆每年举办的阅读活动次数（讲座、展览、辅导、交流等）≥200次，街道级公共图书馆每年举办的阅读活动≥24次，社区图书馆每年举办的阅读活动≥6次。100%的街道文体中心建有标准配置的公共电子阅览室，100%的社区综合文化服务中心配置上网设备，免费提供上网和数字资源服务。在主要街道、公共场所、居民小区等人流密集地点设置阅报栏或电子显示屏，提供时政、科普、文化、生活等方面的信息服务，每个社区不少于1处，每天更新报刊不少于2份。区级及以上公共图书馆、文化馆、博物馆、美术馆100%建成开通网上图书馆、文化馆、博物馆、美术馆，具备基本功能，并提供数字服务项目。区级及以上公共图书馆建成地方特色数字资源库≥3个。街道以上公共文化设施内提供免费无线上网服务。

（五）推动《深圳市公共文化体育设施配置标准》的落实，结合城市规划和市民需求，促进公共阅读设施和公共阅读空间的均衡建设

落实《深圳市公共文化体育设施配置标准》要求，严格按照标准配置建

设公共阅读设施。配置原则规定公共文化体育设施配置必须坚持行政区划与服务人口规模及服务半径相结合的原则，分市级、区级和社区级三级统筹配置，其中市级设施服务全市范围，结合区级行政区划及组团分区配置区级设施服务本区（新区）或组团，结合实际需求配置社区级设施。应以步行15分钟为服务半径，统筹配置社区级公共文化体育设施。在规划建设标准中规定市级公共文化体育设施的配置标准，其中市级公共图书馆按国家一级图书馆标准规划建设，馆舍建筑面积标准≥20000㎡区级公共文化体育设施配置标准中的区级公共图书馆按照地市级一级图书馆标准规划建设，馆舍建筑面积标准≥7500㎡，提出鼓励以文化综合体形式配置区级公共文化体育设施，文化综合体的规划建设标准应按相关设施合并规模统筹考虑。人口规模大于150万的区（新区），可适当规划增建区级公共文化体育设施。街道以下的公共文体设施建设要按照《国务院关于加快基层综合文化服务中心建设的指导意见》的要求建设，其中街道公共文化体育设施的配置标准，要求按行政区划，每个街道按标准规划建设1个综合性的文体中心，配套建有1个文体广场。社区公共文化体育设施配置标准，要求按行政区划，每个社区按标准规划建设1个社区综合文化服务中心。

下一步要推进的公共阅读设施和空间包括深圳图书馆调剂书库的规划建设，建成坪山新区文化综合体、龙岗中心区“三馆”、宝安中心区青少年宫和石岩书城文化综合体，加快启动建设光明新区文化艺术中心、布吉文体中心、观澜文体公园和龙华文体中心等一批区级标志性文化设施。加快龙岗书城、光明书城、龙华书城、湾区书城、大鹏书城和配套基地等规划建设，支持建设创意特色书吧，基本形成“一区一书城、一街道一书吧”格局，打造“书香之城”。

（六）推动公共阅读服务的均等化建设，实现均等化的公共阅读服务

实施公共阅读服务惠民工程。丰富公共阅读产品，进一步提升公共文化服务机构、国有文化企业生产和提供公益阅读产品的质量和效率，创作生产更多传播社会主义核心价值观，体现深圳精神、深圳特色的优秀阅读产品；

不断丰富公共文化服务机构的藏书、藏品，加快展览展示更换频率，拓展服务领域规模；建立现代配送机制，开展“菜单式”“订单式”“互动式”公共阅读服务，推动公共阅读惠民项目与群众需求有效对接，推动特区公共阅读服务的一体化；进一步提升“深圳读书月”“市民文化大讲堂”等品牌的影响力和辐射力。

增强公共阅读设施服务效能。进一步提升政府建设的公共阅读设施的免费开放水平，通过服务宣传、项目公示等手段，积极提供各类公共阅读服务，不断提升服务质量；逐步推动科技馆、青少年宫、妇女儿童活动中心、工人文化宫、机关事业单位内部文化设施免费提供基本阅读服务项目；推动高校图书馆向社会开放。进一步推动公共阅读服务资源向原特区外地区及来深建设者群体倾斜，建设流动阅读服务网，重点在原特区外和来深建设者集聚的厂区、生活区，开展流动图书、展览、讲座等流动系列服务，把优质阅读资源配置到基层群众和来深建设者身边。

完善图书馆之城建设。落实《“图书馆之城”建设规划（2016—2020）》，健全市级中心馆、区级总馆、街道分馆和社区图书馆四级网络体系，推进公共图书馆服务全覆盖；推动社区图书馆与社区综合文化服务中心的联动建设，优化24小时街区自助图书馆的规划布局，提升自助服务效能；进一步强化技术引领，推进“图书馆之城”统一技术平台的升级与发展；构建多元化服务平台，丰富和拓展公共图书馆服务方式和内容，加强全市阅读推广服务联动。深化图书馆总分馆制建设，进一步推动各级公共图书馆资源共享利用；推广“常青藤”计划模式，推动公共图书馆与全市中小学图书馆文献资源共享流通。

（七）推进公共阅读服务的社会化建设，形成公共阅读服务多元供给的良好格局

加大政府购买服务力度。进一步建立健全政府面向社会力量购买公共文化服务的机制，制定和公布政府面向社会力量采购公共文化服务指导性目录，完善政府购买公共文化服务管理，扩大政府采购范围；研究和制定公共

文化服务采购的具体实施细则，培育和引导社会力量提供公共文化服务和产品。其中的公共阅读服务也纳入政府购买服务目录。

推动社会化专业化供给。落实《深圳市鼓励社会资本捐助公益文化体育事业实施办法》，鼓励和支持社会力量通过投资或捐助设备、兴办实体、资助项目、赞助活动、提供产品和服务等方式参与公共阅读服务体系建设，促进公共阅读服务提供主体和提供方式多元化；推广运用政府与社会资本合作建设公共阅读设施的PPP模式；倡导文化慈善，引导发动海外华侨、港澳台同胞、私营企业和个人捐资捐赠支持全民阅读工作；鼓励通过众筹或者成立公益基金开展公益阅读服务活动。

鼓励社会化专业化运营。在优先保障公共阅读服务功能、满足群众基本文化需求的前提下，探索政府投资兴建的公共阅读设施实行社会化、专业化运营，鼓励通过购买服务、管办分离、委托运营的方式，提升公共阅读服务效能；鼓励“书吧＋图书馆”“网吧＋电子阅览室”等模式引导社会力量参与公共阅读服务项目运营。

培育和规范阅读类社会组织。大力培育和发展社会团体、民办非企业单位、基金会等阅读类社会组织。放宽准入条件，简化登记手续，优化管理服务；创新购买方式，加大政府向文化类社会组织购买服务力度；加大对阅读类社会组织扶持力度，利用公共阅读设施免费或低价为其提供活动场地，通过项目补贴、资助、购买服务等方式调动参与公共阅读服务的积极性。加强对阅读类社会组织的管理，开展运营绩效评估和社会信用评估，实现依法管理、依法运营。

加强阅读志愿服务。进一步壮大基层阅读志愿服务队伍，促进阅读志愿服务均衡发展；依托全市志愿服务信息数据系统，完善文化志愿服务网络信息平台建设，实现全市阅读志愿服务项目和人员良好对接；完善志愿服务激励机制建设，进一步创新阅读志愿服务内容、工作方式和活动载体，培育、树立具有地方或行业特色的阅读志愿服务品牌。

（八）推动公共阅读服务的网络化数字化建设，拓展公共阅读服务的传播空间

建设公共阅读数字服务平台。实现公共阅读服务机构服务方式与内容的数字化、移动化和便捷化；支持公共阅读服务机构开展数字化研发应用，强化线上、线下互动，创新服务模式，提升公共阅读服务用户体验；建立公共阅读服务云，加快推进青少年城市阅读平台“阅读榜”的建设，形成资源丰富、技术先进、服务便捷的公共阅读信息资源共享系统和网络服务平台，让群众享受数字化带来的丰富便利的文化生活。

充分利用深圳作为最互联网城市和拥有国内外较大影响力的互联网平台——腾讯公司的优势，推动“互联网+阅读”的应用，推动市民使用手机、电脑等终端，鼓励通过社交软件、移动APP、微博、微信等服务方式参与、交流、互动阅读知识和享受阅读服务。支持其他新媒体建立公共阅读平台，提供丰富多彩的阅读服务，并开展全民阅读活动。

提升公共阅读服务现代传播水平。灵活运用宽带互联网、移动互联网、广播电视网、卫星网络等手段，拓宽公共阅读资源传输渠道。大力推进“三网融合”，促进高清电视、互动电视、交互式网络电视（IPTV）、手机电视等新业务发展，推广数字智能终端、移动终端等新型载体，推进数字出版，构建数字出版物传播平台。

（九）促进全民阅读的国际交流合作，充分发挥全球全民阅读典范城市的国际影响效应

全民阅读的国际交流合作不仅仅可以推动本市的全民阅读发展，同时可以扩大提高深圳作为全球全民阅读典范城市的国际影响力，所以如何围绕“全球全民阅读典范城市”来实现上述目标也是未来深圳加强全民阅读的重点，应在促进阅读国际交流合作的方向、重点、载体、手段、方法等方面加强谋划，大胆创新。

加强与深圳国际友好城市、全球创意城市网络、“一带一路”国家和地区的城市阅读交流合作。自1986年3月与美国休斯敦市缔结友城以来，深

圳市共与五十多个国家的73个城市（地区）建立了友好关系。2008年，深圳作为国内首个“设计之都”，加入联合国教科文组织全球创意城市网络，截至2015年，全球创意城市网络共分七大主题，包括32个国家的69个城市。2014年我国还启动了“一带一路”国际经济发展战略。以上城市都应成为未来深圳阅读国际交流合作促进的重点方向。深圳要借助这些国际交流合作提高深圳的城市文化影响力，同时促进本市出版产业的发展。

创设更多的阅读国际交流平台。目前深圳已举办全球知识产权国际会议，还与爱丁堡举办了中英阅读交流活动，但这些交流活动还没有形成常态化的机制，与深圳建设国际化城市的目标还不太匹配。未来要进一步创设有利于提高深圳国际影响力、传播中华优秀文化的阅读交流平台。在深圳的外国人，包括学生和在深工作的人士，均可以开展阅读活动，通过阅读交流推动深圳国际化城市建设步伐。深圳市阅读联合会要充分发挥各类阅读组织和民间阅读机构的作用，扎实实施“全民阅读典范城市推广计划”，更多地组织和开展中外人士阅读文化活动，以及促进阅读推广人员之间的交流。

阅读综合研究分报告

深圳全民阅读立法：历程与解读

黄士芳

《深圳经济特区全民阅读促进条例》（以下简称《条例》）的通过及其实施标志着深圳已进入全民阅读工作依法促进的阶段，也是深圳彰显“全球全民阅读典范城市”的典范作用的具体体现。本次立法从启动至获得市人大常委会通过，历经两年。而最终获得通过的《条例》内容由于国内没有上位法的参照，因此可以说是我国全民阅读立法的一大创举。本文的写作，一方面是要回顾立法的过程，另一方面将对《条例》中的重要创新规定进行解读。

一、《深圳经济特区全民阅读促进条例》立法历程

深圳市一直重视全民阅读工作，全民阅读活动开展较早，自市委、市政府2000年创办“深圳读书月”以来，至今已16年。2010年，深圳市委又出台了《关于深入开展全民阅读活动加快学习型城市建设的若干意见》，率先在全国推动全民阅读工作，创造了多个全民阅读的全国第一。2013年，深圳市被联合国教科文组织授予“全球全民阅读典范城市”称号，是该组织在全球城市推行全民阅读颁发的最高奖项。

但随着全民阅读活动的深入开展，也遇到了一系列的问题，具体表现在：一是在推进全民阅读工作的组织协调方面，尚未建立明确的统筹指导、协调促进的组织体系，也没有建立政府推动全民阅读的长效机制。二是在全民阅读的设施及资源保障方面，全民阅读设施的规划不清晰，建设投资主体相对单一。三是未成年人的阅读率以及阅读量都在下降，急需引导和指导。四是阅读资源参差不一，影响了阅读质量。

基于以上情况，市政府根据立法计划，组织起草《条例》，目的在于通过明确和规范政府在全民阅读活动中的行为，固化和推广开展读书活动成功经验，更好地保障市民的阅读权利，为市民阅读提供更多更好的资源、产品和服务。

2013 年 12 月，深圳市启动全民阅读立法工作，市法制办、市人大先后将之列入立法调研计划。

2014 年 3 月，市文体旅游局成立了全民阅读立法工作小组，由局长牵头，局政策法规处、新闻出版处、特区文化研究中心等部门单位参加，全力以赴配合市法制办、市人大相关工作。

2014 年 1 至 10 月，市文体旅游局配合市法制办进行全民阅读立法调研，充分听取专家与相关单位的意见和建议，并在向社会广泛征求意见的基础上，形成《条例（草案）》。

2014 年 11 月 20 日，深圳市政府五届一百二十一次常务会议通过《条例（草案）》，提交市人大审议。

2015 年 2 月 27 日，深圳市人大召开五届人大常委会第三十七次会议，分组审议《条例（草案）》。会上，常委们一致认为我市出台《条例（草案）》是必要的，也是可行的，对于《条例（草案）》的内容，委员们提出了许多好的意见和建议。

一审后，市人大法制工作委员会会同市文体旅游局相关工作同志组成《条例（草案）》调研修改工作小组，根据一审时委员们提出的修改意见，结合国家对立法工作的最新要求，对《条例（草案）》作进一步修改。调研修改工作小组一是开展全市阅读问卷调查；二是赴南京、武汉调研已出台阅读促进规章决定的江苏、湖北省的情况；三是赴香港参加第 26 届香港书展学习交流；四是到深圳各大图书馆、书吧及特色阅读机构走访座谈。调研结束后，修改调研小组集中开会讨论修改条文五十余次，形成《条例（草案修改一稿征求意见稿）》，为《条例》的二审做准备。

2015 年 8 月 27 日，市六届人大常委会第二次会议对《条例》进行二审。二审后，在充分吸收市人大代表的意见和建议的基础上，形成《条例

（草案修改二稿征求意见稿）》，为三审的顺利通过做准备。

2015 年 12 月 24 日，市六届人大常务委员会第四次会议通过《深圳经济特区全民阅读促进条例》，并宣布自 2016 年 4 月 1 日起施行。

二、《深圳经济特区全民阅读促进条例》的解读

（一）《条例》体现的立法原则

《深圳经济特区全民阅读促进条例》的起草遵循和树立了几项原则。

（1）**前瞻性原则**。既考虑市民的现实需求，又立足长远，适度超前，为未来全民阅读发展留下空间。

（2）**借鉴性原则**。吸收借鉴美国、日本、韩国、俄罗斯等发达国家针对阅读的法律法规及联合国教科文组织的《联合国阅读素养十年计划》等重要阅读纲领、文件的理念和精神，同时借鉴了江苏、湖北等地的全民阅读立法经验和成果。

（3）**创新性原则**。一方面将深圳过去开展全民阅读的经验成果（如深圳读书月、阅读推广人建设）固定下来；另一方面根据全民阅读的趋势与环境变化，创新设计了系列法律规定（如建立全民阅读基金、中小学开设阅读课、经费补贴等）。

（4）**针对性原则**。《条例》针对现状，重在突破约束，解决现有问题，为深圳全民阅读提供持久强大的动力；同时体现深圳特色，为全国全民阅读立法提供“深圳样本”。

（5）**体现“四性”原则**。全民阅读既然属于公共文化服务，所以《条例》要体现公益性、基本性、均等性、便利性的原则。

（二）《条例》内容的亮点解读

《条例》共分 5 章 28 条，包括总则、工作职责、阅读推广、阅读保障和附则等五大方面内容，其中核心内容和创新特色在工作职责、阅读推广和阅读保障的法律规定上。

1.《条例》第一章“总则”的规定有四条，其中的创新亮点在于突出了“阅读权利”“政府引导”和“社会参与”。

一是明确了立法宗旨和目的，突出“阅读权利”的保障。《条例》第一条规定“为了促进全民阅读，保障市民阅读权利，提高市民文明素质，根据有关法律、行政法规的基本原则，结合深圳经济特区实际，制定本条例”。条文表明立法的宗旨和目的有三点，即“促进全民阅读、保障市民阅读权利、提高市民文明素质”。因《条例》本身定位为全民阅读促进条例，自然“为了促进全民阅读”应是题中之意。“保障市民阅读权利”在立法宗旨和目的上得到充分体现，表明深圳已把“市民阅读权利”上升到法律层面，也即作为公民的权利层面进行保障。党的十八届四中全会作出的关于推进全面依法治国的决定中，就提出要推进公民文化权利的落实，所以本《条例》的立法宗旨和目的将作为文化权利范围之一的阅读权利写入法律条文给予充分保障，既是贯彻落实中央全面依法治国的决定的具体体现，同时也表明经济特区的先行先试的示范探索，深圳要在“保障市民阅读权利”方面作出积极的改革探索，保障市民参与阅读、享受阅读服务、从事阅读创造以及阅读创造成果受到保护的阅读权利，从阅读促进方面作出有意义的施政实策。“提高市民文明素质”也应是促进全民阅读之后的必然结果。

二是明确了全民阅读促进的责任，突出“政府引导”和“社会参与”。《条例》第三条规定“全民阅读促进工作遵循政府引导和社会参与相结合的原则，政府与社会各界协同提供全民阅读服务，积极推动全民阅读活动”。这里确定了全民阅读促进工作遵循的原则是“政府引导”与“社会参与”相结合，通过“政府与社会”的协同，达到促进全民阅读的目的。“政府引导”包括了政府应该承担的推进全民阅读服务和开展全民阅读活动的主体责任，政府发挥主体责任推进作为基本公共文化服务的全民阅读服务，本身就是积极的正面的引导。但是政府发挥作为公共文化服务主体的职责和责任，并不排除社会和公民的参与推进全民阅读，所以本《条例》提出要“政府引导”与“社会参与”相结合，强调政府与社会的“协同”，符合推进国家治理现代化和提高现代治理能力的方向和精神，也符合文化治理现代化的精神。全民阅读促进既可以是政府行为，同时也可以是社会行为，还可以是个人行为，如能通过法律的规定，促进政府、社会、个人三方力量共同推进全民阅读，那对国家、城市、市民都是好事。

三是明确了引导“社会参与”范围。《条例》第四条规定“鼓励企事业单位、其他组织和个人开展全民阅读促进活动”“鼓励依法设立公益性阅读组织”。在第三条强调“社会参与”的基础上，本条规定属于鼓励性条款，明确了鼓励企事业单位、其他组织和个人开展全民阅读促进活动。在具体形式上，该条还明确支持鼓励设立公益性阅读组织来促进全民阅读活动。这些都是符合中央关于全面深化改革和全面依法治国精神的，也符合中央加快构建现代公共文化服务体系的精神。《中办国办关于加快构建现代公共文化服务体系的意见》的基本原则之一就是要坚持社会参与，激发各类社会主体参与公共文化服务的积极性。还指出要培育发展文化类社会组织，加大政府向社会购买服务力度。本条款即是该项原则和措施在全民阅读服务中的体现。

2.《条例》第二章“工作职责”规定有七条，创新亮点在于设立“深圳市全民阅读指导委员会”，并明确拟定“全市全民阅读发展纲要”。

《条例》在“工作职责”相关条款中，规范明确与全民阅读促进有关的市区政府、相关部门、指导机构、主管机构和公共阅读机构促进全民阅读的工作范围和职责，强调了市、区政府“应当将全民阅读促进工作纳入本级文化事业发展规划，建立全民阅读促进工作协调机制，为全民阅读设施建设和优秀出版物创作、出版和发行及各类全民阅读活动的开展，提供政策引导和统筹保障”。

本章的创新亮点在于创新设立“深圳市全民阅读指导委员会”，作为法定的全市性阅读指导机构。《条例》第六条规定“设立深圳市全民阅读指导委员会”，明确其组成单位，规定“市全民阅读指导委员会由市宣传、文化、教育、财政、民政、人力资源和社会保障、卫生和计生等部门以及市总工会、共青团、妇联、文联、残联等组织组成”，规定了该委员会的职责，包括“指导拟定全市全民阅读发展纲要；规划、协调全市性全民阅读重大活动；发布全民阅读评价指标体系和全民阅读指数；组织制定全民阅读水平测试标准；组织制定全民阅读基础书目和分类推荐书目评选办法，发布包括数字化出版物在内的全民阅读基础书目和分类推荐书目；开展其他全民阅读促进工作”。该条款还规定了“市全民阅读指导委员会办事机构设在市文化主管部门，负责市全民阅读指导委员会的日常工作”。

目前全国的全民阅读推进工作还没有形成统一规范的组织领导机构。根据《中共中央办公厅国务院办公厅关于加快构建现代公共文化服务体系建设的意见》要加强组织领导的要求，本《条例》规定设立深圳市全民阅读指导委员会。该委员会属于全市性的跨部门、跨系统的议事协调机构，参照深圳市精神文明建设委员会、深圳市决策咨询委员会、深圳市语言文字工作委员会的模式运作。因为全民阅读涉及的范围和内容非常广泛，既涉及作为政府必须提供的基本阅读服务，又涉及社会参与，形成全民性的阅读促进。所以设立一个统一的由全民阅读相关部门都能参与决策指导的机构非常必要，更能动员全社会的阅读资源为保障市民的阅读权利和提高市民的阅读素质提供充分的支撑。在深圳的探索实践中，为了推进“深圳读书月”的持续开展，由市委宣传部牵头成立了深圳读书月组委会，成员单位包括市文化主管部门、市教育主管部门、各区宣传部，还有工会、共青团、妇联、文联等机构。未来依《条例》设立的深圳市全民阅读指导委员会应作为市政府的议事协调机构设立，应超越单项活动的组织机构设置运作模式，除了相关部门必须参与外，还应体现社会参与的原则要求吸纳社会代表参加参与全民阅读的促进工作。唯有如此，才能体现全民阅读的“全民性”，也可更好地体现依法促进全民阅读的“法治性”。

本章第八条还规定了深圳市全民阅读指导委员会指导拟定全市全民阅读发展纲要的主要内容，规定“全市全民阅读发展纲要”应当包括下列内容：公共图书馆、大型实体书店等阅读设施规划及相关阅读资源配置；阅读组织培育和阅读服务专业人才培养；重点扶持的全民阅读项目；未成年人阅读推广计划；数字化阅读服务；阅读统筹保障；其他促进全民阅读的有关内容。从“全民阅读发展纲要”的内容可以看出，深圳未来将对阅读设施、阅读资源、阅读推广、阅读项目、未成年人阅读推广、数字阅读、阅读保障等重要内容在法律规范的基础上进行精细规划，转化为实际可操作的措施任务，由此形成深圳全民阅读从法律、规划到具体措施的全链条促进的阅读文化生态。

3.《条例》第三章“阅读推广”规定有八条，创新亮点在于“阅读推广人”“学校阅读推广”“深圳读书月”“未成年人读书日”。

本章涉及“阅读推广人”的规定有两条，第十二条规定：“鼓励具有阅读推广专业知识和阅读推广实践经验的阅读组织和个人作为阅读推广人，为企业、学校、社区、养老院、福利院、军营等单位提供公益性阅读推广服务。”第十三条规定：“市、区文化主管部门可以组织培训阅读推广人，为阅读推广人开展公益性阅读推广活动提供必要的支持和保障。”上述两条规定实际上是对深圳长期以来开展阅读推广人培训和推动阅读推广人公益服务的充分肯定，通过法律条文固定下来。深圳 2012 年开始实行阅读推广人制度，2012 年 6 月，深圳首期阅读推广人培训班开班，首批 34 位阅读推广人于同年读书月期间获得深圳读书月组委会、市文体旅游局颁发的证书。目前阅读推广人培训已连续举办了四期，总计 500 人参加培训，经过专业培训并取得合格证书的阅读推广人已达 119 人。市文体旅游局还联合深圳市阅读联合会组织开展阅读推广人下基层的公益阅读服务，2015 年 15 名阅读推广人在深圳原特区外 10 个基层示范点开展 80 场公益阅读推广活动。另外，读书月期间还开展评选“全民阅读优秀推广人”活动。

本章对“学校阅读推广”的规定有三条，按照《条例》规定，未来深圳的中小学校、中等职业学校、幼儿园等都必须“开展阅读活动，开设或者调整相关课程，传授阅读技巧，培养阅读兴趣，提高阅读能力”。这表明深圳的全民阅读已把学校阅读列为重要的推广机构。此前在相关的促进全民阅读工作中教育部门以及实施教育的机构对阅读没有明确的硬性任务规定，《条例》首次明确了教育部门及学校机构的促进阅读活动和阅读服务的职责。《条例》还规定“市、区教育主管部门应当指导中小学校开展阅读水平测试，每年向社会发布中小学生阅读水平情况报告”。依此规定，深圳以后将在全市的中小学校开展阅读水平测试工作，通过水平测试分析总结全市中小学生的阅读水平总体情况，查找阅读推广中的问题，并有针对性地制定相关措施改善现有学校的阅读推广情况。还有一条规定文化主管部门和教育主管部门协同推进未成年人的阅读促进活动。

本章将“深圳读书月”法定化，成为深圳市法定的全市性的促进全民阅读的品牌文化活动。《条例》第十八条规定“每年 11 月为深圳读书月”。规定了深圳读书月活动的举办机制，规定“深圳读书月采取政府倡导、专家指导、社会参与、企业运作、媒体支持的机制举办”。规定深圳读书月组织机构可以在读书月组织、指导、协调集中开展下列活动：评选全民阅读先进典型，推广相关经验；读书交流；阅读进社区、进学校、进企业等；其他全民阅读促进活动。这些内容一直是深圳读书月活动的内容范围，《条例》将这些经验通过法律条文固定下来，成为法定活动的法定内容。深圳读书月创设于 2000 年 11 月，经过 16 年的成功举办，在营造深圳全民阅读良好氛围的同时，也在实践的摸索中积累了不少经验，因此本条把深圳读书月固定下来，试图通过法定化，推动该项活动的持续进行。“政府倡导、专家指导、社会参与、企业运作、媒体支持”的运作模式就是其中最为宝贵的精华。本条款规定的几项具体内容，包括运作机制、活动内容都是以往经验的总结。

本章的创新亮点还在于创新设立“深圳未成年人读书日”。《条例》第十九条规定每年 4 月 23 日为深圳未成年人读书日，规定市、区政府有关行政主管部门、共青团等应当在深圳未成年人读书日组织开展未成年人阅读促进活动；公共图书馆、中小学校、幼儿园等应当开展未成年人阅读及交流活动。鼓励企事业单位、其他组织和个人开展各种形式的未成年人阅读促进活动。本条文表明深圳已将未成年人的阅读服务纳入法治化的轨道，上升到法律的层面支持未成年人的阅读。本条既是借鉴其他国家的做法，同时也是对多年以来深圳重视未成年人阅读服务的肯定。1995 年，联合国教科文组织宣布每年的 4 月 23 日为“世界读书日”，每年在这一天，全世界 100 多个国家都要举办多种多样的阅读促进活动。2004 年，我国第一次在 4 月 23 日“世界读书日”举办大规模的宣传推广活动，以后每年在此期间都要举办丰富多彩的阅读推广活动。2001 年 12 月，日本颁布的《关于推进儿童读书活动的法律》将每年的 4 月 23 日确定为日本的“儿童读书日”。

4.《条例》第四章“阅读保障”规定有八条，涉及阅读经费、阅读设施、阅读技术等方面，创新亮点在于“全民阅读基金”“全民阅读经费补贴”“数字化阅读”。

本章第二十一条规定：市政府可以发起成立公益性全民阅读基金。鼓励企事业单位、其他组织和个人参与或者捐赠全民阅读基金。规定全民阅读基金用于下列活动：扶持公益性阅读组织；培训阅读推广人；实施社区阅读、未成年人阅读及特殊群体阅读服务计划；组织阅读能力测评、阅读调查及阅读研究；其他全民阅读促进活动。目前，深圳现有市级公益性全民阅读基金还未成立，其他类似的由企业或者社会组织发起设立的公益性阅读基金也为数不多，虽然国家有鼓励社会捐赠的法律政策，但落实到位的还不多。《条例》“公益性全民阅读基金”的设立规定将为今后深圳市的全民阅读的经费筹措创造广阔的空间，提供强有力的资金资源保障，符合政府引导与社会参与相结合的原则，符合社会参与的方向。2015 年 1 月印发的《中共中央办公厅国务院办公厅关于加快构建现代公共文化服务体系的意见》明确指出要坚持社会参与的原则，构建政府、市场、社会共同参与公共文化服务体系建设的格局，鼓励和引导社会力量参与的内容包括：吸引社会资本投入公共文化领域；建立健全政府向社会力量购买公共文化服务机制；推广运用政府和社会资本合作等模式，促进公共文化服务提供主体和提供方式多元化。鼓励和支持社会力量通过投资或捐助设施设备、兴办实体、资助项目、赞助活动、提供产品和服务等方式参与公共文化服务体系建设。显然全民阅读服务属于公共文化服务体系的组成部分，在政府提供经费保障之外，还应更积极地争取发动社会对全民阅读的支持。政府的资源是有限的，而社会资源是无限的，关键是如何通过法律制度来激发社会的活力。

本章第二十二条规定并明确了政府对全民阅读促进活动的经费补贴制度，提出市、区政府有关行政主管部门可以根据市政府相关规定对全民阅读促进活动予以经费补贴，补贴范围和活动内容包括八个方面：企事业单位、其他组织和个人在工业区（产业园区）、社区及非公立学校等兴建图书馆（室）、阅览室等公共阅读设施的；非公共图书馆、阅览室等阅读设施向市民免费开放的；实体书店开展公益性阅读推广活动的；出版和发行盲文、大字本等针对特定对象的出版物的；研究开发数字化图书阅读新项目的；网络运营商、移动通讯运营商等通过自身平台向市民免费提供数字化图书资源的；为有需要的新生儿家庭赠送婴幼儿读物、育儿指导用书等阅读资源的；其他需要补贴的全民阅读促进活动。其中提出的“为有需要的新生儿家庭赠送婴幼儿读物、育儿指导用书等阅读资源的”，系参照国外促进新生儿家庭阅读设定。英国非常重视低幼儿童的发展，出台了很多全国性的阅读项目，如阅读起跑线、确保开端计划、每个孩子的事、从孩子开始和家庭学习计划等。这些项目将低幼儿童纳入自己的服务范围，并获取了来自国家的经费资助和政策支持，少儿图书馆常常作为合作伙伴，一起致力于项目的开展。如阅读起跑线活动在英国可谓是家喻户晓，几乎近 90% 的公共图书馆参与到了此活动中，目的就是使英国的每个孩子在尽可能小的时候获取图书并从中受益。阅读起跑线项目计划免费为每个儿童提供市值 60 英镑（约合 600 元人民币）的资料，这些资料分装在不同款式的帆布包内，根据儿童成长的实际需要，分年龄段以不同方式分发，同时图书馆还将开展各种亲子互动的阅读活动，帮助家长掌握培养孩子养成良好阅读习惯的方法和技巧。苏州图书馆受到英国阅读起跑线计划的启发，在 2011 年 6 月发起了“悦读宝贝”计划，向 0—3 岁的婴幼儿家长赠送包含一本婴幼儿读物、一本《亲子阅读》指导书、阅读测量尺、宣传页以及苏州图书馆少儿读者证等的“阅读大礼包”，并开展多项读书活动，如亲子阅读讲座、家长沙龙、“故事妈妈”培训、儿童心理健康咨询、推荐亲子阅读书目等相关活动。深圳作为中国经济特区，又是经济发达城市，理应充分借鉴国外以及苏州市的经验，实施新生儿家庭阅读促进政策措施。

本章第二十五条规定市政府应当建设全市统一的数字化图书服务平台，增加数字化图书阅读资源，丰富数字化图书阅读服务内容。这是适应新技术新媒体发展而提出的创新规定，表明立法能适应时代发展的趋势。当前，数字化阅读已经成为“互联网 +”时代推广全民阅读的重要方式，但其尚处于发展之中，需要有效地完善和引导。深圳的互联网非常发达，要发挥这一优势。《条例》鼓励用优秀、健康的阅读内容去抢占数字媒体的市场和阅读空间，创造更多适合深度阅读的数字化内容。因此，要求市全民阅读指导委员会发布包括数字化出版物在内的全民阅读基础书目和分类推荐书目；全市全民阅读发展纲要应当包括数字化阅读服务内容；对研究开发数字化图书阅读新项目的，网络运营商、移动通讯运营商等通过自身平台向市民免费提供数字化图书资源的采取政府补贴的方式予以鼓励和支持。所以，数字化阅读的关注也成为本《条例》的创新特色。

黄士芳，深圳市特区文化研究中心主任

附

深圳经济特区全民阅读促进条例

（2015年12月24日深圳市第六届人民代表大会常务委员会第四次会议通过）

第一章　总则

第一条　为了促进全民阅读，保障市民阅读权利，提高市民文明素质，根据有关法律、行政法规的基本原则，结合深圳经济特区实际，制定本条例。

第二条　深圳经济特区全民阅读促进工作适用本条例。

第三条　全民阅读促进工作遵循政府引导和社会参与相结合的原则，政府与社会各界协同提供全民阅读服务，积极推动全民阅读活动。

第四条　鼓励企事业单位、其他组织和个人开展全民阅读促进活动。

鼓励依法设立公益性阅读组织。

第二章　工作职责

第五条　市、区人民政府（含新区管理机构，以下统称市、区政府）应当将全民阅读促进工作纳入本级文化事业发展规划，建立全民阅读促进工作协调机制，为全民阅读设施建设和优秀出版物创作、出版和发行及各类全民阅读活动的开展，提供政策引导和统筹保障。

第六条　设立深圳市全民阅读指导委员会。

市全民阅读指导委员会由市宣传、文化、教育、财政、民政、人力资源和社会保障、卫生和计生等部门以及市总工会、共青团、妇联、文联、残联等组织组成，履行下列职责：

（一）指导拟定全市全民阅读发展纲要；

（二）规划、协调全市性全民阅读重大活动；

（三）发布全民阅读评价指标体系和全民阅读指数；

（四）组织制定全民阅读水平测试标准；

（五）组织制定全民阅读基础书目和分类推荐书目评选办法，发布包括数字化出版物在内的全民阅读基础书目和分类推荐书目；

（六）开展其他全民阅读促进工作。

市全民阅读指导委员会办事机构设在市文化主管部门，负责市全民阅读指导委员会的日常工作。

第七条　市文化主管部门负责全市全民阅读促进工作，履行下列职责：

（一）组织拟定全市全民阅读发展纲要，报市政府批准后组织实施；

（二）推动阅读组织的建立和发展；

（三）组织和指导全民阅读活动；

（四）对全市全民阅读促进工作进行总结、评估，每年发布全民阅读促进工作白皮书；

（五）依照有关规定开展其他全民阅读促进工作。

区文化主管部门在市文化主管部门指导下，负责全民阅读促进工作。

市、区政府有关行政主管部门按照各自职责做好全民阅读促进工作。

第八条　全市全民阅读发展纲要应当包括下列内容：

（一）公共图书馆、大型实体书店等阅读设施规划及相关阅读资源配置；

（二）阅读组织培育和阅读服务专业人才培养；

（三）重点扶持的全民阅读项目；

（四）未成年人阅读推广计划；

（五）数字化阅读服务；

（六）阅读统筹保障；

（七）其他促进全民阅读的有关内容。

第九条　制定全市全民阅读发展纲要和全民阅读促进活动计划应当广泛征求意见；实施情况应当向社会公开，接受社会监督。

第十条　市总工会、共青团、妇联、文联、残联等组织应当按照全市全民阅读发展纲要的要求和市全民阅读指导委员会的意见，指导相关各级组织开展全民阅读促进工作。

全市全民阅读发展纲要实施情况纳入前款组织的工作考核内容。

第十一条　公共图书馆应当组织开展全民阅读相关促进活动，履行下列职责：

（一）利用各种形式倡导、推广阅读；

（二）开展阅读能力辅导，举办或者参与阅读推广培训；

（三）设置未成年人阅览室或者阅读区域，提供适合未成年人的阅读资源及服务；

（四）在基本公共服务范围内指导机关、企事业单位和其他组织开展全民阅读活动；

（五）推荐优秀读物。

第三章　阅读推广

第十二条　鼓励具有阅读推广专业知识和阅读推广实践经验的阅读组织

和个人作为阅读推广人，为企业、学校、社区、养老院、福利院、军营等单位提供公益性阅读推广服务。

第十三条　市、区文化主管部门可以组织培训阅读推广人，为阅读推广人开展公益性阅读推广活动提供必要的支持和保障。

第十四条　市、区教育主管部门应当指导中小学校、中等职业学校、幼儿园等开展阅读活动，开设或者调整相关课程，传授阅读技巧，培养阅读兴趣，提高阅读能力。

第十五条　市、区教育主管部门应当指导中小学校开展阅读水平测试，每年向社会发布中小学生阅读水平情况报告。

第十六条　市、区文化主管部门应当会同市、区教育主管部门在中小学校、公共图书馆等场所组织开展面向未成年人的阅读促进活动，指导未成年人开展课外阅读。

第十七条　市、区文化主管部门应当组织指导公共图书馆、文化站（综合文化服务中心）等机构，开展图书、音像制品、数字化阅读资源的交换、捐献、赠与等活动。鼓励机关、企事业单位、其他组织和个人开展上述活动。

第十八条　每年11月为深圳读书月。

深圳读书月活动采取政府倡导、专家指导、社会参与、企业运作、媒体支持的机制举办。

深圳读书月组织机构可以在读书月组织、指导、协调集中开展下列活动：

（一）评选全民阅读先进典型，推广相关经验；

（二）读书交流；

（三）阅读进社区、进学校、进企业等；

（四）其他全民阅读促进活动。

第十九条　每年4月23日为深圳未成年人读书日。

市、区政府有关行政主管部门、共青团等应当在深圳未成年人读书日组织开展未成年人阅读促进活动；公共图书馆、中小学校、幼儿园等应当开展未成年人阅读及交流活动。

鼓励企事业单位、其他组织和个人开展各种形式的未成年人阅读促进活动。

第四章　阅读保障

第二十条　市、区政府应当将全民阅读基本公共服务所需经费纳入本级年度财政预算。

第二十一条　市政府可以发起成立公益性全民阅读基金。鼓励企事业单位、其他组织和个人参与或者捐赠全民阅读基金。

全民阅读基金用于下列活动：

（一）扶持公益性阅读组织；

（二）培训阅读推广人；

（三）实施社区阅读、未成年人阅读及特殊群体阅读服务计划；

（四）组织阅读能力测评、阅读调查及阅读研究；

（五）其他全民阅读促进活动。

第二十二条　市、区政府有关行政主管部门可以根据市政府相关规定对下列全民阅读促进活动予以经费补贴：

（一）企事业单位、其他组织和个人在工业区（产业园区）、社区及非公立学校等兴建图书馆（室）、阅览室等公共阅读设施的；

（二）非公共图书馆、阅览室等阅读设施向市民免费开放的；

（三）实体书店开展公益性阅读推广活动的；

（四）出版和发行盲文、大字本等针对特定对象的出版物的；

（五）研究开发数字化图书阅读新项目的；

（六）网络运营商、移动通讯运营商等通过自身平台向市民免费提供数字化图书资源的；

（七）为有需要的新生儿家庭赠送婴幼儿读物、育儿指导用书等阅读资源的；

（八）其他需要补贴的全民阅读促进活动。

第二十三条　公共图书馆和各类学校图书馆应当根据服务对象的具体情况，将市全民阅读指导委员会发布的全民阅读基础书目部分或者全部纳入采购计划。

第二十四条　各级工会、共青团等组织应当安排专项经费用于相关阅读促进活动。

第二十五条　市政府应当建设全市统一的数字化图书服务平台，增加数字化图书阅读资源，丰富数字化图书阅读服务内容。

第二十六条　新建、扩建、改建博物馆、美术馆、展览馆、青少年宫等文化场所，应当按照有关规范要求提供公共阅读空间及相应阅读设施。

新建、扩建、改建住宅区应当按照相关规定配套建设公共阅读设施。

机场、车站、码头等人员流动较大的公共场所应当因地制宜规划建设公共阅读设施。

鼓励机关、企事业单位、其他组织和个人设立图书室、阅览室、书刊架等公共阅读设施。

第二十七条　公共阅读设施建设单位应当加强对公共阅读设施的维护和管理，保障其正常使用。

任何单位和个人不得侵占、损坏或者擅自拆除公共阅读设施，不得擅自改变公共阅读设施的性质和功能或者缩小公共阅读设施的规模。

根据城市规划确需拆除现有公共阅读设施或者改变其功能的，应当遵循先建设后拆除或者建设拆除同时进行的原则，科学合理选址，并按照不低于原有规模和标准重新规划和建设。

第五章　附则

第二十八条　本条例自 2016 年 4 月 1 日起施行。

2015年深圳阅读指数述要

深圳大学课题组

阅读，作为人类最普遍、最基本的文化活动，既是人类文化的结晶，也是人类文明的动力源泉。一个人阅读能力的大小，直接影响到个人成长及其社会贡献；一个国家的国民阅读的情况，直接关系到整体文明程度的高低和国家软实力的强弱。

以读书月为代表的深圳全民阅读活动已经举办了16年，不仅使重视阅读的价值理念深入人心，而且丰富了市民的基本文化权利，提升了城市的文化品位，形成了“城市推崇阅读，阅读改变城市”的良性互动机制。

为进一步提高阅读活动指导的科学性和权威性，积极应对融合媒体时代信息传播和阅读活动的新变化，深圳读书月组委会提出对深圳阅读指数进行科学和系统的研究，这一动议得到了市委市政府以及有关部门的大力支持，并得到了市宣传文化基金的专项资助。

作为一项学术性、指导性强的研究项目，为确保公正客观，本课题由深圳市阅读联合会作为承办方，并成立了由学界、业界和政界专家组成的专家指导小组，专家组长由全国政协委员、中央直接联系的专家、中国编辑学会会长、中国新闻出版研究院前任院长郝振省领衔。深圳市阅读联合会经过综合考虑和全面比对，将项目的基础性研究、指标的测评、模型的建立、问卷调查和研究成果报告等工作委托给第三方独立机构——深圳大学传媒与文化发展研究中心实施，采用“民间机构+高等院校+相关专家”的团队模式，对深圳阅读指数进行了系统研究。

今年是连续第二次开展深圳阅读指数的测量工作，课题组在沿用2014年基本概念界定、阅读指数模型、调查统计方法的基础上，开展2015年深圳居民阅读情况的调查，并在调查问卷部分增加了可与全国阅读调查数据横向比较的指标，以显示深圳在新增指标上的情况以及在全国的位置。

一、深圳阅读指数的模型设计

阅读是指读者通过印刷或电子媒介传播的图文读物和有声读物获得意义的行为。概念内涵界定读者通过阅读材料获得意义，区别于一般娱乐游戏等行为。概念外延涵盖纸质、电子化的书籍、报刊、网络的文章作品。

城市阅读指数是用以综合评估城市阅读发展状况和水平的数值，主要由城市居民阅读基本建设统计数据和居民阅读行为调查数据组合而成。

城市居民阅读基本建设统计数据主要反映城市阅读设施建设、阅读资源供给、阅读组织保障和财政保障等基本条件，是城市居民阅读活动开展的物质基础、文化基础和社会制度基础，也是城市公共文化服务体系的重要组成部分。这一部分主要通过真实可靠并可持续获取的统计数据计算。

城市居民阅读行为调查数据主要反映城市居民阅读行为的广度和深度以及阅读观念。这一部分主要通过以科学的抽样方法对居民进行调查获取。

因此，深圳阅读指数由政府为阅读所投入的基本环境条件建设年度动态比较数据和当年市民实际阅读情况调查数据两部分构成，由 3 个一级指标、23 个二级指标和 46 项具体测评内容组成。具体测评内容中有 25 项数据来自政府各相关部门、企事业单位和民间组织的年度统计数据，有 21 项来自年度问卷调查，各项测评内容按照科学的方法和权重，通过计算机建模并进行计算得到各指标的计算结果，各指标的计算结果之和即为阅读指数。

深圳阅读指数（A）= 全民阅读基本建设统计数据（B）+ 居民阅读行为调查数据（C）

二、深圳阅读指数的资料收集

全民阅读基本建设统计数据（B）是由一组反映推动全民阅读发展的基本建设方面的指标构成，具体指指标体系中的 A1–A14。此部分资料来源于政府各相关部门、企事业单位和民间组织连续五年的统计，占全部阅读指数的 65% 权重。

B= 年度统计值 / 参照基准 ×100

参照基准：以过去四年统计值为参照基准，历年的权重以 4：3：2：1 的方式设计，即越近的年份，在指数中影响越大。权重设计比例主要体现发展的现实性和历史性的统一，相对侧重于动态的现实性。具体计算方法是：

参照基准：前一年度统计指标得分 ×40%+ 前二年度统计指标得分 ×30%+ 前三年度统计指标得分 ×20%+ 前四年度统计指标得分 ×10%。

2015 年度全民阅读基本建设统计数据 =2014 年度统计值 / 参照基准 ×100

参照基准 =2013 年度统计值 ×0.4+2012 年度统计值 ×0.3+2011 年度统计值 ×0.2+2010 年度统计值 ×0.1

居民阅读行为调查数据（C）是由一组通过科学的抽样调查收集的、反映居民阅读状况的指标构成，通过问卷调查获得的当年常住人口各指标的统计结果，在指标体系中包括 A15–A23，占全部阅读指数的 35% 权重。

“深圳阅读指数”及各指标资料来源

一级指标	一级指标权重值	二级指标	二级指标代码	二级指标权重值（F）	测评内容	测评内容权重值	资料来源
I-1 阅读设施与资源	31%	II-1 图书馆	A1	12%	1）公共图书馆数量	4%	深圳图书馆
					2）千人阅览座位数	1%	深圳图书馆
					3）有效读者证数量	1%	深圳图书馆
					4）人均拥有公共图书馆藏书册数	3%	深圳图书馆
					5）馆藏电子图书（含有声图书）种类	3%	深圳图书馆
		II-2 报刊亭	A2	3%	1）全市报刊亭数量	3%	深圳市文体旅游局
		II-3 实体书店	A3	6%	1）全市实体书店、书吧数量	3%	深圳读书会
					2）实体书店年购书人次	2%	深圳出版发行集团
					3）实体书店年进出人数	1%	深圳出版发行集团
		II-4 报纸销售量	A4	3%	1）深圳地区报纸销售量（亿份）	3%	深圳市文体旅游局
		II-5 期刊销售量	A5	3%	1）深圳地区期刊销售量（万份）	3%	深圳市文旅游局
		II-6 图书销售量	A6	4%	1）深圳图书销售量（万元）	4%	深圳出版发行集团
I-2 阅读支持与保障	24%	II-7 阅读活动组织	A7	3%	1）阅读活动组织数量	3%	深圳读书会
		II-8 阅读活动项目	A8	5%	1）阅读活动项目的种数	5%	深圳读书会
		II-9 阅读活动场次	A9	5%	1）阅读活动的场次数量	5%	深圳读书会
		II-10 资金保障	A10	7%	1）财政性资金投入金额（万元）	3%	深圳市阅读联合会
					2）社会资金投入金额（万元）	3%	深圳市阅读联合会
					3）投入社会资金的机构数量	1%	深圳读书会
		II-11 阅读推广人	A11	2%	1）阅读推广人数量	2%	深圳读书会
		II-12 媒体支持	A12	2%	1）报业集团阅读类宣传报道所占百分比	1%	深圳报业集团
					2）广播电视媒体年阅读类报道时长	1%	深圳广电集团

（续表）

一级指标	一级指标权重值	二级指标	二级指标代码	二级指标权重值（F）	测评内容	测评内容权重值	资料来源
I-3 阅读行为与认知	45%	II-13 图书馆阅读	A13	7%	1）公共图书馆进馆人次	2%	深圳图书馆
					2）公共图书馆外借册次	2%	深圳图书馆
					3）公共图书馆网站点击数	3%	深圳图书馆
		II-14 数字阅读量	A14	3%	1）手机阅读年流量	3%	中国移动深圳分公司
		II-15 阅读时长	A15	5%	1）平均每天图书阅读时长	2%	问卷调查
					2）平均每天报纸阅读时长	0.5%	问卷调查
					3）平均每天期刊阅读时长	0.5%	问卷调查
					4）平均每天数字化阅读时长	2%	问卷调查
		II-16 阅读率	A16	3%	1）每周图书阅读率	1%	问卷调查
					2）每周报纸阅读率	0.5%	问卷调查
					3）每周期刊阅读率	0.5%	问卷调查
					4）每周数字化阅读率	1%	问卷调查
		II-17 阅读量	A17	5%	1）每年阅读报刊数	1%	问卷调查
					2）每年阅读电子图书数量	2%	问卷调查
					3）每年阅读纸质图书数量	2%	问卷调查
		II-18 阅读内容广度	A18	2%	1）阅读内容广度	2%	问卷调查
		II-19 阅读活动参与度	A19	2%	1）阅读活动参与类别	1%	问卷调查
					2）阅读活动参与的频率	1%	问卷调查
		II-20 家庭藏书量	A20	5%	1）有藏书家庭百分比	2.5%	问卷调查
					2）家庭平均藏书量	2.5%	问卷调查
		II-21 阅读消费	A21	5%	1）平均每月的阅读消费为多少元	2.5%	问卷调查
					2）年度图书购买量	2.5%	问卷调查
		II-22 阅读条件满意度	A22	4%	1）阅读资源满意度	2%	问卷调查
					2）阅读设施与环境满意度	2%	问卷调查
		II-23 阅读认知	A23	4%	1）阅读重要性认知	4%	问卷调查

三、深圳阅读指数调查结果

根据以上阅读指数结构及数据测算原则，经过课题组所采集数据的统计和调查结果，得到2015年度深圳阅读指数。

（一）2015年度深圳阅读指数

2015年度深圳阅读指数（A）=124.08，其中：

全民阅读基本建设统计数据（B）=102.72；

居民阅读行为调查数据（C）=21.36。

（二）2015年深圳成年居民阅读情况

将2015年深圳成年居民阅读行为抽样调查结果与2014年全国成年国民阅读调查同指标相比，在综合阅读率、数字化阅读方式接触率，年平均阅读纸质图书、电子图书，以及每日传统媒体阅读、电子媒体阅读等指标上，深圳的数据都高于全国平均水平。

1. 传统媒体阅读

2015年深圳成年居民图书阅读率为65.6%，各媒介综合阅读率为92.4%。2014年我国成年国民图书阅读率为58.0%，各媒介综合阅读率为78.6%。

深圳成年居民年人均纸质图书阅读量为6.61本，该数值高于2014年成年国民阅读调查中的人均纸质图书阅读量4.56本。

深圳成年居民平均每日阅读图书95.46分钟，远远超过2014年成年国民阅读调查中的每日图书阅读时长均值18.76分钟。

深圳成年居民平均每日阅读报纸44.92分钟，远远超过2014年成年国民阅读调查中的每日报纸阅读时长均值18.80分钟。

深圳成年居民平均每日阅读杂志40.84分钟，该数值远远高于2014年成年国民阅读调查中的每日杂志阅读时长均值13.42分钟。

2．数字媒体阅读

2015 年深圳成年居民数字化阅读方式的接触率为 82.8%，电子书阅读量为 10.42 本。2014 年我国成年国民数字化阅读方式的接触率为 58.1%，电子书阅读量为 3.22 本。

深圳成年居民人均每天互联网接触时长为 59.44 分钟，略高于 2014 年成年国民阅读调查中的人均每天互联网接触时长均值 54.87 分钟。

深圳成年居民人均每天手机阅读时长为 44.03 分钟，高于 2014 年成年国民阅读调查中的人均每天手机阅读时长均值 33.82 分钟。

深圳成年居民人均每天微信阅读时长为 32.84 分钟，高于 2014 年成年国民阅读调查中的人均每天微信阅读时长均值 14.11 分钟。

深圳成年居民人均每天电子阅读器阅读时长为 8.07 分钟，高于 2014 年成年国民阅读调查中的人均每天电子阅读器阅读时长均值 3.79 分钟。

（三）2015 年全民阅读基本建设情况

1. 测评指标中显著提升的项目

在“全民阅读基本建设统计数据”所观测的 25 项测评内容中，有 12 项测评内容在 2015 年度的观测值比前四年的参照基数有所提升，提升项目占比 48%。

通过进一步分析过去五年呈现提升势头的这些指标，发现在“阅读设施与资源”这一指标的 6 个二级指标中，过去五年不同的内容有升有降，客观地呈现了人们阅读行为和习惯的变化；在“阅读支持与保障”这一指标中的 6 个二级指标大部分呈现增长或者持平的趋势，显示政府各部门对阅读的支持力度不断加大，这是深圳阅读基本建设指标不断提高的重要保障。

以上 12 个二级指标中具有显著提升的内容包括馆藏电子图书（含有声图书）种类，全市实体书店、书吧数量，图书、报纸销售量，阅读活动场次，财政性资金投入，媒体支持等内容。具体如下：

（1）II–1 图书馆

二级指标“II–1 图书馆”所占权重为 12%，测评得分为 13.50，相比

2014 年的监测数据整体有所上升。2015 年在 5 项具体测评内容中，“千人阅览座位数”和“馆藏电子图书种类”有所上升，测评得分分别为 1.17 和 3.95。

该项指标各项测评内容的历年调查结果如下表所示：

“II–1 图书馆”各项测评内容历年调查结果

测评内容	测评内容权重值	2010年	2011年	2012年	2013年	2014年
2）千人阅览座位数	1.0%	3.2	3.21	3.57	3.41	3.99
5）馆藏电子图书（含有声图书）种类	3.0%	3437592	3865476	4536312	4885477	5830400

（2）II–3 实体书店

二级指标“II–3 实体书店”占 6% 权重，2015 年测评整体得分 8.00 分，相比 2014 年上升显著。其中测评内容“全市实体书店、书吧数量”得分 5.24、“实体书店年购书人次”得分 1.74、“实体书店年进出人数”得分 0.99。随着深圳出版发行集团“大书城、小书吧”战略的实施，实体书店、书吧数量还将持续增长，实体书店年进出人次也稳步增加。这一指标的变化也说明市场对此类需求的增加和政府对其的支持，实体书店和书吧成为深圳人重要的阅读场所。

该项指标各项测评内容的历年调查结果如下表所示：

“II–3 实体书店”各项测评内容历年调查结果

测评内容	测评内容权重值	2010年	2011年	2012年	2013年	2014年
1）全市实体书店、书吧数量	3.0%	72	81	89	95	154
2）实体书店年购书人次	2.0%	3234911	3082429	2961533	2695980	2570502
3）实体书店年进出人数（万人）	1.0%	1047	1040	1085	1017	1032

（3）II–6 图书销售量

二级指标“II–6 图书销售量”占 4% 权重，测评得分 4.62。该项指标于 2015 年增长显著。

该项指标测评内容的历年调查结果如下表所示：

“II–6 图书销售量”测评内容历年调查结果

测评内容	测评内容权重值	2010年	2011年	2012年	2013年	2014年
1）深圳图书销售量（万元）	4.0%	39526	38679	37921	37357	43852

（4）II–9 阅读活动场次

二级指标“II–9 阅读活动场次”所占权重值为 5%，2015 年测评得分为 20.89，显著提升。深圳市开展的阅读活动的场次数量在过去五年中不仅逐年递增，且较前四年的参照基数有近三倍的增长。

该项指标测评内容的历年调查结果如下表所示：

“II–9 阅读活动场次”测评内容历年调查结果

测评内容	测评内容权重值	2010年	2011年	2012年	2013年	2014年
1）阅读活动的场次数量	5.0%	1084	1565	2275	3263	10066

（5）II–10 资金保障

二级指标“II–10 资金保障”所占权重值为 7%，2015 年测评得分为 11.39，上升显著。从 3 项具体测评内容来看，“财政性资金投入”实现了接近双倍数的增长，“社会资金投入”增长显著，显示社会各方面力量特别是政府财政对阅读的投入和支持不断增加。

该项指标各项测评内容的历年调查结果如下表所示：

“II–10 资金保障”各项测评内容历年调查结果

测评内容	测评内容权重值	2010年	2011年	2012年	2013年	2014年
1）财政性资金投入金额（万元）	3.0%	510	600	600	605	1120
2）社会资金投入金额（万元）	3.0%	730.69	836.57	1021.79	1045.17	1515.9
3）投入社会资金的机构数量	1.0%	6	7	7	7	7

（6）II–12 媒体支持

大众媒体的宣传引导是促进全民阅读建设的重要载体和社会力量，二级指标“II–12 媒体支持”测评内容为深圳报业集团对阅读类报道占文化类内容的百分比和深圳广播电视集团年阅读类报道节目时长。2014 年媒体支持增长显著，特别是专题阅读类电视节目的播出对这一指标带动作用明显。

该项指标各项测评内容的历年调查结果如下表所示：

“II–12 媒体支持”各项测评内容历年调查结果

测评内容	测评内容权重值	2010年	2011年	2012年	2013年	2014年
1）报业集团阅读类宣传报道所占百分比	1.0%	8.7	8.5	8.6	8.9	9.2
2）广播电视媒体年阅读类报道时长	1.0%	331	317	326	346	2660

2. 测评指标中有所下降的项目

在“全民阅读基本建设统计数据”所观测的 25 项测评内容中，有 13 项测评内容在 2014 年度的观测值比前四年的参照基数有所下降，下降项目占比 52%。其中下降比较明显的包括公共图书馆数量、阅读活动组织、阅读活动项目、图书馆阅读和阅读推广人数量等，具体如下：

（1）II–1 图书馆

二级指标“II–1 图书馆”的具体测评内容中，实体公共图书馆数量从 2012 年起逐步下降，主要原因是深圳产业升级，部分区域工厂外迁，对社区图书馆的需求发生了变化，同时随着数字图书馆的建设和使用，人们逐步采用数字化的图书资源，逐步减少对区域实体公共图书馆的依赖。这是科技发展的趋势使然。2015 年，测评内容“公共图书馆数量”得分 3.92，“有效读者证数量”得分 1.25，“人均拥有公共图书馆藏书册数”得分 3.20，均略有下降。

该项指标各项测评内容的历年调查结果如下表所示：

“II–1 图书馆”各项测评内容历年调查结果

测评内容	测评内容权重值	2010年	2011年	2012年	2013年	2014年
1）公共图书馆数量	4.0%	638	643	640	633	625
3）有效读者证数量	1.0%	1009851	1161376	1292417	1449908	1629500
4）人均拥有公共图书馆藏书册数	3.0%	1.93	2.06	2.2	2.32	2.34

（2）II–2 报刊亭

二级指标“II–2 报刊亭”所占权重为 3%，测评得分为 2.84，2015 年度该项指标较 2014 年有所下降。随着深圳市逐步取消二线关，以及光明新区、大鹏新区等新的行政区域的设立，城市化步伐逐步加快，文化配套设施应随之完善。

该项指标测评内容的历年调查结果如下表所示：

“II–2 报刊亭”测评内容历年调查结果

测评内容	测评内容权重值	2010年	2011年	2012年	2013年	2014年
1）全市报刊亭数量	3.0%	1380	1100	1000	1000	1000

（3）II–4 报纸销售量、II–5 期刊销售量

二级指标“II–4 报纸销售量”所占权重 3%，2015 年测评得分 2.78；二级指标“II–5 期刊销售量”所占权重 3%，2015 年测评得分 2.97，均有不同程度的下降。

该两项指标测评内容的历年调查结果如下表所示：

“II–4 报纸销售量”测评内容历年调查结果

测评内容	测评内容权重值	2010年	2011年	2012年	2013年	2014年
1）深圳地区报纸销售量（亿份）	3.0%	6.36	7.52	7.62	7.27	6.8

“II–5 期刊销售量”测评内容历年调查结果

测评内容	测评内容权重值	2010年	2011年	2012年	2013年	2014年
1）深圳地区期刊销售量（万份）	3.0%	2412	2453	2562	2619	2523.6

（4）II–7 阅读活动组织

二级指标“II–7 阅读活动组织”所占权重值为 3%，2015 年测评得分为 5.48，绝对值增加，但增长速度放缓，测评结果相较去年略有下降。

该项指标测评内容的历年调查结果如下表所示：

“II–7 阅读活动组织”测评内容历年调查结果

测评内容	测评内容权重值	2010年	2011年	2012年	2013年	2014年
1）阅读活动组织数量	3.0%	14	33	62	106	126

（5）II–8 阅读活动项目

二级指标“II–8 阅读活动项目”所占权重值为 5%，2015 年测评得分为 7.28，该项指标较前四年有所提高，但增幅有所放缓。

该项指标测评内容的历年调查结果如下表所示：

“II–8 阅读活动项目”测评内容历年调查结果

测评内容	测评内容权重值	2010年	2011年	2012年	2013年	2014年
1）阅读活动项目的种数	5.0%	5	8	10	13	15

（6）II-13 图书馆阅读

二级指标“II-13 图书馆阅读”所占权重值为 7%，测评得分为 7.13，整体略有下降。测评具体内容中“公共图书馆进馆人次”得分 2.16，“公共图书馆外借册次”得分 2.16，“公共图书馆网站点击数”得分 2.81。这些数据的变化与当今居民阅读场所的多样化，尤其是人们从网络购买纸质书以及通过手机、电脑及其他数字阅读设备阅读日益普遍有直接关系。

该项指标各项测评内容的历年调查结果如下表所示：

“II-13 图书馆阅读”各项测评内容历年调查结果

测评内容	测评内容权重值	2010年	2011年	2012年	2013年	2014年
1）公共图书馆进馆人次	2.0%	21113383	22679778	22928755	24276207	25062700
2）公共图书馆外借册次	2.0%	8516753	8738033	9261021	9712703	10016500
3）公共图书馆网站点击数	3.0%	22565585	27129298	28246703	24418950	24281900

（7）II-11 阅读推广人

二级指标“II-11 阅读推广人”所占权重值为 2%，测评得分为 3.02，绝对值增加，较去年增速放缓。

该项指标测评内容的历年调查结果如下表所示：

“II-11 阅读推广人”测评内容历年调查结果

测评内容	测评内容权重值	2010年	2011年	2012年	2013年	2014年
1）阅读推广人数量	2.0%	132	216	328	483	526

四、深圳阅读指数调查解读

1. 深圳阅读指数旨在动态地监测政府在全民阅读基本建设方面的实际成效和居民在实际阅读方面的基本状况，以动态数据较好地呈现各指标的变化情况，其最大的价值在于经过长期的监测，借助指标监测结果的动态变化，清晰地呈现政府在推动全民阅读方面的成绩以及需要继续努力的方向，并从居民实际阅读情况的同类指标调查来判断其变化情况。

2. 2015年度是深圳在阅读领域的第二次指数监测，其意义在于系统建立基本的监测指标体系和模型的基础上，完成了第二年的基础数据采集和分析工作，进一步检测了模型的科学性，验证了阅读指数研究的可检验性，并为城市之间、城市与国家之间的横向、纵向比较打下基础。

3. 2015年度的阅读指数研究更加注重通过对传统的纸质阅读和新媒体载体阅读状况的分析，呈现媒介形态的变化对阅读方式的影响，并增加了与全国国民阅读调查使用的相同指标开展监测。

4. 由于目前在阅读基本建设领域缺乏全国性统一而权威的统计数据来源，致使深圳在一些具体阅读指标上还无法与其他城市进行横向对比，但是本研究的指标体系和计算模型已经具备了对比研究的功能，为将来进一步开展城市之间的指标对比研究奠定了基础。

5. 对于居民阅读行为情况抽样调查，本研究在基本指标上与全国国民阅读调查保持了相同的指标设计和统计口径，主要指标已经可以开展横向对比分析。

深圳数字阅读发展研究报告

中国移动通信集团广东深圳分公司

20世纪90年代后期随着互联网的普及，数字阅读开始逐渐进入大众的生活。经过10多年的发展，在2010—2015年，数字阅读行业进入快速增长阶段：顶层设计助推产业转型升级、融合发展；技术应用加速产业创新，市场规模迅速扩张；移动互联网正重估网络文学内容价值，跨界合作延伸产业边界，产品及服务形态更加丰富，游戏和影视、动漫等文创产业受益。数字阅读推动信息经济发展，降低产业能耗，促进国家全民阅读的战略实施。

一、数字阅读产业发展基本情况

（一）数字阅读产业发展阶段及市场规模

数字阅读近15年的发展主要经过了两个阶段：

2000年后，逐渐形成了一批具有代表性的数字阅读平台：包括各门户网站的读书频道以及起点中文网、晋江原创网等一批文学网站。一方面，用户对于数字内容的消费意愿在增强；另一方面，随着互联网的迅猛发展，内容作者和提供方意识到了传统阅读在传播上的局限以及互联网给数字阅读产业带来的机遇和影响。

2010年后，随着智能终端设备的普及，数字阅读产业迎来井喷式发展，普通网民及手机用户数字阅读的比率越来越高，电信运营商纷纷成立了阅读基地，互联网公司也通过兼并、上市等资本运作，推动了行业的整合和壮大。

2014年全国数字阅读市场规模约80亿元，2015年市场规模预计超过

100亿元。数字阅读产业的发展进入爆发期。

2000—2015年中国数字阅读市场规模（单位：亿元）

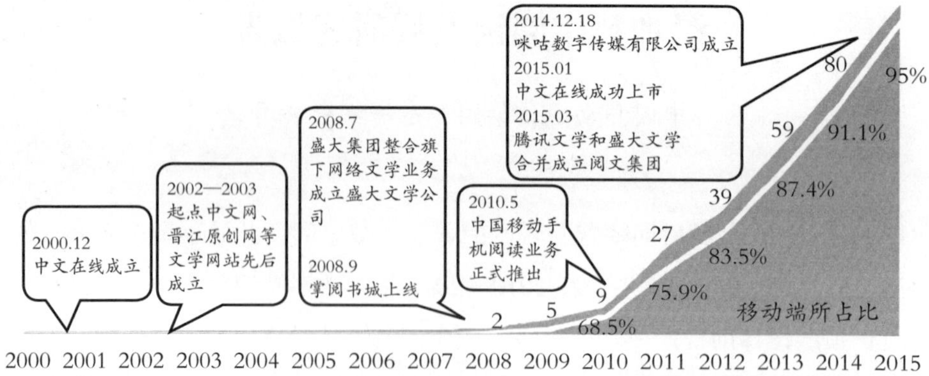

注：数字阅读市场规模，在数字阅读条件下，中国内地数字阅读机构通过提供内容授权的数字阅读服务而获得的以用户付费为主，包括部分阅读页广告、内容合作及其他收入的总和。
（数据来源：综合企业财报、产业数据及专家访谈核算，仅供参考）

（二）数字阅读行业主要收入模式

数字阅读产业链包括版权提供方、内容发行渠道、运营商等多个环节和合作方，目前行业收入的主要来源，从形式上主要分为收费阅读、广告收入、版权出售和内容合作等几个方面，其中收费阅读是最主要、最基本的收入形式。收费阅读主要是通过按文章内容长度、章节等收费方式向用户收取费用，或者用户也可以订阅的方式获得指定来源的阅读内容。收费阅读常见于原创网络文学网站以及电子出版物的直接购买阅读中。当前数字阅读行业内基于付费阅读的盈利模式主要有以下几种：

1. 运营商+版权方分成

随着电信运营商企业参与进入数字阅读行业，由于其用户群体大，传播范围广，使更多的用户接触到数字阅读服务，在很大程度上支撑起了用户付费的大部分来源。版权方（如：盛大文学）将大量的数字内容作品出让版权给运营商（如中国移动、中国电信等），用户通过运营商的网络平台下载或者在线阅读作品后产生的流量费用由运营商收取，购买数字作品产品的费用由版权方和运营商按一定比例分成。这种方式读者所需支付的内容费用较少，符合目前数字阅读人群整体的“低收入”特征。

2. **版权方直接出售电子书**

拥有数字内容版权的企业自己建立网络阅读平台，如垂直类文学网站、移动阅读 App 等，购买作品数字版权或者按照约定对纸质内容进行数字化，制成的电子书通过网络阅读平台直接向读者出售。读者通过 App Store 免费下载客户端，登录客户端后，直接通过互联网支付平台进行付费阅读。这种模式也符合移动互联网的发展趋势，为用户提供更多的内容选择，内容版权企业也获得更直接的盈利机会和更大的市场经营空间。

3. **传统纸质书电子化模式**

这一模式目前主要应用于电商平台，比如京东、当当等电商网站。这种模式主要是由传统出版社提供内容，将畅销书电子化，放在电商渠道与纸质书一并销售。由于电子书与纸质书之间存在“价差”，一本售价 30 至 40 元的纸质书电子版售价不到 10 元，客户可根据自身的购买能力和阅读习惯选择购买纸质书或电子书。

（三）手机阅读成为数字阅读的主要方向

数字阅读的方式包括手机、PC、平板电脑、电子阅读器及其他一些数字电子终端。随着智能手机普及率的大幅提升，手机阅读因为方便快捷等原因，已超过网络在线阅读成为数字阅读的主流，中国网民超四成用户有手机阅读习惯。

截至 2015 年 1 月，我国 TD-LTE 4G 用户规模已经突破 1 亿。2 月 27 日，工信部向中国电信和中国联通发放 FDD 经营许可证，4G 用户规模有望实现飞跃式突破，中国全面进入 4G 时代。预计 2015 年手机数字阅读月访问用户突破 3 亿。

2014全国居民数字阅读方式接触率

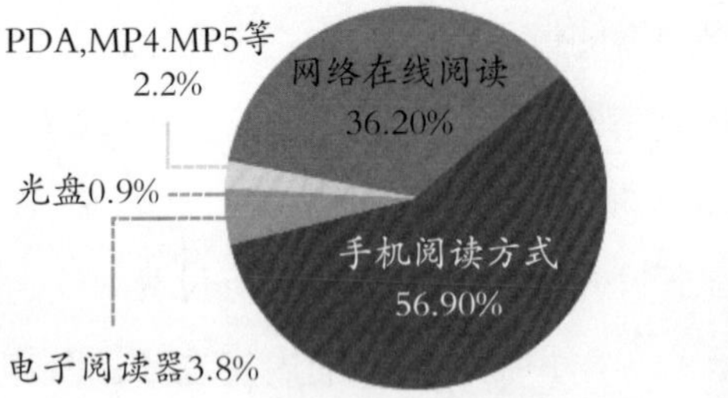

（数据来源：数字阅读产业调研2013—2014浙江省居民阅读调查报告）

选择数字化阅读方式的原因（浙江）

选择原因	选择比例
获取便利	60.5%
方便随时阅读	35.0%
方便信息检索	34.8%
收费少	24.8%
信息量大	20.6%
方便复制分享	9.4%
喜欢在电子设备上阅读	7.5%
交互性强	4.6%
音画俱全	4.4%
其他	2.1%

2010—2015中国数字阅读月访问用户规模

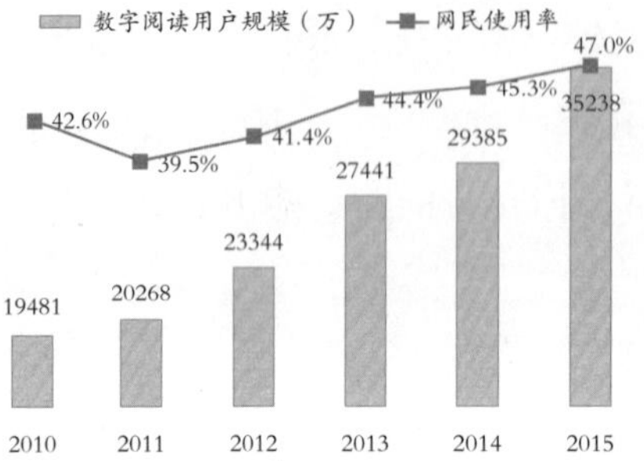

（数据来源：结合CNNIC第29次、第31次、第35次中国互联网络发展状况统计报告及数字阅读产业调研）

2014中国网民各类手机互联网应用使用率

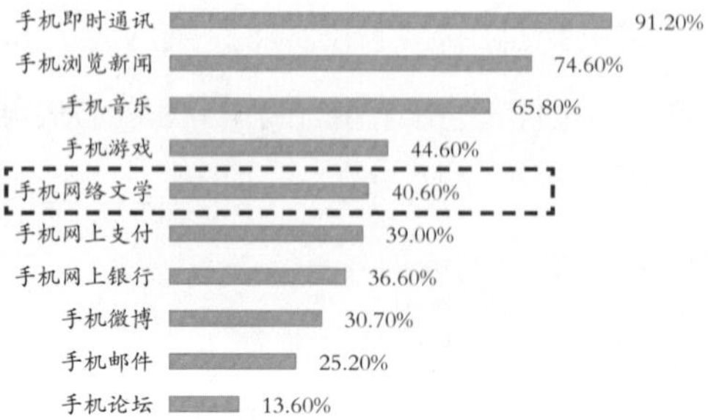

（四）传统出版产业加速数字化融合

截至2015年，超过30%的传统出版单位设立了数字出版专业机构，出版内容数字化收益上升：全国图书出版单位共580家，绝大多数设置了数字出版机构，其中30家成立了独立的数字公司；全国从事图书出版的从业人员8万人，其中从事数字出版的1.5万人（包括音像行业从业人员7000人）；数字化出版平台中，2015年出版内容收入达到41.8%（以中国移动阅读平台为例）。

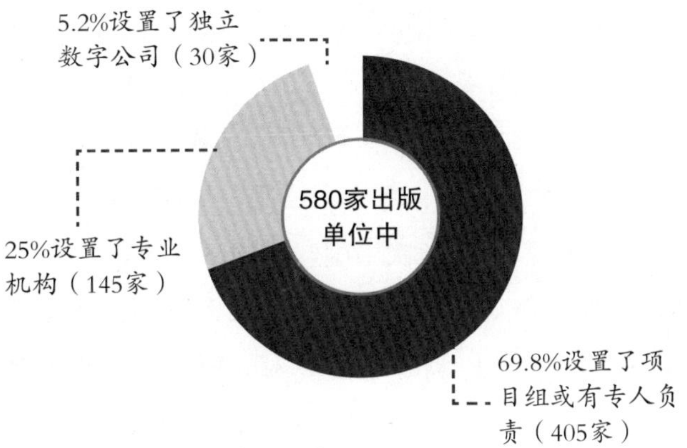

（数据来源：传统出版产业调研）

（五）全版权运营时代到来，呈现巨大市场潜力

泛娱乐产业链逐渐形成，数字阅读成为全版权运营的发源端。全版权运营即以某种形态的产品（如文学作品）为依托，对作品的版权进行生产和获取，开展“一次生产，多次销售”，除数字发行外，开展包括实体书出版、有声读物、影视、动漫、游戏、衍生产品等的改编和生产，实现版权价值最大化。阅读 IP 作为泛娱乐产业链的发源端，拥有最长的版权生命周期，与实体出版、游戏、影视之间的融合也最便捷。

阅读IP全版权TOP6排行榜			
	IP名	拓展类型	总收入
1	小时代系列（123）	出版+电影	11.3亿元
2	致我们终将逝去的青春	出版+电影	7.5亿元
3	匆匆那年	出版+歌曲+电影	6.9亿元
4	后会无期	电影+话剧+出版	6.8亿元
5	何以笙箫默	出版+电视剧+电影（2015上映）	5.5亿元
6	唐门世界	出版+游戏	3.8亿元

注：以上数据来自网络报道数据整合，网络点播价值按CPC价格进行折算。

（六）数字阅读推动信息经济发展，降低产业能耗，促进全民阅读

1. 服务信息经济：2015 年全国数字阅读规模预期将超百亿元，五年内

市值增长超十倍，与此同时，直接从事数字阅读的从业人员超过1万人，间接带动数十万人就业。（数据来源：数字阅读产业调研）

2. 服务全民阅读：截至2014年底，中国数字阅读网民使用率达到45.3%，同比增长超过7%。其中，数字阅读用户规模达到29385万，全年增长率为11.9%。（数据来源：第35次中国互联网络发展状况统计报告）

3. 助力低碳环保：数字阅读通过电子化印刷、物流仓储、出版零售等占成本35%的高耗能环节，以高效率低成本的运营方式减少了大量传统产业耗能，助力无纸化社会，推动全民绿色阅读。以中国移动咪咕阅读为例：每天平台用户阅读8000万章，相当于300万册图书。全年约节省30.78亿印张纸，少消耗99.77万棵树，节省费用约16.2亿元。

（七）深圳数字阅读发展

随着数字阅读的普及，手机阅读因为其方便、快捷的特点，在深圳这个快节奏、年轻人聚集的城市迅猛发展起来。近年来，深圳读书月联合社会组织、企业连续推出了具有互联网特色的数字阅读推广活动：例如在青工群体开展“数字图书送青工”活动，推广体验手机阅读图书新模式，百万青工可以连续三个月免费阅读1000本“数字图书”，活动传播覆盖300万青工人群，送出免费数字图书100万多份；在社区开展“深圳·爱阅读共同的阅读梦”旧书捐赠献爱心公益活动，社区居民捐旧书同时领取手机阅读券，在宣扬爱心的同时普及手机阅读，参与人数超10万；另外，通过线上线下互动，邀请线上热门作家，如辛夷坞、高晓松等，走进书城和校园，为市民、学子送出精神盛宴。

2015年，深圳读书月进一步突显互联网概念，将读书月年度主题确立为“互联网+读书”，推出了手机阅读季、微电影大赛、H5页面创意设计大赛等主题活动。其中，与中国移动合作开展的手机阅读季活动，开发读书月专属阅读客户端平台，对读书月进行宣传，客户端下载量超10万人次；在官方微信号开辟阅读季专区，向数百万市民成功推送读书月各项活动；推出“书香深圳”数字阅读赠阅礼包，赠送线上免费流量+免费内容，吸引超过20万市民领取。

据中国移动咪咕阅读数据，深圳手机阅读2015年访问用户增长率29.1%，目前手机阅读用户数超200万，图书浏览日人均PV12.9，每月人均阅读天数4.2天，每月人均阅读书本数3.5本。手机阅读指数在全国各大城市中排名第一。

排名	城市	品类渗透率	访问用户增长率	图书浏览日人均PV	ARPU	人均阅读天数（每月）	人均阅读书本数（每月）	数字阅读指数
1	深圳	13%	29.1%	12.9	7.3	4.2	3.5	**76**
2	重庆	12%	1.7%	**17.9**	7.4	**5.6**	3.8	**75.3**
3	东莞	13.3%	**50.3%**	11.7	**9.1**	4.7	3	**71.8**
4	北京	15%	11.2%	9.4	5.7	3.6	2.3	69.9
5	杭州	13.4%	23.4%	17.4	5.5	4.7	**4.2**	68.3
6	成都	4.8%	−3.7%	17.6	8.5	**5.6**	3.5	65.8
7	宁波	13.6%	21.5%	13.9	5.1	4.8	2.7	64.8
8	广州	7.8%	−2.9%	11.5	7.4	4.3	2.8	62.8
9	上海	**22.8%**	−1.2%	12.2	5.3	4.7	2.6	62.7
10	西安	12%	2.9%	13.1	6.7	**5.6**	3.5	62.3

阅读指数：渗透率 ×0.2＋增长率 ×0.1＋图书浏览日人均PV×0.2＋ARPU×0.1＋人均阅读天数 ×0.1＋人均阅读书本数 ×0.3（按照以上各项目最高值为一百分计算）

二、数字阅读仍旧面临三大结构性挑战

1. 商业结构：数字内容盗版的冲击和分流

数字阅读正版内容迅速发展，但是目前国内阅读类盗版网站过万家，分流了90%产业空间，更有部分侵权盗版网站的点击用户破百万，造成了用户的严重分流。

2. 内容结构：专业图书数字化转型问题

传统出版数字化转型进入上升期，但是调查表明，业内主流的数字阅读产品或者平台中，虚构类图书收入占比达95%。而在传统纸质图书发行中，虚构类文学图书所占有的码洋比重仅为11%，专业化图书数字化转化率低。

（数据来源：数字阅读产业调研；2014 年开卷图书零售市场监测报告）

3. 人群结构：用户阅读习惯困境

数字阅读用户规模持续增长，但是中青年市场仍有待培育。成年人不选择数字阅读的原因呈现多样化，68% 的人认为数字阅读伤眼睛，眼睛容易疲劳。

三、国外数字阅读市场发展带来的一些思考

与国内依然强劲的行业发展势头不太一样，2014 年以来，西方有研究数字阅读的机构发布报告，从不同角度提出了电子书增长放缓的趋势。比如，尼尔森图书购买行为调研报告显示，电子书仅占读者购买图书总“册数（unit）”的 23%，而平装书占据了 42% 的份额，精装书占 25%。美国与英国出版协会的季度数据也显示电子书增长率低于往年的预期。各电子书大平台今年频繁降价促销，Kobo、Kindle、iBook 不同程度地卷入价格战，可见市场低迷。（数据来源：科学网，2014 年欧美数字出版的创新与变局）

但是跟纸质书不同，电子书的购买规模与实际阅读规模相距甚大。根据 iBook 平台的数据，在 2014 年，每一本付费电子书伴随着 39 本免费电子书的下载，也就是说，由于免费电子书、图书馆电子借阅以及盗版，数字阅读的真正规模远远大于电子书的购买规模。事实上，互联网已经颠覆了对传统出版及传统阅读的原有生态。

亚马逊在全球一直是数字阅读的引领者，借助 Kindle 生态，亚马逊在 2014 年相继推出颠覆传统出版的创新，尤其是 Kindle Scout 和 Kindle Unlimited。众包出版平台 Kindle Scout 让读者集体来决定一本书稿是否值得出版。通过 Kindle Unlimited，用户只需每月付费不到 10 美元，即可以无限制地阅读 60 万册电子书和 2000 多种有声读物。

其他互联网巨头近两年也加大了对数字阅读的投入，苹果正在加快构建以 iBooks 为核心的数字图书生态。2014 年苹果收购图书发现与推荐平台 Book Lamp，并开始将 iBooks 从 iTunes 中分离。大屏幕 iPhone 6 Plus 也是

苹果对移动阅读的硬件尝试。社交媒体巨头 Facebook 已经开始向电商模式转型。用户很快将可以通过 Facebook 直接买卖电子书。基于 Facebook 的巨量人气，如果实现作者、读者在线直接交易，对现有数字出版产业将产生巨大冲击。国内随着 BAT（百度、阿里巴巴和腾讯）先后进入数字出版领域，也必将引发数字内容行业的深刻变革。

社交网络成为重要的营销阵地，利用读者、作者社群等资源，利用社交媒体和数字技术，构建直达读者的数字销售通路。比如，鼓励作者通过社交媒体直接向读者推销书籍，作者在原有稿酬之外，还可以获得销售提成；对粉丝文化的深度挖掘，从直接利用粉丝众筹，到发展活跃的在线粉丝社群，再到以特定兴趣的粉丝社群为基础直接衍生数字内容。

大数据技术的出版应用走向实操层面，一些出版商与图书发行商的数据业务不再是传统的销售报表分析，转而聚焦于小规模复杂数据，通过对复杂数据关系的分析，探寻市场特点、读者特点以及消费习惯。意大利最大的图书发行商 Messaggerie Italiane 采用的“smartdata（智慧数据）”分析系统就是一个典型例子，其图书发行业务决策很大程度上参考数据分析系统。

作者正在成为核心资源，电子书作者的权益受到前所未有的关注，世界各大出版商开始提高电子书作者的版税收入，无论是出版巨头、新兴出版平台，还是传统出版商，其角色实质都是中间商，而作者是创意内容的源泉。大牌作者在图书销售中的影响力已经超过了出版商品牌和渠道的力量，作者不再是弱势群体，而是数字出版生态可持续发展的基石，作者的人气也是构建阅读社群和数字生态的纽带。

与国外数字阅读的发展趋势雷同，我国数字阅读行业在未来几年也面临发展转型，如何打破旧有体制的束缚，探索适合我国国情和市场特点的新模式，同样需要具有颠覆性的创新勇气。

四、未来数字阅读发展的趋势

1. 形成泛娱乐化生态圈

未来泛娱乐化生态圈，将以文学 IP 为中心，通过“文学 +”游戏、影视、动漫等多样化的文学内容和形式满足个性化的用户需求。同时，以文学 IP 为中心汇聚而成的用户群、粉丝群，成为线上到线下贯穿整个文学 + 产业链的原生力量，通过粉丝的引流，形成整个粉丝经济的商业生态圈。

盈利的模式也将不再是简单依靠几毛钱或几块钱将电子书卖出去，或是靠免费阅读带来的广告收入，而是围绕“版权”，利用读者和品牌形成的影响力，通过 IP 的授权去开发衍生品来扩充收入渠道，同时发展众筹、打赏等互联网新盈利模式。“版权”二字在新模式下将有更丰富的内涵。

2. 优质内容成为竞争的核心

与过去较为单薄的作品分类和特定的用户群体不同，现阶段各大平台追求并上架大而全类别、能覆盖全年龄段的优质内容，以“优质内容”作为平台的护城河。平台作品的优质化，对聚拢粉丝用户、增强平台黏性产生直接影响，对后期稳固“收费阅读”盈利模式有铺垫作用。另外，目前互娱市场 IP 价值被大量发掘，围绕 IP 改编进行多维产品化也将是众多未来发展的主要着力点。可以说，优质的内容已经成为移动阅读厂商核心竞争力。

3. 内容社交成为发展新趋势

未来数字阅读，内容社交将是新趋势。数字阅读平台将思考如何让作者跟用户更好地互动、用户和用户之间更深入地互动。通过社交来指导内容更好地创作和产生；通过内容社交，也可以把用户聚拢起来，形成粉丝经济、打造用户黏性。在大而全的阅读平台，打造深阅读社区，由社区聚集人气，在庞大杂乱的市场中开辟出一方新天地。

4. 大数据应用影响内容生产方式

在移动应用如此便捷的今天，手机阅读已成为数字阅读的主要方式。用户在客户端上留下的海量评论、笔记、分享和书摘等数据有重要的意义。这些数据能真正知道用户都在看什么内容，喜欢看什么样的内容。这些数据不仅能抓住用户，还是一个风向标，对作者、内容制作商、出版方都极为有价值，未来大数据将直接影响内容的生产。

5. **深圳数字阅读继续创新发展**

2000 年，深圳市委市政府创立了“深圳读书月”这一大型综合性群众读书文化活动，将每年的 11 月定为读书月。2013 年，联合国教科文组织授予深圳全球迄今唯一的全民阅读最高荣誉——“全球全民阅读典范城市”。

2012 年深圳市阅读联合会成立，是致力于推进阅读文化发展的单位、民间读书组织和个人自愿结成的行业性的地方性非营利社会组织，现有会员单位 92 家，涵盖学校、公共图书馆、民间读书组织、媒体、出版、印刷、发行、网络阅读等行业以及从事阅读研究与实践的专家学者、阅读推广人，是国内第一家阅读联合组织。

多年来，深圳一直秉承不断创新的精神，集结社会各方资源，汇集民间阅读力量，打造一座书香城市。在移动互联网的大潮下，数字阅读将在深圳继续蓬勃发展：一方面在政府的大力支持下，借助阅读联合会等平台，移动互联网运营商、数字阅读内容提供商、传统出版发行行业等联合起来，通过线上向市民免费发放数字内容阅读礼包等方式，共同推进市民数字阅读的普及，同时挖掘深圳本土文化力量，力争打造深圳本土的内容精品；另一方面，将线上线下渠道融合，将数字阅读渗透到市民的日常生活场景中。例如在实体书吧建立数字阅读角、在连锁便利店铺设手机阅读扫码区，让数字阅读无处不在、无时不在，成为深圳独特的阅读新风尚，成为市民不可或缺的阅读方式。

【附：名称解释】

➢ **数字阅读**

广义上是指以电子格式为载体，以互联网为传播渠道，为用户提供下载或在线阅读的网络服务。

狭义是指以电子格式为载体，以互联网为传播渠道，提供用户下载或在线阅读，用户不参与阅读内容提供与制作的网络服务。

➢ **数字阅读市场规模**

指狭义数字阅读条件下，中国内地数字阅读运营商通过提供内容授权的数字阅读服务，而获得的用户付费、网络广告、版权出售、内容合作及其他收入总和（包括PC端及移动端的网络文学和电子出版物阅读，以及移动聚合阅读等服务产生的收入，不包括手机报收入）

➢ **数字阅读用户**

通过终端进行数字阅读的用户。

➢ **移动聚合阅读**

指在移动终端上，将第三方新闻资讯、社会化媒体等内容聚合后经过加工编辑提供给用户阅读的服务。

➢ **移动阅读**

指通过移动终端为用户提供的数字阅读服务。

➢ **移动阅读市场规模**

指在数字阅读市场规模中，通过移动终端获得的收入部分。

➢ **垂直类阅读网站**

是指以为用户提供阅读内容为主要服务的网站，主要包括原创文学网站、门户转载型网站、电商网站数字图书馆、阅读App和其他数字阅读内容平台提供用户付费或免费阅读的网站或频道，不包括门户网站新闻资讯服务。

➢ **移动阅读App**

是指以移动终端为应用载体，为用户提供阅读服务（包括网络文学作品、电子出版物、漫画和新闻聚合内容）的移动应用程序，目前各平台覆盖的移动终端为手机和平板电脑，其中以手机为主。

➢ **网络文学**

指以互联网为发表平台和传播媒介，借助超文本链接和多媒体演绎的手段来表现主题，在网上创作发表，供网民阅读的文学作品、类文学文本及含有一部分文学成分的网络艺术品，其中以网络文学原创作品为主。

➢ **电子出版物**

指以电子格式（文本、图片等）表现的有版权纸质书籍、杂志、报刊等。

➢ **有声读物**

指以音频格式表现数字阅读内容的录音产品。

➢ **电子阅读器**

指专门用于显示从书籍、杂志、报纸、第三方资讯和其他印刷品来源的书面材料的数字版本的便携式、低能耗、高分辨率的设备。

➢ **数字出版**

数字出版是在出版的整个过程中，将所有的信息都以统一的二进制代码的数字化形式存储于光盘、磁盘等介质中，信息的处理与接收则借助计算机或终端设备进行的出版方式。

➢ **TD-LTE**

TD-LTE，亦称LTE-TDD，即Time Division Long Term Evolution（分时长期演进），由3GPP组织涵盖的全球各大企业及运营商共同制定，TDD即时分双工（Time Division Duplexing），是移动通信技术使用的双工技术之一，与FDD频分双工相对应。

➢ **4G**

第四代移动电话行动通信标准，指的是第四代移动通信技术，外语缩写为4G。该技术包括TD-LTE和FDD-LTE两种制式。

深圳开展全民阅读的观察与思考

张 军

摘要：本文基于深圳全民阅读现象的观察，透过现象分析了全民阅读中深圳现象的内在动因，强调了倡导全民阅读的重要性，总结了全民阅读中深圳经验的宝贵启示，并着重提出了深圳全民阅读的几种深圳路径。希望给全民阅读的相关人员一些启发和思考，加强在这一方面的探索与研究，解决我国推动全民阅读活动的问题，提高阅读的指导性，增强国民素质和个人能力，从而提高国家的综合竞争力

关键词：全民阅读、深圳、观察

作者简介：张军，湖北襄阳人，文学硕士，研究员，主要研究方向：中国当代文学、深圳和香港文化。

《深圳经济特区全民阅读促进条例》在深圳市第六届人大常委会第四次会议表决通过，这是国内阅读推广领域第一部运用经济特区立法权制定的法规，将于2016年4月1日起实施。届时，市民将享受到更多实打实的阅读福利。自2009年4月份中宣部、新闻出版总署联合印发《关于进一步推动全民阅读活动的通知》（新出联【2009】7号）以来，全民阅读活动在全国各地蓬勃展开。中宣部、新闻出版总署牵头，联合文化部等部门指导各省（区、市）党委宣传部、新闻出版局和全民阅读活动组织协调办公室成员单位，各地各部门开展各类阅读活动。多年来，深圳持之以恒推动全民阅读，以大气压制浮躁，以优雅驱逐粗俗，为城市注入沁人心脾的诗书之气，商潮涌动的城市书香弥漫。全民阅读活动取得显著成效，引起社会广泛关注。在

读书月活动的推动下，全民阅读中呈现一种“深圳景观”。

一、全民阅读中的“深圳现象”

全民阅读包含的核心意思是：使每一个有阅读能力的人都要成为“阅读人口”。所谓“阅读人口”就是指那些每天至少要拿出一定时间来读书的人。每一个人都要养成每天阅读的良好习惯，每一个人都要保持终身阅读的生活方式，这正是全民阅读的终极诉求。

在全民阅读活动中的深圳读书月活动，起源于市民的自发需求和主动参与，创始于政府的积极倡导和推动，从2000年11月开始，16年如一日，践行着一种可贵的坚持。而且活动规模越来越大、效果越来越好，读书月不仅成为深圳彰显文化魅力的独特品牌，更见证了深圳人对知识的不懈追求，这已是深圳人共同的观念。在全民阅读的深圳实践中，形成了一种阅读现象，让人生因阅读而丰富，使深圳成为一座因热爱读书而受人尊重的城市。

在推进全民阅读中，深圳一路走来已有16个年头，2013年10月21日，联合国教科文组织在联合国教科文组织创意城市北京峰会和首届国际学习型城市大会上，授予深圳“全球全民阅读典范城市”称号。这是联合国教科文组织授予全球城市关于全民阅读的最高荣誉，深圳也成为世界上迄今为止唯一获得这一殊荣的城市，对我们的阅读环境起到很好的催化推动作用。

解读全民阅读中呈现一种深圳现象，是因为深圳连续举办16届的读书月、240台自助图书馆、公共图书馆数量620个，服务着186万个有效读者，持证读者数量超过全市常住人口的15%，连续26年人均购书量居全国大中城市之首，构筑了公共文化服务体系的阅读硬件。

另一方面，深圳的“阅读人口”日常读书活动很多，读书的外延和内涵不断扩展和丰富，读书月的活动形式不断翻新。从数据视角回眸15届读书月的成长，根据发布的“数字中的读书月”显示，前15年，读书月举办的活动总数达到4729项；邀请121位国内外知名学者大家来这里开办讲座；600多个出版机构共向327个受赠点捐赠了价值1752多万元的图书；近年来每届参与读书月的人数都达千万人次，前15年，参与读书月的总人次达到1.06亿。

一是深圳阅读空间与时间不断拓展。最新公布的《2015年深圳阅读指数研究报告》显示，2015年，深圳实体书店、书吧的数量从95个增加到154个；深圳居民日均读书62.53分钟，比全国平均水平多43.77分钟。深圳正朝着全民阅读、书香社会不断迈进。

二是民间读书组织越来越多。作为党和政府创设的一项公共文化服务活动，深圳读书月特别强调公平性和广泛性，始终坚持“深入基层、深入社区、深入群众”的原则，吸引广大市民参与，使读书月从一开始就形成了政府与民间极为生动、极有效率的文化互动关系。深圳图书馆曾特别推出的一次“民间阅读文化展”，展示了三叶草故事家族、彩虹花公益小书房、深圳读书会、后院读书会、读书吧、小津概念书房和99人书库等多个颇具特色的“读书组织”，在全国有较高知名度。这些深圳读者的民间读书组织，开展读书活动、与书友们交流阅读感受，成为深圳民间阅读文化的一道亮丽风景。“深圳读书会”已经成长为一个较为成熟的公益文化组织，每周在深圳中心书城及各区图书馆举办不少于三场读书文化活动，这片阅读沃土已涵养了100多个民间阅读组织，经常活动的读书组织50余个。2012年11月，深圳市阅读联合会成立，成为国内第一个跨行业全民阅读民间组织。

三是书店书吧成为迷人风景。每逢周末，深圳的几大书城总是聚集了许多读者，他们多数在书柜旁一待就是半天。深圳书城成了许多外地游客慕名而来的景点之一。而较之这种规模较大的读书场所，深圳的一些特色书店、书吧则以其文化的独特表现取胜。书吧也成了深圳全民阅读现象中不可或缺的一部分。

四是书香人家、阅读推广人受到尊崇。读书成了深圳普通市民的生活常态。每年的读书月，就有30户“书香人家”受到表彰，30户“书香人家”背后都有个性化的读书故事、多元化的读书形式。评选“书香人家”也从一个侧面反映了深圳对读书的推崇。深圳读书月，还有深圳市全民阅读示范单位、示范项目、优秀阅读推广人受到表彰。这项评选推动了全民阅读向常态化、科学化和专业化方向发展。

五是设立读书月论坛。国学大师饶宗颐、诺贝尔文学奖获得者莫言、武侠大家金庸……他们都是读书月论坛的座上宾。金庸曾经高度评价读书月：“对一个城市的认同开始于也着眼于对这个城市的文化认同。深圳因为读书月梳理了自己全新的文化形象和城市形象，使众多文化名人对深圳刮目相看。深圳，正在成为因读书而受人尊重的城市。”

六是阅读服务运用大数据技术。发布了“图书馆之城”服务大数据部分片段，通过大数据技术，挖掘出过去一年使用6个以上实体图书馆的读者43人，使用6个以上自助图书馆的读者20人，成为2014—2015年深圳市“图书馆之城”的最强“走读者”，公布了最强“走读者”名单并为最强“走读者”代表颁奖。

七是成为中国亲子阅读高地。2014年举行的第十五届深圳读书月当中有不少活动是有关亲子阅读的，首次增加“年度十大童书评选”、发出“亲子阅读倡议书”、举办亲子阅读论坛等，亲子阅读已成为深圳读书月活动当中不可缺少的内容。

深圳少年儿童图书馆是全市亲子阅读的主阵地，独创“阅读积分计划”引导少儿阅读，被全国多家图书馆借鉴；创建“爱读网”网站、“喜悦微博”，每天向少儿推荐一本好书；率先推出“蒲公英”阅读计划，建立劳务工子女图书馆。国际图联秘书长“世界图书之都”评审委员会成员珍妮弗·妮科尔森说，深圳少年儿童图书馆是世界上最美丽、最人性化、最具有创新活力的图书馆。

二、全民阅读中的“深圳经验”

（一）倡导阅读理念，加强理论引导

读书月重点在倡导全社会重视阅读，营造书香氛围。首届读书月提出“营造书香社会”，第三届读书月提出“实现市民文化权利”等理念。到了第四、第五、第六届读书月，则逐步开始关注阅读对城市的作用，先后提出

“提升城市品位”“提高市民素质”“让城市因阅读而受人尊重”等理念。16届读书月已有创新发展，全市各级图书馆举办各类阅读活动662场，其中重点活动73场。深圳图书馆作为推动全民阅读的重要阵地和主力军，读书月期间将围绕“互联网+读书”年度主题，精心策划推出124场丰富多彩的阅读活动，包括“深圳记忆”文化之旅、经典民乐赏析、大学生思维擂台赛、视障人士中医知识竞赛、珍贵邮票展等重点活动11项，涵盖展览、讲座、表演、沙龙、培训、交流会、音乐会、朗诵会、擂台赛等众多形式。其中，“深圳记忆”文化之旅、思维之星——深圳大学生思维擂台赛、民乐赏析是深图2015年读书月期间的创新阅读项目。经年累月，深圳读书月逐渐为广大市民认知和接受，成为引领参与者由被动阅读向主动求知转变的重要动力。

（二）提振读书意识，培养阅读习惯

“让阅读成为习惯”是深圳读书月追求的目标。书香的因子已融入深圳市民生活方式中，“以读书为荣、以读书为乐”的理念深入人心。一项调查结果显示，60.3%的读者在读书月刺激了购书欲望，65.7%的读者认为读书月产生了良好读书气氛，61.2%的读者表示读书月期间读书时间有较大增加。每年11月的读书月被市民亲切地称为“文化闹钟”。深圳读书月采取各种措施进行全民阅读的“养成”教育：高度重视媒体的宣传和引导，注意营造良好的读书舆论氛围，为各项活动营造舆论声势；数量众多的读书公益广告，已纳入城市精神文明建设的整体规划；开展领导干部荐书、企业老总谈读书等活动，充分发挥领导层的示范作用；以家庭为单位开展书香家庭评选，发布爱书、藏书、读书、用书的倡议书；开展电视辩论赛，展现“读书明理，辩论求是”的求学问道风气等活动，在社会上产生巨大反响。

（三）创新活动形式，激发阅读兴趣

第十六届深圳读书月于11月4日在深圳中心书城启动，首次为6岁以下儿童发放阅读礼包、创设“2015深圳年度作家”评选、依托互联网平台开展各项阅读活动。读书月期间，又有943项主题活动，包括53项重点主

题活动，将为深圳人带来新的阅读体验。深圳读书月活动开展16年来，坚持以创新为灵魂，把读书月的策划组织当成一个大的创意过程。读书月活动除了使已有的活动固定化、品牌化，每年均有所创新，如第五届推出深圳童话节，第六届推出“历史的天空下”这一名家主题对话的论坛形式，第七届推出“全国报刊读书版总编圆桌会议”“图书漂流”，第八届推出“海洋文化论坛”“诗歌人间”，第九届推出“30年30本书文史类优秀读物评选”“校园网络文学大赛”等活动。以内容创新和运作模式创新为动力，以成立深圳市阅读联合会和实施市民阅读能力提升工程、“阳光阅读计划”为抓手，推动读书月的品牌提升和转型发展。

（四）贴近市民读者，满足读书诉求

读书月组委会通过组织“深圳人的读书状况”调查、媒体公开征集活动创意和建议、市民读者座谈会、接听热线、做客市民论坛等各种途径研究和了解群众的读书需求，并努力通过读书月的各项活动来满足其需求。为此读书月坚持“深入基层、深入社区、深入群众”。从首届活动开始，就深深扎根于社区和基层，深入市民读者生活，让阅读融入任何地方、任何时间、任何年龄段和任何市民的群体之中。在第十三届读书月时，各区、各系统和民间阅读组织主题活动396项。46项重点活动中，分“特别策划”“书香深圳”“阳光阅读”“青春成长”“民间阅读”“分享交流”六大板块，还重点策划了迎接十八大系列读书活动、广东精神及深圳十大观念大讨论、“今天阅读一小时”倡议宣传、成立深圳市阅读联合会、举办阅读推广人培训班等项目，内容十分丰富，让市民群众的生活因读书而充实。

（五）传递城市关爱，关注外来青工

针对深圳特殊的人口结构，读书月活动对于人数众多的外来劳务工、少年儿童等社会群体尤为关注。“家有书声不怕穷”。为数百万读书需求强烈、需要社会帮助的外来劳务工量身定做了“青工读书成才”大型报告会、青工大课堂、打工格言竞赛等一系列项目，为青少年群体策划出“阅读·成长”板块，组织举办中小学生现场作文大赛、图书漂流、书香校园评选等一系列活动。在第十三届读书月推进青工阅读中，举办了书香企业及读书成才职工评选、青工大课堂、关注留守儿童阅读活动等传统青工阅读项目。重点策划“阳光阅读计划”，开展送书进工厂，举办青工读书沙龙和“读书改变命运”报告会，新设“青工数字阅读室”、青工朗诵会等活动，扩大外来青工的参与面。出版“特区农民工”口述史系列图书，让农民工主动地、创造性地加入到深圳读书月活动中来。

（六）探索运作模式，确保持续发展

读书月活动持续开展十几年，其活力不仅没有减弱，而且还逐步加强，这是与其相对科学、富有效率的运作机制分不开的。通过16年的运作探索，深圳读书月实行“政府倡导、专家指导、社会参与、企业运作、媒体支持”的运行机制，在深圳市委宣传部指导下，由深圳市新闻出版局精心策划、组织落实的。形成全民阅读活动的“深圳现象”。党委和政府在深圳读书月活动中不但体现了一种文化责任的担当，更重要的是在读书月活动中发挥着主导作用，把握着读书活动的整体定位、目的与方向。每届读书月的筹备期间，都会根据新的任务、新的要求成立和调整深圳读书月组委会，形成“领导亲自督阵、部门协同作战”的格局。在2012年深圳读书月期间，首批“阅读推广人培训班”通过严格考核的成员正式“持证上岗”，深圳有了第一批由官方正式认可的、具有明确“阅读推广人”身份的阅读推广工作者。“阅读推广人”作为一个崭新的社会身份，都有各自的职业，不为名利地做同一件事：告诉家长、老师、孩子哪些是最好的童书，如何选择、阅读这些最优秀的书籍。重塑孩子们的精神世界，撒播“读书种子”。福田区第十六届深圳读书月有几项重点活动，包括“深圳十大佳著”评选，该评选立足深圳，着眼挖掘本土文学资源、培育更多文学新人。福田区还举办了深圳读书月广场换书大会，与“阅享悦读”图书交换活动相结合，通过换书、捐书、晒书的形式，将“阅享悦读”活动延伸，同时组织阅读嘉年华，为市民提供诵读、故事会、创意阅读、才艺展示等多种富有体验感的阅读活动。

三、全民阅读中的“深圳启示”

阅读是人类进步的阶梯。通过读书月的举办，深圳表明了自己的文化态度、文化追求，表明了自己的远大志向，这也是深圳软实力的源泉。在全民阅读活动中，深圳引领全国风气之先，阅读不仅关乎个人修身养性，更关系一个国家的国民素质和竞争力。知识积累，将决定一个人的最终高度，也将决定一个城市的最终意义。在这个意义上，全民阅读的重要性怎么强调都不过分。北京大学教授谢冕说：“深圳给人的启示是，认定了目标，做一件有益的事，开了头就不放弃，坚持把它做好。读书月就是这样，一批热心的‘志愿者’把读书月当成一个事业来做，一做就是15年，而且还要继续做下去，做大做深做好。我对这些始终坚持的人们充满了敬意。”的确，在深圳30多年的发展中，有近一半的时间在提倡读书，高贵的坚持获得了高贵的荣誉，亦给这座城市带来变化、思考与启示。

（一）阅读促进城市文明，使社会更加和谐

“阅读人口”的多少跟“城市文明”的程度呈现正相关。在一个城市，“阅读人口”越多，这个城市的文明程度也就越高。很多人认为，深圳的城市气质其实并不适合阅读。深圳这座城市是移民城市，都是来自外地，这里飞快的节奏、忙碌的人群、激烈的竞争、喧嚣的氛围会令人内心浮躁，功利主义与浮躁心理让人们远离读书，人文精神的缺失导致社会道德滑坡，各种社会问题不断出现。都是一种“反读书”的力量，阅读需要的是舒缓有致，是足够的闲暇，是内向与安宁。如果人人都爱上读书，整个社会也必将多一分和谐与安宁。一个亲近书籍的社会是一个学习型的社会，鼓励市民翻开书页，在浓浓墨香中，细细体味读书的喜悦，静静感受知识带给我们的力量和道德水平的提升。

如何把人与人之间的距离变小？必须找到一种平衡内心浮躁的东西，能带来温暖克服冷漠的东西，这些东西从读书中来。对于塑造和传承城市独特

人文精神来说，深圳的一个重要使命就是推广阅读。对文明的理解首先是通过对文明的阅读，亲近阅读就是亲近文明。城市的和谐不能仅仅停留在物质的再分配上，物质再多，也不是这座城市最终和谐稳定的关键。这座城市最终和谐稳定是来自于我们的心灵。深圳用读书月这种形式，在繁忙的都市中辟出一块文化净土，营造出一个“书香社会”。读书能让人知书达理，让人有自我反思的能力，让人学会礼让，这些有助于重建有秩序的社会，实现从移民社会向市民社会的转变。

（二）明确政府的文化责任，实现市民文化权利

公民文化权利包含如下五个方面的内容：一是享受文化成果的权利，二是参与文化活动的权利，三是开展文化创造的权利，四是文化创造成果受保护的权利，五是进行文化选择的自由权利。公民文化权利的实现状况是社会文明与进步程度的标志之一。作为公共行政部门，政府有责任、有义务去积极推动城市文化的发展。政府最基本的法定职责是最大限度地利用公共资源，创造各种条件去保障市民基本文化权利的实现；深圳就是在全国较早关注文化权利问题的城市之一。改革开放以来，深圳经济发展迅速，随着人们物质生活水平的不断提高，精神文化的需求越来越大，文化权利问题正从隐性层面上升到显性层面，实现市民文化权利问题日益突出与迫切，构成了政府公共文化行政的重要内容，政府承担公共文化服务的职责成为题中应有之义。在市民文化生活中，阅读是最为普遍也是最为持久的文化需求，阅读权也是市民最为基本和最为重要的文化权利之一。从这个意义上讲，深圳读书月的举办，是有效实现市民文化权利的一种途径、载体和方式。正是由于将实现市民文化权利作为深圳读书月的主要理念与指导思想，深圳读书月自举办以来，始终关注、了解并采取喜闻乐见的多种形式实现最大多数人的读书愿望与读书权利，因此受到了广大市民的热烈欢迎与积极参与，实现了市民的基本文化权利。

（三）阅读提升能力素质，为人生奋斗壮行

摩挲书页、捧卷而读，是深圳人澡雪精神、涵育气质的重要方式。阅读所产生的思考力、创造力和逆转力，将使国家、民族、时代永远充满活力、永远充满朝气、永远持续前行。读书月为这种激情鼓劲助力，让全民阅读为这种激情燃烧输氧加油，让阅读行为成为这个火红年代中最鲜明的注脚、最显著的特征、最醒目的标志。对各级领导干部来讲，热爱读书和学习体现政治信念，反映事业追求。一个热爱读书和学习的领导干部，把读书和学习作为一种生活需要、一种精神境界，生活就会充实，追求就会远大。各级领导干部应该从党和人民事业兴衰成败的高度，从推动科学发展、促进社会和谐的高度，来认识加强读书学习的极端重要性，活到老学到老，在读书学习中提高领导科学发展的本领、做好群众工作的本领和应对复杂局面、处理复杂问题的本领。如果各级领导干部的知识老化、思想僵化、能力退化，就无法跟上经济社会发展的需要，就是一个“空头政治家”！对此，我们应该高度警惕，一定要在坚持加强理论学习的同时，坚持干什么学什么、缺什么补什么，有针对性地学习掌握做好领导工作、履行岗位职责必备的各种知识，努力使自己真正成为行家里手、内行领导。

（四）阅读推动转型升级，是社会不断进步的动力

作为一种内省性的、内向性的活动，阅读必须外化为实践活动，才能成为促进社会发展的一种实质性的力量。也就是说，读者必须把自己阅读获得的知识转化为一种实践行动，才能导致真实的改变。知识的阅读本身既关联着实践，又指引着读者进入全新的实践。正是这种永不停歇的追求知识的活动，才使一个社会保有不断进步的动力，这也是一个城市促进社会发展的根本动力。我们在深圳这座年轻的城市身上，通过全民阅读的多年实践，不难看见其中孕育着巨大的希望。当读书成为一种社会时尚，成为一个地区人民群众的素质和品格，那么这个地区创新的活力和潜力将不可估量，经济的转型发展就会水到渠成。深圳市通过在全社会营造浓厚的读书学习氛围，大

力发展文化创意产业，从而推动经济发展方式转型的经验很值得我们学习。建设学习型、知识型社会是推动经济转型的重要内容或重要路径。要落实科学发展观，就必须从主要依靠消耗物质资源取得高速增长向主要依靠开掘知识资源和创意力量的新型发展路子转变，就必须比以往更加倚重于知识的力量、更加依靠广大群众文化素质的提高。

（五）阅读使人内心温暖，提升市民幸福指数

“积财千万无过读书”。养成良好的阅读习惯，一生都会受用无穷。读书虽不能改变人生的长度，但可以拓展人生的宽度和深度。读书不仅仅是在获得知识、汲取智慧，也是在借鉴经验、接近真理，还是在陶冶情操、滋养人格。著名哲学家伯特兰·罗素曾说：“阅读将使我们与伟大的人物为伍，生活于对崇高思想的渴望中，在每一次困惑中都会被高贵和真理的火光所照亮！”深圳连续16年坚持开展读书月活动，不仅极大地激发了深圳人的读书热情，而且提升了城市的文化内涵，提升了文化水准，在推动公民道德建设方面发挥着巨大的作用。关于幸福的一种新说法是：持久而稳定的满足感。沙哈尔认为，人的幸福取决于三种因素：遗传、环境、能够帮助我们获得幸福的行动。通过读书，使人内心温暖，带来安宁，平衡欲望，使人从浮躁走向安静，从冷漠走向温暖，净化人们心灵。深圳市民的生活少了一点烟酒味，多了一点书卷香、多了一些祥和。爱读书的人，往往拥有灿烂的心情；爱读书的城市，充满着快乐和阳光。

四、全民阅读中的“深圳路径”

“腹有诗书气自华”。“全民阅读”是我们的理想，“阅读社会”是我们的愿景。党的十八大历史性地把“开展全民阅读活动”写入报告。2014年国务院的《政府工作报告》也首次提出“倡导全民阅读”。习近平总书记向全党全社会发出了“中国要永远做一个学习大国”，“读书可以让人保持思想活力，让人得到智慧启发，让人滋养浩然之气”。

（一）深化全民阅读，实现城市治理法制化

发挥法治在全民阅读中的引领和推动作用，深圳利用经济特区立法权制定《深圳经济特区全民阅读促进条例》，获深圳市第六届人大常委会第四次会议表决通过，将于2016年4月1日正式施行。这不仅能更好地促进市民阅读、引领城市进步，也可以为国家层面的阅读立法输送样本。通过法规执行以及创新政策，进一步推动城市阅读成为市民的生活方式，为全民阅读提供最根本的法律保障。依法推动全民阅读要有全民视野，加大维护农民工等弱势群体阅读权益的力度，使之真正纳入标准化、均等化的现代公共阅读服务体系之中。

保障开展全民阅读促进活动的资金，明确市、区政府应当将全民阅读基本公共服务所需经费纳入本级年度财政预算。市政府可以发起成立公益性全民阅读基金，鼓励企事业单位、其他组织和个人参与或者捐赠全民阅读基金。根据《条例》，市、区政府有关行政主管部门可以对全民阅读促进活动予以经费补贴，包括实体书店开展公益性阅读推广活动的用书等阅读资源。充分调动全民参与阅读的主体力量，共治共享，鼓励社会、个人参与，强化政府的责任，政府应当加大智力和财力投入，解决国民阅读公共资源和设施不足、不均衡的问题，解决阅读内容良莠不齐的问题，解决全民阅读工作缺乏统一规划、组织保障和经费支持的问题。

（二）发布全民阅读评价指标体系和全民阅读指数

深圳阅读指数测量与发布进入第二年，本着科学性、导向性、可操作性及可比性的原则，深圳市全民阅读指导委员会指导拟定全市全民阅读发展纲要与全民阅读中长期规划、协调全市性全民阅读重大活动，以及开展其他全民阅读促进工作。发布全民阅读评价指标体系和全民阅读指数，制定科学评价指标体系的结构、尺度和方向。关注整个与阅读相关的产业链，关注深圳在阅读生产的内容、阅读生产的呈现方式，如何与市民的阅读情况相契合等。通过多学科的合力，建立一种相对稳定科学的模型，来解读深圳阅读的情况。包括总的阅读指数和各项具体指数，比如纸质媒体阅读、新媒体

阅读、图书馆借阅量、人均入馆次数、阅读组织发展、民间阅读活动的参与情况等。阅读指数将不仅反映阅读的情况，还能看到政府在推动阅读方面的角色，以及各种社会组织怎样影响阅读等，经过科学客观的记录，观察城市在阅读方面取得的进展。深圳全民阅读指数不仅应能反映深圳全民阅读的脉络，还要力争具有普适性，力争打造全民阅读“深圳标准”。

（三）推动民间阅读蓬勃发展

全力推进民间阅读。深圳民间阅读组织蓬勃发展，许多对阅读对城市满怀深情的人在热情推动着民间阅读，到2020年，力争把读书月打造成为与东方魅力都会相匹配的特色文化品牌，市民阅读率提高到75%，每届读书月的总参与人数达到1200万人次，倡导并实现“每人每天阅读1小时”。

政府以及读书月组委会要拿出更多的办法推动阅读组织发展，让阅读组织覆盖到城市各个角落、各个阶层。深圳要大力推进民间阅读，力争拿出一套办法，推动民间阅读组织发展，开展一系列有意义的阅读活动。发挥读书会、书友会、读者俱乐部等社会阅读“自组织”和“他组织”的市场力量、社会的力量、现代科技力量，促进自组织与他组织有机结合。社会公众人物、阅读服务志愿者，以及每一位家长，都应当成为全民阅读的实践者、示范者和领读者。努力把这些“领读者”的主体力量激发出来，造就一支宏大的全民阅读推广队伍和以文化人为主的生力军。依据深圳阅读推广的经验，实施阅读推广人制度，鼓励具有阅读推广专业知识和阅读推广实践经验的阅读组织和个人作为阅读推广人，为工厂、学校、社区、养老院、福利院、军营等单位提供公益阅读推广服务。

（四）加强阅读的国际合作

深圳提出努力建成“两化一型”（现代化、国际化、创新型）城市，应进一步加强阅读的国际合作，包括和联合国教科文组织的合作，开展一系列具有全球意义的阅读活动。联合国教科文组织与深圳有着深厚情谊，对深圳文化发展尤其是全民阅读给予充分肯定。当前，深圳正努力申请设立一个关于阅读的联合国教科文组织二级机构，从国际上汲取推广全民阅读经验，也推动中国文化和中国人的阅读方式走出去，还要争取成功申办“世界图书之都”。此外，深圳可加入国际阅读推广机构，开展全民阅读国际合作，同时探索建立全民阅读国际平台，吸引其他国家与城市加入。走向世界的中国、正在走向复兴的中国有这个能量，而深圳尤其在全民阅读方面是有话语权和决算权的，以此提升深圳全民阅读在国际上的影响力。

（五）以促进人的现代化为目标，明确深化全民阅读的责任担当

人的现代化是人的素质、能力、心理、思想意识、价值观念、社会关系、生活方式等实现从传统到现代的转变过程和状态，也是人的自我解放和自由全面发展的阶段性表现。深圳提出努力建成现代化城市，当今深圳最大的实践，就是迈向现代化、实现中国梦。全民阅读可以进行广泛的社会动员，凝聚起社会、个人的共识与合力，进入人类文明的历史深处，去探寻文明演进、文化变革与人的现代化的经验教训、内在规律，从而找到破解所面临诸多难题的钥匙。

明确深化全民阅读的责任担当。实现中国梦与实现现代化和人的现代化在内容、时空、对象上是大致重合的，实现中国梦要弘扬中国精神，凝聚中国力量。从一定意义上说，一个人的精神发展史就是他的阅读史。一个城市的阅读水平，决定着这个城市能不能站在人类文明的制高点上发挥引领作用。我们要发出“为实现中华民族伟大复兴的中国梦而读书”的时代强音，要主动服务、自觉担当，积极培育和践行社会主义核心价值观，用阅读点亮梦想，涵养精神家园，激发创造活力，打牢实现“两个一百年”宏伟目标的文化根基。

张军，深圳市社科院文化研究所所长、研究员

“图书馆之城”研究分报告

深圳市“图书馆之城”建设报告

深圳市“图书馆之城”调研课题组

深圳在35年的发展历程中不仅在经济发展方面取得了卓越成效，在文化建设方面也获得了长足发展。深圳一直以“保障市民文化权利”和“弘扬国家文化主权”为立足点，以高度的文化自觉、文化自信、文化自强精神，在全社会倡导“创新型、智慧型、包容型、力量型”城市主流文化，试点文化体制改革，坚持推广全民阅读，推进文化惠民，打造城市文化的精神高地。

深圳在诸多领域有着“先行先试”的革新举措，在众多行业中树立了标杆，形成了引领效应。在不断探索和实践公共图书馆事业发展的道路上，也形成了自身独具特色的“深圳模式”，这是全市公共图书馆共同建设“图书馆之城”的凝练表述，是对深圳市公共图书馆事业发展的回溯与总结，更为未来发展指明方向和途径。深圳市“图书馆之城”建设不同于其他城市的发展模式，而是具有引领性、独创性、地域性和代表性等重要特点的体系化建设。

深圳市“图书馆之城”的建设自2003年启动以来，已顺利完成了《深圳市建设“图书馆之城”（2003—2005）三年实施方案》（以下简称《三年方案》）、《深圳市建设“图书馆之城”（2006—2010）五年规划》（以下简称《十一五规划》）、《深圳市建设“图书馆之城”（2011—2015）五年规划》（以下简称《十二五规划》），目前已进入《十三五规划》的第一年。

一、建设成就

深圳市“图书馆之城”经过十余年的建设，实现了阶段性目标，取得了一系列成果，实现了一年一变，三年大变，十年大跨越。截至2014年底，全市公共图书馆数量是2002年的3.53倍，文献藏量是2002年的4.89倍，持证读者是2002年的5.82倍。2015年，全市234家主要公共图书馆和240台自助图书馆加入了统一服务平台，实现了一证通行、通借通还和资源共享，“图书馆之城”建设实现了从数量到质量的转变，全城“一个图书馆”已初具规模。

（一）实现从建“馆”到建“城”的飞跃

1. 基本实现全市公共图书馆全覆盖

截至2014年底，全市拥有各级公共图书馆625个，其中市级图书馆3个，区级图书馆8个，基层图书馆（分馆、街道图书馆、社区图书馆）614个，自助图书馆220台（详见表1）。一个以深圳图书馆为龙头，深圳市科技图书馆、深圳少年儿童图书馆共同参与，各区图书馆为骨干，各基层图书馆、自助图书馆为网点的全市公共图书馆服务体系已基本建成，实现了每14万人拥有一座公共图书馆，每1.3万人拥有一个社区图书室（含自助图书馆），社区覆盖率超过95%。

表1　深圳市公共图书馆建设发展统计表

年份	公共图书馆数量（家）	市级馆（家）	区级馆（家）	基层馆（家）	公共图书馆藏书总量（万册）（纸质馆藏+电子图书）	常住人口人均图书藏量（册）
2002	177	2	5	170	536.44	0.72
2003	226	2	6	218	648.5	0.83
2005	428	2	6	420	992.59	1.20
2010	638	3	6	629	2001.13	1.93
2011	643	3	6	634	2151.73	2.06
2012	640	3	8	629	2325.41	2.20
2013	633	3	8	622	2465.28	2.32
2014	625	3	8	614	2621.82	2.43

2. **图书馆基础设施不断完善**

十余年来，市、区图书馆不仅数量增加，馆舍面积也在不断扩大。截至2014年底，全市各级图书馆馆舍总面积约35.53万平方米，各级图书馆阅览座位达到42962个，其中残疾人阅览座位522个。（详见表2）

市级图书馆由2002年的2家增加到3家。深圳图书馆新馆建筑面积近5万平方米，是旧址建筑面积的4倍；改扩建后的深圳少年儿童图书馆馆舍面积1.56万平方米；深圳市科技图书馆建筑面积达4万平方米；深圳市图书馆调剂书库项目已进入设计阶段。

区级图书馆由2002年的5家增加到8家，其中改扩建馆舍1家（南山），新建馆舍5家（龙岗、福田、盐田、光明、宝安）。新建成的宝安区图书馆建筑面积约5万平方米；盐田区图书馆新馆建筑面积约1万平方米，预计2016年投入使用。

表2　深圳市公共图书馆基础设施情况统计表

年份	总面积（平方米）	阅览坐席（个）	少儿阅览坐席（个）	残疾人阅览坐席（个）	读者使用计算机数量（台）
2002	46361	3042	/	/	/
2003	54053	4152	/	/	/
2005	77837	5458	/	/	/
2010	293435.7	33234	6088	457	4268
2011	303026	33601	6203	469	4830
2012	321648.5	37645	6340	495	5032
2013	329526	36198	6227	489	5091
2014	355278	42962	7036	522	5219

2014年全市每万人公共图书馆建筑面积约为330平方米，远远高于2012年全国每万人公共图书馆建筑面积78.2平方米，也高于上海的162.4平方米和北京的107.2平方米。每千人拥有阅览座位约3.99个，高于《公共图书馆建设标准》确定的千人拥有公共图书馆阅览坐席数0.3—2.0个的指标。

2014年深圳读者使用计算机数量5219台，每千人拥有计算机数0.49台，高于北京和上海每千人拥有的计算机数（2012年北京3575台，每千人0.17台；上海5885台，每千人0.25台）。（详见表3）

表3 深圳市公共图书馆基础设施人均指标

年份	每万人公共图书馆建筑面积（平方米）	千人阅览座位数（个）	每千人拥有计算机数（台）
2002	62.1	0.4	
2011	289.5	3.21	0.46
2012	305.0	3.57	0.48
2013	310.0	3.41	0.48
2014	329.6	3.99	0.49

3. **基层图书馆形成多元办馆与发展的格局**

为促进基层图书馆的发展，市、区图书馆从关注基层民众阅读需求出发，成功地创出了多种生存突围的方式，创新并实践多种办馆模式。

（1）总分馆建设

《三年方案》提出了“特区内的区、街道图书馆实行总分馆制”的设想，深圳市各级图书馆积极探索。

福田区先试先行，于2003年启动了图书馆分馆建设，区政府颁布了《深圳市福田区公共图书馆管理办法》，由区财政统一拨款，将街道、社区图书馆的购书经费划归区图书馆管理，统一采购、统一编目、统一配置、统一管理。

2004年，宝安区开始选择条件成熟的街道图书馆试行总分馆制，经费、人员各自独立，分馆业务上受总馆指导，统一业务平台，实行一卡通用。

2005年10月，南山图书馆与桃源街道办、众冠股份公司三方通过协议，共同建设了桃源街道众冠分馆。

2007年，罗湖区图书馆建成开放了东晓、黄贝街道图书馆分馆；龙岗图书馆选择外来工比较密集的工业区，先后建成了联创、天基等20个直属分馆（包括 11 个劳务工图书馆分馆），形成了“政府推进、企业参与、统一规划、统一管理”的架构；盐田区沙头角街道图书馆成为盐田区首个分馆。

市级图书馆也积极探索分馆建设模式，与区图书馆错位互补。2008 年 12 月，深圳图书馆首家厂区（劳务工）分馆——创维分馆揭牌开馆。2009 年 6 月，由深圳少年儿童图书馆筹建的全国首家劳务工子女图书馆——蒲公英劳务工子女图书馆大浪分馆开馆。2009 年 9 月，深圳市科技图书馆在留学人员龙岗创业园建立了首家馆外服务站。

市、区各图书馆办分馆的模式归纳起来包括：①以行政属地为依托的总分馆建设，如福田区、宝安区、罗湖区的以区馆为总馆，各街道图书馆和社区图书馆作为分馆的总分馆；②以需求——参与式的总分馆发展模式，如市图书馆、市科技图书馆、市少年儿童图书馆、南山区、龙岗区、宝安区在外来工密集区或工业区与企业合作办分馆；③流动式分馆，如宝安区的“流动图书馆”项目和罗湖区的馆外流动服务站等。（详见表 4）

表 4　总分馆建设统计表

各市/区	分馆数量	备注
深圳图书馆	3	/
科技馆	6	4个加入“图书馆之城”统一平台向全市服务，另2个面向学校和科研机构内部人员开放。
少儿馆	1	/
福田区	103	/
南山区	8	直属分馆
罗湖区	8	
盐田区	7	4个街道分馆，3个企业分馆
龙岗区	19	11个劳务工分馆，7个街道分馆，1个社区分馆
宝安区	6	6个劳务工分馆
光明新区	11	2个街道分馆，9个社区分馆
坪山新区	2	1个街道分馆，1个社区分馆
总计	174	

说明：本表中数据由各馆提交汇总而成

（2）社区图书馆改造与激活

社区图书馆是城市图书馆重要组成部分，各区纷纷采取不同的方式，探索基层图书馆发展途径。

宝安区自2006年起采取建“流动图书馆”或“流动站”的办法，成功解决了社区居民与企业劳务工读书难、基层图书馆资源短缺的问题。2013年，为改变原有社区图书馆自建自管的旧模式，在全区共建立30个社区阅读中心。

罗湖区图书馆于2012年12月19日开始创办“悠”图书馆，致力于打造社区图书馆全新服务模式，目前已创办“悠”图书馆4家。

龙岗区图书馆2014年制定了《龙岗区公共图书馆总分馆服务体系改革方案》，对现有79个社区图书馆进行分类调整，加大后续投入力度，盘活现有资源。将人口密集、服务效益好，或者远离区馆和街道分馆的较大社区图书馆建成区域分馆约10个，并根据原社区图书馆的运行状况，通过整合建成总分馆体系的基层服务点约50个。

南山图书馆通过办理集体证借阅书刊的方式，为南山区远离城区的企业、事业单位以及特殊群体服务。目前已设立集体外借点32个。

市、区各级图书馆办馆的新模式与新思路，不仅形成了“图书馆之城”建设的新格局，也为“图书馆之城”发展提供了新的思路。

（3）自助图书馆网建设与发展

2008年4月，由深圳自主研发的首台城市街区自助图书馆投入试运行。2015年，遍布深圳街道、社区、大型工业区、驻深部队、海关、机场、地铁站等地的240台自助图书馆服务机已与市、区234家公共图书馆实现统一服务，建成了智能化程度较高的网络监控中心和全市物流中心。自助图书馆布点灵活、服务便捷，与基层图书馆形成互补，实现了图书馆服务的无处不在、无时不在，为“图书馆之城”建设提供了全新的理念和模式，为完善城市公共文化服务体系进行了有益的探索。（见下图）

截止到2015年12月，陆续投入运行的自助图书馆已累计借还文献13869865册次，办证156359张，预借送书777528册次。

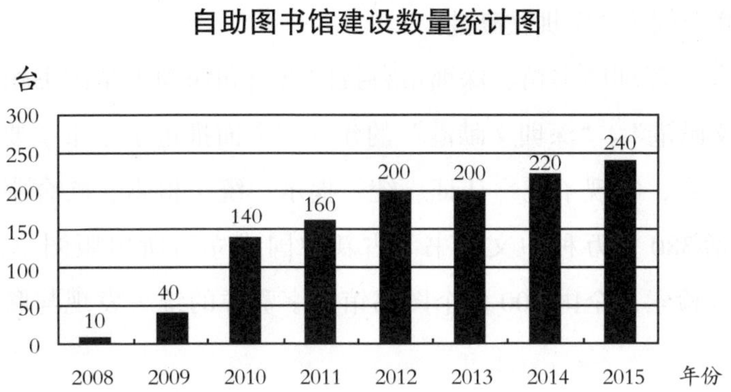

4. **全城“一个图书馆”形成规模**

（1）推进全市统一服务

2008年底，依托深圳图书馆长期的技术积累，深圳开始搭建“图书馆之城”统一技术平台。2009年6月，深圳市文体旅游局颁布实施《深圳市“图书馆之城”统一技术平台建设方案》，市、区图书馆统一服务相关工作全面展开。截止到2015年底，全市234个各级公共图书馆及240个自助图书馆已经实现统一服务。（见下图）

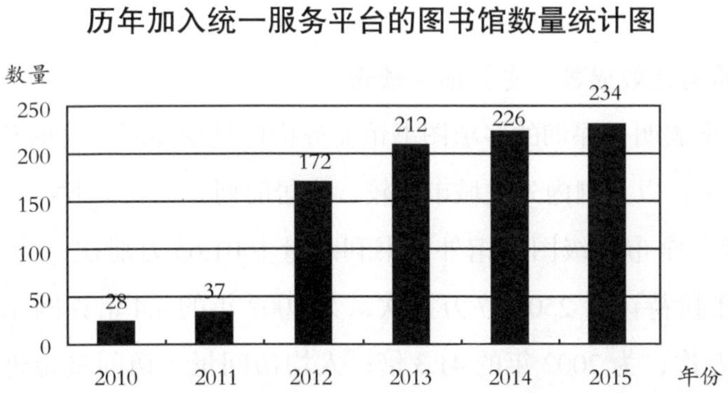

统一服务项目包括：馆藏查询、办理读者证、借还文献，读者可自主选择自助服务设备，以及短信、语音电话、网站等服务平台。读者再也不必为找一本文献在各图书馆之间奔波辗转，也不用办理几个馆的读者证。

（2）联合创建“深圳文献港”

2009年，深圳图书馆、深圳市科技图书馆和深圳大学图书馆联合构建了“深圳文献港”。“深圳文献港”的建立，全面推进了全市主要图书馆数字资源的整合，实现了统一认证、统一揭示、统一检索、联合服务、协调采购，包括380多万种中文图书（占新中国成立后所出版图书的85%以上）的在线检索，全国700多个图书馆数字资源的统一发现与联合文献传递服务。

2012年，“深圳文献港”二期工程——“深圳市科技文献信息服务平台”立项实施，“深圳文献港”成员馆增至5家，不仅资源更加丰富，而且构建起更为高效的互通网络，在全面升级网站服务的同时建立了移动服务门户，进一步提升了全市数字资源服务能力和保障能力。

截至2015年底，在“深圳文献港”平台上，聚集了本地图书馆的89位专业咨询馆员响应读者文献服务请求。2015年，读者通过“文献港”联合咨询平台共获取文献554792篇。在“深圳文献港”协作框架下，由深圳市科技图书馆牵头组织了部分数字资源的联合采购，开启了深圳地区数字资源采购馆际协作的有益探索。

（二）服务绩效显著，主要指标领先

统计数据表明，深圳的多项图书馆业务指标呈现不断上升的趋势，与全国的平均水平，以及国内先进城市比较，位居前列。

2014年，全市各级图书馆外借书刊总量1001.65万册次，为2002年的6.2倍；全年接待读者2506.27万人次，为2002年的4.4倍；网站点击量达到2428.19万次，为2002年的41.3倍；人均访问量（访问量指进馆读者人次+网站点击人次）达到4.58次，约为2002年的5.5倍；累计有效读者证达163万张，为2002年的5.82倍；持证率达到全市常住人口15.12%，比2002年增加了4倍。（详见表5）

表5 2002—2014年全市公共图书馆服务情况统计表

年份	进馆总人次（万人）	外借总册次（万册）	外借总人次（万人）	图书馆网站点击数（万次）	累计有效读者证量（万张）	人均外借书刊册次	持证率	人均访问量（次）	年末常住人口（万人）
2002	566.32	161.56	85.5	58.79	28.00	0.22	3.75%	0.84	746.62
2003	579.54	158.61	84.42	84.41	/	0.20	/	0.85	778.27
2005	888.4	196.75	100.39	86.6	/	0.24	/	1.18	827.75
2010	2111.34	851.68	335.58	2256.56	100.99	0.82	9.74%	4.21	1037.20
2011	2267.98	873.80	351.45	2712.93	116.14	0.83	11.10%	4.76	1046.74
2012	2292.88	926.10	335.42	2824.67	129.24	0.88	12.25%	4.85	1054.74
2013	2427.62	971.27	333.29	2441.90	144.99	0.91	13.64%	4.58	1062.89
2014	2506.27	1001.65	337.90	2428.19	162.95	0.93	15.12%	4.58	1077.89

*说明：人均访问量=（进馆读者人次+网站点击人次）/常住人口数

（三）创新求变，实现服务延伸与升级

1. 理念创新，以人为本

"图书馆之城"的提出，首先是理念的创新。"一个城市提出建设图书馆之城的构想，在我国还是第一次"（谭祥金）。其最大特点是图书馆建设的地域化，即从关注单个图书馆的发展扩大到整个区域（城市）范围内的所有图书馆，即一个区域（城市）的整个图书馆系统。对人的尊重，不仅是"图书馆之城"建设的出发点，也是"图书馆之城"建设的着力点。《十一五规划》明确提出了"平等、开放、公益"的公共图书馆服务理念，并根据《深圳市民生净福利指标体系》和《落实深圳市民生净福利指标体系公共图书馆人均藏书指标工作方案》，要求各级政府不断加大投入，增加文献藏量，努力提高文献的供给能力，使民众阅读权益得到切实尊重和保障。

于2006年开放的深圳图书馆新馆，集大众性、研究性和数字化于一体，率先提出"开放、平等、免费"的服务理念，开全国公共文化场所全面免费服务之先河，全市各级公共图书馆也相继全面免费。随后，全国不少图书馆也相继跟进，发挥了引领和示范作用。

2. **技术创新，服务升级**

不断探索新技术在图书馆的应用是“图书馆之城”发展的支撑和基础。近年来，运用新技术，市、区图书馆相继推出自助服务、电子文献原文传递、馆内无线上网（WIFI）、移动阅读终端以及新媒体微博、微信，为实现图书馆服务的零距离提供了强有力的支撑与保障。

深圳图书馆作为“图书馆之城”建设的龙头馆，一直在技术创新方面进行着不懈的探索与努力。

2008 年 4 月 23 日，由深圳图书馆自主创新的首台自助图书馆服务机投入试运行。自助图书馆的研发，其实质就是对传统图书馆服务的创新。其一，率先推出的馆外“一站式”服务，颠覆了传统图书馆固守阵地的服务习惯。其二，颠覆了人们心目中自助服务机冷冰冰的面孔。这种让读者自主利用图书馆的理念，创造的是一种服务新境界。自助图书馆既是高科技产品，更代表着一种先进的理念：自助的，也是人文的。其三，自助图书馆提供的是一种网络化的服务，读者的任一需求都可以从单机传达到网络，并通过网络实现服务的无限。

“深圳文献港”移动服务门户，汇集各个图书馆的中外文图书、期刊、报纸、学位论文、标准、专利等文献，为市民提供数字资源服务和图书馆综合服务。读者可通过移动服务门户在线阅读平台提供的图书、报刊、视频、音频等资源；免费订阅包括新闻、时评、图书、报纸、杂志、图片、有声读物和视频课程、资讯等近 30 种频道的资源。移动服务门户实现了本地区及其他图书馆资源联合检索与文献传递服务，也集成了图书馆常用的服务功能。

2012 年 3 月，经整合而成的“图书馆之城”语音咨询服务平台开放，读者只需拨打统一咨询电话，即可查询开馆时间以及各服务规则，自助进行人工咨询等。2015 年，自助语音系统服务读者 2.77 万人次，人工电话咨询服务读者 4.87 万人次，短信服务读者 32.6 万人次，其中到期提醒服务 16.8 万人次，预借通知服务 15.8 万人次。

2013 年，深圳图书馆建立起“三微联动”服务平台。继新浪微博后，先后开通腾讯微博，创设微信公众服务平台，组建成立"微团队"，通过建立 QQ 群及创建品牌微博等方式为读者提供更加精细化的服务。至 2015 年 12 月底，深圳图书馆微信订阅用户 55132 人；微博粉丝 144585 人，微博粉丝数量位居全国第三，仅次于国家图书馆、上海图书馆。深圳图书馆的"微服务"也获得了深圳"2013 年度公共服务奖"。

（四）打造阅读品牌，推动全民阅读

1. 阅读活动精彩纷呈

全市各级图书馆常年坚持举办各种阅读活动，扩大了图书馆的文化辐射能力，极大地提高了市民阅读的积极性与参与度。

深圳图书馆在原有阅读推广活动的基础上提炼整合为深图讲座、深图展览、深图艺苑、深图活动四大系列读者活动，打造成为全馆常规性活动品牌。2012 年又增设了"南书房"，打造深圳学派、深圳学人系列阅读活动。

深圳少年儿童图书馆制订了"喜阅 365"亲子共读计划等多项阅读计划，举办"图书馆之夜"、少图讲座、少图阅读实践活动、少图影视剧场、亲子共读经典公益大讲堂等品牌活动，为少儿读者提供了丰富的文化大餐。

深圳市科技图书馆（深圳大学城图书馆）举办的"大学城新论：名家讲座"以及各种培训的影响力在不断扩大，其中仅 2013 年，就举办了名家讲座 14 场，各类用户培训 109 场次，公益性专题展览 5 次。

各区图书馆也形成了各具特色的阅读品牌活动，如：福田区图书馆的"大家讲坛"和"读书沙龙"；宝安区图书馆的"宝图星期讲座""宝图英语沙龙"和"宝图少儿英语"；龙岗区图书馆的"龙岗大讲堂"和"龙岗读书会（品书会）"；罗湖区图书馆的"真人图书馆""静心读书会""尚修学苑""罗图品书"；南山区图书馆的"博士论坛""南图沙龙"；盐田区图书馆的"海洋文化论坛"；沙头角街道图书馆的"小桔灯阅读计划"等。

各类阅读推广活动不仅内容丰富，而且形式多样，参与的市民也逐年递增，2014 年参与读者活动人次是 2003 年的 24.5 倍，人均参加读者活动次数由 2003 年的 0.01 上升到 2014 年的 0.25。（详见表 6）

表 6 市、区图书馆读者活动统计表

年份	读者活动场次（场/次）	参加读者活动人次（人）	人均参加读者活动次数（次）
2003	1068	107900	0.01
2005	6025	270500	0.03
2010	4062	1569700	0.15
2011	5242	2014722	0.19
2012	5256	2100858	0.20
2013	6697	2213095	0.21
2014	8761	2641580	0.25

全市各级图书馆在“4·23世界读书日”“图书馆服务宣传周”和“深圳读书月”发挥了骨干作用，成为深圳阅读推广的重要阵地。在两次深圳市的评选中，深圳少年儿童图书馆、宝安区图书馆、南山区图书馆、福田区图书馆、盐田区沙头角图书馆 5 家图书馆被评为“全民阅读示范单位”，甘琳等图书馆人被评为“优秀阅读推广人”，自助图书馆、“小桔灯”阅读推广计划、宝图星期讲座、龙岗品书会、海洋文化系列阅读活动、“喜阅 365”亲子共读计划等多个项目被评为“全民阅读示范项目”。

联合国教科文组织的官员来深圳视察时，对“图书馆之城”的建设给予了充分肯定。“图书馆之城”的建设成就，为深圳荣获“全球全民阅读典范城市”添彩加分。

2. 市民图书馆意识普遍提高

统计数据显示，2002 年至 2014 年深圳市民持证率逐年上升，由 2002 年的 3.75% 上升为 2014 年的 15.12%，远远高于全国持证率 1.84%（2012 年）。人均访问图书馆量由 2002 年的 0.84 次提高为 2014 年的 4.58 次，提高了 5.5 倍。（详见表 7）

表 7　2002—2014 年深圳市公共图书馆持证率、人均访问量情况

年份	累计有效读者证量（万张）	持证率	人均访问量（次）
2002	28.00	3.75%	0.84
2003	/	/	0.85
2005	/	/	1.18
2010	100.99	9.74%	4.21
2011	116.14	11.10%	4.76
2012	129.24	12.25%	4.85
2013	144.99	13.64%	4.58
2014	162.95	15.12%	4.58

*说明：人均访问量=（进馆读者人次+网站点击人次）/常住人口数

问卷调查表明：52.9% 的市民知道深圳正在建设“图书馆之城”；64.25% 的读者选择图书馆借阅所需书刊。（见下图）

读者获取书刊途径调查情况

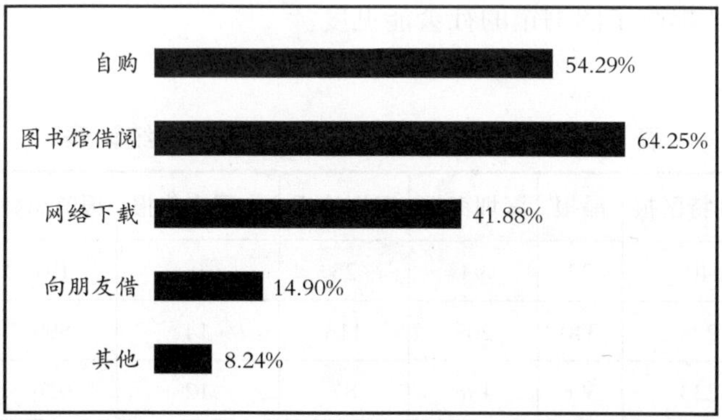

被调查的 2000 多名市民，其每天阅读时间 1 小时及以上的占 44%；30 分钟的占 41.3%；10 分钟的占 8.7%；76% 的读者喜欢纸质书刊阅读；32% 的喜欢网络阅读；36% 喜欢手机阅读。

3. **图书馆社会能见度不断提高**

2013年8月，在新加坡召开的第七十九届国际图联大会发布了《国际图联关于图书馆与发展的宣言》。《宣言》在充分确立图书馆在信息社会发展中的地位和作用的同时，从不同的角度对图书馆的发展与未来作了指导性预测。国际图联新任主席更是着眼于“强大的图书馆是强大的社会基础”这一理念，呼吁在未来应提高图书馆在全球的能见度。

深圳的各级图书馆在提高社会能见度方面也取得了很好的成绩。

利用“慧科搜索”（WiseSearch），以“公共图书馆/图书馆之城/深圳图书馆/深圳市科技图书馆/深圳市大学城图书馆/深圳少年儿童图书馆”为检索词，选取了深圳当地权威报纸《深圳特区报》《晶报》《深圳商报》《深圳晚报》等进行多次搜索；又以“深圳公共图书馆/深圳图书馆之城/深圳图书馆/深圳市科技图书馆/深圳市大学城图书馆/深圳少年儿童图书馆”为检索词，选取国家权威文化类报纸《中国文化报》进行检索，为了保证查全率，以标题、标题及内文作为检索范围，并在检索出的结果中细致地进行人工筛选，最终得出深圳市公共图书馆媒体关注度统计表（详见表8）。如表所示，媒体关注度从2005年的38.2上升为2014年的147.2。媒体的关注极大地提高了图书馆的社会能见度。

表8 深圳市公共图书馆媒体关注度统计表

时间	深圳特区报	晶报	深圳商报	深圳晚报	中国文化报	报道总数	媒体关注度
2005年	40	32	94	25	0	191	38.2
2010年	225	340	207	113	14	899	179.8
2011年	233	396	198	87	12	926	185.2
2012年	191	133	196	75	10	605	121
2013年	176	179	185	88	19	647	129.4
2014年	185	143	204	185	19	736	147.2

*说明：采用媒体监测法进行测评。选取当地主要报纸N种（2—3），统计出一年中提及当地图书馆名称次数之和，除以N。2014年数据截止到12月8日。

另据不完全统计，市、区公共图书馆在《十二五规划》实施期间，各种媒体报道量高达 4653 次。

二、主要经验

深圳市公共图书馆体系经过 20 多年的建设，特别是提出“图书馆之城”10 余年的快速发展，在理念创新、网点建设、文献积累、技术支撑、标准化与规范化等方面取得令人瞩目的成就，率先在全国提出建设“图书馆之城”宏大设想，始终坚持顶层设计和业界实践良性互动的发展路径，全市图书馆界同仁为便利读者，通过寻求共识、通力合作共同打造“全城一个图书馆”，总分馆制成效显著，统一技术平台成为合作、共享的重要支撑，创新、研究、规范化和标准化成为引领和推动事业发展的重要动力，已形成了一套行之有效、享誉全国的“深圳模式”。

（一）政府规划主导

1. 总体设计，全面推进

市文体旅游局多年来主持制定了《深圳市建设“图书馆之城”（2003—2005）三年实施方案》《深圳市建设“图书馆之城”（2006—2010）五年规划》《深圳市建设“图书馆之城”（2011—2015）五年规划》等。各个时期的规划确立了公共图书馆事业发展的规划意识和长远战略眼光。规划的提出，不断深化了“图书馆之城”建设内容，强化了事业发展中规划的导向性作用，体现了目标规划先行，建设标准适度超前，操作模式科学可行、针对性强、稳健推进的原则。其明确的目标和具体的任务，指引并推动着“图书馆之城”向着既定目标稳步发展。各级文化主管部门一方面通过年度工作会议对“图书馆之城”建设的任务和要求进行部署，通过颁布政策、文件指导推进各项工作的落实，另一方面组织对执行情况评估和监督，促进图书馆事业的稳步发展与图书馆的良性运转。

深圳市文体旅游局每年组织召开多次公共图书馆馆长联席会议，对“图书馆之城”建设的重要项目组织商议，达成共识，推进实施。在合作中明确各馆的权利和义务，责任到人，规范管理，形成了目标管理的常态化，保障了“图书馆之城”工作的顺利进行。

2. 理念先行，打造“全城一个图书馆”

牢牢把握公益服务的办馆理念，是深圳“图书馆之城”建设的基础。早在2002年提出“图书馆之城”建设概念之前，深圳图书馆、南山图书馆等市、区公共图书馆就实现了图书馆基本服务全免费，包括盛行全国各地创收效益最好的电子阅览室（可提供上网服务）也是费用全免，并逐步扩展为全市公共图书馆基本服务全免费的格局。2003年开始的“图书馆之城”建设，开放、免费、平等的理念始终贯彻其中，成为打造“全城一个图书馆”的基石。

深圳图书馆2006年7月新馆建成开放，向市民庄重承诺，向所有读者敞开大门，免费提供服务。在国内倡导“开放、平等、免费”服务理念，推行“全面开放、免证进馆、分层管理、一卡通行”服务方式，面向所有市民开放，并成为深圳“图书馆之城”建设核心理念，推动了全国公共文化场所全面免费开放。

（1）打造均等化的服务网络

公共文化服务基本属性是公益性、基本性、均等性、便利性，其普遍均等原则是公共图书馆发展的基石，深圳“图书馆之城”建设实际上是全市公共图书馆服务体系完善的过程，“图书馆之城”建设用网络实现了图书馆服务的均等化与便利性，通过深圳“图书馆之城”统一服务平台（ULAS）向市民提供无差别的图书馆服务。深圳图书馆是国内较早实行全开架与免费服务的公共图书馆，后来包括电子阅览室、上网等服务也是免费，为均等化服务的推广奠定了良好的基础。得益于2003年开始全面铺开的“图书馆之城”建设的实践，以技术手段打通了市、区财政分灶吃饭造成的体制壁垒，逐步建立了以区馆为总馆、街道等为分馆的总分馆服务模式，遍布全市的城市街区24小时自助图书馆为补充，依靠统一服务平台，加上定时物流配送服务连结各馆，在全市统一服务任何一网点提供无差别的公共图书馆服务，真正实现了同质、均等的图书馆服务，形成了高效、优质的深圳市公共图书馆服务体系。深圳“图书馆之城”统一服务的实施，构建了均等化的图书馆服务网络，实现了全市公共图书馆的均等化服务。

（2）科研支持，规范动作

科研先行，创新发展思路，紧紧围绕图书馆业务工作，支持图书馆服务工作跨越式发展，是深圳建市以来图书馆事业突飞猛进的根本经验。多年来，深入实地调研、业务专题研究和科研项目是深圳“图书馆之城”建设持续发展、领先同行的关键。不断推进制度建设，注重业务研究，促进图书馆业务工作的科学化、规范化，是全城一馆的抓手。

深圳“图书馆之城”建设的龙头馆深圳图书馆自20世纪80年代中期以来就注重科研项目和业务研究，先后承担10余项国家级重大科研项目，陆续组织出版了十几部学术专著，同时积极推进本馆业务研究工作。深圳市科技图书馆、深圳少年儿童图书馆、福田区图书馆、盐田区图书馆等也先后承担国家、省、市有关科研项目，并在本馆及深圳市应用，为深圳“图书馆之城”建设做出了贡献。

“图书馆之城”业务规范化工作是“全城一个图书馆”最基础性工作，全市先后统一了文献资源编码、读者证、书目数据库等图书馆服务要素，2009年构建了全市统一服务平台，200余家图书馆运行在同一平台上，没有调查研究，这些工作寸步难行。随着深圳市“图书馆之城”相关业务的不断拓展，近年来先后组织制定了一系列“图书馆之城”业务规范，包括市级标准《公共图书馆RFID技术应用规范》和《公共图书馆统一服务技术平台应用规范》。

深圳图书馆积极参与国家、省、市有关标准化和规范化建设工作，参与了文化部行业标准《射频识别—图书馆—数据模型》的制定，主持了《社区图书馆服务规范》的制定工作，参与了《县级公共图书馆业务规范》的制定工作。

深圳文体旅游局也围绕不同时期的“图书馆之城”建设中心任务，在深圳图书情报学会学术研究委员会专家的建议下，公布3期市级立项课题近百项，这些针对性极强的项目，为深圳“图书馆之城”建设提供了及时的支持，如总分馆制研究、“图书馆之城”指标体系、街道社区图书馆评估标准等。

3. **政策支持，财力保障**

2007年，深圳市政府发布了《深圳市民生净福利指标体系》，“人均公共图书馆馆藏图书”被列入“深圳市民生净福利指标体系”。市文体旅游局发布《落实深圳市民生净福利指标体系公共图书馆人均藏书指标工作方案》，各图书馆年新增藏书迅速增长；2011年，市文体旅游局又编制《深圳市人均公共图书馆图书藏量指标考核实施方案》。两个方案的出台，为“图书馆之城”的建设与发展夯实了基本的文献基础。

深圳市文体旅游局还根据不同时期事业发展的需要，先后出台了《深圳市街道图书馆定级评估标准》《深圳市社区图书馆达标评估标准》《深圳市基层图书馆评估标准》《深圳市街道图书馆管理规范》《深圳市社区图书馆管理规范》等多项标准和规范，为“图书馆之城”建设提供了良好的政策环境。

各区政府也积极行动，认真落实，把图书馆的建设纳入了“文化立区、文化强区”战略，相应颁布了支持“图书馆之城”建设的各项政策文件，提出了实施的具体规划与目标，为“图书馆之城”的创新和实践提供了强有力的实施保障。（详见表9）

表9　深圳市各区政府下发有关公共图书馆各项政策文件汇总

辖区名称	时间	内容
福田区	2004	《深圳市福田区文化体制改革方案（试行）》
	2006	《福田区公共图书馆管理办法》
	2007	《深圳市福田区公共文化场所管理暂行办法》
罗湖区	2006	《罗湖区公共图书馆服务体系建设方案》
宝安区	2003	《关于加强镇村图书馆建设的意见》
	2004	《宝安区建设"图书馆之城"五年实施方案（2003—2007）》
	2004	《关于在部分社区图书馆建设全国文化信息资源共享工程基层网点的通知》（深宝文发〔2004〕67号）
	2006	《宝安区数字图书馆建设项目实施方案》
	2008.12	《关于2008年社区图书馆建设工作的通知》（深宝文发〔2008〕4号），启动当年劳务工图书馆建设
	2013.2	《宝安30家社区阅读中心管理办法》（深宝文发〔2013〕8号），规范已建成的30家社区阅读中心的管理责任单位及服务标准。
	2013.7	《关于下达宝安区30家社区阅读中心2013年运营经费的通知》（深宝文发〔2013〕40号），落实已建成的社区阅读中心日常运作经费。
盐田区	2007	《盐田区公共图书馆资源整合工作方案》
南山区	2009	《南山区公共图书馆建设及一体化管理实施方案》
龙岗区	2011	《关于规范街道、社区图书馆（室）开放时间的通知》

说明：本表数据由各馆提交汇总而成

各级政府对图书馆的投入逐年稳定增长，为"图书馆之城"的快速强劲发展提供了最坚实可靠的保障。

2003年至2014年，市、区财政投入的总经费累计超过28亿元，其中累计专项购书经费近7.4亿元。2014年总投入经费为4.14亿元，为2003年的4.5倍；读者活动经费为1997.62万元，为2003年的55倍；文献资源购置经费为7014.72万元，为2003年的2倍；数字资源采购经费为1778.58万元，为2003年的6.6倍。（详见表10）

表10 2003—2014年全市公共图书馆财政投入统计表

年份	总经费投入（万元）	总投入增长比例	当年财政增长比例	文献资源购置经费（包含纸质和电子）（万元）	采购数字资源经费（万元）	读者活动经费（万元）
2003	9171.60	12.57%	15.8%	3431.47	270.90	36.20
2004	9592.76	4.59%	20.0%	3150.74	213.60	40.50
2005	16454.98	71.54%	18.2%	4100.35	521.30	91.50
2006	16948.57	3.00%	21.5%	7043.82	683.20	179.40
2007	21570.72	27.27%	31.4%	8338.07	1140.90	226.00
2008	25747.40	19.36%	21.6%	6523.84	1360.40	/
2009	24695.90	−4.08%	10.1%	5971.87	/	1626.97
2010	25109.24	1.67%	25.7%	6817.49	1378.40	1378.43
2011	29356.07	16.91%	21%	6504.71	1446.00	762.76
2012	31008.06	5.63%	10.6%	7392.15	1513.86	1813.51
2013	34713.11	11.95%	16.8%	7301.40	1683.80	1943.73
2014	41380.75	19.21%	20.3%	7014.72	1778.58	1997.62
总计	285749.16			73590.63		10096.62

说明：本表中数据由各馆提交汇总而成

（二）图书馆人使命担当

1. 文化自觉与文化坚守

“图书馆之城”十年的建设历程，是深圳市公共图书馆事业追赶国内外先进城市的过程，也是不断创新、发展的过程，包括理念创新、建设内容与形式的创新、实践创新等多个方面。较好地践行与传播了公益、公平、开放的服务理念，进一步落实与实现了市民文化权利，图书馆的公共服务性得到进一步彰显；在实践中不断进行服务创新、科技创新、制度创新和办馆模式的创新。服务方式从单一的借阅服务向多元化服务发展，服务空间和服务的辐射能力得到进一步的拓展；在探索中形成了多种形式的总分馆制，在总馆基本办馆条件不变的情况下，拓展了总馆的服务深度和广度，提高了文献资源综合利用的效率，最大限度地实现了文献资源的共享。

基层图书馆尽管存在种种问题，如图书陈旧、馆舍老旧、读者极少，但无论在特区内还是在特区外，仍然至少有1名工作人员坚守着那来之不易的阵地和为数不多的书刊。这种守候，守住的不仅是那几十平方米的阵地，也是对文化的一种守望。这种坚守，在寸土寸金的闹市区、在喧嚣的市场经济中，实属难得。

2. 两级驱动，合力推进

在各级政府推动下，深圳市图书馆同人奋力开拓，市、区两级图书馆合力推进，对打造“图书馆之城”有着共同的理念，也有着共同的行动。各个图书馆在致力于创新办馆模式、加强文献保障、打造服务品牌的同时，始终围绕着建设“全城一个图书馆”开展广泛而深入的合作，从集中采编到“通借通还”，再到“统一服务”“深圳文献港”，一步一个脚印，逐渐实现“图书馆之城”的目标。全市各级图书馆也通过多种方式宣传图书馆，如“图书馆之城”建设成就展、“图书馆之城”十周年专题展，成立公共图书馆研究院，举办公共图书馆国际高峰论坛等，极大提高了宣传推广的力度，营造了浓厚的全民阅读氛围，奠定了“图书馆之城”建设的行业基石。

3. 创新共享，实现“全城一馆”

作为改革开放的前沿，深圳既有文化发展的自觉，更有科技应用的自觉。文化与科技融合助力深圳在文化事业快速发展的同时，公共图书馆事业也取得了辉煌成绩。从早期研制的实时多用户计算机光笔流通管理系统、图书馆自动化集成系统，到上世纪90年代兴起的集中采编和联机编目系统，再到近年来文献智能管理系统、“图书馆之城”统一技术平台、城市街区24小时自助图书馆系统、“深圳文献港”等，深圳一直都是科技应用与科技创新的积极践行者，各类技术应用已经贯穿到“图书馆之城”建设的整个生命周期。通过业务上的不断创新，突破体制障碍，深圳市“图书馆之城”建设实现资源和服务的共建共享，实现“全城一个图书馆”运作，让总分馆制的优势得以在服务管理上体现，让全体读者免费享受便捷同质的“图书馆之城”统一服务。

2013年，深圳市“图书馆之城”统一服务被授予“广东省特色文化品牌”。2015 年，全市统一服务累计读者证达 186 万张，文献借还 1872 万册次。

（三）全民阅读提升行业形象

营造书香社会是深圳市委市政府文化发展战略，“图书馆之城”建设的长远目标之一也是把深圳打造成“因读书而受人尊敬”的城市，深圳市图书馆界多年来以阅读推广为己任，大力推动全民阅读，不断提升图书馆行业的社会能见度和城市形象。2013 年，联合国教科文组织授予深圳“全球全民阅读典范城市”称号，这是对深圳市十几年来坚持不懈推动全民阅读的肯定，而深圳市各级公共图书馆正是推动全民阅读极其有力的中坚力量。

1. 积极营造阅读空间

为充分发挥图书馆的资源和空间优势，市、区级图书馆充分挖掘潜力，营造读者阅读空间。深圳图书馆在阅读推广的同时着力为读者打造阅读空间，在品牌与空间融合的基础上策划开展相应的读者活动，利用报告厅、会议室、大厅及服务区等空间，举办多元化、常态性的图书馆活动，其中包括荣获“深圳市十大文化品牌”和文化部“文化创新奖”的深圳市民文化大讲堂等。同时，为充分发挥公共图书馆作为“第三文化空间”的价值，深圳图书馆依托现有馆舍对原有空间不断改造升级，倾力打造了以“南书房”为代表的一系列全新阅读空间（南书房：城市经典阅读空间；讲读厅：公众教育学习空间；爱来吧：数字阅读体验与新媒体服务空间；捐赠换书中心：全民阅读资源公共服务平台；深圳学派文献专区：学术资源展示与交流空间；时装与平面设计专区：时装专题与创意设计展示空间），拓展和延伸了图书馆的服务领域，增添了人性化、多元化的阅读体验与交流，满足市民不同层次、不同类别的文化需求，获得市民广泛赞许。依托这些空间，加强活动策划与组织，逐渐形成固定时间、固定场所的系列读者活动，打造、培育和提升具有深圳特色的阅读推广品牌。

深圳大学城图书馆的企业交流区（咖啡厅）和个人研究与小组讨论区（29 个独立房间）堪称“专题交流理想空间”；深圳少年儿童图书馆的礼仪

教室和特殊儿童阅览区，也是深受少年儿童读者欢迎的城市阅读空间。

以罗湖区图书馆“悠·图书馆”为代表的图书馆第三文化空间开启了区馆创立城市阅读空间的序幕，福田区图书馆的创意空间，宝安区图书馆超过1000平方米展览厅，加挂宝安城市规划展览馆的牌子，为第三文化空间做了最新的注释。

2. **精心打造文化品牌**

深圳“图书馆之城”依托图书馆丰富的馆藏文献资源和专业的服务体系，围绕内容、时间、空间、组织形式等多个维度推介馆藏资源和图书馆服务项目，加强活动策划，打造活动系列，创设文化空间，开展跨区域合作，逐步形成具有本馆和深圳“图书馆之城”特色的文化品牌。（详见表11）

表11　各图书馆主要阅读品牌汇总

单位	主要阅读品牌
深圳图书馆	南书房家庭经典阅读书目系列活动、深圳学人·南书房夜话、思维之星——深圳大学生思维擂台赛、深图公益培训课、“深圳记忆”系列活动、少儿智慧银行项目、“阅读·深圳”经典诗文朗诵会、周末实验音乐会、沙里淘晶——经典民乐赏析、“读剧”赏析
深圳大学城图书馆	大学城新论、名家讲座
深圳少年儿童图书馆	少图讲座、少图影视剧场、喜阅读书会
宝安图书馆	宝图星期讲座、宝图英语沙龙、宝图少儿活动
罗湖区图书馆	罗图品书、都市讲坛、书香留痕童年缤纷活动系列
福田区图书馆	大家讲坛、读书沙龙、少儿英语主题活动
南山图书馆	博士论坛、悦读有约、南图沙龙
龙岗图书馆	龙岗大讲堂、龙岗读书会、龙图书苑
盐田区图书馆	外来工子女免费学英语、盐图山海论坛
光明新区图书馆	光明大讲堂、寻找光明记忆
坪山新区图书馆	诚信相伴·筑梦坪山、优阅坪山·名著赏析
沙头角图书馆	小桔灯阅读推广计划、夕阳红读书会、晨曦读书会

说明：本表中内容由各馆提交汇总而成

（四）引入社会力量

社会力量对于公共图书馆的建设与发展来说是一个有益的补充。

深圳图书馆、宝安区图书馆、福田区图书馆分别于2010年、2013年、2014年成立了理事会，让政府、图书馆、社会人士、读者代表共同参与公共图书馆的建设，促进图书馆为公众提供更加优质的公共文化服务，促进图书馆与政府、社会和国际的沟通交流，扩大了社会影响力。

市、区图书馆还与非营利性组织、群众团体、企事业单位等合作建设服务网点，开展各类公益活动，联合举办各类讲座、展览等。

2012年11月，深圳图书馆联合深圳市关爱办、深圳报业集团创办的“深圳捐赠换书中心”，以共享全民阅读资源，构建城市第三空间为宗旨，立足深圳，凝聚图书馆、媒体与社会力量，共同搭建全民阅读资源公共服务平台，面向市民免费提供捐赠及换书服务，组织向有需要的地区和单位的赠书活动。自2012年12月至2015年12月，深圳捐赠换书中心换入、换出图书分别为60803册、31231册，接受捐赠、赠出图书分别为31505册、45616册。

深圳各市、区图书馆均成立了义工志愿者队伍，并与所在辖区义工联有密切的合作，志愿服务已经参与到深圳各图书馆公益服务之中。

三、存在问题

深圳市“图书馆之城”建设目前已进入深水区和攻坚阶段，破解深层次矛盾和问题的难度更大。调查显示，公共图书馆的投入和管理主体不一，事权与财权相分离，条块分割、各自为政的体制机制问题已成为下一步发展最大的障碍和瓶颈。供给与需求、布局与使用，资源配置不尽合理的矛盾比较突出，原特区内外、各区之间、各馆之间的发展也存在一定的差异。部分基层图书馆生存比较艰难。

（一）规划目标与现行体制之间的矛盾

实现公共文化服务全覆盖是国家的战略，也是"图书馆之城"建设的目标，但我们在实施这一宏伟目标的建设思路时，对基层图书馆的布局与建设上缺乏足够的针对性，后续发展保障力度不够，导致基层图书馆功能与定位不够明确，制度不够健全、管理不够规范，服务效益欠佳。

目前，全市公共图书馆体系架构主要以行政层级为主，沿袭市、区、街道、社区四层架构设计，功能定位与一体化服务体系不相适应。顶中层（市、区馆）比较发达，底层（街道社区馆）数量最多，基础较为薄弱，服务能力和可持续发展能力较差。由于没有强力的配套保障制度，使得市馆的行业龙头作用无法充分发挥，中层的一体化管理难以实施到位，影响综合服务能力的发挥。

（二）基层图书馆后续发展乏力

1. 建设责任主体或不明确或责任不到位

为保障基层图书馆的健康发展，福田区政府办公室下发了《福田区公共图书馆管理办法》，但其他各区均未出台基层图书馆管理政策，大部分基层图书馆仍然沿袭了传统的街道办事处、社区工作站各自为政的二级管理模式。不同层次的基层图书馆建设、管理主体不同，管理模式不一，通常街道、社区图书馆的行政主管部门是街道文化站和社区工作站、居委会等，市、区图书馆总馆仅为街道、社区图书馆的业务指导（管理）单位。总馆对分馆只有部分业务管理权限，而不是完整的行政、人事、业务管理权限，管理与业务分离很大程度上制约了基层图书馆网点的长期可持续发展。

2. 经费投入不足或不稳定

街道、社区图书馆无明确财政投入政策，投入不稳定且不足。街道图书馆多是文化站的内设部门，其经费要通过街道办（预算来自于区财政）下拨给文化站，文化站再进行二次调剂。在本身经费紧张的情况下，文化站不可能拿出足够的经费去维持图书馆的购书和读者活动，导致街道图书馆业务日渐萎缩。社区图书馆几乎没有任何层级的财政保障，大部分社区图书馆没有

经费来源，全市22%的基层图书馆在建馆验收、评估达标之后就无法正常开放，处于关闭状态。（详见表12）

表12 全市基层图书馆开放情况汇总

区域名称	开放情况		
	正常（家）	不正常（家）	关闭（家）
罗湖区	97	0	0
福田区	104	0	0
盐田区	16	4	4
南山区	33	19	4
宝安区	93	6	31
龙岗区	70	20	7
光明新区	22	3	1
坪山新区	13	0	9
大鹏新区	3	20	2
龙华新区	36		1

说明：本表中数据由各馆提交汇总而成

3. **各区发展不均衡**

区与区之间用于基层图书馆的建设经费差别较大，2010至2013年4年内原特区内的几个区，福田区的投入最多，高达4000多万元；最低的盐田区只有100多万元。虽然，区域面积与人口的差距是投入差距的一个因素，但经费投入的差距已远远超过地域与人口的差距。原特区外的宝安区的经费是龙岗区的7倍。

四个新区中，龙华新区领导比较重视，投入较多，近几年总经费投入达1462.7万元，37家基层图书馆除1家关闭之外，其余全能正常开放；大鹏新区总投入仅仅12.4万元，25家基层图书馆中能够正常开放的仅有3家；坪山新区近两年来基层图书馆总投入为8万元，22家基层馆中有9家已经关闭。（详见表12、表13）

表13　各区基层图书馆经费投入情况汇总（2011—2013）

各区	总经费（万元）	其中（万元）		
		各级财政拨款总计	社会资助	自筹
福田	4260.7	3952	0	308.7
宝安	2771	1970	209	592
南山	874.56	874.56		
罗湖	849	849	0	0
龙岗	497.64	289.34	4.5	203.8
盐田	102.98	74.48	0	28.5
光明	311	311	0	0
坪山	8	8	0	0
龙华	1462.7	1260.2	0	202.5
大鹏	12.4	12.4	0	0
合计	11149.98	9600.98	213.5	1335.5

说明：本表中数据由各馆提交汇总而成

4. **选址困难或基础设施薄弱**

按照2008年文化部颁布的《公共图书馆建设标准》和《公共图书馆用地标准》，全市600余家基层图书馆部分选址困难或者选址不当，有的栖身于社区工作站内，不方便读者出入；有的馆场地被计生文化中心分割和侵占；有的馆场地是临时租用的；有的馆建筑面积不达标。

多数基层图书馆设备设施老化，很多图书馆缺乏必要的维护经费与人员，计算机设备超时使用，有很多待修的电脑，网络环境较差，设施设备流失的情况也不在少数。街道、社区等基层图书馆的电脑与打印机等设备、桌椅等家具移做他用的情况经常发生。2004年以来，市宣传文化基金奖励定级街道、达标社区馆的电脑，不少被街道办、居委会挪作他用。

（三）员工总量不足，基层馆员素质偏低

1. 市、区图书馆人员结构不合理

截至 2014 年 11 月，市、区级图书馆在岗人员 896 人。

根据《公共图书馆服务规范》规定，公共图书馆工作人员数量的确定，应以所在区域服务人口数为依据，每服务人口 10000 人应配备 1 名工作人员。各级公共图书馆所需的人员数量的配备，还应兼顾服务时间、馆舍规模、馆藏资源数量、年度读者服务量等因素。

市、区级图书馆面向的是全市所有常住人口，按照 10000 人配备 1 名员工的标准，其员工基数应为 1100 名。加之深圳市、区图书馆开放时间均超过国家规定，馆舍面积也较大，举办的读者活动多，仅保证基本数量已不能适应工作的要求。区级馆人员不足问题更突出，随着事业的发展，有的区，不仅没有增加人员，反而减少了人员编制，无法满足目前业务发展的需求。

按照国际图联联合国教科文组织《公共图书馆服务发展指南》建议性标准“每 2500 名服务对象一名全日制员工”，差距更大。这与深圳打造国际化大都市的地位不相匹配，在一定程度上制约了公共图书馆事业的发展。

在 896 名员工中，职员 481 人，占总人数的 53.7%；雇员 93 人，占 10.4%；临聘人员 322 人，占 35.9%。职员比例偏低，队伍不稳定；具有高级职称的有 91 人，中级职称 252 人，初级职称 141 人，只有 54% 的人员具有图书馆专业职称，比 2007 年的 59% 下降了 5 个百分点；中高级职称人数与国内一线城市相比尚有一定差距，且中级职称的职数低于现有具有中级职称的人数，一部分具有中级职称的人员无法聘任，既不便于调动员工的积极性，也少有职业上升空间。（详见表 14）

表 14　深圳市、区级图书馆在岗人员职称对比表

年份	高级职称	中级职称	比例
2012	87	244	1∶2.8
2013	91	248	1∶2.7
2014	91	252	1∶2.8

2. **基层图书馆员工素质偏低**

全市623家基层图书馆，共有兼职管理员441人，占总数（1233）的35.8%；大专（含）以上学历691人，高中（中专）学历490人，初中（含）以下学历52人，学历普遍不高、年龄偏大。入职前既没有考核，也没有岗前培训，整体专业素质低，专业知识匮乏。待遇低，人均月收入不足2000元，队伍极不稳定，流动性大。一方面影响了社区图书馆的管理与服务质量，另一方面也给市、区图书馆的培训、辅导工作带来较大压力。

四、发展对策

深圳市图书馆同人面对问题积极开拓创新，在不断解决问题过程中深化改革。今后的发展要坚持以影响“图书馆之城”建设发展的重大问题为导向，加强总体谋划，“努力破除体制机制障碍”，重点解决基层图书馆的生存和发展问题。

（一）以问题为导向，加强总体谋划

1. **加强顶层设计**

“图书馆之城”的建设不是一项孤立的文化工程，应突破行政制度壁垒，将各级图书馆的建设纳入城市建设和文化建设总体规划。

“图书馆之城”的建设规划要坚持顶层设计与实践探索相结合，确立一体化发展策略，包括区域目标一体化、布局一体化、服务一体化。要以服务人口数量为基本依据，合理布局。改变市、区分割的建设模式，市、区统一规划，从更高的层面、更宽的视野来考虑全市图书馆的构架与布局。根据《公共图书馆建设标准》和《公共图书馆用地标准》，以“立足需求、均匀分布”为原则，结合深圳人口分布、结构特点和未来人口发展趋势合理布点，形成大、中、小型馆层次清晰、定位准确、分工协调、互为补充、具有深圳特色的图书馆服务体系。图书馆原则上应按《公共图书馆建设标准》执行；现有的不符合国家建设标准的要进行整改，保证建馆质量，选址要遵循

人群聚集、位置适中、交通方便、使用方便的原则，以完善整体架构、弥合差距、协同化发展、全域性提升。增强规划的刚性，对各项建设指标要有量的要求，包括建设标准、藏书标准、经费标准等。

深圳市文体旅游局作为“图书馆之城”建设的领导机构，主持制定全市发展规划，为“图书馆之城”顶层设计与推进制定相关政策，明确基层图书馆的建设和管理主体，保障其后续发展。

2. 强化市、区图书馆协调决策机制

市、区公共图书馆应以实现“图书馆之城”一体化和均等化为共同目标，秉承“共建共享”“求同存异”“团结协作”原则，不断强化市、区图书馆协调与决策机制，共同遵守“图书馆之城”建设各项协议和制度，共同推进“图书馆之城”建设的各项工作。

深圳图书馆作为“图书馆之城”建设的龙头馆和具体推进机构，负责总体策划、协调和推进“图书馆之城”相关工作。引入发达国家和先进地区的管理经验和方法，协助市文体旅游局制定全市发展规划，主持制定“图书馆之城”建设和日常运行管理的相关制度、标准，保障“图书馆之城”建设的可持续发展。

区图书馆作为各区基层图书馆的总馆，在全市统一部署下，应积极参与制定制度、规划和相关标准，进一步落实“总分馆”制，与市级图书馆合作推进“图书馆之城”建设相关工作。

深圳市公共图书馆馆长联席会（简称“联席会”）为“图书馆之城”重大事宜的议决机制。“图书馆之城”建设中出现的重大问题由深圳市文体旅游局召集“联席会”，各馆共同商议解决。市、区公共图书馆按照“联席会”议定的具体方案落实、推进各项工作。

3. 建立基层图书馆可持续发展机制

调查表明，基层图书馆发展滞后是制约“图书馆之城”发展的瓶颈。市、区、基层图书馆一体化发展是“图书馆之城”在下一个五年计划的战略任务和核心目标。各区要在积极探索本区建设基层图书馆有效路径的同时，着重建立一体化、可持续的发展机制，包括财政拨款、设施建设、员工配置和业务统筹等。

基层图书馆的建设要从具体问题抓起，着力提高改革的针对性和实效性，着眼于解决发展中存在的突出矛盾和问题，根据各区和各街道的具体情况，因地制宜地建设、差异化定位与发展，坚决杜绝建设中的形式主义倾向。

（1）切实落实以区馆为总馆的总分馆制度

在总结各区建设直属分馆的成绩与经验的基础上，将总分馆建设的实践成果上升为制度，全面推行总分馆制；细化现有的实施细则，增强可操作性。完善与制定《基层图书馆建设标准》《深圳市基层图书馆（室）达标定级评估标准》等。

（2）合理布局，均衡发展

结合各区的实际情况进行合理布局，包括场地设施、人均资源、服务半径、人员编制、经费投入，同时，查遗补缺、补齐短板、兜好底线，使各区大致按统一标准提供服务和保障。

（3）优化整合，提升效益

对原有的基层图书馆进行空间改造，营造良好的阅读环境；市、区图书馆的阅读活动应主动下移，通过阅读活动为基层图书馆注入活力；开展多元服务提升基层图书馆综合服务能力。以图书馆为核心，将社区四点半学校、各种书屋，以及各种与阅读相关的教育活动纳入基层图书馆的服务内容，提高服务效益；与各中小学合作，建设基层图书馆，由区馆进行统一管理，逐步对外开放。

（二）健全体制机制，明确责任主体

通过制定政策、发布文件明确各级政府及相关部门在建设“图书馆之城”中的责任，并从监督实施等方面跟进配套措施。完善图书馆行政法律法规体系，提高规划实施的法律强制性，创造良好的制度环境。进一步修订、完善《深圳特区公共图书馆条例》；各区制定的已经实践证明可行、已成熟的制度应加强法规的执行力。

深化体制机制改革，建立“图书馆之城”发展的长效机制，推进并落实图书馆建设主体责任制。市、区两级政府是公共图书馆投入的主体，各级政府都应将图书馆经费纳入公共财政保障范围，要加大投入力度，并保证逐年增长。逐步改变目前市、区财政“分灶吃饭”的情况，以实现对全市图书馆系统的统一规划、统一投入、统一管理。依法理财，加强监督，任何部门都不得截留、占用、挪用图书馆经费。

明确责任机制和完善基层图书馆保障机制，不能只重建设，轻管理，甚至无管理。市、区两级政府应出台相应的政策，为基层图书馆的发展做出科学合理的规划；要明确由区财政给予街道、社区图书馆正常运转的基本经费，包括报刊费、新增藏书费、人员工资、办公与设备折旧费、部分房租补贴等，并跟进配套的管理保障措施；明确区馆对辖区内所有基层图书馆统一管理，对基层图书馆工作人员进行统一招聘、培训、管理和考核。

（三）加强队伍建设，提升员工素质

员工是图书馆最重要的资源。馆员的素质直接影响服务的质量，是一切变革的核心力量。员工的作用不可以用其他硬件条件替代，具有不可替代性。但好的员工却可以在硬件条件相对匮乏的条件下弥补硬件条件的不足，具有不可估量的作用。

制定图书馆人才发展的中长期发展规划，让各类人才的梯度、结构与事业的发展比例协调，并适度超前；建立与图书馆事业发展相适应的人才选拔、培养、引进与使用机制，改变过往重引进、轻使用、轻培养的弊端；要重视员工的培训和再教育，关心馆员的个人职业规划，增加馆员参与科研活动和馆际交流。培养一批高素质的学科馆员与学术带头人，使其具有良好的学科背景和信誉，具有有效地为用户提供最佳的文献信息资源保障服务的能力；以课题、项目培养人、带动人，锻炼、造就一大批图书馆建设、管理与服务的专门人才；提高员工的待遇，尤其是基层图书馆员的待遇。

制订基层员工培训计划。开展岗前培训，实行培训上岗和岗位考核，促进服务的专业化、标准化和规范化；建议将基层图书馆人员纳入社工队伍统

一招聘、管理与使用。

（四）完善技术平台，提升服务能力

在全市图书馆统一服务过程中，深圳图书馆自主研发的统一技术平台发挥了不可替代的作用，目前已成为全市公共图书馆的核心业务平台。维持统一技术平台正常运转，不断完善平台以适应新的需求和新的技术变化，无疑是“图书馆之城”建设极为重要的基础和保障性工作。统一技术平台的网络数据中心在深圳图书馆，政府应予以足够的重视与支持，不断增强深圳图书馆的网络数据中心的安全性能和服务保障能力，不断更新和完善统一技术平台的软件系统。区图书馆作为各区公共图书馆的总馆，亦需不断完善承上启下的“图书馆之城”技术体系。在对接深圳图书馆统一技术平台的同时，为本馆馆舍和本辖区的基层图书馆提供系统后台支持。

数字资源服务同样是公共图书馆统一服务的重要目标之一，市、区图书馆应进一步共同探索数字资源服务的有效途径。在政府的支持下，应继续推进“深圳文献港”建设，在市、区两级财政分离的情况下继续推进数字资源联合采购和统一服务，保证市、区图书馆馆内数字资源服务及全市市民的馆外访问需求，为市民数字阅读和参考研究提供便利，营造城市数字阅读氛围。

应继续实施“全国文化信息资源共享工程”“国家数字图书馆推广工程”“公共电子阅览室建设计划”，引进国家优质资源，引进开放式信息服务平台和国际文化交流平台，不断完善现有网点设备设施条件，提升全市数字资源服务能力。

（五）强化指导监督，建立多元评价体系

根据“图书馆之城”发展成果，完善修改《“图书馆之城”建设指标体系》中的相关指标，使其更具参考性、预见性和指导性。

修订相关评价标准。现有《深圳市基层图书馆（室）达标定级评估标准》，其中有些指标已经不符合时代发展的特点，已由深圳市文体旅游局组

织专家进行修订。

引入第三方力量，对“图书馆之城”的建设进行绩效评估。

（六）联合社会力量，加强多方合作

2013 年 7 月，国务院常务会议明确指示，要“研究推进政府向社会力量购买公共服务”。对于公共图书馆建设来说，要尽可能地利用社会财力，鼓励和引导社会资金进入图书馆服务领域，形成以公共财政主导、社会力量普遍参与的良好格局和巨大的合力。具体来讲，各级政府要完善鼓励社会力量参与图书馆事业的扶持和资助政策，鼓励企事业单位、其他组织和个人从事公益阅读资源的生产与供给，组织或赞助公益阅读活动，捐助阅读设施、设备、阅读资源，承办政府组织的全民阅读活动，激励社会力量支持图书馆事业发展。

公共图书馆界要广开合作思路，兜好公益底线，选择性地吸纳一批有强烈社会责任感的企事业单位、非政府组织（NGO）等各种类型的社会机构，建立相关的合作规范与程序，共同策划、组织开展丰富多彩的公益性阅读推广活动，不仅可以满足读者多元化、个性化的文化需求，还可以弥补政府供给的不足。

参考资料：

1．深圳市建设“图书馆之城”（2003—2008）调查报告
2．深圳市“图书馆之城”建设（2003—2013）十周年调研报告（初稿）
3．2013 年深圳市公共图书馆事业发展报告（2014 年）
4．龙岗区公共图书馆总分馆服务体系改革方案
5．深圳市阅读问卷调研汇总报告（2014 年）
6．深圳市基层图书馆调研报告（2008 年）
7．“深圳文献港”建设与服务工作报告（2014 年）

8. 邓银花．社会力量参与图书馆建设的缘由、模式和激励．图书馆杂志，2013（2）．

9. 程亚男．纵论图书馆之城的建设与发展，公共图书馆，2011（3）．

10. 深圳市建设图书馆之城推进办公室．深圳市建设图书馆之城的理念与实践.[M].深圳：海天出版社，2006.

11. 中华人民共和国文化部．中国文化文物统计年鉴2015.[M].北京：国家图书馆出版社，2015.

12. 金武刚，李国新．中国公共图书馆总分馆制建设：起源、现状与未来趋势．图书馆杂志：2014（5）．

课题组组长：张　岩

副 组 长：程亚男

成　　员：何江涛　李　英　李桂芬　刘　哲　师丽梅　宋　卫　王　林　王　洋　王凌宇　吴丽娟　肖永钐　尹丽棠　姚　荣　余胜英　宇叶红　张军营

（成员排名依据姓名拼音首字母顺序，本报告在调研报告基础上有修改，其中数据均由各馆提交汇总而成。）

深圳市基层图书馆调研报告

深圳市“图书馆之城”调研课题组

自2003年建设“图书馆之城”以来，至2014年10月底，全市先后建成基层图书馆623家，是2002年（170个）的3.7倍，基本实现1.3万人拥有一个图书馆（含自助图书馆），社区覆盖率超过了95%。星罗棋布的基层图书馆，已成为“图书馆之城”的重要网点。

市、区图书馆成功探索了多种基层图书馆发展的新途径，区直属分馆的建设取得了可喜的成绩；近百家劳务工图书馆的建设，把服务送进厂区，为广大劳务工提供了优质高效便捷的图书馆服务，较好地实现了外来劳务工享受公共文化服务的权利，以“悠·图书馆”和“社区阅读中心”为代表的新的办馆模式，在盘活社区图书馆文献资源方面走出了一条新路。

一、建设现状

根据市文体旅游局的指示精神，“图书馆之城”课题组通过实地考察、数据统计和问卷调查方式，对全市基层图书馆现状作了较为全面的调查。共收集、核查了全市共623家基层图书馆的基本数据和情况，包括48家街道图书馆、532家社区图书馆以及各区43家分馆。623家基层图书馆中，历年达标馆502家，占总数80.6%，新建未达标馆121家，占总数19.4%；加入全市统一服务平台214家，占总数34.3%；成为共享工程服务网点448个，占总数71.9%；正常开放的486家，占总数78%，长期闭馆或不正常开放137家，占总数22%（详见表1）。约90家分馆和街道馆的服务状况相对较好。

表 1　深圳市基层图书馆基本情况统计表（截至 2014 年 10 月）

区域名称	基层图书馆数量				开放情况			达标数量		加入统一平台数量	共享工程服务点
	总数	街道	社区	分馆	正常	不正常	关闭	达标	未达标		
罗湖区	97	5	88	4	97	0	0	97	0	8	97
福田区	104	9	90	5	104	0	0	99	5	104	104
盐田区	24	4	17	3	20	2	2	17	7	7	20
南山区	66	8	50	8	33	29	4	66	0	9	66
宝安区	125	5	114	6	88	6	31	105	20	42	93
龙岗区	97	7	79	11	70	20	7	60	37	19	18
光明新区	26	2	23	1	22	3	1	24	2	11	16
坪山新区	22	1	19	2	13	0	9	21	1	2	2
大鹏新区	25	3	22	0	3	20	2	3	22	2	3
龙华新区	37	4	30	3	36	0	1	10	27	10	29
合计	623	48	532	43	486	80	57	502	121	214	448

备注：各区分馆情况复杂，很多街道馆和社区馆已纳入总分馆管理体系，本表不重复计算，凡已列入街道馆或社区馆统计数据的，不再列入分馆统计。

各区基层图书馆建设情况各有不同。

1. **福田区**

福田区有街道图书馆 9 家，社区图书馆 90 家（全部正常开放），其他分馆 5 家，都已加入全区总分馆体系及全市统一服务平台，区财政承担运营经费，服务效益相对较好。（详见表 2）

表 2　福田区基层图书馆投入与服务情况统计表

年份	总经费（万元）	纸质文献购置费（万元）	纸质文献藏量（册）	累计有效借书证（张）	流通服务情况		通借通还册次	读者活动情况	
					进馆人次	外借册次		场次	人次
2011	1414.1	303	1047854	43208	4665497	457257	457257	1239	26620
2012	1429	306	1104989	44899	4071826	531048	531048	592	72564
2013	1417.6	306	1171399	46715	3899266	410852	410852	576	68135
合计	4260.7	915	--	134822	12636589	1399157	1399157	2407	167319

2. **罗湖区**

罗湖区有街道图书馆5家、悠·图书馆4家，目前除桂园街道分馆外，其他均为区馆的紧密型分馆，一体化管理，已加入全市统一服务平台；社区图书馆88家（全部正常开放），为半紧密型分馆，暂未加入统一服务平台。（详见表3）

表3 罗湖区基层图书馆投入与服务情况统计表

年份	总经费（万元）	纸质文献购置费（万元）	纸质文献藏量（册）	累计有效借书证（张）	流通服务情况		通借通还册次	读者活动情况	
					进馆人次	外借册次		场次	人次
2011	347	124	41350	8499	423180	27896	3168	117	14445
2012	238	15	3277	9490	857378	57555	3890	189	26805
2013	264	41	10304	10379	711470	35251	6118	181	13245
合计	849	180	--	28368	1992028	120702	13176	487	54495

3. **南山区**

南山区有直属分馆8家，都是与企业或其他机构合作开办，一体化方式管理，服务效果较好，已加入全市统一服务平台；社区图书馆58家（关闭或不正常开放33家），场地、人员、经费归街道管理，服务效果较差。（详见表4）

表4 南山区基层图书馆投入与服务情况统计表

年份	总经费（万元）	纸质文献购置费（万元）	纸质文献藏量（册）	累计有效借书证（张）	流通服务情况		通借通还册次	读者活动情况	
					进馆人次	外借册次		场次	人次
2011	291.52	144	197957	18179	732800	229887	18179	233	17856
2012	291.52	144	225045	14515	739582	320669	7797	240	15739
2013	291.52	144	259046	17391	696583	302724	9320	317	18429
合计	874.56	432	--	50085	2168965	853280	35296	790	52024

说明：本表数据为南山区8家直属分馆的统计数据，街道及社区图书馆数据无法统计。2011年的人次统计的是加入统一技术平台后的数据。

4. 盐田区

盐田区有街道分馆4家，直属企业分馆3家，已全部加入全市统一服务平台；社区图书馆17家（关闭或不正常开放4家）。其基层图书馆投入与服务情况详见表5。

表5　盐田区基层图书馆投入与服务情况统计表

年份	总经费（万元）	纸质文献购置费（万元）	纸质文献藏量（册）	累计有效借书证（张）	流通服务情况		通借通还册次	读者活动情况	
					进馆人次	外借册次		场次	人次
2011	23	6.8	295538	313	171122	60551	38146	220	16935
2012	21.8	8.8	300107	179	165740	81542	38581	211	14426
2013	58.18	26.27	300102	203	182195	90834	42269	206	16095
合计	102.98	41.87	--	695	519057	232927	118996	637	47456

5. 宝安区

宝安区有街道图书馆5家，直属分馆共6家，社区阅读中心30家（采取街道属地管理），纳入全区统一的公共文化服务体系和全市统一服务平台；社区图书馆84家（关闭或不正常开放37家）。其基层图书馆投入与服务情况详见表6。

表6　宝安区基层图书馆投入与服务情况统计表

年份	总经费（万元）	纸质文献购置费（万元）	纸质文献藏量（册）	累计有效借书证（张）	流通服务情况		通借通还册次	读者活动情况	
					进馆人次	外借册次		场次	人次
2011	850.24	47.4	1904866	16724	1276557	220219	12821	131	9033
2012	814.64	26.86	2011376	12689	1417065	259139	42127	100	9614
2013	1106.12	14.18	1626984	17260	2330432	291227	58973	271	17985
合计	2771	88.44	--	46673	5024054	770585	113921	502	36632

6. 龙岗区

龙岗区有街道图书馆7家，劳务工分馆11家，社区自助分馆1家，服务情况较好，已全部加入全市统一服务平台；社区图书馆78家（关闭或不正常开放27家），办馆效益较差，资源有待盘活。（详见表7）

表7　龙岗区基层图书馆投入与服务情况统计表

年份	总经费（万元）	纸质文献购置费（万元）	纸质文献藏量（册）	累计有效借书证（张）	流通服务情况		通借通还册次	读者活动情况	
					进馆人次	外借册次		场次	人次
2011	142.38	81.75	922237	7444	579370	125341	7113	145	14145
2012	180.01	97.04	1025633	10514	821130	144149	5957	210	8124
2013	175.25	73.8	1174673	15159	859610	228560	8446	355	15940
合计	497.64	252.59	--	33117	2260110	498050	21516	710	38209

7. 光明新区

光明新区有街道图书馆2家，分馆（简·约书吧）1家，社区图书馆23家（关闭或不正常开放4家），其中11家社区图书馆完成联网升级改造，加入总分馆服务体系和全市统一服务平台。其基层图书馆投入与服务情况详见表8。

表8　光明新区基层图书馆投入与服务情况统计表

年份	总经费（万元）	纸质文献购置费（万元）	纸质文献藏量（册）	累计有效借书证（张）	流通服务情况		通借通还册次	读者活动情况	
					进馆人次	外借册次		场次	人次
2012	153.2	3	250766	7853	270355	34412	0	10	8350
2013	157.8	8.4	243663	3739	192974	21037	1023	8	1700
合计	311	11.4	--	11592	463329	55449	1023	18	10050

备注："通借通还服务情况"数据只含5个基层图书馆。

8. 坪山新区

坪山新区有分馆2家，已加入全市统一服务平台；街道图书馆1家，社区图书馆19家（关闭9家），暂未加入统一平台。其基层图书馆投入与服务情况详见表9。

表9 坪山新区基层图书馆投入与服务情况统计表

年份	总经费（万元）	纸质文献购置费（万元）	纸质文献藏量（册）	累计有效借书证（张）	流通服务情况		通借通还册次	读者活动情况	
					进馆人次	外借册次		场次	人次
2012	4	0	362283	146	120122	23877	0	24	1240
2013	4	0	249513	376	161942	42310	143	7	498
合计	8	0	--	522	282064	66187	143	31	1738

9. 龙华新区

龙华新区有街道图书馆4家，直属分馆3家，社区图书馆30家（关闭1家），共有10家图书馆加入全市统一服务平台。其基层图书馆投入与服务情况详见表10。

表10 龙华新区基层图书馆投入与服务情况统计表

年份	总经费（万元）	纸质文献购置费（万元）	纸质文献藏量（册）	累计有效借书证（张）	流通服务情况		通借通还册次	读者活动情况	
					进馆人次	外借册次		场次	人次
2011	431.7	89.8	598891	12181	884415	170723	7614	124	14868
2012	500	93.3	674556	13344	1101398	124095	7419	146	18625
2013	531	104	693283	5561	991584	149693	0	157	21183
合计	1462.7	287.1	--	31086	2977397	444511	15033	427	54676

10. 大鹏新区

大鹏新区有街道图书馆3家，其中2家加入全市统一服务平台；社区图书馆22家（关闭或不正常开放22家），基本处于瘫痪状态。其基层图书馆投入与服务情况详见表 11。

表 11　大鹏新区基层图书馆投入与服务情况统计表

年份	总经费（万元）	纸质文献购置费（万元）	纸质文献藏量（册）	累计有效借书证（张）	流通服务情况		通借通还册次	读者活动情况	
					进馆人次	外借册次		场次	人次
2012	6.3	0	106178	0	42256	10602	0	0	0
2013	6.1	0	106178	0	41057	8989	0	0	0
合计	12.4	0	--	0	83313	19591	0	0	0

二、发展态势

为促进基层图书馆的持续发展，各区图书馆在积极探索基层图书馆持续发展、盘活资源等方面作出了极大的努力。

（一）总分馆建设成绩显著

各区总分馆建设稳步推进，读者服务效益显著。在体制及行政隶属关系不变的情况下，各区都在探索和试点各自的总分馆建设模式。已初步形成了以各区馆为总馆，各街道、社区图书馆为分馆的基本架构。

福田区所有基层图书馆都纳入总分馆管理，区财政统一下拨后续运营费用，明确规定各分馆运营经费的拨付标准、使用范围，区图书馆统一采编图书、统一购置及管理相关设备。

罗湖区在街道建立直属分馆，实行一体化管理的总分馆模式，除馆舍外，所有资产归总馆所有，全部工作人员则由总馆聘派。在社区建立半紧密型总分馆管理模式，不改变原有行政、人事、财政隶属关系，总馆负责社区分馆业务指导、人员培训、服务监督和图书资源流动配送等。

南山、宝安图书馆与企业或其他机构合作建设直属分馆，由合作双方各自承担一部分费用，区图书馆为业务主管方，统一购置图书、报刊，配置防盗装置、电脑等设备，派遣管理人员统筹分馆读者服务，实现总分馆一体化管理。

龙岗区利用社会资源，多方共建推进总分馆建设。分馆场地、设备、人员由街道、社区、工业区等共建方提供，区馆统一配置图书、报刊，统一业务协调。2014 年，龙岗区实施“总分馆服务提升计划”，采用“统一管理 + 自助服务 + 购买服务”的方式，进一步整合图书馆资源，重点抓好街道分馆建设，加强业务统管能力，分馆所需后续维护及运营经费，纳入区图书馆年度预算统一管理。

盐田区采用共建模式，与街道、企业共建街道分馆或直属分馆 7 个（企业分馆）。再加上 17 个社区图书室、18 个城市街区自助图书馆，以及 23 个图书流动服务室（站），已形成“10 分钟公共图书馆服务圈”格局。

（二）创新社区图书馆建馆模式

为解决基层图书馆的生存和发展问题，各区图书馆勇于探索，成功创新了多种建馆模式。

福田区出台《福田区公共图书馆管理办法》，区财政承担所有图书馆后续运营费用，切实推进基层图书馆建设。成立福田区公共图书馆理事会，建立全区公共图书馆统一管理体系。

宝安区制定《宝安区社区阅读中心管理办法》及其他一系列文件，建成 30 家社区阅读中心，采取街道属地管理，纳入全区统一的公共文化服务体系。区图书馆统一配置资源，每年更新 3 万册图书，保障社区阅读中心可持续为读者服务。

罗湖区拓展社区图书馆功能，加挂学生作业室，引入社区义工管理；按照直属分馆模式，与企业、学校、社区共建“悠·图书馆”，首创在商场开办公共图书馆的先例。“悠·图书馆”采用大书房设计，通过贴地气的读者活动，打造“人”的空间，成为社区居民文化休闲与邻里交往的交流平台。

2012 年，龙岗区在南岭村社区建成第一个 24 小时开放、无人值守的社区级自助图书馆，图书外借率是其他分馆平均水平的 3.5 倍。在现有社区馆管理员不足的情况下，这种模式保证了开放时间，提升了图书馆利用率。

2015 年，龙岗区将再建 10 个社区自助图书馆。

坪山新区基层图书馆与社区服务中心共建，共享资源，形成服务合力。光明新区探索建设具有图书馆公益服务的书吧，打造购书、办证、借书、看书的立体式阅读模式，成为新区图书馆延伸服务点。

盐田区则实现了城市街区 24 小时自助图书馆所有社区全覆盖。

（三）基层图书馆实行零门槛免费服务

公共图书馆公益服务和免费开放的理念已经深入人心，基层图书馆紧随市、区图书馆，早就取消了所有收费项目，完全向社会公众免费开放。近年来，又在免费服务基础上，通过馆内自助服务、馆外主动服务、加入全市统一服务等措施，创造越来越便捷的阅读条件。为鼓励更多人到图书馆借阅图书，在普通读者证（100 元押金）之外，全市又推出普及外借证（50 元押金）。

2013 年 5 月，经多次沟通协调，宝安区、龙岗区图书馆联合推出“励读计划”，实行“二代身份证免押金借阅”服务，所有纳入总分馆管理的基层图书馆同时开通此项服务。当年 11 月，福田区公共图书馆系统也全面开通“励读计划”免押金借阅服务。“励读计划”对鼓励基层民众尤其是劳务工读者借阅图书有较大推进作用，有力提升了基层图书馆的办证量和图书外借量。该计划实施以来，宝安、龙岗、福田三区共办理励读证 31285 个，占同期总办证量的 36.6%；持励读证外借图书 19.46 万册次，占同期总外借量的 5.68%。（详见表 12）

表 12　“励读证”办证及借阅情况统计

区域名	办理借书证			外借图书			统计时段
	办证量（个）	其中：励读证办证量及所占比例		外借量（万册次）	其中：持励读证外借量（万册次）及所占比例		
宝安区	43829	14888	34%	145.7	8.89	6.1%	2013.5-2014.10
龙岗区	31062	10991	35.4%	137.8	7.99	5.8%	2013.5-2014.10
福田区	10608	5406	51%	59.2	2.58	4.36%	2013.11-2014.10
合计	85499	31285	36.6%	342.7	19.46	5.68%	

各区不断推进集体外借服务点（馆外流动服务站）建设，全市已在企业、驻区部队、福利院、社区、学校等处设立189个服务点，作为基层图书馆的补充，一定程度上解决了部分弱势群体读书难的问题。

（四）各区分馆阅读推广活动成效显著

在各区馆直接统筹或业务指导下，各区分馆不断开展形式多样的阅读推广活动，成为基层推进全民阅读的主力军。2013年，各区分馆或街道图书馆共举办各类阅读推广活动2088场次，参与人数超过18万人次。

各区分馆都能准确定位，面对主要服务对象开展有针对性的阅读推广活动，突出为少儿服务、为劳务工服务的特色，开展亲子阅读、讲座、播放视频电影等。如盐田区沙头角图书馆针对辖区6至12岁少年儿童，实施“小桔灯”阅读推广计划，在2013年中国图书馆年会上，荣获社区乡镇阅读推广活动优秀案例征集“最佳案例奖”。罗湖区基层图书馆设立学生作业室，每天16:00—18:00专门为学生写作业开放；“悠·图书馆”读者活动趣味化、生活化、贴地而行，不仅有读书会、故事会，还有烘焙课堂、评书表演、民乐欣赏、手工课堂等。深圳市基层图书馆读者活动情况详见表13。

表13　深圳市基层图书馆读者活动情况统计表

区域名称	基层图书馆数量	正常开放的基层图书馆数量	2013年读者活动情况	
			场次	人次
福田区	104	104	576	68135
罗湖区	97	97	181	13245
盐田区	24	20	206	16095
南山区	66	33	317	18429
宝安区	125	88	271	17985
龙岗区	97	70	355	15940
光明新区	26	22	18	10050
坪山新区	22	13	7	498
龙华新区	37	36	157	21183
大鹏新区	25	3	0	0
合计	623	486	2088	181560

三、存在问题及分析

（一）总体发展不均衡

基层图书馆由于缺乏全市统一的规范化建设与管理，加之各区重视与投入不一，致使各区之间发展极不均衡。

目前，加入全市统一服务平台的基层图书馆（不含城市街区 24 小时自助图书馆）总数为 227 家，其中福田、宝安两区就有 146 家，占总数 68.2%，其他各区则相对较少，坪山新区、大鹏新区仅各有 2 家。又如，福田区、罗湖区所有基层图书馆都已纳入全区总分馆体系，区财政统一安排后续运营费用，基本保证正常开放，其他各区的大部分街道、社区图书馆仍然处于分散管理状态，管理不规范，难以形成整体效应。

新区与原有六区之间、新区与新区之间，基层图书馆建设存在明显差距，特别是在总分馆建设方面，各新区仍处在探索阶段，还未形成本区特色的总分馆模式。光明、坪山两个新区图书馆建成以后，其辖区内基层馆获得有力的业务指导，服务情况逐步恢复，如光明新区积极探索，建设具有图书馆公益服务的简・阅书吧，提出“绿谷书香”学校图书馆联网提升项目。在同样未建区馆的龙华和大鹏两个新区，因经济发展和领导重视程度不一，其对比反差也极为明显。龙华新区 37 家基层图书馆基本都能正常开放，而大鹏新区 25 家基层图书馆，只有 3 家正常开放。位于大鹏华侨学校附近的大鹏街道图书馆（原龙岗区馆大鹏分馆），因分区而失去区馆资源支持和业务指导，馆藏资源陈旧，服务效益明显下降。

（二）基层布点不够完善

长期以来，社区图书馆多按行政区划建馆，选址随意性大，多数馆舍位置不理想，服务效果较差。

福田区、罗湖区重视图书馆建设，在寸土寸金的辖区内建成 100 多个社区馆，很多馆舍位置在一楼临街，难能可贵。但由于中心城区场地难寻，也有部分馆舍位置较偏，读者进出不便。其他各区的情况比较复杂。建设之初，选址较匆忙，很少考虑其他。如南山区，有独立场地的社区馆仅 1 家，设在社区工作站（办事处、文化站）内有 36 家，与计生中心合用场地 6 家，与社区服务中心合用场地 10 家；盐田区社区馆 58.33% 设在街道或社区工作站的高楼内，无独立出入口占 37.5%，大部分与道德讲堂、计生活动中心共用场所，独立性差；坪山新区的金龟社区人口数量很少，独立设馆受众有限。

（三）多区建设责任主体不太明确

各级政府是基层图书馆的建设主体，但执行中很难落实。

福田区政府于 2006 年 8 月下发了《福田区公共图书馆管理办法》，全区基层图书馆由区财政统一拨款，但由于经费的使用、分配权在街道，基层图书馆应有的经费有些得不到落实。

宝安区于 2014 年由区财政出台了相关文件，将基层图书馆建设责任主体明确到各街道。

其他各区基层图书馆的建设大多沿袭传统的区、街道、社区各自为政的建设管理模式，有的依托于社区工作站，少部分与物业管理部门或企业等机构合建。

（四）重建设、轻管理，运营管理无保障

1. 区级总分馆运营机制不健全

采用“政府主导、社会参与”模式建分馆的仅占全市基层图书馆总量的 7.9%。由于财政体制限制、区与街道分灶吃饭，区级图书馆无法从人、财、物方面对辖区内的街道图书馆实行统一管理，街道也无法对辖区的社区图书馆实行统一管理，这在根本上限制了总分馆体系的推进落实。除个别区外，区馆和基层馆之间总分馆运营机制尚不健全，区馆业务辅导和协调普遍遇到瓶颈，一体化管理、一体化服务都无从谈起，很多分馆后续发展乏力。

2. 合作建馆的后续运营管理存在场地、人员等后顾之忧

由于缺乏明确的运营政策和体制保障，合作建馆存在场地、人员等多种不确定因素；加之多头管理，后续投入不好协调，统一管理难以落实，影响统一服务效果；分馆场馆有限，渐趋于馆藏饱和，已出现旧书无处存放、新书无法上架的情况；后续投入不足或者不固定，人员队伍不稳定，造成很多分馆利用率不高。如：2008 年建设成的宝安石岩水田分馆因共建方收回物业，2011 年该馆已闭馆。2010 年合作共建的翻身分馆，原本运行得不错，但由于在后续投入上无法与共建方达成协议，终因 2012 年 10 月共建方决定退出共管而关门停业。

3. 运营管理职责不清，服务意识薄弱

基层图书馆的人员聘用、工资发放、物业管理、图书更新、读书活动等，均由街道文化站（文体服务中心）或社区工作站承担。基层行政领导者的文化建设理念、图书馆管理者业务水平直接影响基层图书馆事业的发展，而且基层图书馆普遍面临经费短缺、人员待遇低、留不住管理员等问题。还有的基层图书馆的设立，存在只是为了应付上级主管部门检查的情况。

社区工作站中的社区图书馆，基本无专职管理人员，多由社区工作站内人员兼职；有的将图书馆与计划生育文化中心、棋牌室、健身室、四点半学校等合署管理，环境吵闹，影响图书馆功能的发挥；加之管理人员水平低，服务意识差，难以提供正常服务。

4. 多数基层馆经费无保障

后续运营费用，包括水电费、网络费等经费来源无保障，社区又无力承担。

罗湖区从 2007 年开始，92 家社区馆每年后续运营费用 198 万元，由区财政直接下拨到各街道统筹管理，解决了部分经费不足问题，但此后长期未增加，而书刊价格逐年递增，目前仅能维持报刊订购，无力补充新书。

南山区部分社区馆的报刊更新，都是区科技局和计生中心统一订购的科普及计生报刊。

龙岗区 79 个社区馆，67 个无后续运营费用，仅在建馆初期购置一批图书，此后长期不更新，基本零增长。早期达标的个别图书馆目前最新馆藏图书竟是2000年的。

原特区外村级图书馆在农村城市化改革后也失去了经济支持，所在社区工作站或股份公司无力提供经费保障，大部分社区馆经费不足甚至无经费。

坪山新区22个基层馆中，只有坪山办事处图书馆在新区成立前接受过龙岗区馆配置的图书，其他大部分基层馆几乎十年没有新购图书。

大鹏新区非正常开放的13家社区馆中，仅有4家拥有超过1万册还可借阅的旧书，而且品种少、复本量大。

经费不足也严重影响社区图书馆的设施、设备更新。大多数社区馆资源条件和服务手段极为落后，业务自动化水平和服务效能低下，远远不能满足民众阅读需求。全市60%的社区图书馆仍然停留在手工操作阶段，远未达到加入全市统一服务平台所需要的基本条件。

实践证明，如果政府只单纯承担基层图书馆建设责任，而不承担后续运营经费的保障责任，社区图书馆就无法增加新书，没有新书，就无法吸引读者，致使一部分基层馆因后续投入不足而关闭。既浪费了前期投入资源，也无法落实市民基本文化权益。

（五）专职员工少，队伍不稳定

全市623家基层图书馆，共有兼职管理员441人，占总数（1233）的35.8%（详见表14）。加之专职人员大多在街道馆和各区分馆，社区馆的兼职比例就更高，基本上都是兼职。如龙岗区现有79个社区馆，就有44个馆无专职管理员。

表 14 深圳市基层图书馆人员情况统计表

区域名称	基层图书馆数量				员工数			员工学历		
	总数	街道	社区	分馆	总人数	专职	兼职	大专（含）以上	高中/中专	初中（含）以下
罗湖区	97	5	88	4	156	69	87	66	84	6
福田区	104	9	90	5	222	205	17	78	142	2
盐田区	24	4	17	3	45	22	23	31	13	1
南山区	66	8	50	8	98	51	47	76	18	4
宝安区	125	5	114	6	198	181	17	127	63	8
龙岗区	97	7	79	11	300	106	194	194	95	11
光明新区	26	2	23	1	61	56	5	40	10	11
坪山新区	22	1	19	2	31	19	12	23	4	4
大鹏新区	25	3	22	0	31	18	13	15	16	0
龙华新区	37	4	30	3	91	65	26	41	45	5
合计	623	48	532	43	1233	792	441	691	490	52

基层图书馆员工一般由保安、计生人员兼任，既无专业知识，更无职业素养，也无法确保按时开放。有的基层图书馆开放时间与市民正常上班同步，八小时以外和节假日基本不开放。

基层图书馆工作人员来源也较复杂，多头委派，入职无要求，平日无考核，也无退出机制。人员待遇低、队伍不稳定、平均年龄偏大、学历不高、管理能力低、服务延续性差，已成制约基层图书馆发展的瓶颈。

区图书馆在基层馆工作人员考核管理上，缺少应有的权限。虽然每年组织培训，但是由于人员流动频繁，仍有未经培训就上岗的，致使业务不熟、责任心不强。现场调查中，经常发现图书不能及时上架，很多书甚至连包都没有拆开，只是堆在一边。简单的借阅服务已然如此糟糕，更谈不上组织阅读推广活动了。

四、解决思路及建议

（一）落实和推进以区馆为总馆的总分馆体制

调查显示，凡纳入总分馆管理的基层图书馆，多数运营情况良好，服务规范，读者活动有保障，服务绩效明显高于未纳入总分馆体系的基层馆。下一步要在总结各区办分馆经验的基础上，全面推进总分馆的建设。

各级文化主管部门要从单纯关注基层图书馆普及率，转变为更多关注办馆效益，抓大放小，重点抓好街道分馆和大型社区、工业区分馆建设，并逐步纳入各区图书馆直属分馆管理，由区财政保障设施、资源、人员及后续运营等费用。

要进一步完善以区馆为总馆的总分馆运营机制，整合图书馆资源，提升现有分馆办馆效益。目前，各区分馆都已接入全市统一服务平台，具备自助服务的技术和网络条件。建议在条件成熟的区，由区图书馆统一配置自助借还设备，建设 24 小时开放、无人值守的自助分馆，最大限度延长开放时间，结合“励读计划”免押金借阅图书和全民阅读推广活动，不断提高图书馆利用率。

区图书馆作为各区公共图书馆服务体系的总馆，要根据各区人力、财力的情况，适度建设分馆，统筹基层图书馆的一体化管理、一体化服务。

（二）鼓励各区探索不同的发展模式

经过多年发展，各区在基层图书馆建设上都有不少成功的经验，应鼓励各区在总结经验的基础上继续进行有益的探索，在总分馆总体框架下，各区可因地制宜，探索符合自身实际情况、具有可操作性的各具特色的建设和发展模式。

突破行政区划限制，按照服务人口、服务半径、读者需求等因素，对现有基层图书馆进行提升与改造。对不同类型基层图书馆采取不同的扶持形式。对服务人口多、办馆效益好或远离区馆、街道馆的社区图书馆，纳入直属分馆统一管理；对其他布局相对合理、基本正常开放的基层图书馆，加强经费扶持，完善基本设施，拓展服务内容和服务区域，提高服务效益；对不能正常开放、服务效益差、与其他馆相距太近的基层图书馆，就近合并成阅览室。

探索社会资源参与社区图书馆建设和管理的方式，在馆舍选址、运营模式、服务形式、开放时间等方面突破思维惯性，加强区域共建，创新社区图书馆运营模式。可以尝试将社区服务中心、计生中心、党群服务中心、四点半学校、职工（农家）书屋等资源整合起来，形成公共服务合力，减少重复投入；扶持社工机构参与到基层图书馆管理中来，同时发展各种形式的文化志愿者，作为图书馆管理队伍的补充；鼓励引进其他文化服务功能，提升图书馆人气和利用率，盘活现有资源。

结合基层图书馆运营管理的实际需求，以及公益文化服务管理社会化趋势，为控制运营成本，提高工作效率，鼓励基层图书馆探索服务外包，包括图书上架、整架等日常工作及总分馆物流等，并由政府财政提供相应经费支持，统一招标。市、区两级文化主管部门全面统筹，对公共图书馆服务外包的政策指引、范畴界定、制度建设、规范管理等保障措施进行探索。

（三）加强业务培训，提升服务能力

基层图书馆的服务能力一直是“图书馆之城”发展的薄弱环节之一。要加强对社区图书馆的业务指导和人员培训，通过培训，使管理和服务专业化与规范化。各区逐步建立和完善基层图书馆服务绩效考核机制，制定基层图书馆服务绩效考核要求和细则，实施季度考核、年度考核，以及考核不合格者退出制度。

市、区图书馆阅读推广活动应主动下移，用活动为基层图书馆的发展注入活力。各区馆应统筹规划全区的阅读活动，将一些操作简单、内容适合的读者活动在基层馆推广普及，吸引周边社区民众参与进来；也可以采用项目合作等形式，调动民间阅读团体和其他社会力量积极参与社区图书馆服务，提升基层图书馆的服务效益。

基层图书馆要依托总馆的优势，重点为少儿读者、老年人或劳务工等特殊群体服务，定期或不定期开展各类阅读推广活动，如读书会、故事会、民俗课堂、手工教室、好书推荐、读书征文等，有条件的还可以举办学习培训、专题讲座等，吸引更多人到图书馆来，拓展基层图书馆服务内容，扩大影响力，逐步把图书馆打造成聚合人气的社区公益文化服务和交流的中心。

基层图书馆要贴地气，更多与群众密切互动，鼓励多种方式普惠特殊

人群。在宝安区（直属分馆、街道馆、劳务工分馆、社区阅读中心）、龙岗区（街道分馆、劳务工分馆、社区自助分馆）、福田区（社区图书馆）继续推进"励读计划"免押金借阅服务，鼓励基层民众尤其是劳务工读者更多地借阅图书。"励读计划"是一项惠民服务，提高了基层图书馆利用率，建议适时对前一阶段实施效果进行评估，逐步扩大"励读计划"实施范围，放宽"励读证"借阅权限。

要更多利用总分馆图书资源，通过建立集体外借服务点（馆外流动服务站），作为阵地服务的补充，主动送书上门，解决基层读书难的问题。

（四）完善科学评估指标，推进公共图书馆事业全面发展

"图书馆之城"建设指标应该综合建设与发展的各个因素，要全面、综合进行评估，既要有数量的要求，更要有质量的要求。人均文献藏量固然重要，但不是唯一的指标，不能在强调一个指标的同时，忽视其他指标。即使是同一指标，不同区由于发展基础不同，也应有不同的要求。如老馆因馆舍面积有限，不能因藏书挤占服务空间；新区藏书较少，应加强藏书的建设，以奠定服务基础。建议在"十三五"规划中，建立科学的多元评估指标体系，从以前着眼于数量的考评，转向对办馆效益的整体考评；从提高基层图书馆利用率着眼，合理利用有限资源，调整服务结构，实现服务最大化；修改政府相关文化考核指标。如"人均公共图书馆藏书量"在达到某一量化指标以后，重点应关注"更新文献量""可用文献量"等指标，而不是单纯的提高数量。

持续推进深圳市基层图书馆达标定级评估，加强基层图书馆建设规范化，推进社区图书馆盘活资源。修改达标定级考核指标，更多考虑基层图书馆现实情况，强化服务绩效指标，如接待读者总量、图书馆利用率、读者活动场次、服务人口办证率、无线网络覆盖率等，建立科学的评估量化指标，提升基层图书馆服务能力，推进公共图书馆事业的全面发展。

（说明：本报告中的数据均由各馆提交汇总而成。）

深圳市城市街区自助图书馆调研报告

深圳市“图书馆之城”调研课题组

“城市街区自助图书馆系统”（以下简称“自助图书馆”）是由文化部立项、深圳市自主研发的文化创新项目，是深圳市公共文化服务体系建设的重要组成部分，是保障市民基本文化权利、促进公共图书馆服务均等化、便利化的重要举措。自助图书馆在服务理念、服务模式、服务手段上均属国内首创，已研制出的自助图书馆服务机和集成化软件系统均处于国内领先水平，在世界图书馆领域也无应用先例。

自助图书馆诞生于建设“图书馆之城”（2006—2010）五年规划期间，2014年已形成220台的规模，2015年新增20台将在2016年投入使用，为市民就近提供办证、借还书、预借、信息查询等图书馆服务，并建立起一整套建设与运行管理机制。自助图书馆的建设和运行，提升了深圳的城市形象和社会影响力，加速了“图书馆之城”的建设步伐，让全国乃至世界感受到了令人耳目一新的图书馆服务，成为图书馆界公共文化服务体系创新的热点。

一、建设与运行管理

（一）理念创新，深圳制造

1. 源于理念创新，诞生于深圳这个创新型的城市

自助图书馆采用同一服务标准和自助方式，通过一体化和网络化建设与运行管理，覆盖城市街区，提供均等化图书馆基本服务。自助图书馆是图书馆理念的创新，也是建设方式、管理模式、服务方式的创新。

2007年3月，自助图书馆被列入中共深圳市委宣传部和深圳市文化局颁布的《深圳市建设"图书馆之城"（2006—2010）五年规划》建设项目，2007年6月被列入文化部科研项目。2008年4月，首台深圳自主研制的自助图书馆服务机在深圳图书馆北门外正式为读者服务。2009年6月，自助图书馆系统项目通过了文化部验收。

自助图书馆以RFID技术为基础，集成各种高新技术，可存放图书400本，集办证、借还书、文献查询等功能于一体，采取全自助服务模式，无人值守，全天候开放，方便布设在城市街区，不仅可以免除读者往返图书馆车马劳顿、远距离奔波之累，还不受时间限制。自主、自由、便利是自助图书馆的核心理念，创造的就是图书馆服务的均等便捷——无处不在、无时不在。

2. 不断融入新理念，运用技术创新服务与管理模式

自助图书馆不是固化的产品，在自助图书馆的建设和运行管理之中，一直在不断融入新理念，运用技术创新服务与管理模式。

从设备上，自助图书馆自研制成功起就进入了一个不断改进的过程，新组件研发，提升组装工艺、防水性能、安全防护措施；增设电子资源阅读装置，支持手机读者证；探索节能运行模式，安装图书消毒装置等。

从管理上，自助图书馆不断强化网络中心建设，通过一系列的技术手段，提高全网设备管理、资源配置、服务管理的智能化水平，中心管理系统功能不断完善，响应能力不断提高。

在推广应用上，自助图书馆在多个城市获得应用，其技术选型、服务内容、运行与管理模式各异，呈现多元化发展态势。

（二）政府主导，统筹建设

1. 首批试点40台，全市组建自助图书馆网

深圳市委、市政府高度重视自助图书馆项目与自助图书馆建设。2008年4月23日，闫小培副市长率有关部门到深圳图书馆调研，考察"城市街区24小时自助图书馆系统"并召开调研会。2008年7月14日，市政府研究决定先行试点40台自助图书馆。2009年3月17日，市政府办公会议审批通过《城市街区24小时自助图书馆运营模式实施方案》。

在市文化局的统筹推进下，至2009年4月，40台自助图书馆组建成新型的图书馆网全面提供服务，自助图书馆网络数据中心和监控管理中心初步建成。

2010年6月28日，吕锐锋常务副市长主持召开会议，明确了自助图书馆设备采购及物流管理服务采购的相关问题。至此，自助图书馆建设、运行管理相关项目的采购问题均得到具体落实。

2. 列入民生工程，“十二五”期间形成规模

自助图书馆作为深圳市政府投资建设的公益文化设施项目，其规划、建设得到稳步推进和实施，被列入深圳市政府2010—2014年度重点工作、民生实事。

在前期已建工程项目的基础上，经市文体旅游局批准，深圳图书馆于2011年向市发改委提交了自助图书馆后续建设规划，实施二期工程（未完成部分）项目，拟在2011—2015年再行建设160台自助图书馆，该项目2011年4月获得市发改委项目投资概算批复。

2010年、2011年、2012年和2014年，市发改委分别下达了当年度新增100台、20台、40台和20台自助图书馆的投资计划，至2014年底，共建成220台自助图书馆，2015年再建20台。

（三）市区共建，错位互补

1. 市文体局统筹推进，市馆组建网络中心

深圳市政府高度重视并大力支持自助图书馆项目的推广与应用，由市文体旅游局全面统筹全市自助图书馆布点规划和建设工作，深圳图书馆负责具体实施，并承担网络中心组建和运行管理工作。

市文体旅游局制定自助图书馆建设规划，组织自助图书馆布点评审工作，协调自助图书馆建设与管理中的相关问题。深圳图书馆成立专门机构承担自助图书馆网建设实施、运行管理和服务组织工作。自助图书馆网络数据中心和监控中心设在深圳图书馆，引进相关设备和系统，对自助图书馆网中的业务数据进行统一存放，响应与处理自助图书馆的业务请求。

2013年，市政府为深圳图书馆新增300万元文献购置费，自助图书馆的新增文献获得了较为有力的保障。

2. 区图书馆联合推进，与基层馆错位互补

在市政府召开的首次自助图书馆建设调研会中，就明确了自助图书馆的布点应与现有基层图书馆错位互补的原则。在建设中，市文体旅游局充分听取区政府、区相关主管部门的意见，深圳图书馆联合各区图书馆开展实地调研和服务点评估。在布点评审过程中，邀请部分区图书馆馆长参加，共同进行全市统筹规划。在安装、试运行和日常管理过程中，市、区图书馆密切合作，联合推进相关工作。

（四）合理选点，优化布局

1. 全市科学规划，完善布点流程

经过6年的建设，自助图书馆已建立起较为合理的布点原则和工作模式。2008年，自助图书馆建设就提出了“点”“线”“片”布点基本思路：“片”即大型休闲园区、大型住宅区、大型工业区、大型商业区、大型办公区、市政公共设施等；“线”指主要交通枢纽及交通干道沿线等；“点”指针对特型服务对象的场所，如老年人活动中心、部队、医院、高等学校等区域。

2012年，在新的形势下，自助图书馆建设在继续遵循“点”“线”“片”的基础上融入了新的建设思路，即以深圳市各行政片区的人口密度为出发点，结合自助图书馆网点分布现状，拾遗补缺，对文化基础设施欠缺地区及需求量大的片区优先规划；与“图书馆之城”统一服务体系建设相结合，与区图书馆、街道/社区图书馆错位互补，促进“图书馆之城”服务网络效益的整体提升。

2. 实施动态管理，推进优化调整

在自助图书馆逐渐形成规模的同时，结合自助图书馆运行管理中存在的问题，为优化自助图书馆整体布局，提高服务效能，在市文体旅游局统筹领导下，深圳图书馆提出了布点优化工作方案，并作为常规工作。市政府也安排了布点优化专项经费。

按照工作方案，2013—2014 年期间，每年对已建设的自助图书馆进行了服务量统计分析，结合布局、覆盖范围、服务对象等因素，首先筛选出需要优化或整改的服务点。之后根据筛选结果，分别向该服务点托管单位和所在区的区图书馆发出限期整改通知，同时配合区馆和托管单位加大宣传力度，力争在整改期内服务量有所提升。逾期服务量无明显提升的则列入年度迁移计划，并按程序完成上报审批，最终实施迁移。2013—2014 年累计迁移 14 台服务机。

（五）一体化、社会化运行与管理

1. 采取一体化运行管理机制

在市文体旅游局统筹领导下，深圳图书馆成立专门管理机构，行使自助图书馆建设与日常管理职能，对外监督指导物流单位和设备维护单位的工作，对内协调与自助图书馆服务相关的各项业务，承担自助图书馆布点实施、推广、宣传、评估、读者咨询等工作。同时，利用技术手段，不断进行深入细致的数据分析，及时发现技术和管理上的缺陷，推进自助图书馆服务组织的有序化、科学化，协助技术改进和系统完善工作。

深圳图书馆充分利用自身的人力、技术、资源、服务优势，有效推进自助图书馆的建设，联合各区图书馆进行自助图书馆布点和日常运行管理。通过自助图书馆项目，深圳图书馆对计算机基础设施进行了扩容改造，建立起统一的自助图书馆监控平台、自助图书馆网站服务平台、电话语音服务平台。图书馆、物流单位、设备维护单位实时监控服务机的各项运行指标，通过监控管理提高设备维护响应速度，指导物流配送工作。

全市自助图书馆网以 VPN 技术为依托，实现了遍布全城的自助图书馆服务点与网络数据中心之间的数据稳定传送，读者在操作自助图书馆时就像在图书馆内使用自助设备一样快捷，也使在自助图书馆上提供电子资源服务成为可能（如电子报纸、电子数据库等），更为自助图书馆的智能化管理奠定了基础。

2. **采取社会化服务保障方式**

引进社会力量，组建专业化的物流中心，依托自助图书馆调配书库，科学规划配送路线，有效组织车辆和人员等。在确保服务质量、服务性能指标不降低的前提下，通过政府采购招标的方式，引入竞争机制，有效降低物流成本。

通过政府采购招标的方式，引进专业化的团队对服务机进行 24 小时维护，通过监控、定时巡检、定期保养、及时现场维护，保障自助图书馆的不间断运行，形成覆盖全市的设备维护网络。

按城市干道组织物流，按片区驻扎相对固定的维护团队，并配以机动团队成为自助图书馆运行组织的有效模式。在达到一定规模后，物流及设备维护的后台管理成本不会相应增加，同时，应对突发事件的能力相应提高。

二、主要成绩

（一）布设网点覆盖全市 98% 的街道

1. **自助图书馆网全国领先**

历经一期工程 40 台，二期工程 2010 年 100 台、2011 年 20 台、2012 年 40 台、2014 年 20 台的建设，目前深圳市自助图书馆总量达到 220 台，已形成全国领先的自助图书馆网。国内其他自助图书馆应用规模较大的城市包括：北京（180 台）、厦门（60 台）、武汉（50 台）、广州（30 台）、三亚（22 台）。从单网数量、总体技术条件等方面，深圳在全国处于领先水平。

2. **布设网点覆盖 98% 的街道**

全市 220 个自助图书馆服务点全市街道覆盖率超过 98%，详见下表：

行政区	下辖街道名称	街道总数	布点数量	占比
福田区	园岭、南园、福田、沙头、梅林、华富、香蜜湖、莲花、华强北、福保	10	10	100.0%
罗湖区	黄贝、南湖、桂园、东门、笋岗、莲塘、翠竹、东晓、东湖、清水河	10	10	100.0%
盐田区	沙头角、海山、盐田、梅沙	4	4	100.0%
南山区	南头、南山、西丽、沙河、蛇口、招商、粤海、桃源	8	7	87.5%
宝安区	新安、西乡、福永、沙井、松岗、石岩	6	6	100.0%
龙岗区	平湖、坂田、布吉、南湾、横岗、龙城、龙岗、坪地	8	8	100.0%
光明新区	公明、光明	2	2	100.0%
坪山新区	坪山、坑梓	2	2	100.0%
龙华新区	观澜、大浪、龙华、民治	4	4	100.0%
大鹏新区	大鹏、南澳、葵涌	3	3	100.0%
合计		57	56	98.2%

（二）一体化运行使主要运行成本降低约 25%

随着自助图书馆规模的扩大，一体化、网络化运行模式显现出优势。统一技术平台、统一监控管理、统一物流配送、统一设备维护、统一服务组织是自助图书馆生存和可持续发展的关键，是对网络化设备进行管理的必然选择，更是公共文化服务一体化的必然要求。在一体化、网络化运行模式下，通过政府采购招标的方式，引入竞争机制，单台自助图书馆的物流成本和设备维护成本都呈现下降趋势。

2013 年物流中标价比 2009 年下降 27%；2014 年 160 台维护费平均中标价下降 25%。

（三）公共文化服务更加快捷、均等

1. 布设快捷

自助图书馆对服务点环境要求较低，占地约为7平方米，电源为220V。设备采用工厂内组装、现场整机吊装的方式进行安装，便于服务点布设及迁移。2008年起，自助图书馆每年的实际建设周期大约为2—3个月（见下表）。实际上设备安装达到了2—3台/日，耗费时间的是环境修整、VPN网络申请和施工时间。

年度项目	开通服务时间	建设周期
2008年10台	2008年7月21日开通服务	1个月
2009年30台	2009年4月23日开通服务	2—3个月
2010年100台	2010年8月25日开通服务	2—3个月
2011年20台	2011年8月开通服务	2—3个月
2012年40台	2013年3月试运行	5个月（厂家、设备完全不同）
2014年20台	2014年12月底试运行	2—3个月

2. 使用便捷

自助图书馆建在市民最方便使用的生活社区、办公区、交通枢纽等地，辐射半径以1.5公里布设，低于我国于2008年发布的《公共图书馆建设用地指标》规定小型图书馆的服务半径≤2.5公里（15分钟车程内）。

自助图书馆不受时间的限制，24小时都可以办理业务，同时它是自助操作，无需工作人员值守。自助图书馆能装载400多本图书，而且图书是流动的，每日更新，同时可通过自助图书馆预借深圳图书馆的馆藏图书。

3. 服务均等

全市现有220台自助图书馆，在各行政区均等分布，兼顾各类型区域的服务需求，按照统一的标准提供服务，具体分布如下：

类型	数量（台）
城中村	9
工业区及科技园	37
公共场馆	35
交通枢纽	2
特殊场所	23
住宅区	103
综合办公区	11
合计	220

区域	数量（台）
福田区	29
宝安区	26
南山区	27
罗湖区	26
盐田区	18
龙岗区	36
龙华新区	29
大鹏新区	4
光明新区	13
坪山新区	12
合计	220

4. 促进阅读

自助图书馆是市民身边的图书馆，提供了更加便利的阅读环境，营造了城市文化阅读氛围，对提升市民文化素质，推进城市文明起到了积极的作用。2011 年，自助图书馆荣获首批深圳市“全民阅读示范项目”。

《2011 年城市街区 24 小时自助图书馆运营及服务效果调查分析报告》的调查结果显示，自助图书馆布设前，市民的平均借书量为每月 2.63 本，平均读书量为每月 2.70 本；而在自助图书馆布设后，市民的平均借书量为每月 3.81 本，平均读书量为每月 3.67 本。调查结果中的平均借书量和读书量分别增加了 44.86% 与 35.64%。

2014 年，深圳图书馆网站改版，强化了自助图书馆专栏，同时在微平台上也增设了自助图书馆板块，宣传自助图书馆、推荐自助图书馆的资源和服务，以提高自助图书馆在城市阅读中的影响力。

5. 服务效益明显

自助图书馆为市民提供服务以来，极大地弥补了我市基层图书馆服务点不足、文献利用率不够高、文献借阅不便的缺陷，将图书馆服务送到市民身边，走进“千家万户”，提供无差异、便捷化、均等化服务，取得了明显的服务效果，服务范围逐渐扩大。自 2008 年首台自助图书馆投入运行以来，截止到 2013 年 12 月，陆续投入运行的自助图书馆已累计借还文献 9853644 册次，办证 112218 张，预借送书 481653 册次。

服务时间	文献借还量	服务人次	办证量	预借文献量
2008	225458	99647	3938	5189
2009	1131625	460939	12276	37332
2010	1704105	706248	24322	60215
2011	2369113	1007289	25777	98195
2012	2271073	994666	22304	135442
2013	2152270	956673	23601	145280
合计	9853644	4225462	112218	481653

6. 读者认可度与满意度

深圳图书馆和市文体旅游局分别于 2010 年和 2013 年聘请第三方机构对自助图书馆的运营绩效进行评估。对比两次分析结果可得知：

服务认可度上升。2010 年，自助图书馆的自助服务形式得到了 82.22% 的读者的认可，其中 22.76% 的读者表示非常认可自助图书馆的自助服务形式，59.46% 的读者表示比较认可自助图书馆的自助服务形式。2013 年，对自助借还功能满意度评价为“满意 52.95%”“比较满意 32.49%”，合计达到 85.44%。

服务满意度上升。2010 年，读者对自助图书馆提供的服务满意度评价较高，为 74.45 分，读者对自助图书馆的忠诚度得分为 79.95 分，分值较高。同时，在接受访问的读者中，97.87% 的读者表示会持续使用自助图书馆。2013 年，自助图书馆的满意度调查结果显示：对自助图书馆的总体满意度较高，选择“满意”和“比较满意”的受访读者总数占到 86.42%，选择“不太满意”的受访读者仅占了 1.23%。

各项服务功能满意度有升有降，总体稳定。服务功能评估的各项结果显示，服务功能满意度与服务环节满意度的各项得分均在 65 分以上。其中得分最高的一项是"办卡服务"，87.3 分，最低的是预借功能，69.45 分。对比数据显示，这可能与该功能的使用程度有一定关系。因为预借功能的使用度在所有功能中也是最低的，只有 46.1%。对比 2010 年度和 2013 年度各项服务平均得分可以看出，自助借还服务、办卡服务、操作的便捷性满意度、服务的响应时间满意度四项得分相比 2010 年有所上升，可见，读者对于自助图书馆的服务评价也越来越好。另外，针对预借这一功能，还需加强宣传，提高其使用度。

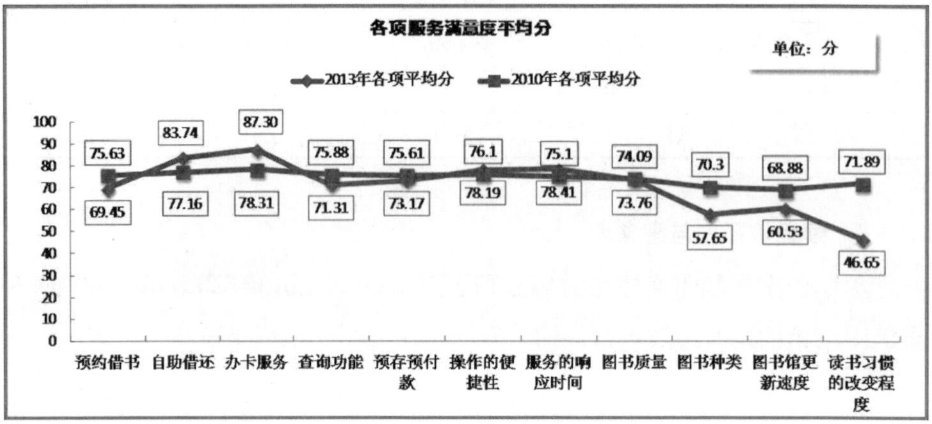

从 2010 年度到 2013 年度，得分上升的项目分别有以下四项：自助借还服务、办卡服务、操作的便捷性、服务的响应时间。其中，上升分值最多的是"办卡服务"一项，从 2010 年度的 78.31 分上升到 87.30 分，上升了 8.99 分。得分下降的项目分别有以下三项：预借服务、查询服务、预存预付款服务。

7. 关注特殊群体

自助图书馆由于其布设简便，也成为政府关注特殊群体读者的一种选择。如在拥军爱民政策指导下，深圳图书馆按照上级部署在部队及周边地区布设了 9 台自助图书馆；为培养少儿的阅读兴趣，在中小学校门口也布设了 8 台自助图书馆。

（四）有力推进了公共图书馆服务一体化进程

1. 有力推进了全市图书馆统一服务

自助图书馆网的建设作为深圳市“图书馆之城”建设的重要组成部分，已融入全市公共图书馆网，共同承担全市公共图书馆的统一服务的任务。目前，220台自助图书馆已经与8个行政区图书馆及其直属分馆共227家全市主要公共图书馆实现了统一服务，全市不同层级的公共图书馆及各网点之间实现了互通互联、资源共享和一证通行、通借通还，有效地提高了“图书馆之城”整体服务水平。随着全市统一服务的逐步推进，遍布全市各街区的自助图书馆网将以其服务的便捷性在全市公共图书馆统一服务中发挥着越来越重要的作用。

2. 有力推进了RFID技术在图书馆的应用

自助图书馆在深圳地区的广泛应用，在体现服务便利的同时也展示了RFID技术的应用前景，成为全市公共图书馆应用RFID技术的典型范例。全市公共图书馆在推进统一服务的同时，共同选择RFID技术作为全市统一的识别技术，推进全市范围的自助服务和管理智能化，更使全市公共图书馆服务与自助图书馆服务实现了无缝衔接。

目前，深圳图书馆和8个加入统一服务的区图书馆已全面采用RFID技术，深圳市科技图书馆也正在实施RFID技术项目。各馆普遍设置了自助服务终端，罗湖、龙岗、南山、宝安等区图书馆均建立了全自助服务区。盐田区图书馆新馆实施的智慧图书馆项目备受业界关注。继深圳图书馆之后，福田等区图书馆也相继开始利用RFID技术进行馆藏清点。RFID技术应用规模之大，范围之广泛，探索之深入，使深圳在全国图书馆界处于领先地位。

（五）成为全国公共图书馆服务创新范例

1. 自助图书馆行业推广

2009年12月，文化部在深圳召开“城市街区24小时自助图书馆系统”现场会，向全国有条件的地区推广自助图书馆建设经验。同年，自助图书馆获得第三届文化部创新奖，并被列入首批国家文化创新工程。2010年，自助图书馆荣获文化部第十五届“群星奖”。2012 年 11 月，自助图书馆通过国家文化创新工程验收。目前，自助图书馆已在全国范围内推广，据不完全统计，北京、上海、广州、武汉、沈阳、鄂尔多斯、西安、郑州、马鞍山、杭州、贵阳、厦门、福州、昆明、台州、三亚等多个城市已经设立或计划设立自助图书馆。

2. 社会关注自助图书馆

深圳市自助图书馆自运营以来，受到了各类媒体的高度关注。在百度搜索“深圳市自助图书馆”，得到约 2850000 个结果。截止到 2014 年 3 月，平面媒体关于自助图书馆的累计报道量为 630 篇。

国家级媒体对深圳市自助图书馆给予了充分肯定，如新华网《深圳“24 小时自助图书馆系统”将在全国推广》、中国文明网《深圳 24 小时自助图书馆：向所有读者敞开大门》等。《光明日报》称深圳自助图书馆是“‘文化’携手‘科技’实现的革命”，自助图书馆的建设使深圳又多了一张文化名片。《深圳特区报》盛赞自助图书馆“具有科技含量高、占地面积小、总体投入少、无需管理人员、设置灵活、使用便利等特点”，并且认为其“自由布局在深圳市各个角落的自助图书馆将能大大扫除图书馆服务的社会盲点”。《南方都市报》肯定自助图书馆的服务效果：“读者对自助图书馆总体服务满意率达到 80%，对自助图书馆提供的文献和预借服务满意率超过 90%，达到了预期的效果。”《深圳商报》报道：“该项目也引起香港特区政府相关部门和公共图书馆界的高度重视。”《香港商报》更是直接以《港可借鉴深自助图书馆》为题给予高度评价：“深圳图书馆会关门，外面的图书馆却永远不会关门，它就像一台大型自动销售机，占地 7 平方米，吐出的却是精神食粮。”

2008 年 5 月，中央政治局委员、中央书记处书记、中宣部部长刘云山视察自助图书馆，评价自助图书馆具有成本低、占地少的优势，尤其在大城市值得推广。2009 年 11 月，中共中央政治局常委李长春视察自助图书馆，对自助图书馆给予充分肯定，称其是“公共文化服务的一大亮点，对于推动国民文化素质提升具有重要意义”。2009 年 11 月，省委常委、时任代市长王荣参观“深圳市‘图书馆之城’建设成就展”时体验了自助图书馆的便捷服务。2010 年 5 月文博会期间，中央政治局委员、中央书记处书记、中宣部部长刘云山再次视察自助图书馆时表示：“24 小时自助图书馆有利于打造永不关闭的城市书房，营造全民阅读的学习型社会氛围”“与我们过去的那一套图书馆管理办法比，这样的图书馆充分发挥出作用了”。2011 年 8 月，中共中央总书记、国家主席、中央军委主席胡锦涛考察了深圳文化科技建设取得的创新成果，亲临城市街区自助图书馆，体验自助借还过程，称赞自助图书馆的便捷、惠民。

3. **自助图书馆产生国际影响**

自助图书馆也是传统图书馆管理与服务的一次重大创新，在世界图书馆史上绝无仅有，得到了国际人士的认可。国际图书馆协会和机构联合会主席艾伦·泰塞认为，这种“自助图书馆”打破了实体图书馆的工作时限，让所有市民随时随地都能享有城市的公共文化，最大化地体现了图书馆为市民服务的价值。她说：“这种‘自助图书馆’在西方国家也并不多见，可见深圳的图书馆建设理念超前。”自助图书馆的经验及模式得到了国际专业人士的认可及相关国家的借鉴。“城市街区 24 小时自助图书馆系统”与英国、法国、韩国等国图书馆的合作已经展开。

三、存在问题

（一）总体规划需要调整

1. **技术发展与阅读方式变化影响规划**

自助图书馆服务机是高度集成化的技术产品，更是一个时代的产物。随着网络技术、数字技术、移动技术的不断发展，市民读者的阅读需求将更加多样化。自助图书馆也必须顺应发展，依据读者的阅读需求进行调整和改进，提供符合当代阅读方式的系统功能，集成更先进的技术，增强读者的服务体验。

固定项目、固定经费、固定模式的自助图书馆项目建设必然是阶段性的，自助图书馆服务机的改造也只能是局部的，调整总体规划是现实的需要，更是发展的必然。自助图书馆运行数据显示，若不有效控制布点密度，同一地区的自助图书馆服务绩效会受到影响。

2010年二期工程批复260台，计划2011年大运前完成。实际上，2010年批复并完成建设100台，2011年批复并完成建设20台，2012年批复并完成建设40台，2014年批复并完成建设20台。与原计划相比，自助图书馆的建设速度已放缓。

2. 申报与符合布点原则数量明显下降

深圳图书馆在市文体旅游局统筹领导下，始终遵循全市统筹、按需布点、审慎评估、优化调整的建设原则，稳步推进自助图书馆建设。目前，全市各单位提出的符合布点原则的申请已基本得到保障。2009年投入30台自助图书馆试点，共收到33个申请，大部分符合条件。2010年收到申请近350份，符合条件的超过了100个。到2012年，加上2011年待建部分的积累，申请总量只有200个，勉强符合条件的达到40个。

服务点辐射范围有限、封闭式管理、场地无法满足布设要求等是服务点被排除的主要原因。

（二）布局需进一步优化

1. 环境变化影响服务

自助图书馆布点的一个重点就是服务于外来工聚集区。而当外来工聚集区的企业和员工群体发生变化时，对自助图书馆的服务影响往往是巨大的。

自助图书馆布设地点所在楼宇、周边道路、场地实施改造工程，托管单位的变更、周边居民的支持和电力条件不足等也会影响，甚至终止自助图书馆服务。

随着产业结构的调整、城市的建设，需要调整、迁移的自助图书馆始终会占有一定的比例。

2. 申请模式存在局限性

2013年调查结论表明：认为自助图书馆布局合理的读者占66.01%，

33.99% 的读者认为自助图书馆的布点存在一定的不合理性。

尽管自助图书馆的服务点经过较为科学的审核、评估机制，且事先公示，但深圳市自助图书馆的布点主要源于区域管理单位的申请，申请单位的局限导致了服务点覆盖面的局限。

（三）设备创新发展受到局限

由于自助图书馆推广的有限性，其产品化程度始终不高，存在一定的故障率。自助图书馆全自助、24 小时不间断服务，必须为高可靠性产品，具备较强的安全防范措施，并对环境具有较强的适应能力。同时，深圳属于炎热、多雨地区，必须辅助以遮风挡雨设施。随着自助图书馆的建设，一些设备和配套设施的缺陷逐渐显露出来，成为自助图书馆服务的隐患。

自助图书馆是深圳图书馆与企业联合研制的产品，并获得了专利。2008—2010 年期间，借助联合研制优势，自助图书馆服务机的功能得到改进，系统稳定性也得到一定程度的提升。随着 2012 年转为公开招标，自助图书馆的生产被相对固化，难以持续创新。

（四）宣传力度仍需加强

1. 市民知晓度待提高

从调查结果和自助图书馆使用数据中可以看出，已使用自助图书馆的读者对服务认同度、忠诚度都相当高，但即便是在自助图书馆所在区域内，许多市民仍对自助图书馆一无所知。而在了解程度上，现场调查结果显示，在调查范围内（距离自助图书馆 1500 米范围内的社区）抽取调查的居民样本中，有 85.64% 的居民知道自助图书馆的具体位置；42.82% 的居民知道自助图书馆的大概服务功能；7.59% 的居民知道自助图书馆服务点名称。

由此可见，多数居民仅仅知道自助图书馆的存在，而对于服务内容和具体名称的知晓程度较低。深度访谈结果显示，很多居民，甚至托管单位并不完全了解自助图书馆的作用及操作，如不知道图书馆的书架可以转动，不知道取书装置在哪里等。

2. 宣传途径单一

2013年的调查结果显示，读者知晓自助图书馆的途径主要是自己路过自助图书馆的机器看到的，占比58.2%；其次是朋友等介绍，占到13.8%；表示通过社区推荐的占到13.2%；通过新闻、网络媒体宣传和其他途径知道的占比较少，合计占比12.7%。

宣传途径单一、宣传手段过于传统是目前存在的主要问题之一。2014年，深圳图书馆加强了在网站和新媒体平台上的自助图书馆宣传，但仍需持续、有效推进，并配合阶段性重点宣传。

四、未来发展对策

（一）稳定规模，持续优化布局

自助图书馆在未来一段时间内应稳定规模，在已达到一定覆盖率的前提下稳步推进服务点优化布局和服务机更新工作。

稳定规模的关键是要持续落实自助图书馆运行费用，持续配置新增文献，继续完善自助图书馆的运行管理机制，通过设施指引、媒体推介、读者活动等多种途径加大自助图书馆宣传力度。

优化布局就是要不断完善自助图书馆绩效评估办法，对服务点的整改、调整常态化。在对运行数据统计分析的基础上，综合考量各类服务点的服务效益，采取末位淘汰制度，对服务效果不佳且整改不利的服务点进行主动迁移。

根据设备生产厂商提供的产品说明，自助图书馆服务机的使用寿命为8年。超过使用寿命的服务机将由于机械设备、电子线路和电气设备老化等原因造成运行稳定性下降、故障率上升、使用安全系数降低以及维护费用大幅提高等问题。

预计服务机更新的具体进度如下表：

完成建设时间	建设项目名称	服务机数量（台）	预计更新时间
2009年7月	自助图书馆系统一期工程	40	2017年
2011年1月	自助图书馆系统二期工程	100	2019年
2011年11月	自助图书馆系统二期工程（未完成部分）	20	2020年
2013年10月	自助图书馆系统二期工程（未完成部分）	40	2021年
2014年12月	自助图书馆系统二期工程（未完成部分）	20	2022年

服务机更新时，应对服务机进行必要的升级改造。同时，对服务点的调整可与布点优化同步进行。全市服务点总量可根据情况压缩，而不是一成不变。

（二）探索新模式，促进多元化发展

随着自助图书馆在全国的推广和应用，自助图书馆已呈现多元化发展模式，同时，以区图书馆为核心的“总分馆制”建设已见成效，亦呈现多元化的趋势。各区图书馆都在积极盘活基层图书馆资源，改善其技术条件。作为与实体图书馆错位互补的自助图书馆在达到一定规模后也应适时调整，探索多元化的创新模式，如探索建立多种类型设备组合式自助服务区，在有关场所布设小型自助服务设施等。

突破及创新自助图书馆需要一个过程，更需要新的思路和新的机制。

（三）加强联动，完善运营机制

自助图书馆布设到城市街区，突破了传统图书馆的管辖机制，必须加强市、区、服务点之间建设、管理和服务宣传上的联动，争取政策上的支持与保障，才能实现自助图书馆项目的可持续发展。特别是应规范自助图书馆的分区责任和托管责任，将自助图书馆纳入公共文化设施范畴，明确管理的责任性和强制性，强化无偿协议模式的法律效力，防止托管单位管理人员自身的主观性、随意性，同时考虑可引入激励机制、政策或管理资金支持，实现

托管单位与图书馆之间的双赢。

自助图书馆的目标之一就是让资源流动起来，不仅是自助图书馆内部的资源流动，也包括借助自助图书馆，促进图书馆资源的流动和充分利用。必须建立全市统一的资源调配机制，以深圳图书馆作为主要文献保障源，鼓励有条件的区图书馆加入自助图书馆文献保障体系。

随着自助图书馆建设规模的扩大，物流、维护单位与图书馆之间的联动更需要高效的机制保障，不宜简单地压缩成本，更应注重整体支撑能力和综合服务效益。

（四）促进融合，发展数字阅读

作为覆盖全市基层网点的公共文化设施，自助图书馆应不断丰富自身的功能和服务资源，以适应读者阅读需求、社会阅读环境的变化，向数字化、网络化方向发展。

自助图书馆从诞生之日起就在不断地改进完善自己，增加了阅读电子报刊和视频资源等功能，但建设模式的改变，新功能研发受到了局限。在后续的发展过程中，自助图书馆应保持创新性的工作思路和方法，同时，争取政策的支持，依托"图书馆之城"资源、技术和服务的合力支撑，研发更加便利和适应基层服务的机型，拓展服务内容和服务手段，既保持传统阅读服务，又兼顾数字阅读，寻求自助图书馆新的增长点。

参考文献：

1．城市街区 24 小时自助图书馆运行及服务效果调研分析报告，深圳市万人市场调查股份有限公司，2010.12.

2．创新与超越——城市街区自助图书馆建设与实践，甘琳等著，国家图书馆出版社，2013.6.

3．2013 年深圳市自助图书馆运营绩效评估考核报告，深圳市众势互动广告有限公司，2014.8.

“深圳读书月”研究分报告

关于深圳读书月16年运作的体会和对未来的思考

尹昌龙

深圳读书月，是由深圳市委市政府于2000年创办的一项大型综合性群众读书文化活动，秉承营造书香社会、实现市民文化权利的宗旨，以"阅读·进步·和谐"为总主题，着力于提升市民素质、建设学习型城市，自创立以来，迄今已连续成功举办了16届。16年来，深圳读书月共举办各类读书文化活动5800多项，活动内容越来越丰富，从首届的3大板块50项主题活动发展到第十六届的6大板块943项主题活动；活动形式日久常新，先后创出了深圳读书论坛、经典诗文朗诵会、年度十大好书、中小学生现场作文大赛、书香家庭、赠书献爱心、手机阅读季、海洋文化论坛、温馨阅读夜等许多知名品牌活动。这些活动主题鲜明，内容丰富，形式多样，受众广泛，贴近市民；活动影响的深度和广度不断扩大，年度参与人次逐年上升，市民参与人数从首届的170多万人次攀升到第十六届的1200万人次，16年来参与总人次累计达到1.06亿，被市民和专家亲切地喻为精神文化的盛宴和城市文化的狂欢节。

16年高贵的坚持，深圳读书月硕果累累，受到市民热捧。不仅积极推动这座年轻的城市成为"全球全民阅读典范城市"，赢得了国际荣誉，获得了世界尊重，而且让阅读成为城市的新民俗，提升了市民文化归属感和城市认同感，成为深圳的文化名片和实现市民文化权利的重要载体，影响遍及内地和港澳地区。

一、成功运作的机制和经验

（一）政府重视

党委和政府的高度重视、积极倡导是读书月成功运作的根本保障。

首先，在读书月活动性质的定位上，深圳各级党委和政府充分肯定读书月公益性文化事业的性质。将读书月作为推广全民阅读，提高市民素质，创建文明城市，实现市民文化权利的重要抓手，纳入城市公共文化服务体系建设，是政府应当提供的公共文化服务的重要组成部分。只有明确了读书月的公益性文化定位，政府才能在组织、人力和资金保障等方面加大扶持力度。

16 年来，市领导长期担任读书月组委会主任和副主任职务，几届老领导出任读书月总顾问，市主要领导多次对深圳读书月作出重要批示，并亲自参加读书月的重大活动。近三年，深圳市委书记、市长共同出席读书月启动仪式，并同普通读者分享读书经验。每年读书月，市领导都亲自召开会议，专题研究读书月活动，并提出不同年度主题意见。同时，亲自参与媒体见面会、读者座谈会等会议，听取各界意见，积极扩大读书月的影响；市宣传文化基金每年拨出专款资助读书月活动，确保了深圳读书月公益活动的基本财政保障；市有关业务部门适时给予指导，积极协调媒体及公益广告宣传；各区从 2014 年起也成立了本区读书月组委会，市区两级党委政府以极强的行政力量推动活动全面深入地开展，把读书月作为实现市民文化权利的重要平台以及发展公共文化服务的重要指标。

其次，从城市发展的战略高度认识阅读对城市未来发展的重要性。深圳市委、市政府将阅读重要性不仅仅视为满足市民的文化需求，更将阅读的重要性上升到决定城市文化形态和方向的高度，视阅读为城市凝聚力、创新力的源泉，把全民阅读提升到战略高度，为深圳读书月长效开展提供了战略支撑。正因为如此，2010 年，深圳市委专门发布《关于深入开展全民阅读活动、加快学习型城市建设的若干意见》，深圳读书月组委会根据《意见》制定了《深圳读书月发展规划》（2010—2020 年），为推动全民阅读尤其是深圳读书月的科学、深入、可持续发展提供了指导和保障，这在全国是首创。2015 年 12 月 24 日，深圳市第六届人民代表大会常务委员会第四次会议通过《深圳经济特区全民阅读促进条例》，2016 年 4 月 1 日起实施，以法规保障市民阅读权利和推动全民阅读。

（二）企业承办

坚持企业承办，调动企业积极性，达到社会效益和经济效益相互统一、相互促进，大大地提高了读书月的运作效率，有力地推动了读书月活动的持续开展。

深圳读书月采取政府委托承办制，委托具有丰富书业经验及较强文化推广能力的深圳出版发行集团总承办，并签订委托承办责任书，明确职责权限，有效实现了政府从“办文化”为主向“管文化”为主的转变。政府扮演引导方向、营造环境、整合资源、创造载体的角色，以及在财力上给予读书月最大支持，市宣传文化基金拨出专款，扶持推动活动开展。由深圳出版发行集团总承办，发动全市各机关团体、新闻媒体、企事业单位等 30 多家具体承办重点主题活动，同时还通过企业冠名方式，先后与深圳卓越、万科、农业银行、中国移动、地铁公司等企业进行积极合作。这样既确保了活动的公益性，又提高了企业经济效益，调动了社会资源的积极性，实现了活动的多样性、持续性和有效性。

内地一些城市也承办过类似的读书活动，但大多由事业单位承办，由于对承办的效果缺乏完善的考核办法和激励机制，阅读活动开展了，读者增加了，工作量也增加了，但具体到个人的薪酬待遇却不会因此有太大改变。没有直接的利益关联性，很难具有内生动力，往往后续乏力。而深圳读书月能越办越好，很重要的一个原因就是由深圳出版发行集团承办，读书月的成效直接影响出版发行集团自身的利益。作为经营单位的深圳出版发行集团，以如此高的热情投入深圳读书月承办工作，关键在于，在承担公益性文化活动的同时实现了经济效益的提升、品牌的扩张。读书月办得好，卖的书多，企业的效益也会提升；每年 11 月，是图书销售的淡季，由于读书月期间举办大量的文化公益活动，聚集了人气，从而带动了销售，所以企业的积极性提升了。同时，读书月活动由深圳出版发行集团承办，还可以利用出版社的诸多资源，有效地将出版、发行以及阅读等环节打通，盘活资源。此外，深圳四大书城都在市中心位置，提供了重要的举办活动平台，成了读书月活动开展的主阵地。

文化企业投身到公益性的文化活动中，为企业带来了人气和市场，同时也为公众提供了高质量的公共文化服务，达到了社会效益和经济效益相互统一、相互促进，实现了政府、市民、企业“多方受益”，因此是可持续的发展模式。

（三）媒体支持

深圳读书月成功举办16届，另一条很重要的原因就是特别重视媒体的参与，最大限度地发挥媒体对活动的支持作用以及资源优势。公共文化活动，必须提高公共知晓度。在深圳读书月的运作中，媒体不是被动地宣传报道，而是主动参与，既是旁观者，又是介入者。

本地媒体中坚的深圳报业集团、深圳广电集团作为读书月的承办单位，不仅是活动的宣传者、报道者，还是活动的策划者和组织者。以第十六届深圳读书月为例，参与承办了“年度十大好书”“经典诗文朗诵会”“领导荐书”“2015年度作家评选”“第九届诗歌人间”等13项重点主题活动，在重点主题活动中占比25%。此外，读书月还通过提供资源互动的方式鼓励外地媒体承办读书月活动，如2015年，中国新闻出版传媒集团承办了“红沙发”讲书团、“书香中国万里行·深圳站启动仪式”，中国青年报社承办了“宝安杯鲲鹏文学奖——全国打工青年诗文作品大赛”等活动。

媒体积极参与承办活动的过程中会不断发掘其中的新闻点，使整个社会广而告之，极大地提高了活动知晓度和市民的参与度。同时，媒体不断解读和阐发、推广读书活动的意义，为深圳读书月活动走向深入、走向广泛发挥了重要作用。据不完全统计，16年来，《人民日报》、新华社、中央电视台等中央和地方新闻媒体累计刊发了37000多条（次）有关深圳读书月的新闻报道，网络媒体转载二十余万条。媒体的大力支持和广泛报道使读书月的知名度、影响力不断提高，全国各地 120 多个城市和地区先后前来考察读书月，交流开展读书文化节庆的经验，国际社会也已关注到深圳的阅读现象。

（四）主题挖掘

主题引领，纲举目张。创设主题，以主题的理念引领阅读活动，并通过阅读活动深化主题和理念，贴近时代、凝聚共识是深圳读书月成功的又一重要经验。

深圳读书月总主题是“阅读·进步·和谐”，每年还结合当年的文化现象、文化热点和市委市政府的工作中心，紧扣阅读的特色提出新的年度主题。这些年度主题强调主动地享受阅读，重视积极的人生态度，既有宏观的战略性，又能抓住读书活动重要的关键点；既能弘扬中华读书传统，又能紧贴时代前进。通过读书月活动的影响和媒体的广泛传播，逐渐为广大市民认知和接受，引起读者共鸣，对引领读书活动，凝聚社会共识，起了非常大的作用。

首届读书月提出“营造书香社会，共创美好未来”，第二届提出“探求科学真理，弘扬人文精神”，第三届提出“建设公民道德，实现文化权利”，第四届提出“提升城市品位，享受健康人生”，第五届提出“提高市民素质，面向城市未来”，读书月始终以市民为本。前五届读书月热热闹闹，丰富多彩，可以说是读书月的造势阶段，让市民逐渐熟知了读书月。到了 2005 年，第六届是一个跨越，开始了读书月的巩固成长阶段。这一年，“阅读·进步·和谐”的总主题确定，从此在这个总主题下，年度主题每年更迭，在第六届提出“读书为乐，读书为荣”，第七届“让城市因阅读而受人尊重”，第八届“实实在在读一本书”，第九届“我阅读，我快乐”之后，在走到第十个年头时，读书月进入创新提升阶段，跳出了阅读的小圈子，进入城市的大视野。第十届主题“城市推崇阅读，阅读改变城市”，第十一届“文明公民，阅读为荣”，第十二届“文化深圳从阅读开始”，再到第十三届“阅读提升正能量”，第十四届“阅读筑梦、阅读圆梦”，第十五届“接力民族精神，创造文明生活”，到第十六届的“互联网＋阅读”，希望借助互联网的力量，把全民阅读活动推向更为广泛深入持久的新阶段。

深圳读书月的阅读理念不断推陈出新，每年主题都经过精心策划和缜密思考，不断更迭的年度主题，见证着这座城市的书香历史，记录着这座城市的文化成长。由于有了主题引领，深圳读书月不是读死书，而是读活书，跟着时代前进。

（五）活动创新

深圳读书月不仅是阅读的盛会，同时也是创意和创新的盛会。创新，是读书月生生不息的巨大动力，也是成功的关键。

读书月把策划一直看成生命线，力求创新，读书月的承办过程就是一个创意和创新的过程。每年读书月从4月份筹备开始，就通过市民代表座谈会、承办单位联络员会议、媒体和专家座谈会，以及利用全国书博会举办的全国出版界座谈会等多次策划会议，广泛收集社会各界的阅读需求与创意，为年度阅读增添新的创意、新的内涵，并通过培育提升，构成一系列知名阅读品牌，形成多层级、多类别的阅读板块的标杆，引领社会各类阅读人群的浓厚兴趣和广泛参与。作为读书活动，如果不创新、守旧，那么读书月吸引力就会降低，每年新的激情、新的创意、新的活动，使深圳读书月活动常办常新。

如果说深圳的性格是文化创新，那么读书月本身就是文化创新的案例。比如2001年开办的“深圳读书论坛”，国学大师饶宗颐作为第一位嘉宾，为市民带来《中国学术与人文传统》的演讲，以后的每届，逐步增加了媒体采访、与读者间的互动交流、创办“历史的天空下”对话等等，活动的不断创新，使内容更加生动，形式更加活泼。“经典诗文朗诵会”是深圳读书月传统品牌项目，2015年，该活动突出创新驱动和创意引领，在北京、上海、杭州等地举办朗诵比赛的同时，通过互联网平台，以线上线下结合的方式，推动朗诵比赛在全国多个赛区同步进行，使更多的读者参与进来。“温馨阅读夜”借鉴法国通宵文化艺术活动的“巴黎不眠夜”，在读书月最后一天，举办多项丰富多彩的读书活动。活动从策划到执行，十分注重阅读与创新，每年都力求为读者呈现精彩别样的文化大餐。如“因书结缘·鹏城之约”、台阶音乐会、名人见面会、梦想阅读家、木偶剧欣赏、微电影展播等，生动有趣，极大地丰富了读者“逛书店”的感官体验。读书月活动除了使已有的活动固定化、品牌化之外，每年均有所创新，在近几届读书月每年50多项的重点主题活动中，新设立项目和部分创新的既有项目保持在三分之一的比例。因为有了创新，活动的组织者、分享者都乐在其中，也因为创新才使得全民阅读活动在深圳呈现出勃勃生机。

（六）社会参与

作为一项大型社会公益文化活动，社会的广泛参与是活动成功不可或缺的因素，深圳读书月在运作上十分注重广泛调动社会各方面力量积极参与。

深圳读书月组委会通过一系列举措将读书月打造成为面向全体市民的开放平台。在活动策划方面，每年面向社会开展项目征集和评选，扶持和鼓励企业、民间组织和普通市民参与，不断提升活动项目的交互性；通过市民代表座谈会、联络员会议、媒体及专家座谈会等多次策划会议，广泛收集社会各界的阅读需求与创意，为年度活动增添新的亮点；在活动推广方面，通过读书月主承办单位、战略合作伙伴，在各自领域、各自系统内，利用各种渠道开展各类活动，吸引和发动市民广泛参与，不断扩大读书月活动的覆盖面；始终坚持“深入基层、深入社区、深入群众”，被广大市民誉为“家门口的读书月”。在深圳读书月活动中，你既可以参与别人组织的活动，也可以自己设计活动，只要想参与，你就可以找到喜欢的项目。“十大好书评选”，你可以发表自己的建议；“图书漂流”，你可以贡献自己的一份力量……你还可以创办自己喜欢的项目，成为“阅读明星”，你可以像原中心书城员工易沙一样，创办另一个“沙沙讲故事”，你还可以成为深圳家庭图书馆的一分子……正是这种开放姿态，让深圳读书月吸纳了来自民间无限的阅读创意，历经16年而长盛不衰。

此外，特别强调的是民间阅读组织的广泛参与为读书月注入了新的活力，阅读推广开展形式不断创新。16 年来，数百家企业和民间组织、数以百万计的市民参与其中，每年都有新创意、新项目、新亮点。这种独特的文化生活在深圳催生了一大批专业性的由市民自发组成的民间阅读组织，为成立全市性的民间阅读联合会提供了坚实的基础。2012 年 11 月，深圳正式成立阅读联合会，目前有 84 个团体会员和 105 名个人会员，是国内第一个跨行业全民阅读民间组织。目前，深圳活跃着深圳读书会、后院读书会、三叶草家族等百余家民间阅读组织，它们已经成为读书月的重要力量。第十六届深圳读书月，阅读联合会参与组织了 68 项 300 余场活动，其中重点主题活动 8 项，占本届读书月重点主题活动的 15%，参与市民 200 多万人次，民间阅读团体开展各种读书交流活动近百项。

（七）重视国际交流

加强与国际机构的联系，重视国际交流使得深圳读书月影响力和辐射力不断扩大。

2013 年 10 月 21 日，联合国教科文组织总干事伊琳娜·博科娃向深圳颁发“全球全民阅读典范城市”证书，这是该组织授予全球城市关于全民阅读的最高荣誉，以表彰深圳坚持不懈推动国际化建设和全球文化交流合作，尤其在推广书籍和阅读方面为全球树立了典范。深圳获此殊荣，与其 16 年坚持开展读书月活动有非常大的关系，深圳读书月在其 16 年的历程中，注重发挥深圳国际化城市建设所积累的资源和深圳独特的地缘优势，积极参与申请“世界图书之都”，加大与联合国教科文及其他国际组织的交流与合作。2013 年和 2014 年连续两年围绕知识产权和数字图书合作举办国际性论坛，就“新技术、新媒体对阅读的影响”“阅读对城市发展的影响和作用”“互联网技术对传播价值的提升”等议题向全球发布深圳会议宣言，扩大了深圳的国际性影响。第十六届深圳读书月，继举办“中外阅读文化交流论坛”之后，又创办了双城双年活动“阅读双城记”，与国际友城英国爱丁堡合作开展，在爱丁堡的 11 月 25 日，深圳的 26 日，两城同时举办创意阅读工作坊“从爱丁堡到深圳：创想扬帆”。活动融合两城的文化元素，互相宣传对方的读书节庆，进一步扩大读书月的影响力和辐射力。

重视国际交流，使深圳读书月成为深圳城市一张闪亮的文化名片。往后，深圳读书月要更加充分重视国际化影响，发挥深圳地缘优势，加强与港澳及“一带一路”国家阅读文化活动的合作，邀请国际友城参与读书月活动，立足国际华文地区开展阅读活动，建立与国际文化大都市之间的开展常态读书活动的合作机制，促进国际文化交流，发展全民阅读事业，弘扬中华传统文化，提升深圳读书月在国际上的知名度，努力发挥深圳作为“全球全民阅读典范城市”更大的影响力。

二、读书月对城市文化的贡献

正如联合国教科文组织文化助理总干事班德林在2013年参加深圳读书月阅读总结活动所讲的“文化决定未来”，深圳建市30多年，却拿出了近一半的时间开展全民阅读活动。这种高贵的坚持，已对这座城市产生了深刻影响，体现出了阅读与城市发展之间的良性互动，不仅提升了城市的品位，也极大提升了城市的综合竞争力。

（一）读书月为提高市民综合素质，构建文明城市提供了一个有效途径

阅读是一种高贵的坚持，为城市带来的变化犹如春风化雨，润物无声。对于一座城市而言，通过读书月推广全民阅读来倡导一种读书求知、奋发好学、蓬勃向上的文化观念，与社会主义核心价值观相切合，不断提升市民素质，是创建文明城市的有效途径。通过持续推广全民阅读，“以读书为乐、以读书为荣”正成为深圳市民共同接受的生活方式和价值观念，成为这座年轻城市不断创造的新的文化传统的一部分。

（二）读书月有利于立足城市长远发展，打造创新型、智慧型、力量型包容型文化

阅读激发创新，阅读凝聚智慧，阅读开启未来。通过读书月等活动的长

期坚持，深圳近年来所致力打造的创新型、智慧型、力量型、包容型文化已经逐渐成为这座城市的文化主流，取得了显著成绩。通过一系列活动的举办和风气养成，已在市民中间形成了谈论知识、谈论科学、研讨学术、享受人生的良好风气。充分反映出这座城市的主流价值观念倾向于知识与智慧，也证明深圳不仅为全国提供着经济发展模式，还创造了一种文化模式和生活方式。

（三）读书月活动有力地推动了深圳学习型城市及和谐社会建设

近年来，国家对推动全民阅读高度重视，把全民阅读作为国家战略，党的十八大首次提出培育和践行社会主义核心价值观，强调和重视学习型城市及和谐社会建设。阅读促进市民学习能力的提高，为人们带来心灵的和谐。深圳读书月正是以积极倡导开展全民阅读的方式参与这一进程，成为深圳市委、市政府调动社会各方力量，以知识为动力、以阅读为突破口、以求知为风尚来推动这座城市的文化建设，进而推动城市文明进步的缩影。当前，深圳正按照第六次党代会提出的“建设现代化国际化创新型城市”的目标，加快推进各项工作，以深圳读书月为标志的全民阅读活动必将在这一进程中发挥越来越重要的作用。

三、未来发展思考

（一）如何从热热闹闹的发动转向扎扎实实的阅读

深圳读书月已经热热闹闹地成功举办了16届，党委与政府部门通过对深圳读书月宣传发动，为深圳这座城市阅读风尚的形成起到了很好的引领作用，但阅读活动最终归结下来还是读书。现在好多年轻人追求轰动效应，追求社会影响，反而忽略了读书。读书需要实实在在地回到书桌前，认认真真地读好书，实实在在地读好书。不能因为我们发动举办了读书活动，而遗忘了读书本身。读书最后还是落在了一个“读”字上，最终回到读，包括细读、深读活动，思考与讨论等等，让读与思结合起来。第八届深圳读书月的主题就是“实实在在读一本书”，强调读书的实效性，让阅读切实变成市民习惯的生活方式，从发动转向实读、从形式转向内容、从数量转向质量，我们还有很长的路要走。

（二）如何从政府为主转向社会为主

阅读有很强的专业性，作为一项公益文化活动，早期由政府发动有其必要性，但最终社会自觉读书的风潮能不能形成并持续，才是阅读活动成功与否的真正评价指针。阅读只有变成整个社会的自觉活动，才能真正可持续。因此社会组织以及个人阅读的培育是关键。成熟的阅读组织出现，是社会阅读组织走向成熟的一个标志。目前深圳的民间阅读组织从数量成长上看，可谓生机勃勃，方兴未艾，但真正成熟的并不多，因此，深圳大量的民间阅读组织还需要进一步培育，要培育他们成为阅读活动的前台主角。

（三）如何实现线上线下的阅读结合

当下时代，阅读已不再是传统纸质阅读一角独大，互联网阅读的兴起不可避免，如何面对互联网时代的阅读处境，是我们必须面对的新问题。互联网时代阅读的分类化、分众化现象更加突出，因此要加强对互联网时代的阅读引导、指引，既要强调线上的阅读、强调泛读，又要强调精读；既要强调公益性阅读，又要强调人文性阅读；把线上线下统一起来，做到两者有机结合。

（四）如何进一步扩大内外的影响力

如何把阅读作为一张名片，扩大城市文化的影响力和辐射力，也是下一步我们要加强的。提升国内影响力方面，要认真梳理总结深圳读书月开展16年以来的实践成果，加强体制机制创新，形成全民阅读的“深圳模式”，重视加强与国内各城市交流，充分利用互联网突破地域限制，对全民阅读的“深圳模式”进行推广，以期引起更为广泛的关注，提供其他城市借鉴，巩固深圳全民阅读的国内领先地位。从国际影响力来讲，深圳还远远不够，像以色列、日本、法国等国家，因为喜爱读书，所以赢得了良好的声誉。我们开展读书月，也是树立城市的国际文化形象，所以，我们的读书活动要有开放性、交流性，通过读书活动展现深圳这座城市新的素养和形象。

（五）如何培育读书月的长效机制

读书活动现在已成为全社会的共识，各地都在发动，现在需要的是如何由发动走向深入，对此，长效机制的建立尤为关键，不能是运动式的，因为读书活动需要深耕，才能不断走向深入。

深圳读书月要持久深入地开展必须从长效机制着手，建立长效的运作机制和支持系统。一是资金保障上，不仅政府财政要加大投入，更重要的是要调动社会资本，如建立阅读基金，为阅读活动提供资金保障等；二是要通过阅读立法，使政府公共资源向全民阅读活动倾斜，在阅读空间、场馆等方面给予充分的保障；三是要着眼长远成效，要把读书月一个月的活动与一年的阅读活动结合起来，把一年的阅读活动与长期的阅读活动结合起来；四是要注重培养自觉的阅读群体，在整个社会形成阅读自觉之前，至少要培养一部分人先形成读书自觉，然后由他们逐步带动更多的群体和组织参与阅读。

尹昌龙，深圳读书月组委会办公室主任，深圳出版发行集团党委书记、总经理

凸显互联网特色 推动全民阅读活动深入发展

——第十六届深圳读书月总结报告

朱德明 杨红

在市委市政府、市委宣传部、市文体旅游局的高度重视与大力支持下，在社会各界和各主承办单位共同努力下，第十六届深圳读书月在健全机制、固化经验的基础上，突出创新驱动、品牌引领，进一步提升阅读品位和内涵，影响不断扩大，取得圆满成功。

一、总体情况

本届读书月以“培育中华优秀传统文化，弘扬社会主义核心价值观”为引领，按照“注重品质、贴近百姓、突出创新，示范引领”的总体思路，围绕年度主题“互联网 + 读书”，共策划了 943 项活动，比去年增加 225 项，增长 31%，其中重点主题活动 53 项，一般主题活动 890 项。参与承办、协办单位 314 家，比去年增加了 75 家，增长 24%，是迄今为止规模最大、参与单位最多的一届。据统计，本届读书月期间，市民以各种方式参与读书月活动近 1200 万人次；“赠书献爱心”活动，共向 37 个学校、工厂和社区捐赠 263 万码洋的图书，再创新高；中央及省市各级媒体对读书月活动的原创报道 1800 余篇（条）次，各大网络和新媒体纷纷转载报道，深圳读书月的影响进一步扩大。

二、特色和亮点

（一）把握正确导向　引领阅读风尚

本届读书月，着力贯彻“弘扬社会主义价值观”这一核心主题，从策划到实施，得到了各级领导的高度关注和积极参与。在筹备组织阶段，读书月组委会主任李小甘等领导多次听取秘书处和办公室的相关工作汇报，对各项工作进行周密部署。本届读书月年度主题“互联网＋读书”也是在小甘部长的提议下确定的。一些市、区和新区领导，以及街道办事处书记等，都亲自参加了“领导荐书”活动，向市民推荐自己喜爱的图书。全市各区专门设立区级读书月组委会，由区委常委、宣传部部长或新区综合办主任担任组委会主任，加大了活动的策划、统筹、组织力度，使各区读书月活动办得精彩纷呈，进一步扩大了读书月的覆盖面。

在读书月启动之际，国家新闻出版广电总局副局长吴尚之，深圳市领导马兴瑞书记、许勤市长、李小甘部长等一起“点亮”了“深圳阅读地图”，共同开启本届读书月。11 月 28 日，读书月举办收官活动“温馨阅读夜”，王京生、樊希安、蔡克勤、张抗抗、李烈、蔺永钧等国务院参事应邀出席，对深圳读书月和全民阅读予以高度评价。

本届读书月嘉宾云集，与深圳读者一起共享读书月文化盛宴。如许知远、聂震宁、魏小河等著名作家、媒体人和专家学者莅临深圳读书论坛，畅谈“重新想象阅读”，探讨“为什么读书”等互联网时代的阅读命题；张家声、姚锡娟、瞿弦等著名朗诵表演艺术家为市民诵读经典，以诗的名义向抗战胜利 70 周年致礼；中国作协副主席吉狄马加，美国诗人梅丹里，谢冕，叶延滨等知名诗人、作家和评论家汇聚宝安书城，探讨打工文学源流演变，为“深圳劳动者文学（宝安）创作孵化中心”揭牌。

（二）紧扣年度主题，突出“互联网 +”特色

当今时代，互联网给人类社会带来巨大变革，已经成为一种生活方式，运用互联网思维来推动全民阅读，是新的重要课题。为此，本届读书月把握时代潮流，以“互联网 + 读书”为年度主题，借助互联网的力量，把全民阅读活动推向更为广泛深入持久的新阶段。

本届读书月专门设了“互联网 +”活动板块，53 项重点主题活动里就有 8 项与互联网相关联的活动，“互联网 +”的因素更是贯穿读书月全过程，可以说是无处不在。如开幕式推出电子版深圳阅读地图正式上线、“阅读之美”H5 页面创作大赛通过互联网进行征集评选、“领导荐书”采用在线上线下同时推进、“年度十大好书”评选揭晓礼借用微信“摇一摇”功能进行投票、“读书论坛”的专家侧重探讨互联网与阅读的关系、利用互联网众筹出版《阅读看见未来——对我影响最大的书》、手机阅读季推出新阅读相关活动等等。“互联网 +”作为一种全新的力量，使传统阅读与网络阅读亲密结合，相互补充、相互融合，丰富了市民的阅读体验，展现了深圳全民阅读勃勃生机，让馥郁书香涵养这座城市的文化气氛。

（三）强化活动创新，注重培育品牌

“创新驱动、品牌引领”是深圳读书月生生不息的力量之源。本届读书月通过前期召开专家、媒体、联络员、市民等多次策划会议，为阅读活动增添新的创意、新的内涵。

创新方面，本届读书月创新力度进一步加大，创新活动大量涌现，以重点主题活动为例，本届读书月 53 项重点主题活动中，新项目有 18 个，占比 35%。这些新的活动和项目，吸引了市民眼球，也提升了读书月的影响力，因为有了创新，活动的组织者、分享者都乐在其中，也因为创新，才使得全民阅读活动在深圳呈现出勃勃生机。

品牌塑造方面，一方面加强对传统品牌项目的创新和提升，为传统品牌增添新的创意、新的内涵。如经典诗文朗诵大赛通过“懒人听书”APP 开设线上赛区，推动朗诵比赛在全国多个赛区同步进行，琅琅书声由深圳传

播至全国。另一方面，通过精心策划、组织、宣传、推广，构成新的知名阅读品牌。如今年新设立的首届“华文领读者大奖”，表彰优秀的华文领读者、阅读组织、阅读空间、阅读项目和书评人，并授予深圳读书月“年度致敬奖”，进一步树立了深圳的阅读品牌。再如本届读书月创办“阅读双城记”，与国际友城英国爱丁堡合作，举办了“扬帆远航：从爱丁堡到深圳”两地阅读活动，加强了国际交流。

（四）植根深圳本土，树立阅读典范

深圳作为“全球全民阅读典范城市”，一直积极发挥引领示范作用。除了紧贴时代，本届读书月也更加突出“本土”的特点，注重树立深圳本土阅读典型，着力推介在深圳全民阅读活动的本土力量。

本届读书月新设立的“2015 深圳读书月年度作家”评选，表彰对深圳文坛做出贡献的创作者，为高票当选的年度作家杨争光先生举办作品分享会，表达深圳对文学的尊重；在“2015 年深圳十大佳著评选”（非虚构类）活动中，评选 10 本由深圳作者创作的好书并予表彰，激发深圳本土作家、学者的创作热情，为创建“深圳学派”奠定更为广泛的阅读基础与学习氛围，推动深圳本土原创作品和著作的繁荣；举办“2015 深圳全民写作计划·社区文学大赛”以互联网思维众筹市民文学，覆盖深圳 641 个社区，吸引超万名参赛作者，发表 13 万篇作品和评论，已成为深圳规模最大的文学赛事，营造了深圳全体市民参与写作的浓厚氛围。

此外，今年还评选了第三批全民阅读示范单位、示范项目、优秀推广人，旨在树立全民阅读典型，表彰为阅读做出贡献的单位和个人。继 2014 年后，发布《2015 年深圳阅读指数研究报告》，客观呈现深圳居民在阅读行为方面的基本状况，动态反映政府在全民阅读基本建设方面的实际成效。目前国内已有城市开始引用深圳的阅读指数框架来制定城市阅读指数报告，在学术界和社会上产生较大影响。

（五）重视儿童阅读，推动亲子阅读常态化

家庭儿童阅读是深圳市全民阅读工作的亮点，深圳亲子阅读机构全国最多，覆盖面广，拥有深圳少儿图书馆、爱阅基金会等一批影响全国的儿童阅读推广机构。深圳读书月一直非常重视儿童阅读，相继创设了“喜阅 365”读书计划、深圳市阅读推广人公益培训班、十大童书评选、亲子阅读论坛等儿童阅读推广品牌。

本届读书月除继续开展以上品牌活动外，同时推出一批新的儿童阅读活动品牌。如由市妇联牵头、爱阅基金会实施的“深圳阅芽计划”，向在深圳生活的 0—6 岁儿童赠送包含适龄图书、阅读指导手册等不少于 50 万份的阅芽包，并建立儿童早期阅读推广发布服务平台，儿童早期阅读志愿服务体系，持续宣导儿童早期阅读的理念，并全程进行科学研究和评估。“深圳书城中心城亲子阅读中心”也于 11 月 5 日正式揭牌，读书月期间，举办了第十届“沙沙讲故事”亲子组全市总决赛、第六届“中国亲子阅读论坛”之读书月专场等 20 余场丰富多彩的亲子阅读活动，让更多家庭在多种形式的活动中感受亲子阅读的魅力。此外，如《晶报》与美国立体书协会合作举办立体书展，打开孩子们的视野，激发儿童的阅读兴趣；大爱阳光儿童剧团举办了“第二届深圳少儿国学文化艺术节”，把国学教育和少儿教育有机地结合在一起，用圣人先贤的智慧和思想滋养孩子们的心灵等等，都是推动儿童阅读向纵深发展的创新尝试。

（六）注重民间力量，夯实全民阅读根基

全民阅读活动只有成为民间的文化自觉，才能永续发展。本届读书月特别注重发挥深圳市阅读联合会在政府与民间阅读组织之间的纽带作用，通过公益活动招标的形式，为民间阅读组织提供展示平台，吸引市内文化团体、公司企业参与读书月活动，树立民间榜样，培育民间力量，进一步唤起全社会对全民阅读活动的兴趣，夯实全民阅读的根基。如深圳读书会、三叶草故事家族、悠贝绘本馆、后院读书会、公益小书房、大爱阳光等民间阅读组织以及米洛其文化、前尘文化等文化传播公司纷纷策划参与了各种读书活动，

为本届读书月注入了民间力量。本届读书月，阅读联合会参与组织了68项300余场活动，其中重点主题活动8项，占本届读书月重点主题活动的15%，参与市民200多万人次，民间阅读团体开展各种读书交流活动近百项。

民间阅读组织的广泛参与为读书月注入了新的活力，阅读推广开展形式不断创新。如后院读书会在深圳南山海岸城海德广场举行第四届“城市萤火虫”换书大会，使用无人机把交换的图书送到交换者手中，新颖的交换图书方法备受关注。三叶草阅读文化发展中心举办的2015“书香福田”绘本剧嘉年华及“送故事回家”与“送少数民族文化进校园”的公益阅读推广活动，将中国少数民族民间故事带到孩子们面前；彩虹花公益小书房举办第四届“读书宝贝秀T老爸一起秀”亲子阅读活动，深入社区开展10场亲子阅读分享会等，深受市民欢迎。

（七）坚持贴近基层，惠及更多人群

本届深圳读书月坚持“共享发展、文化普惠”理念，活动深入基层、贴近百姓。

读书月各承办单位针对关注的不同人群、不同职业、不同年龄段的市民，策划了一系列丰富多彩的读书活动，吸引和发动市民广泛参与。如市教育局面向全市中小学生，开展了“中小学生现场作文大赛”“十万教师阅读行动”等活动；市总工会面向全市企业开展“十大书香企业和十大读书成才职工评选”等活动；团市委面向全市青少年举办“鲲鹏大讲堂”等25项读书活动；市妇联精心筹办妇女儿童读书活动64项，倡导广大妇女儿童家庭参与阅读等。

全市各区充分发挥贴近基层优势，读书活动各具特色。如福田区创新阅读方式，推出175项文化阅读大餐，把读书活动渗透到企业、社区、学校等不同领域和不同层面；罗湖区举办了以“尚品厚读·书香罗湖”为主题的145项丰富多彩的读书月活动，涵盖了知识讲座、演讲比赛、社区阅读季、读书沙龙、汉字书写比赛等多种阅读形式；南山区举办了“立体书的奇幻之旅”“8+2”换书大会、立体书展等60余项主题活动，提升了辖区居民的文

化素质和城区文化软实力；盐田区重点打造“区委书记、区长荐书”，海洋文化论坛等38项阅读品牌活动；宝安区策划了137项读书活动，打造了多项高端优质的阅读活动，让市民在家门口乐享高品质阅读文化活动；此外，龙岗区的“书香龙岗阅读嘉年华”、光明新区的“逐梦·书香满堂”、龙华新区的“全民品读活动”、坪山新区的“读书企业”评选、大鹏新区的“大鹏科幻文学之夜”等读书活动深受市民欢迎。

（八）加强媒体宣传，提升活动影响力

本届读书月，组委会办公室统筹安排、积极协调媒体采访报道，读书月组委会办公室通过全民阅读网对深圳读书月进行了全程报道，专门开设“第十六届深圳读书月新闻宣传公共平台”子论坛，供各组织单位及时上传材料，媒体随时下载，实现了活动单位与媒体间的资料共享和无缝对接，提升了宣传报道实时性和多样性。充分发挥媒体支持的宣传作用，进一步扩大了活动覆盖面和影响力。

由于组织到位，宣传得力，中央及特区外驻深媒体也对本届活动给予高度关注，共刊载相关报道100余篇次，且报道版面大、位置显著。《中国新闻出版报》《中国文化报》《中国青年报》《南方都市报》等媒体进行了整版报道。除了传统主流媒体、网站、移动端新媒体外，部分承办方还利用自身微信公众号、APP平台进行推广，使传播更快、更广、更精准。读书月的活动信息得到各大网络媒体纷纷转载，仅“第十六届深圳读书月”在百度上的关键字检索信息就达38.5万个，为国内外关心读书月，了解读书月的人们提供了极大的便利，同时极大地提升了读书月的全国影响力。

深圳本地媒体更是不断创新报道形式，宣传力度和效果明显提高。深圳报业集团各报网共刊登相关稿件800余篇，一方面《深圳特区报》《深圳商报》《晶报》《深圳晚报》等媒体开设专版进行深度报道；深圳广电集团旗下的各个频道、频率、CUTV深圳站等媒体自活动启动之日起，共采写相关报道300余篇，播出总量550余条次，并设“读书月”“书香深圳”“诗歌的深圳”“读书时间”等专栏；另一方面深圳出版发行集团旗下四大书城和书吧

充分利用店面优势、灯箱和旺盛的客流全面投放读书月宣传海报、画册、书香地图、活动预告，经常组织名家签售、讲座活动，各区图书馆积极开展各类阅读活动，很好地烘托了读书节庆氛围。

朱德明，深圳读书月办公室主任助理，深圳出版发行集团综合事业部经理

杨红，深圳读书月办公室主任助理，深圳出版发行集团综合事业部副经理

阅读推广研究分报告

创新少年儿童阅读　推进全民阅读发展

宋　卫

少年儿童阅读在全民阅读中具有提纲挈领的作用，在一些发达国家，少年儿童阅读往往作为全民阅读的切入点和突破口。同时，少年儿童的阅读推广活动是培养青少年文化素养、提升城市文化品位的重要途径，事关千家万户。关注和推广少儿阅读，是少年儿童图书馆的社会责任。本文以深圳少年儿童图书馆为例，阐述儿童公共图书馆如何以读者服务为中心，以优质文献为保障，以服务创新为驱动探索和实践少年儿童阅读，推进全民阅读发展。

深圳市政府于 1997 年批准成立深圳少年儿童图书馆；2003 年，市委、市政府、文化局党委高度重视、支持深圳少儿图书馆事业的发展，投资 7000 多万元，将原深圳图书馆改建为新的少儿馆；2008 年底，深圳少年儿童图书馆建成并试开馆。目前，除传统的外借区、报刊区、网络区，还设经典读物阅览区、读画世界、国学馆、国际教育资源馆等特色阅览区，建设了以绘本、英文原版童书、国学文献为特色的优秀馆藏，并设计了大量的儿童阅读活动。年均接待读者约 200 万人次，开展活动 1500 余场，形成一个有层级的儿童阅读推广体系，为不同阅读能力、不同年龄的儿童提供有选择的、完整的分级推动体系。通过探索工作规律、研究服务模式、创新服务技术，取得了以下五个方面的经验。

一、立足引导、循序渐进

由于少年儿童生理、心理方面的特殊性，对于少儿阅读推广活动要立足引导，循序渐进，只有让孩子们认识到阅读的重要性和必要性，让他们由衷地喜爱阅读，这样才能真正地提高他们的文化修养，培养高素质人才。为此，深圳少年儿童图书馆首先制定并实施了“阅读积分计划”，青少年读书越多，读书心得越多，参与的阅读活动越多，其单次可借书量越大，读者可以从初始的一次性借4本书、30天借期提升到一次性借12本书，70天借期。同时，取消了借书超期罚款等措施，以扣除阅读积分来抵消，以柔性引导替代单一的罚款制。这样，一方面使图书馆文献资源得到更加合理的使用；另一方面，引导青少年儿童阅读，培养他们的荣誉感和信誉度。目前，这一方式得到全国多家图书馆赞同并加以借鉴，也成为深圳少年儿童图书馆开展阅读推广活动的制度基础和保障。

低龄的孩子和成人不同，他们往往还没有形成自己的阅读习惯和品位。那么，怎么来培养孩子们的阅读习惯、让他们与书建立起良好的关系、提高阅读品位就成为非常重要的工作。我们成立了阅读指导组，让馆员了解儿童阅读、了解儿童心理，为孩子选择合适的、优秀的童书。

一是启动了“亲蓓蕾”早期阅读培养计划，该计划涵盖“红姐姐讲故事”“智慧宝宝手工”“立体图书馆”等活动，通过馆员给孩子们讲述有趣的绘本故事、开展手工亲子活动等，培养孩子们的阅读兴趣，让他们对图书馆、对书籍产生美好的感性认识。二是开展阅读推广人培训班，培养专业的阅读推广义工。该公益培训通过邀请名师集中授课，交流探讨、开展实践、撰写论文、现场答辩等系统化的培训，为义工打下坚实的理论基础，培养义工开展阅读推广的能力和技巧。要想真正推广儿童阅读，需要全社会的参与，仅仅依靠图书馆的时间很显然是不够的，图书馆要想更好地推动儿童阅读，就必须做火种，在社会上培养更多的种子。目前阅读推广人培训班已经开展了四届，这些义工既有学校老师、民间阅读组织成员，也有公务员、全职妈妈，他们成了开展推广阅读活动不可或缺的力量。三是开展“喜阅365”亲子共读计划，设立故事屋，每天推荐一本好书，开通“喜阅365”微信公众号，每天更新，由“阅读推广人”每周举办一场读书会，希望每个家庭都能跟随少儿馆每天读一本好书。此计划积极响应了深圳市委、市政府倡导的全民阅读计划，得到社会各界的广泛支持，该项目通过社会化合作的方式，由赞助企业印发6万份阅读台历送达6万个家庭，促进了家庭阅读、亲子阅读、全民阅读，为提高深圳市民阅读热情和文化素养产生深远的影响。四是由专家、名师为孩子们荐书。目前我国每年出版少儿图书超过4万种，童书浩如烟海，在此背景下，图书的评价和选择显得尤其重要。从上世纪二三十年代开始，英美等西方发达国家就有专门针对青少年读物的全国性评选。最著名的有美国的纽伯瑞儿童文学奖和英国卡内基童书奖，以及专门针对绘本的美国凯迪克大奖和英国凯特·格林威奖。我国的童书奖评选相对起步较晚，仅有少数几个比较权威的，如关注儿童文学的冰心奖和关注绘本的丰子恺儿童图画书奖。由此，在上级部门的支持下，深圳少年儿童图书馆酝酿开展“年度十大童书”评选，评委由来自全国（包括香港、台湾地区）的儿童作家、儿童阅读专家、教育专家担任评委，层层票选，致力于打造国内具有专业性、公信力、影响力的中文童书奖，促进全民阅读。“年度十大童书”评选的一大亮点就是“以评选促进阅读”，评选是手段，阅读是目的。在评选过程中，特设了“阅读推广”环节，组委会将全市31所小学设“十大童书”阅读专架，免费提供50种、300册入围童书，供学生阅读，并由专业的阅读推广人到学校带领孩子们读这些优秀的作品。五是在阅读中，鼓励孩子进行自主阅读和自我表达，通过举办“我最喜爱的童书”评选活动，针对有一定阅读能力的儿童，由孩子们进行票选和阅读分享。孩子们在课余积极阅读童书，在分享活动现场表现活跃，常常语出惊人，让家长和老师们刮目相看，惊喜连连。

我们认为，在青少年阅读推广活动中，“引”比“填”强，“导”比“灌”强，因此，我们立足引导，通过丰富多彩的服务方式和精彩优秀的服务内容来引导少年儿童阅读。

二、立足需求、重点突破

青少年阅读推广活动是一个长期而不断发展的工作，如何让广大青少年欣然接受，从而在专业人员的引导下多读书、读好书，是少儿馆首先面临的一个课题。

在广泛调研的基础上，少儿馆从需求入手，率先推出“蒲公英”阅读计划。就是在深圳外来劳务工集中的地区建立劳务工子女图书馆，为这些渴望读书而条件较差的弱势儿童群体建立专门的图书馆，解决他们的阅读需求。根据随后几年的跟踪调研，劳务工子女图书馆成为该地区劳务工子女学习、阅读活动的主要场所，少儿馆单个读者最高借阅量产生在该馆，取得了较好的社会效益。随后，根据读者需求，少儿馆制定并实施了“康乃馨”无差别阅读计划，先后在元平特殊学校、儿童医院白血病房、福利院设立服务点。定期组织人员送书到服务点，为病患儿童服务，并在春节、六一儿童节、助残日等时间点举办阅读活动，关注病患儿童和特殊（残疾）儿童。这些阅读计划都取得了较好的社会效益，也得到广泛关注。

其次，启动“簕杜鹃青少年经典阅读计划”。一本好书能使人受益一生，通过专门设立经典阅览区，收集古今中外的经典图书，推广经典文献阅读，希望青少年儿童在有限的阅读时间中阅读到这些优秀图书，促进其健康成长。对于同一种图书，通过收集绘图本、简本、原著等不同版本，使青少年儿童在不同的年龄阶段都有适应的经典图书阅读。同时，围绕经典读物，开展优秀书虫暨优秀读书笔记评选活动；在世界读书月，联合香港、澳门地区的学生开展三地创作比赛。

第三，成立“国学馆”，开启“红牡丹”中华文化传承计划，推广中国优秀传统文献阅读。中国五千年优秀文化需要在广大青少年中得到弘扬和传承，因此，深圳少儿馆积极进行国学阅读推广，建立国学馆的同时还创建了国学社、国艺团，开展了国学讲座、亲子共读经典公益大讲堂、国学宝贝评选、迎春童乐会等活动，引导广大青少年儿童阅读国学文献，了解国学精粹，进而培养民族自尊心和民族自豪感。

第四，成立“国际教育资源馆”及青少年成长参考咨询阅览区，针对青少年成长提供咨询服务。作为一个面向少年儿童、教育工作者、家长提供服务的公共图书馆，深圳少儿馆希望不仅为少年儿童提供阅读、实践方面服务，还能为教育工作者提供支持。国际教育资源馆的成立即缘于此理念。该阅览区主要收藏中国内地、香港、台湾、美国、英国、加拿大、新加坡、日本等国家和地区出版的教材、教育方面的图书、录音带、光盘等文献。除此之外，少儿馆通过推出“金玫瑰”爱心传递计划，凡义务为读者服务每年累计 60 小时的成人读者，即可获得金玫瑰读者证，享受专项文献信息参考咨询预约服务、阅览中外多国基础教育教材，极大地吸引和鼓励了教师们为深圳的小读者们提供免费的公益指导服务。

因此，少儿阅读推广活动首先要立足于读者需求，因势利导、重点突破、以点带面，可以取得事半功倍的效益。

三、立足创新、优化服务

阅读推广活动要被青少年所接受，就需要不断吸引青少年，千篇一律的说教是很难开展工作的，因此，在服务中不断创新、优化服务，使服务更贴近青少年儿童，是深圳少年儿童图书馆开展儿童阅读推广服务的又一法宝。

资源创新。与其他类型图书馆相比，除了文字类型的数字资源以外，少年儿童喜闻乐见的资源更多利用图片、音频、视频，因此，多媒体资源库较多；另外，少年儿童图书馆的阅读活动更为丰富。以深圳少年儿童图书馆为例，2014 年全年各类阅读活动 1500 场次，这些活动也更多需要分享给更广泛的读者。购买数据库资源 20 个，试用资源 8 个，自建资源包括音像馆、“喜阅 365”读书会、少图讲座、国学资源、少图公益小舞台演出、少图实践活动等大量的活动视频。

服务方式创新。不仅在技术上创新，在服务方式上，深圳少年儿童图书馆也进行持续创新，如曾举办全国首场青少年文稿拍卖会，拍出作品 12 部，将读者、书商、出版社有机结合在一起，极大地鼓舞了青少年的阅读热情和创作热情。以此为基础，延伸举办了“二十一世纪杯——中国青少年文学创作大赛”“全国青少年原创文学大赛”，为全国优秀的原创儿童作品作家提供一个舞台，为其搭建了一个与出版社沟通的平台。创新打造“图书馆之夜”品牌。每年 4·23 世界读书日，都有 100 组少儿家庭走进少儿馆参加丰富的阅读活动，如童话阅读、国学阅读、英语阅读、生态阅读等，最特别的是他们将在图书馆内露营，度过难忘的一夜。我们希望通过这些活动让孩子们亲近阅读、热爱阅读，走进图书馆、了解图书馆，同时促进亲子感情。活动已举办三年，获得读者的一致好评，不少读者表示希望年年能来参加。

创新是服务的源泉，只有不断创新，才能使图书馆服务有不竭之源，才能使阅读推广工作不断提高和深化。

四、立足实践、学以致用

在少年儿童阅读推广活动中，通过将文献阅读与动手实践相结合，促进读者开放、自主、探究式学习，加深对理论知识的理解。第一，开辟阅读实践区，面向少年儿童开展以生活、棋弈、国学、手工等为主题共计40项的阅读实践系列活动。自开展以来受到了广大读者的欢迎，现已举办5年，约9万人次参加。首届“国际英语大赛”在北京举行并颁奖，深圳少年儿童图书馆选派的深圳地区10名选手全部获奖（占全国获奖选手的三分之一），阅读实践活动首战告捷。第二，以世界读书日、读书月为引领，开展青少年阅读实践活动。例如，在读书月期间开展的“首届名著新编短剧大赛”活动，鼓励中小学生在阅读、理解名著的基础上，自己改编、导演，最后在舞台上表现出来。此活动得到了深圳中小学生的积极响应和社会各界的广泛好评，深圳近百所学校参与。本次活动的评委，中央戏剧学院博士生导师刘伟教授感触很深，他认为，通过本次活动，可以反映出深圳青少年很强的阅读能力、对名著的理解能力和对名著改编的创造力，这也反映了深圳青少年阅读推广活动的水平和效果，有这么多的青少年热爱阅读、热爱戏剧，中国的戏剧事业可以在深圳得到复兴。

五、社会合作、馆校联盟

学校是深圳少年儿童图书馆的最佳合作伙伴。深圳少儿馆通过启动和实施“常青藤计划”，突破现有文化教育相互分割的行政体制，整合阅读资源，创新合作模式，开创了与学校在阅读馆藏、阅读活动、阅读教育等领域的合作共建模式，并以此实现了深圳少年儿童图书馆和全市各中小学图书馆文献资源共建共享、图书通借通还，基本建成深圳市少年儿童文献保障体系；开展深圳市中小学生阅读推广活动，方便深圳中小学生读者就近多途径借阅文献，培养并提高中小学图书馆员阅读推广技能。

2014 年 12 月 7 日，经深圳市组织专家调研和联盟学校实地调研及有关专项研讨会议讨论，由深圳市政府副市长和秘书长牵头推进，深圳文体旅游局和深圳市教育局正式签署红头文件，深圳市将在三年内，由深圳市文体旅游局和深圳市教育局联手共建“深圳市中小学图书馆常青藤联盟”，深圳市所有中小学图书馆全部建成一体化联盟。截至 2015 年底，加入“常青藤联盟”的学校达 84 所；分别针对全市中小学图书馆及罗湖区学校图书馆举办了图书馆管理员业务培训，全市 106 所学校共计 132 名学校图书馆管理员参加了培训，受到学员一致好评；约 60 所学校办理了集体借阅，共有 17 万余册图书可进行通借通还。根据“深圳市中小学图书馆常青藤联盟”方案，3 年（所有公办中小学）至 5 年（所有民办中小学）全部中小学加入“常青藤联盟”，“常青藤联盟”成立项目建设与发展委员会、资源建设与应用委员会、专业指导委员会和阅读推广服务委员会，分别负责项目管理、采购协调、编目统一、馆员培训、阅读活动组织、定星评估等。

青少年阅读推广活动是一个系统工程，涉及图书馆、学校、家庭、社会方方面面，功在当代、利在千秋。深圳少年儿童图书馆立足儿童公共图书馆的使命与责任，以儿童阅读需求为导向，围绕儿童心理生理发展的不同阶段，整合优质社会资源，创新技术与服务模式，优化管理服务方式，在阅读资源、阅读教育、阅读活动、阅读空间、数字化阅读应用等领域开创了可资借鉴的模式。

宋卫，深圳市少年儿童图书馆馆长

公共文化服务体系示范区视野中的“图书馆阅读功能区”的构建

宇叶红　肖焕忠

2013年11月，深圳市福田区被确定为“第二批创建国家公共文化服务体系示范区”，提出打造“十大文化功能区”的目标，“图书馆阅读功能区”作为其中的重要组成部分，对全民阅读的推广与“书香中国”的建设具有一定的代表意义与示范作用。本文从公共文化服务体系示范区建设的视野介绍“图书馆阅读功能区”，以期提供参考。

一、福田区公共文化服务体系示范区的建设

（一）主要内容

根据文化部对国家公共文化服务体系示范区的东部标准，结合深圳和福田的实际，福田区提出建设与完善具有福田特色的公共文化服务体系示范区的主要内容包括：以文化功能发挥为工作重心，以全社会参与为工作主体，在体制内外全面铺开的文化阵地上，统筹发展突出特色的文化产品，提供现实与虚拟兼顾的文化服务，重点打造“十大文化功能区”。

打造“十大文化功能区”的目标是在福田区公共文化设施全覆盖、文化活动普惠化与高端化、文化体制机制改革成效明显、文化人才队伍不断壮大的良好基础上提出的，更是在充分考虑了福田区域内丰富的文化优势资源在文化功能布局上的合理性基础上提出的。“十大文化功能区”包括：主题文化馆功能区、图书馆阅读功能区、博物馆功能区、广场文化功能区、公园文化功能区、地铁文化功能区、现代戏剧功能区、公共艺术功能

区、街道特色文化功能区、数字文化功能区。通过“十大文化功能区”的构建，创新体制机制，整合各方资源，完善公共文化服务体系，让一切文化生产力竞相迸发，创造力充分涌流，最终实现公共文化全民参与、全民受益的良好局面。

（二）与图书馆阅读功能区的关系

“图书馆阅读功能区”的建设是福田“示范区”在保障区域内民众阅读权利以及获取终身教育权利的理念指引下的实践创新。在理念上，公共文化服务体系的构建思想与现代图书馆理念高度契合。构建公共文化服务体系示范区的目的，是在我国设立具有示范意义的区域，以保障公民基本文化权益，满足公众基本文化需求，使人民生活更幸福、更有尊严，体现的是保障人的权利、促进人的发展、以人为本的人文关怀。联合国教科文组织颁布的《公共图书馆宣言》在全世界公共图书馆的建设理念中明确，公共图书馆为个人和社会群体进行终身教育、独立决策和文化发展提供基本条件，终极目标是实现人类最根本的价值：自由、繁荣以及社会与个人的发展。阅读的权利是民众文化权利的重要组成部分，福田公共文化服务体系示范区对“图书馆阅读功能区”的建设是在公民权利保障方面做出的示范性引领。

公共图书馆是公共文化服务体系的重要组成部分。在《福田区人民政府关于印发〈广东省深圳市福田区创建国家公共文化服务体系示范区工作规划（2013—2015）〉的通知》（福府字〔2014〕3号）中明确了创建示范区的责任目标，其总目标为“创新体制机制，整合各方资源，通过‘十大文化功能区’的建设……打造福田公共文化服务体系2.0升级版”。“十大文化功能区”的打造是示范区建设的重点内容，“图书馆阅读功能区”占据其一，是重要组成部分。在公共文化服务体系示范区建设中，从服务设施、服务手段、服务方式配置的三个角度而言，以公共图书馆的场馆阵地为代表的固定设施体系、以“图书馆之城”的联合协作和总分馆的建设与流动服务为代表的流动服务体系、以数字图书馆的建设与服务为代表的公共数字文化体系都分别成为“示范区”建设具有典型意义的重要组成部分。

公共文化服务体系示范区的建设催生了图书馆阅读功能区的建设，图书馆阅读功能区的建设与完善也反作用于公共文化服务体系示范区的建设与完善。“示范区”是“阅读功能区”产生的前提和完善的保障与基础；“阅读功能区”是“示范区”的重要组成部分和深层次发展的必然。二者建设的理念与发展的目标一致，相互融合与促进。

二、图书馆阅读功能区的定位与建设标准

（一）图书馆阅读功能区的定义与基本内容

文化功能区是一定文化要素占主导地位而产生明显文化优势的特定区域。图书馆阅读功能区，是福田区创建公共文化服务体系示范区中构建“十大文化功能区”中的重要组成部分，是指福田依托辖区内所拥有的图书馆网络体系开展全民阅读推广的优势，引导推动发展书城、书吧、书屋等场所的特色阅读功能，拓展公共阅读空间，向全民提供专业、特色、便捷、品质的阅读服务，从而使整个福田区如同一座功能强大的图书馆一样，为全民提供无所不在的阅读服务。

图书馆阅读功能区的建成需要满足以下四个方面的条件：阅读设施网络建设完善；阅读资源服务供给充足；阅读推广资金、人才和技术保障到位；体制机制改革不断深入，服务效益评估科学。福田对于图书馆阅读功能区的科学合理布局，有利于文化资源的高度整合，有利于文化标杆的突围确立，有利于文化服务的品质提升。

（二）建设图书馆阅读功能区的基础条件

近10年来，福田对公共文化设施基础建设总投资超过20亿元，福田的公共文化服务体系建设起步早、基础好、举措多、发展快。作为福田区公共文化服务体系重要组成部分的公共图书馆服务体系于申报“示范区”时已基本建成，为建设图书馆阅读功能区打下了良好的基础：

1. 基本实现设施全覆盖

福田辖区内，分布有深圳图书馆、深圳少年儿童图书馆2个市级中心馆，福田区图书馆1个区总馆，10个街道分馆，90个社区分馆和4个主题图书馆，还有开展阅读服务的重要补充机构如中心书城、24小时书吧等。形成一个以区图书馆为总馆、以街道和社区图书馆为分馆，覆盖全区，运行稳定的三级网络体系，其中，社区图书馆覆盖率高达95.7%。2012年，福田总分馆一次性并入全市“图书馆之城”统一业务平台，实现了从全区到全市公共图书馆的资源整合、共建共享和联合服务。在全市已建成的640余家公共图书馆中，纳入“图书馆之城”统一服务平台的实体图书馆为227家，福田一个区就占据了半壁江山。

2. 体制机制改革成效明显

福田公共图书馆系统于2003年启动了总分馆建设，较早地开展了总分馆制的探索，形成了行业内有代表性的“福田模式”：全区105个公共图书馆服务网点组成了一个联系紧密的区级总分馆体系，实行“五统一”管理模式（即“统一拨款、统一采购、统一编目、统一配置、统一服务”）。在政策保障方面，早在2006年8月，福田区政府办公室即已下发了《福田区公共图书馆管理办法》，以地方性法律法规的形式对公共图书馆建设、经费管理、业务管理、读者服务、工作人员等重要方面进行明确，强有力地保障了公共图书馆服务体系的建设与完善，确保福田区三级总分馆制模式持续、健康发展。截至申报第二批全国公共文化服务体系示范区前的2012年底，全区总分馆纸质文献藏量已达到145万册（件），年接待读者近500万人次，年外借70余万册次；视听资料达16.6万件，电子图书38.5万种，电子数字资源访问量为42.3万人次，电子书刊文献下载流量达420G。

3. 阅读服务活动普惠化高端化

在“普遍均等、惠及全民”的原则下，福田公共图书馆服务体系除了开展日常阅读服务工作外，还创新推出一批有影响力的阅读推广活动，年策划组织活动达981场次，参与人数达13.7万人次，总分馆相互配合、上下联动，在全区范围营造了热爱图书馆、热爱阅读的良好氛围。在普惠化基础上，福田公共图书馆体系响应“全球视野、中国气派、深圳特色、福田风格”的文化号召，追求现代、开放、时尚、前卫的城市文化特质，举办了如大家讲坛、读书沙龙、图书馆少儿故事家族、福田区总部经济企业文化展等一系列凸显福田特色的品牌阅读推广活动。区总馆也因此获得“广东省基层宣传文化工作先进单位”“深圳市社会文化工作考评优秀达标单位”“首届深圳市优秀社会科学普及基地”“全国‘社区乡镇阅读推广活动优秀案例征集’推广奖”“深圳市外来青工文化节组织奖”等多项荣誉。

4. 人才队伍不断壮大

在申报“公共文化服务体系示范区”之前，福田区公共文化服务体系内已全面取消“以馆养人、以费养事”的差额保障或自筹保障模式，实行“以政府为主导”的区、街道、社区三级人员队伍建设保障制度。建成了以公共文化机构专业人才为骨干、文艺社团为主导力量、文化义工为补充的人才系统。公共图书馆服务体系陆续引进了部分高学历、高职称、高素质的馆员，队伍不断发展壮大，并加强专业继续教育工作，馆员素质不断提高。在“示范区”申报前的2012年底，区总馆共有馆员61人；各街道、社区分馆共有管理员206人；引入义工服务机制，成立了福田区文化义工大队图书馆分队。

（三）图书馆阅读功能区的建设标准与目标

福田区打造“图书馆阅读功能区”的目标，是为全民提供专业、特色、便捷、品质的阅读服务，营造书香福田环境。在福田区人民政府与福田区公共文化体育发展中心签订的《福田区创建国家公共文化服务体系示范区“十大文化功能区”之图书馆阅读功能区目标责任书》中，明确了图书馆阅读功能区建设的标准与目标主要为以下四个方面：

1. 公共文化设施网络建设

（1）完善总分馆服务管理体系，新建街道分馆和社区图书馆均按统一的标准建设。

（2）区图书馆总馆建设达到部颁二级以上标准。

（3）街道、社区图书馆的馆藏资源及每年新增馆藏均按统一标准配置。

（4）公共电子阅览室建设。明确区总馆与街道分馆电子阅览室的面积和读者上网的电脑数量，明确每年电子文献资源的购置比例与增长要求。

（5）数字图书馆建设。明确区级数字图书馆可用数字资源量不小于4TB，把各社区基层图书室纳入数字图书馆建设体系，实现数字图书馆服务的全覆盖。

（6）发挥社会力量，拓展公共阅读空间。

2. **公共文化服务供给**

（1）街道及以上级别的公共图书馆实行免费开放，规定开放时长标准。

（2）整合区各级图书馆资源，每年定期举办主题阅读节活动，并打造具有特色的品牌文化活动。

（3）为特殊人群提供有针对性的公共文化服务。

（4）积极推进文化信息资源共享工程建设。

（5）积极运用各类媒体，公布公共文化服务信息。

3. **资金人才和技术保障**

区图书馆要对基层图书馆（室）开展业务指导工作，同时对社区图书馆管理员进行统一培训，并对街道、社区的读者活动进行指导。

4. **公共文化服务评估**

（1）各级图书馆应当建立群众公共文化服务需求反馈机制，提高服务满意度。

（2）区总馆是公共文化服务的实施主体和责任单位，福田区文体局负责对区图书馆的公共文化服务工作进行监督检查和业务指导。

三、图书馆阅读功能区的创新内容与特色

图书馆阅读功能区建设标准与目标为福田区的阅读推广机构与人员，尤其是公共图书馆界指明了发展方向。从2013年到2015年，福田区公共图书馆联合社会各界，从体制机制的改革创新到人力、财力、物力资源的

创新整合，到服务理念、服务模式的实践创新，勇于在改革深水区实验，探索了一条有福田特色的全民阅读推广之路，“阅读功能区”初步形成。“阅读功能区”的打造与之前的公共图书馆服务体系相比，创新主要体现在以下三个方面。

（一）体制机制创新

围绕图书馆阅读功能区的建设目标，以福田区图书馆总馆为核心的公共图书馆服务体系，在福田区公共文化体育发展中心的指导下，在改革的深水区正式启动了区域性公共图书馆服务体系的发展治理结构的探索，承担起改革与推进“图书馆阅读功能区”建设的责任。通过体制机制创新，实现公益性文化事业单位从政府部门管理逐步走向社会共同治理，探索出一条以公共图书馆为主体、以法人治理结构的建立与完善为抓手，通过“理事会＋总分馆”的立体辐射式服务体系充分保障民众阅读权利实现的新路。

2014 年 3 月，福田区公共图书馆理事会制度改革正式启动；7 月，区公共图书馆理事会组建成立；9 月，福田区图书馆被文化部正式确定为国家公共文化机构法人治理结构试点单位。首届理事会由政府部门代表、服务区域代表、社会人士、行政执行人、境外专业代表共 15 人组成。其中，政府部门代表 1 名，服务区域代表 2 名，社会人士 8 名（其中，社科界 2 名、教育界 1 名、图书情报界 2 名、读者代表 1 名、社会组织代表 1 名、企业代表 1 名），境外专业代表 2 名，行政执行人 1 名，图书馆员工代表 1 名。为健全理事会组织架构，完善决策支撑机制，提高科学决策水平，2015 年 1 月，理事会成立文献资源建设、阅读推广活动和绩效评估考核三个专业委员会，专业会员会主任由在各自专业领域具有丰富实践经验和较高专业素养的理事担任，委员由相关专家学者和社会人士担任。

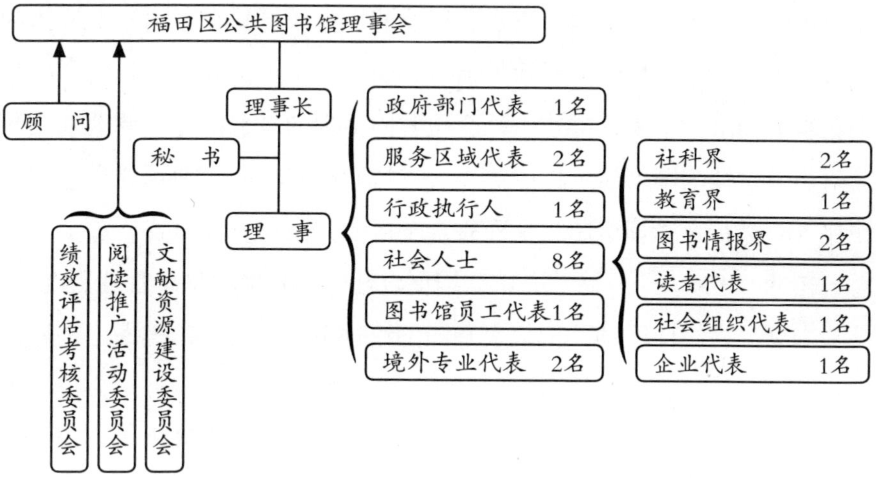

理事会组织架构图

福田区公共图书馆理事会是基于较完备的全区公共图书馆服务体系而建立的，具有区域性、国际化、社会化和专业性四大特点。理事会成员职业构成多元，以公共图书馆专业人员为核心，注重横向联动，开放吸纳政府、企业、民间组织的优秀阅读推广人。理念方面，制度先行。理事会先后审议通过《福田区公共图书馆理事会章程》《福田区公共图书馆信息公开制度》《福田区公共图书馆年度报告制度》《福田区公共图书馆审计和绩效评估制度》《福田区公共图书馆理事会决策失误追究制度》等相关配套制度。理事会制度在集聚各类专家智慧、推进共同治理、促进公共文化服务标准化与均等化方面发挥了积极作用，在深圳乃至全国都具有探索性和试验性，为公共图书馆法人治理结构奠定基础，成为“图书馆阅读功能区”建设的重要支撑与保障。

理事会是福田区、街道、社区三级公共图书馆服务体系的议事、决策和监督机构，负责确定全区公共图书馆的发展战略和发展规划，行使福田区公共图书馆重大事项议事权、决策权和监督权。基层公共图书馆能不能发挥好阅读推广服务的重要作用一直以来都是衡量一个地区公共文化服务体系是否完善的重点，如何让基层公共图书馆发挥好作用也是“图书馆阅读功能区”建设的难点。实践方面，福田以“理事会+总分馆”的新模式，探索基层公共图书馆管理体系的新机制。来自各行业的理事成员站在不同利益群体的角度充分发表意见，来自各级层面如街道办及文化站负责人也参与到全区公共图书馆事务的决策中来，搭建出社会化共同治理的平台，充分调动基层政府机关对街道、社区图书馆工作的关注、支持和积极配合，理顺街道、社区图书馆用人、运行及管理机制，全面整合全区公共图书馆人财物资源，真正实现总分馆的“五统一”，使总分馆结构更合理、体系更优化、管理更高效。

横向联系，纵向联动，依托公共图书馆理事会与总分馆体系，福田的公共图书馆服务体系犹如立体辐射的网络一般，将阅读推广服务全方位地推送到体系末梢，深入到社区的民众中，充分有效地保障了辖区内民众阅读权利的实现，将福田建成图书馆阅读功能区。

（二）资源整合创新

体制机制的创新，为图书馆阅读功能区的建设做好了制度保障，也为图书馆服务体系整合资源并为民众提供充足的阅读服务资源奠定了良好基础。福田区图书馆服务体系在社会资源、文献资源、人才资源和场馆资源等阅读推广服务资源的充分整合与高效利用上做出了大胆的探索与创新。

1. 社会资源

在整合社会资源方面，福田公共图书馆服务体系一方面充分发挥理事会成员多元化构成的优势；另一方面，充分发动社会各界力量，联手各类社会机构，吸纳社会力量参与阅读推广服务，共同打造图书馆阅读功能区。

围绕图书馆阅读功能区建设，图书馆服务体系联手福田区人大、政协、总工会、团委等机关，充分调动辖区内机关、企业、学校、部队等机构的积极性，通过集体外借、流动书架、励读计划等方式广泛建立图书馆服务点，让阅读推广服务走进每个相关机构，近距离服务读者，提供全方位的服务。

开辟与社会机构合作开展全区性阅读推广活动的新途径。引入民间公益阅读组织，与西南政法大学校友会、南都读者俱乐部、深圳市阅读联合会、彩虹花故事妈妈、阳光家庭等社会公益组织合作开展全区性阅读推广活动；借助理事成员的资源与其所在机构合作开展粤港台作家笔会、“莲花杯”世界华文诗歌大赛、“书香福田”绘本剧嘉年华等读书月活动……多种阅读活动开启社会化合作建设图书馆阅读功能区的创新实践。

2. **文献资源方面**

通过“理事会 + 总分馆”的建设，全区 107 家公共图书馆已实现资源共享，由于区、街道、社区三级公共图书馆服务网点布局基本覆盖全区，事业经费有可靠保障，纸质文献逐年大幅增长。截至 2015 年底，福田区公共图书馆纸质藏书量有 188.5 万余册，其中，街道分馆 23.8 万册，社区图书馆 97.35 万册，全区公共图书馆人均藏书量达到 2.23 册，远超国家公共文化服务体系示范区创建指标，走在全国基层图书馆事业发展前列。通过福田数字图书馆网站的建设，辖区民众足不出户即可查询 CNKI 学术期刊、超星电子图书、龙源电子期刊、维普考试题库、新东方多媒体教学等大型数据库，阅读 90.8 万种电子图书，还与福田区网吧行业协会合作，将福田数字图书馆服务延伸到辖区 30 余家网吧，创新性地利用网吧载体扩大免费的公共电子阅览服务阵地。

除整合共享福田区总分馆体系本身的文献资源外，“图书馆阅读功能区”建设还延续了 2012 年全区公共图书馆并入全市“图书馆之城”统一业务平台的做法，在福田区的任何一个公共图书馆甚至是服务点都可以共享全深圳图书馆服务体系的文献资源，与市、区、街道、社区共 220 家图书馆及 200 台自助图书馆的互通互联、资源共享，为民众阅读提供了丰富的选择。

3. **人才资源方面**

福田公共图书馆服务体系充分整合人才资源，发挥各方人才优势。法人治理结构特别是理事会制度对社会各界优秀人才的引入、为“图书馆阅读功能区”建设的可持续发展提供保障。

图书馆员是公共图书馆事业发展的中坚力量，通过总分馆体系建立和完善全区性图书馆员规范化业务培训体系，通过岗位培训与网络在线教育全面开展图书馆专业继续教育，提升全区图书馆员的业务素质，为“图书馆阅读功能区”的建设提供行业队伍保障。

民间公益阅读组织成员与志愿者是“图书馆阅读功能区”人才队伍建设的重要补充。通过荔轩小学、梅园小学等教育系统的阅读推广人员、“不止读书会”等民间公益阅读组织成员的加入，图书馆服务体系中的文献推荐与采选、书库管理、少儿及成人读书活动等专业工作都有了他们的身影；区总馆以“一间书房”“周医生的会客厅”“咖啡工社”为代表的品牌活动邀请了书评家、名医、大学教授等担纲主持，大力推广阅读。民间公益组织成员与志愿者为图书馆阅读功能区建设注入无限生机与活力。

4. 场馆资源方面

建设公共文化服务体系示范区，对场馆设施建设方面提出了街道文化设施建设实现“三个一”，社区文化建设要达到“三个全覆盖”的要求，“图书馆阅读功能区”建设占据了其中三个方面内容，即街道图书馆全覆盖、社区图书馆全覆盖、公共电子阅览室全覆盖。截止到2015年，已实现三级公共文化设施无盲点均衡覆盖。

福田区通过推行理事会制度吸引了许多社会力量共建图书馆服务空间。近年，与深圳文化创意园、深圳市杜马文化发展有限公司联合创建了“深圳文化创意园主题图书馆”，与福田区法律援助中心共建的“法律主题图书馆”，与深圳市建科院共建的“绿色低碳主题图书馆”，与京华电子工业园合作建设的外来青工服务点、与哈蒲文化青年创业团队共建的“创意风暴咖啡书吧”等，都相继突破了以往政府拨款建设图书馆提供公众使用的单一模式，为辖区居民拓展了高效便捷的阅读空间。以文化创意园主题图书馆为例，2014年，区总馆在充分调研的基础上，通过相关理事的牵线搭桥和沟通协调，成功说服文化创意园无偿提供了面积达380平方米的场地，并由深圳市杜马文化发展有限公司共同参与图书馆的建设。该公司投入80万元进行室内装修和设备购置，并负责图书馆的后续运营管理。目前，该馆已纳入“图书馆之城”统一服务平台，实现了与全市公共图书馆的通借通还，极大地丰富了园区300多家企业、万余从业人员及周边居民的业余文化生活。创意园主题图书馆的建设为引入社会力量与社会资本参与基层公共图书馆建设提供可供参考的范本。

在实现公共图书馆电子阅览室全覆盖的过程中，与企业、机构合作共建服务点，在京华电子、文化创意园等图书服务点加建电子阅览室，推广共享工程服务；启动“福田区公共文化网吧惠民服务站”项目，与区网吧行业协会合作，统一形象标识，对网吧服务人员进行统一专业培训，将网吧纳入福田数字图书馆服务体系，极大地拓展了服务空间，便捷社区居民。

（三）特色服务创新

在将福田区建设成为“公共文体服务广覆盖、高效能，享誉全国、惠及市民”的国家公共文化服务示范区过程中，图书馆阅读功能区除了要有“网络健全、结构合理、发展均衡、运行有效、惠及全民”的整体共性外，还开展了具有福田特色的图书馆阅读推广服务创新。

结合福田区公共文化服务体系发展相对完善、财政保障支撑到位、民众普遍诚信度较高的实际，福田区公共图书馆服务体系实行了“励读计划”，全面取消连同押金在内的所有费用，真正实现了零门槛办理借书证，扩大读者队伍。

结合福田无线网络发达、公共资源供给丰富的现实，为满足新媒体阅读时代民众的阅读需求，“图书馆阅读功能区”着力打造“指尖上的图书馆”：自主研发了总分馆移动自助服务 APP，实现了移动自助借书、图书续借、文献检索、自助缴费、总分馆服务网点地图定位指引、定制主题信息推送、电子图书阅读、一般性互动参考咨询等多项服务；推出微博、微信两大信息服务平台，实现了图书馆宣传的开放、多样、互动和快捷，让图书馆服务随时随地、无处不在。

结合深圳大力推进“志愿者之城”建设，福田辖区内文化志愿者队伍、民间读书会组织发展壮大的优势，图书馆服务体系将其中优秀的代表纳入全民阅读服务中，在社区阅读推广方面取得显著成效。为解决基层图书馆人才相对短缺的问题，福田区图书馆总分馆一方面吸引热心于公益的文化志愿者在社区大力开展书法、剪纸、手工、摄影等阅读推广活动；另一方面与“三叶草故事家族”等公益阅读组织合作，着力推进“社区图书馆激活计划”。社区图书馆激活计划是在福田公共图书馆体系范围内，由有合作意向的街道或社区提供合适的场地与管理人员，区总馆提供藏书、配套设备，三叶草阅读文化发展中心提供阅读推广项目并开展阅读推广活动，三方合作建馆，开辟了新的街道、社区图书馆的委托管理和运营模式。通过儿童阅读环境打造、亲子阅读讲座开展、故事义工团队建设、义工培训实操、儿童阅读活动开展等项目内容的实施，极大地丰富了基层图书馆的服务内容，实现了书与非书的互动，为深圳社区阅读开辟新型的公益拓展模式。

结合社区图书馆读者人群相对集中在老年人和青少年儿童两头的特点，图书馆阅读功能区建设中特别开展了分龄分众的阅读服务。除了在居民最集中的社区开展重点针对老年人的文化志愿者阅读推广服务项目，以及重点针对少儿的社区图书馆激活项目以外，还专门开展了针对中青年人群阅读推广项目。与“歌乐山会”共建“歌悦书吧”，为CBD中心区各行业白领人士、社会精英提供特色资源与阅读推广服务；与“南都读者俱乐部”合作在总分馆开展社会教育活动；通过微微书吧等企业为媒体人群体提供特色资源与阅读推广服务；与梅园小学、荔轩小学等学校合作，帮助在教育系统进行阅读推广人培训，为福田的教育群体提供特色阅读推广服务；与文化创意园合作，为设计师群体提供特色资源与阅读推广服务……有针对性的特色阅读服务，为图书馆培养了一大批中青年忠实读者群。而这些忠实的读者，又时常在受益后再回馈于图书馆服务体系，充当起阅读推广人，在“图书馆阅读功能区”的建设过程形成了良性的循环与多方受益的互动。

各种创新，使阅读融入民众生活，图书馆阅读功能区初步建成。

四、“图书馆阅读功能区”的构建与示范区的创建

福田区人民政府颁布《广东省深圳市福田区创建国家公共文化服务体系示范区工作规划（2013—2015）》后的两年中，福田区在创建国家公共文化服务体系示范区的同时，创建“十大文化功能区”，现已初具雏形，形成了图书馆阅读功能区、主题文化馆功能区、博物馆功能区三大基础阵地。福田区公共文化服务体系示范区建设的大框架，为图书馆阅读功能区的建设未来指引了方向。在阶段性目标基本实现的基础上，福田区委宣传部制订了《深圳市福田区文体事业发展“十三五”规划（2016—2020）》，确定

了"十三五"时期，"积极探索形成网络健全、结构合理、发展均衡、运行有效、惠及全民的公共文体服务体系，将福田区建设成为公共文体服务广覆盖、高效能，享誉全国、惠及市民的国家公共文化服务示范区"，为图书馆阅读功能区的完善升级勾勒出美好的蓝图。

（一）公民阅读权利的制度保障进一步夯实与完善

图书馆阅读功能区的初步建成，意味着公民阅读权利的较好实现。未来，将在制度上对阅读权利的实现给予更好的保障，在全国公共文化示范区中起到引领的作用：

促进并完成《福田区公共图书馆管理办法》的修订，建立适合全区公共图书馆事业发展现状和理事会运作机制的政策保障，保持地方性法规在公民阅读权利保障方面的示范性。

进一步完善福田区公共图书馆理事会组织架构和运行机制，完善《福田区公共图书馆理事会制度运行成效评价指标体系》等一系列配套制度，促进福田区公共图书馆服务体系的科学管理、规范运作、健康发展、有效监督。

基于文化部公共文化司对福田公共图书馆法人治理结构改革给予"起步早、走得实、有成效、可示范"的肯定，在改革深水区进一步探索实践，完善法人治理结构，充分保障阅读各相关体的话语权与参与度，保障其阅读权利的实现。

（二）阅读推广服务无处不在

以公共图书馆为主要代表的阅读推广机构，通过资源的有效整合、服务设施的高效利用、服务技术的不断更新，使福田区变成没有边界的图书馆，为辖区民众提供功能完善、方便快捷的图书馆阅读推广服务，让福田区的民众感受到阅读推广服务无处不在，成为阅读受益者。

以"图书馆阅读功能区"为主阵地，倡导全民阅读，建设"书香福田"和学习型、创新型、包容型、力量型城区。在全民阅读公共资源和软硬件建设的良好基础上，按照国际一流标准完善硬件配置，加强各级图书馆馆藏资源建设，在保证纸质文献稳定增长的基础上，逐步加大数字资源比例，不断丰富图书、知识讲座和影视节目等数字资源，打造图书借阅、文献阅览、资料检索一体式服务的“网上书房”；不断提高图书馆最佳覆盖半径和服务读者数量等标准，将福田图书馆建设成高规格的文化信息港和思想资源库，将各分馆建设成分布在城区各街道的高品质文化生活的公共空间。

“阅读功能区”将继续推广各种形式的便捷服务，将传统阅读与手机阅读、网络阅读、电子书阅读有机地结合起来，开展网络电子书刊借阅和远程数字资料提供服务；不断完善基层图书馆数字网络的建设，提高数字资源的利用率；制订和实施全民阅读推广计划，提高市民的阅读率和图书馆利用率，加强与民间阅读组织的合作与交流，共同推进全民阅读。

（三）“书香福田”理想的实现

图书馆阅读功能区的建设完善，将使现有的读者群稳固，未来的忠实读者群逐步形成，数量增加。除了硬件的持续投入外，还将集结公共文化服务机构中坚力量和民间专业人士，在全区实行“阅读推广人”制度，在公共图书馆、书店及其他阅读空间加强“阅读辅导员”队伍建设，建立阅读分享会、报告会、讨论会制度，在全区形成全民阅读，随时随地阅读，高品位、深层次、研究性阅读的良好阅读环境，彰显出现代都市的书香氛围。通过“阅读功能区”对全民阅读的积极倡导，树立阅读风尚，阅读成为民众的精神愉悦之源，热爱阅读的市民必将越来越多，文化素质进一步提升，城市气质的悄然改变，“书香福田”成为现实，阅读无处不在。

福田区建设“公共文化服务体系示范区”将引领我国东部发达地区公共文化服务体系的建设与完善，真正地惠及百姓。在这个建设过程中的“图书馆阅读功能区”的建设也同样为公共图书馆服务体系的建设与完善提供先行先试的参考样本，若能为全民阅读的大力推进与“书香中国”的建成略有贡献，则是本文的最大意义。

宇叶红，深圳市福田区图书馆馆长

肖焕忠，深圳市福田区图书馆副馆长

公共图书馆阅读推广服务研究

——以宝安图书馆为例

付翠阳

2006年4月23日，在第12个“世界读书日”举办的时候，中共中央宣传部等11个部门联合发出倡议，开展“爱读书、读好书”的全民阅读活动。它表明“全民阅读”已上升为国家发展战略，成为实现中华民族文化复兴的有机部分。与此同时，图书馆界也发出了倡议，并在东莞正式成立“中国图书馆学会科普与阅读推广委员会”，积极营造全民阅读的良好氛围。公共图书馆，这个市民的“大书房”、都市的“第三空间”，为社会的可持续发展提供全面、完备而系统的文献资源保障，在推动“全民阅读”、建设“学习型社会”中承担极为重要的社会作用，大力推进全民阅读活动的开展也成了公共图书馆的核心业务工作。宝安区拥有设施设备先进、国内一流的区级图书馆新馆，有较为完善的区、街道和社区三级公共图书馆服务网络。多年来，宝安区图书馆积极开展新书好书推荐、图书馆导览等阅读活动吸引市民来馆使用丰富的馆藏文献资源，同时，借助社会力量共同开展讲座、展览、读书会等各类读者活动，积极推动全民阅读活动的开展，并创新阅读推广活动机制，培育专业的阅读推广团队、整合各类社会资源、建立阅读推广评估体系，为打造“学习型宝安”培育浓郁的学习氛围、营造全民阅读的书香氛围。

一、发挥公共图书馆阅读推广主阵地作用，打造良好的阅读推广空间

阅读推广是公共图书馆的核心职能。公共图书馆开展阅读推广活动有阵

地和文献资源的优势，图书馆有良好的阅读空间，有科学合理的馆藏体系。宝安图书馆根据自身的定位和不同类型读者的需求，科学合理地配置各类文献资源，在阅读环境的打造上划分少儿阅读区、成人阅览区、电子阅览区等各个功能区，满足多样化的阅读推广活动需求。

（一）根据宝安区情，结合图书馆服务规范，配置多层次多类型的阅读空间

宝安区图书馆始建于1983年，前身是“宝安县图书馆”。1993年正式更名为“宝安区图书馆”，同年7月，对读者开放，1994年、1999年、2004年、2009年、2013年被文化部评定为“地市级一级图书馆”。2013年12月30日，位于宝安中心区中央绿轴上的宝安区图书馆新馆正式对读者开放。新馆占地31854平方米，建筑面积48000平方米，这样的馆舍规模让宝安区图书馆一下跃入到全国图书馆同行的视野中，它有着目前全国县区一级图书馆最大的馆舍面积和最好的馆舍条件，配备有先进的设施设备，有功能布局科学合理又安静温馨的阅读环境，极大地满足宝安区市民的文化需求，同时服务辐射前海经济开发区，最大限度地发挥了图书馆文化传播、文明传承的功能，成为深圳西部重要的文献资源保障基地、文献信息服务中心和向全社会开放的高层次文化知识交流平台。

宝安区图书馆新馆设置有少儿图书馆、盲文阅览室、24小时自助图书馆、图书阅览室、电子阅览室、IT专科阅览室等20余个全开架式文献阅览室，以及展厅、美术书画室、视听室、报告厅、多功能活动室和自修室等。拥有设计藏书量120万册，阅览座位2000个，日接待读者能力10000人次。宝图新馆从开放以来，按照不同功能区域的特点和各类读者人群的不同需求，开展了形式多样的阅读推广活动。

（二）借助现代技术，推出贴心的24小时自助图书馆，满足市民24小时的图书阅读需求

宝安图书馆从2009年4月在老馆馆舍开启的24小时自助图书馆，有别

于深圳图书馆在各区各街道设立的智能图书借还 ATM 机，而是设计为更加人性化的自助借阅空间，藏书约 6000 册，书籍定期进行补充更新，读者可以走进去，自主翻阅查找自己喜欢的图书，再利用自助借还书机进行借阅的立体空间。24 小时自助图书馆提供全年 365 天每天 24 小时自助借、还书服务，永不闭馆。宝图新馆 24 小时自助图书馆延续开展这一贴心服务，新馆自助图书馆面积扩大到 195 平方米，藏书增加到 2 万余册，以最新出版发行的畅销书为主，涵盖文学、社科、历史、地理等多个门类，能更好地满足市民的 24 小时自助借还需求。

（三）建立完善的三级图书馆服务网络，开展延伸阅读活动，满足基层群众的阅读需求

随着社会经济的发展和市民对文化需求的不断增长，公共图书馆在坚守自己阵地服务的同时，需要不断将服务延伸至基层，因此，建立完善的三级图书馆网络势在必行，这样不仅满足城区市民的文化需求，也为基层居民和广大来深建设者均等地享受公共文化服务权益提供了强有力的保障，为图书馆在基层开展阅读推广工作提供了良好的环境。宝安区除了强力建设区级图书馆，同时也注重街道及社区图书馆的建设，在行政村及工业园区建立各种类型的阅读空间，如劳务工图书室、流动图书馆、社区阅读中心等；开展讲座、图书推荐、读书沙龙等阅读活动，以满足基层群众的阅读需求，真正推动全民阅读的落实。

宝安区处于深圳的西部，是劳务工密集的大区。宝安区是最早在深圳基层建立图书馆的行政区，早在 1998 年开始实施村级（区）图书馆“百村书库”工程，2001 年在全区创建文化先进镇活动，在各镇（街道）建设一个中型图书馆，至 2004 年底，全区 127 个行政村中建起了 112 个村图书馆。2003 年深圳市推出“图书馆之城”建设，宝安区成为新实验基地，2006 年推出“宝安流动图书馆”项目，在公共图书馆网络建设中进行文化创新，2008 年在工业区进行“直属分馆暨劳务工图书馆”建设项目，为来深建设者提供均等的公共文化服务。2012 年在全区建成 30 家社区阅读中心，截至

2013年底，宝安全区拥有国家地市级一级图书馆1家，街道图书馆5家，社区图书馆60家，社区阅读中心30家，区馆直属分馆6家，已形成了以区图书馆为中心、街道图书馆为骨干、社区及流动图书馆为节点的较为完善的公共图书馆服务网络。丰富的图书文献资源以及固定的阅读空间为阅读推广活动的开展奠定了坚实的基础。仅2015年，老馆及6家直属分馆总共新增读者证4491张，接待读者64.3万人次、图书借阅5.2万人次19.3万册次；30家社区阅读中心全年入馆人数32.9万人次、办证1824张、外借3.3万册次。直属分馆开展活动50余场，2600人次参与其中。

1. 建设个性化的劳务工阅读空间，保障来深建设者的阅读权利

结合宝安区劳务工密集这一特点，宝安区委区政府明确提出要保障劳务工的文化权利，完善文化体育设施建设，丰富劳务工文化生活，因此宝图在2008年就推出了劳务工图书馆项目，先后在宝安社区、工业区、企业建立直属分馆13家，历经多次行政分区后，现有6家劳务工直属分馆仍为宝图直接管理，纳入全市"通借通还"统一服务平台，同享凭身份证办理图书借阅服务，让劳务工无押金压力就可就近借阅图书，在直属分馆还不定期发放全区公共图书馆网络地图，举办讲座、读书分享会、上网指导、少儿故事会等阅读活动，让劳务工及其子女能享受到知识帮助和阅读权利，极大地满足了处在社会边缘的劳务工人群的阅读需求。劳务工图书馆项目2008年被深圳市文体旅游局评为"深圳市文化创新奖"。

2. 打造标准化的社区阅读中心，满足基层居民的阅读需求

2012年，宝安区创新文化工作机制，加快建设文化强区，在全区建设30家社区阅读中心，在建设模式、建设理念上进行大胆创新。改变原有社区图书馆自建自管的模式，将社区阅读中心纳入全区统一的公共图书馆服务体系，统一配送图书、统一服务标识和服务规范、统一业务服务平台，参与全市通借通还；创新服务内容及形式，除设有传统的图书阅览区、报刊阅览区外，还开辟了电子阅览区、亲子阅览区、PAD体验区，每个阅读中心配备藏书2000—3000册，报刊140种，阅览席位40个，其中电子阅览席位11个。社区阅读中心依托宝安区图书馆的公共数字资源、讲座资源及街道社区的地方特色资源，为居民提供便捷、时尚、个性化的公共阅读空间、多样化的文化体验。

二、创新阅读推广新规则新形式新载体，为读者提供立体多元的阅读服务

（一）推出图书借阅新规则，打造便捷化的图书借阅方式

为降低读者办证和借阅的门槛，提高图书资源的利用率，宝安图书馆从2013年5月15日起，在全市率先与龙岗区图书馆联合推出“励读计划”，市民可凭身份证直接开通免押金借阅2册文献的便民服务，极大地方便了市民借阅图书，大大提升了图书馆的图书借阅量。2015年4月，宝图又配合全市公共图书馆统一服务平台再次提升读者借阅权限，50元押金的读者证借阅权限由2册提升至5册，100元押金的读者证借阅权限由5册提升至10册，“励读计划”将借阅权限提升至5册文献，进一步满足市民阅读需要，有效提高文献资源利用率。这些新规则一经推出就得到广大读者的充分认可和一致好评。2015年，新馆累计接待读者120.2万人次，较去年增长33%；平均每个开放日接待读者约3500人次，最高峰单日接待读者约1.2万人次；新增读者证2.4万张，较去年增长26%；图书外借22.9万人次85.9万册次，图书外借量较去年增长近1倍。

（二）创新阅读活动新形式，个性化服务促进阅读新体验

宝图新馆设有更多的功能区域，美术书画室、盲文阅览室、创客e家、展厅等，为开展个性化的阅读推广活动、创新活动形式，提供了非常好的硬件环境。

利用宝安图书馆新馆美术书画室的优雅环境，在4楼书画阅览室开展“宝图书香墨韵”系列活动，开展书画教习跨界式阅读，邀请老师主讲国画与毛笔字的基础知识，并进行现场练习。形式新颖，让阅读在书香墨韵中氤氲。

为保障残障人士享用公共文化资源的权益，更好地服务残障人士来馆

阅读，宝图1楼设有盲文阅览室，提供盲文助视器、点读器等设备供使用，不定期开展“无障碍同行”阅读体验活动，开展“无障碍同行——称谓手指语”等活动，规范系统的手语交流工作，让更多的读者了解、读懂聋哑残障人士的心声，与残障人士共同分享阅读的喜悦。让特殊人群在宝图有不同的阅读体验，享受阅读的乐趣。

新馆拥有近1000平方米的展厅，设计高端大气，拥有先进的配套电子设备进行多媒体展示，不定期承办各类文化艺术类展览。书法作品、汉字艺术作品、美术作品、创客主题展品等都纷纷在馆展览，展览的艺术作品高雅、充满了艺术气息，为宝图的阅读推广活动融合更多文化艺术的熏陶，高雅的文化品位，让喜爱文化艺术的人士在欣赏艺术作品中感受阅读的喜悦。

（三）与时俱进，开辟创客体验区，让读者体验科技带来的阅读新感受

在新馆3楼开辟创客e家体验区，设有数工坊、造梦馆、音炫室、汇客厅等功能区，为喜欢科技、电子艺术、数码等新技术的读者提供一个体验和交流的空间，打造创新创业成果展示平台。宝图开展创客专题展览和讲座、设有3D个性化的打印服务等创客主题系列活动。这是图书馆在新技术和新环境的冲击下，与时俱进，积极发挥图书馆开发智力资源的社会职能而开展的创新服务，不仅为读者创新创业搭建平台，还为读者提供各类知识指导，让读者在这里体验新技术带来的阅读新体验，培养更多的信息素养。

（四）开设图书馆导览活动，提高图书馆的认知度，让更多的市民参与到全民阅读中来

新馆开放得到不少市民的关注，但市民对图书馆的功能布局和阅读活动了解并不全面，为此，宝图每周专门开设“闻书香识宝图——图书馆导览日”活动，让读者更好地了解新馆各楼层的功能布局、特色化的服务以及讲座、读书会、展览等各类阅读活动，让更多的读者了解图书馆，更好地利用馆藏资源，更多地参与阅读活动，提高市民对图书馆的认知度，更好地推动全民阅读。

（五）利用丰富的馆藏资源，进行好书推荐，供读者参考阅读

图书推荐活动一直是公共图书馆传统的阅读推广业务。宝安区图书馆根据业务开展各种形式的好书推荐，如开展新书推荐活动，在图书馆网站、宣传栏、微博、微信上进行新书推荐，在阅览室设立新书专架。编印新书好书宣传手册，将推荐书目及内容简介、馆藏地点等信息整理上册，发放给读者供读者参考借阅。其次，结合每期讲座的主题，邀请主讲嘉宾开展荐书活动，向读者推荐与讲座主题相关的馆藏图书，引导读者利用馆藏资源。再次，馆员根据每年新出版的绘本进行甄选，每半年挑选出一批绘本编印成绘本推荐手册，供家长和孩子借阅，结合绘本推荐开展一系列的阅读活动。如在绘本推荐手册里设计书写阅读体验区域，小读者可将读书心得与体验用画画或者文字表现的方式呈现，图书馆半年评选一次优秀作品，并进行展示，激发活动参与者的阅读积极性和成就感。

三、打造特色品牌阅读活动，以品牌的影响力和吸引力推动市民阅读，激发阅读活力和动力

阅读一直是市民获取知识的主要途径，并且每个人都拥有阅读的权利。而当今社会公共图书馆不能仅是一个藏书的地方，更要承担起引导阅读、推广阅读的重要职责。随着时代的发展，读者需求的不断增加，公共图书馆阅读推广的形式需要更加多样化，读者活动就成为图书馆文献服务的延伸，目前已成为各公共图书馆的核心业务之一，为此，作为阅读推广的重头戏，应注重阅读活动品牌的打造，扩大影响力。宝安图书馆结合最主要的公益讲座和少儿阅读活动，打造品牌，形成品牌效应，对激发读者的阅读兴趣，引导和培养市民形成良好的阅读习惯起着积极的推进作用，并引导和带动读者通过新形式的活动进行阅读，丰富了读者的阅读途径。

（一）依托“宝图星期讲座”活动开展内容丰富的阅读推广

文化部于2006年提出要把讲座论坛作为图书馆的核心工作，而早在

2004年，宝安图书馆就开始开展“宝图星期讲座”活动。“宝图星期讲座”是宝安区图书馆在传统阅读方式下创新的服务形式，通过“专家讲座”的活动形式，创建一个学习交流平台，带动和引导听众开展阅读。

1. 讲座活动常态化

“宝图星期讲座”在2004年3月开讲，至今共举办专家讲座600余期，坚持每周末开展讲座活动，吸引了一大批固定的听众，平均每场活动有约150人参加，效果最好的一场达到近500人参与。讲座坚持以“聆听、分享、传承”作为活动的服务宗旨，并始终贯彻“以人为本、文化共享”的原则，以讲座的活动形式进行立体的阅读推广，带动和引导读者进行阅读，创建平台供读者与专家进行阅读交流，满足了读者多方面、多样化的阅读与文化需求。

2. 讲座内容丰富

“宝图星期讲座”主题涉及面广，涵盖社会经济类、文学类、家庭教育、亲子阅读、时政热点、历史人文、健康养生、心理咨询等多样化的主题内容，以“听讲座”的形式推广阅读。相比传统的纸质阅读，“听讲座”也是一种阅读方式。“宝图星期讲座”每年策划内容多样化的专题讲座，邀请业界资深专家主讲。听众通过听讲座来获取对自己感兴趣和有用的知识和信息。主讲嘉宾以自己渊博的学识、丰富的人生阅历以及精彩的表达方式，将重要的知识进行概括和浓缩，在短时间内带给读者充足的信息量。这样的阅读形式更加吸引人。

3. 讲座辐射面广

为扩大讲座影响力、辐射面，编辑讲座衍生产品，将讲座内容整理编印了《宝图星期讲座精选录》和《视频集锦》。《宝图星期讲座精选录》编目上架供读者借阅。将讲座视频资料上传至馆网站，引导读者利用丰富的数字资源，不仅可以点播专家视频讲座，还可以通过读者证和密码进入系统查看龙源人文电子期刊阅览室、银符题库、点点电子漫画库、爱迪科森少儿数字图书馆、中宏决策信息库、宝安市民学习网、VOD视频点播系统、宝图专题资源库等数据进行阅读学习。这些资源极大地方便读者进行阅读。

（二）注重儿童阅读推广活动的开展，阅读推广从家庭和娃娃抓起

随着绘本阅读的日益推广，家长和孩子的阅读需求不断加大，作为阅读推广主阵地的公共图书馆，有必要重视家长和孩子的阅读需求，充分发挥教育的职能，培养孩子良好的阅读习惯，积极打造更具针对性、服务更多样化的深受市民喜爱的品牌阅读推广活动。儿童阅读推广是个重要领域，融合对家长的阅读引导。与家庭和学校相比，公共图书馆能够提供内容更加丰富的阅读资源，提供宽松舒适且有阅读兴趣的书香氛围，还可以提供各种互动活动，提高儿童的阅读兴趣。为了更加有效地达到儿童阅读推广的目的，宝安图书馆非常重视儿童阅读推广活动。

宝安图书馆从2006年开始着手开展少儿阅读推广活动，坚持“公益、开放、平等”的服务理念，在少儿图书馆设立阅读区和活动区，为家长和儿童营造温馨舒适的阅读环境，配备丰富的童书馆藏，引导家长关注儿童阅读，参与阅读，培养儿童良好的阅读习惯，同时以绘本为载体，举办多样化的读书活动，增加阅读的趣味性和互动性，提高儿童的阅读兴趣，让孩子爱上阅读，享受阅读，提高阅读积极性和自主性，让孩子们在阅读中体验快乐，分享收获。2015年8月，宝安图书馆少儿馆被评为“全国十佳绘本馆”。

目前，少儿活动品牌下分几个活动系列：“图图姐姐讲故事”“宝图少儿英语乐园”“宝图‘爱阅’小课堂”“‘童书宝贝’绘本剧”。在每周日上午定期举办活动形式多样的阅读推广活动，积极向家长推荐国内外优秀绘本，进行绘本导读，结合故事会、亲子共读、绘本剧表演、图画创作、读书沙龙等形式多样的活动开展阅读推广。

宝图儿童阅读推广活动，一直致力于为读者提供良好的学习交流平台，促进少年儿童形成良好的阅读习惯，推广优秀的阅读经验，发觉阅读的快乐之处。经过多年的实践，形成了良好的品牌特色：

1. 阅读推广主体多元化

宝图少儿读书会的开展，不仅依托宝图自身的力量，还充分吸纳更多的力量共同打造活动品牌。一方面充分借助政府力量来开展阅读推广活动，另一方面也充分发挥民间阅读推广机构和社会组织的力量推进活动的开展。目前合作单位有深圳市彩虹花公益小书房、美育音乐舞蹈国际机构、五颗星美育文化发展有限公司。活动内容主要是：阅读分享会；音乐美术与绘本创意互动；推荐好书；绘本剧表演，鼓励小朋友们多读书、读好书。

2. 阅读推广对象明确化

宝图少儿读书会，秉承“快乐阅读、健康成长”的宗旨，为0—12岁的孩子打造知识性与趣味性相结合的阅读新模式，并且注重对家长的阅读指引。活动的开展要求家长陪同孩子共同参与活动，建立良好的亲子阅读关系，培养孩子的阅读兴趣，同时注重家长参与阅读，为家长们提供育儿经验、阅读分享交流平台。

3. 阅读推广形式多样化

宝图少儿阅读推广活动，主要以绘本、音乐、电影为载体进行阅读推广，固定每周日上午举办读书活动，以常态化的活动吸引家长关注和参与。活动形式有故事会、读书沙龙、绘本剧演出、绘本美术创意、音乐亲子互动等，并参考网络评价、出版社绘本导读、绘本获奖情况、读者借阅排行、专家推荐、馆藏新书推荐等信息，进行优秀儿童绘本推荐。活动的目的在于，培养阅读意愿和提高阅读能力，让不爱阅读的人爱上阅读，让不会阅读的人学会阅读。

4. 阅读推广阵地的延伸化

宝图儿童阅读推广活动打破传统的阵地服务模式，将读书活动送到基层图书馆，送进幼儿园和学校。借助深圳市阅读推广活动的东风，依托专业的阅读推广团队，将读书活动送到宝图直属分馆、街道社区图书馆，送进幼儿园和小学，带给孩子们不一样的阅读体验，让延伸活动惠及更多的孩子。

四、广泛调动社会力量参与阅读推广服务，弥补图书馆服务资源的不足，形成政府、社会共同推动阅读建设的格局

（一）培育阅读推广志愿者，扩大全民阅读影响力

图书馆是阅读推广的重要力量，不仅仅承担开展阅读推广活动的使命，

还应成为阅读活动的指导者和组织者，因此图书馆需要不断培育馆内专业的阅读推广人才队伍，同时要不断培育一支具备高素养的阅读推广志愿者队伍，通过常规化的业务培训，将阅读推广的经验及相关专业知识进行普及，制订出操作性强的阅读推广人培训计划，吸纳更多的志愿者参与到阅读推广活动中来，激发他们的主人翁意识。宝安图书馆每年常期招募义务馆员，从队伍里择优挑选出喜爱阅读，乐于开展阅读推广活动的骨干人员负责阅读推广项目，组织义务馆员书友会，每周开展阅读分享活动，图书馆提供平台，提供一定的资金支持，给义务馆员提供更多开展阅读推广活动的机会，吸引更多的人参与到阅读推广中来，扩大全民阅读影响力。

（二）与社会机构建立多方位的战略合作，扩大阅读推广的影响力

图书馆是阅读推广的主要力量，但是单凭一己之力，影响范围有限，应该积极整合有效资源，加强与社会机构的合作，如出版社、书店、教育机构、民间阅读组织、政府职能部门、学校、医院、媒体等的合作。宝图在这方面虽已取得一定的经验和资源，但还可以不断总结经验，寻求更多的社会资源来开展合作，共同推进全民阅读的全面开花。出于人力物力等因素考虑，宝图积极开展与各类社会机构的合作，进行资源整合，以共赢为合作目的，共同开展多样化的阅读推广活动，扩大图书馆阅读推广的影响力。

（三）与社会机构共同承办讲座

讲座活动吸纳社会资源参与，如与宝安区委党校开展学术论坛、与宝安博士联谊会开展博士讲坛，这样有效整合政府机构的文化资源，给双方打开良好的合作局面，不仅让市民能在公共图书馆便利便捷地享受更多专业性和学术性的政府文化活动，同时缓解公共图书馆人力和资金紧缺问题。与香港大学深圳医院合作，开展健康养生系列的专题讲座；与深圳 11K 影像俱乐部合作举办摄影系列讲座；与深圳读书会开展职场新天地系列讲座；与深圳晴天心理咨询有限公司开展心理系列的知识讲座，解决心理层面的健康问题。一方面这些行业机构借助宝图良好的平台，开展对自身的宣传和推广公益活

动，宝图则借助他们的专业资源开展多元化的讲座主题，增加了讲座活动的实用性和趣味性，满足市民多样化的阅读需求。

（四）少儿活动中引进社会资源

少儿阅读推广活动也毫无例外地借助社会机构、学校、民间组织的力量来共同参与。宝图与民间阅读组织深圳彩虹花公益小书房合作举办少儿读书会活动；与美育音乐舞蹈国际机构合作，特别为0—6岁的孩子开创美育音乐和舞蹈课堂；与五颗星美育文化发展有限公司合作，为少儿读者开展阅读与绘画相关的指导活动；与百灵狗英语工作室合作举办少儿英语活动，培养少儿对英语的兴趣和爱好。这些机构在合作中，从孩子们的兴趣点切入，结合阅读开展形式多样的阅读活动，提升了活动的专业性和家长孩子的关注度，合作机构也能收获不少实践经验和吸纳更多的人气，双方都在合作中获得了成就感和满足感，同时也满足了家长和孩子们的需求和期待。

（五）引入文化资源来馆举办展览

宝图新馆具备优质的展厅，还有宽敞的中厅等良好的展览环境，适合开展各类文化艺术展览。新馆开放以来，引入专业的文化机构举办各类展览，提升图书馆的知名度，提高读者的艺术鉴赏水平。2015年承办了各种类型的展览约20场，其中大多数展览是与社会机构合作举办，如万福展与宝安日报进行合作，留守儿童画展与深圳市胡涂涂文化发展有限公司合作，雕塑艺术展与宝安区艺术馆合作，创客创新展与宝安区科技局合作，书画展与宝安书法家协会合作举办等，这些展览宝图只提供场地，由合作方进行布展及维护。各类文化艺术展览极大地吸引了人气，市民有更多艺术熏陶的机会，还提升图书馆的文化艺术品位。

（六）建立与新闻媒体的合作关系

新图书馆大楼开放以后，宣传推广成为一项重要工作，与媒体建立良好的合作关系，借助媒体的宣传平台，对新馆阅读推广活动进行全方位的宣传推广是极其有效的途径。与媒体建立合作关系，宝图选择与媒体共同开展读者活动，借助媒体庞大的社会关系和雄厚的宣传实力，以及优质的宣传推广平台和社会影响力，邀请国内知名的专家学者，来宝图登坛开讲。新馆优美的馆舍环境和配置现代的报告厅也让媒体满意。宝图与深圳晚报开办了“深圳商帮大讲堂”系列讲座，该活动的受众群体进一步扩大到深圳的企业家群体，同时借助晚报的媒体实力，进行活动及图书馆的宣传报道。宝图争取宣传文化基金，与南方都市报进行合作举办高端专题讲座，南都办媒体的实力能邀请国内一线的专家学者来馆开讲，在南都报纸及微博、微信上进行图书馆的活动推广和宣传，形成更大的社会影响力。与深圳 104.3 电台进行合作，每周对我馆的读者活动进行电台播报，并把电台主持人录制的高品质活动音频在馆内进行广播播报，专业的语音播报能吸引更多在馆读者的关注。

五、重视新技术新媒体的应用，便捷、高效地提供全民阅读推广活动

随着数字技术和新型传媒技术在图书馆行业的应用，这极大地丰富了公共文化产品服务的内容和形式，成为新时期公共图书馆开展阅读推广活动强有力的技术支撑。推广和应用新技术，便捷、高效地服务更广大的市民，充分将图书馆资源得到推广和使用，宝图也创新服务模式，注重新技术和新传媒载体等的应用，最大限度地为读者提供更细致便捷的服务。

（一）全馆无线网络全覆盖

2015 年，宝安图书馆主动适应行业新技术新应用发展，积极响应读者需要，强化图书馆数字化和信息化建设，推进图书馆“互联网 +”融合服务。实现场馆无线网络全覆盖，为市民提供免费的网络接入、资讯查询、电子期刊在线浏览及数据库访问服务，为全民阅读活动提供更多便利。

（二）运营官方微博及微信平台

宝图设立宝安图书馆公众微信及微博账号，为用户推送图书馆动态、热

门书目、活动预告等信息。官方微博“@宝安图书馆”推送消息累计2749条，关注“粉丝”数为2685位。微信公众号“宝安图书馆”已实现图书一键续借、信息定点推送及咨询智能应答等功能，今年以来通过各种推广手段用户数量大幅增长210%，目前累计用户18364名，为阅读活动的宣传推广提供了更好的宣传途径。

（三）开发手机应用程序（“手机图书馆APP”）

随着智能手机的普及化和生活化，越来越多的市民更加依赖手机进行日常服务，宝图开发手机应用程序，为读者提供移动式的图书馆服务，读书用手机实现图书续借、检索查询、咨询、到期提醒、查看活动预告、新书新碟、服务指南等服务，实现全民阅读手机端自助便利服务。

（四）配置电子图书借阅机

数字化阅读成为市民阅读的新方式，宝图配置了2台电子图书借阅机，独创一种全新图书借阅方式，读者用手机轻轻一扫，即可将图书下载至手机，离线阅读，让图书馆跟你走！不仅加速推进图书馆数字资源建设，而且极大地拓展了市民的阅读空间，开启图书借阅新时代，更好地服务于全民阅读。市民利用该系统不仅可以借阅最新的电子图书，更可享受到该平台提供的所有文化服务，比如新闻、时评、图书、报纸、杂志、图片、有声读物和视频课程的个性化阅读体验等。这系统内置3000种最近3年的独家版权畅销书，每月自动更新150本最新图书。

六、着力完善阅读推广长效机制，保障阅读推广服务的持续有效开展

阅读推广近几年受到越来越多的关注，各地各部门经过多年的共同努力，全民阅读活动规模不断扩大，内容不断丰富，方式不断创新，影响力和辐射力也日益显著。政府也着手设立相关的法律法规来保障全民阅读的推进，公共图书馆也应完善阅读推广长效机制，从人员、资源和制度等多方面

保障阅读推广服务的落实。

（一）注重阅读推广团队建设，培育专业阅读推广人

图书馆人是公共图书馆文献资源之外的又一核心竞争力，是最为重要的资源。尤其随着公共图书馆业务的转型、科技的冲击，图书馆的各项业务工作更需要具备专业素养的馆员团队。宝安图书馆一直注重队伍建设，坚持开展馆员业务培训，提升馆员综合素质，增强团队的整体实力。成立专门的部门开展阅读推广工作，增加部门工作人员，保障各项阅读活动的有效开展。

1. 注重业务知识培训

宝安图书馆每个季度都集中开展馆员业务培训，邀请图书馆界的专家来馆主讲图书馆行业的前沿知识和专业业务知识。发放公共图书馆系列培训教材给每位员工，让馆员利用业余时间再进行业务学习。每年年底对馆员进行业务考核。选送馆员参加“儿童阅读推广人”培训课程，目前馆内有 3 名馆员通过考核获得了深圳市文体旅游局颁发的“儿童阅读推广人”结业证书，且 3 人均在阅读推广工作岗位。让业务骨干参加全国图书馆行业组织的专业学习会议，学习其他馆的先进工作经验。

2. 阅读推广馆员综合素质的培养

阅读推广工作是一项综合性的工作，需要阅读推广工作者具备多方面的素养，应有良好的工作态度、有较好的沟通协调能力、有较强的学习能力、有较好的应变能力等等，对阅读推广馆员提出更高的要求。阅读推广部门努力加强阅读推广馆员的学习，有针对性地开展业务知识学习，并不定期进行工作实践，组织少儿阅读推广活动或主持讲座活动，以锻炼活动整体策划实践水平，提高语言表达能力、现场应变能力。

（二）建立公共图书馆公益联盟组织，吸纳社会资源参与全民阅读

随着社会经济和文化的发展，公共图书馆的职能受到不断的挑战和冲击，在新时期，公共图书馆在不断拓展自身业务和服务的同时，应注重与各行各业的社会机构的合作，搭建一个文化交流的大平台，吸纳各方文化资源

建立公益联盟组织，整合各类文化资源和力量，共同推动全民阅读。宝图近几年，注重与政府机构、文化公司、民间阅读组织等的合作，设立专门的“公益机构之家”办公室，举办讲座、少儿活动等阅读活动，在推广全民阅读方面起到了一定的推动作用。吸纳更多优质资源，创新合作模式和拓展合作内容、建立长效友好的合作关系，达到双方预期的合作目标，建立一个公益联盟组织，制定组织章程、明确目标方向、服务宗旨、激励机制等，规范的管理和服务，可以更好地吸纳热爱公益、热爱阅读、愿意为公益文化事业出资出力的企业、行业协会以及民间团体等的加入，集思广益，开拓创新，丰富阅读推广活动内容和创新活动形式，更好地促进全民阅读的开展。

（三）完善阅读推广绩效评估机制，提升阅读推广水平

公共图书馆开展阅读推广活动投入了一定的人力、物力和财力，活动开展后是否能达到预期效果，读者是否能从中获益，这些问题，只有对整个活动过程，尤其是活动产能与效果进行有效评估后才能获得答案。因此，构建公共图书馆阅读推广活动评价体系则显得尤为必要。只有确立评价机制，公共图书馆开展阅读推广活动时，才能根据活动评价指标对活动前期、中期、后期进行分阶段考量，才能对活动成败得失及时评价和小结，才能找出哪些活动读者反响较好，应该继续坚持，哪些活动应该改善甚至取消。考量过后还需形成评估报告，以便为下一次阅读推广活动的规划、布局以及顺利开展提供重要的理论依据。

宝安图书馆长期注重开展阅读推广活动，但还未建立阅读推广绩效评估机制，仅是进行一些比较简单的活动问卷调查，了解读者的需求、满意度以及是否还愿意再次参与等信息，活动后期进行活动总结，评估该活动是否符合预算，是否有新意，参与者是否受益。在今后的阅读推广活动中应努力建立绩效评估机制，从活动创办初期的激励机制，活动中的保障机制，活动后的评价机制这三方面来考量，真正促进阅读推广活动的创新和发展。

付翠阳，深圳市宝安区图书馆馆员

中学图书馆的阅读推广研究

——以深圳中学图书馆为例

张瑾　莫华玲　黄睿

深圳中学创办于1947年，是深圳市最早被评为广东省重点中学的学校，以建设学术性高中，培养创新型人才为教育使命，致力于培养具有丰富生命力的人：他们能自主发现和实现个人的潜能，成为最好的自己，无论身在何处，都能尊重自然，关爱他人，服务社会，造福世界，并且乐在其中。图书馆作为学校第二课堂，是学生自主学习、自我修炼之地，学生积极向学与进取之心铸就学校的书香环境，也成就了深圳中学图书馆的发展环境。深圳中学图书馆建于1955年，在书籍极为珍贵的年代，是回国的华侨老师的热心建起这所乡村学校的图书室，这中间经历多年的发展，从宝安县中学到宝安县深圳中学到今天深圳中学，图书馆的书籍印章记录学校的变迁。图书馆从一间图书室变为一座小白楼，最后发展成为深圳市最早一所利用自动化管理的现代中学图书馆，在每个阶段都随着时代的脚步走在前头，将对书籍的阅读理念种子传承下来。一个好的图书馆除了有好的资源、好的环境、好的管理者，更重要是有好的读者。

深圳中学因为学生的优质决定其阅读的高度，当我们走进图书馆看到伏案学习与阅读如此专注的学生，看到站在书架前翻看书籍的身影，看到考试期间座无虚席的图书馆，不难感受到学校学术性办学理念在图书馆的真实呈现。

一、阅读推广在高中校园开展的意义

阅读在人类文明传承和知识传播中意义重大。新西兰的史蒂文·罗

杰·费希尔在《阅读的历史》中这样形容阅读“对于古埃及的官员，阅读是‘水上之舟’”；曾祥芹先生在其《阅读改变人生》一书中指出，阅读可以使读者升腾理想，求取知识，开发智力，树立道德等，使读者不断完善自我。

高中生是一个特殊群体，他们处在人生中一个富有希望、富于创造又亟须引导的重要阶段，阅读对于他们有着尤其重要的意义。在这一阶段，广大的学生将实现身体和心灵的双重发育，实现知识和灵魂的双重构建。有意义的阅读可以健全学生的心灵和人格以及对人类基本价值如理性、自由、公正等的认同和维护，通过阅读这一种读者自我学习的方式，把具体读物中蕴藏的知识和信息内化成读者的个人修养和内在品质。正如著名的教育学家朱永新所说：一个人的精神发育史就是他的阅读史，一个民族的精神境界取决于这个民族的阅读水平，一个没有阅读的学校，永远不会有真正的教育。

《中国图书馆学会图书馆服务宣言》指出努力促进全民阅读是图书馆的目标之一。为全民提供阅读服务，积极进行阅读的教育、普及、推广等活动，促进民众阅读习惯的培养、阅读能力的提高是图书馆的一个重要职能。在强调一个全民阅读的时代，学生阅读期阶段培养的重要性，与学生距离最近的学校图书馆无可厚非应该纳入为全民阅读教育、普及、推广服务中。

学生阅读习惯的养成和经典阅读兴趣培养，有家庭、学校、他人等因素，家庭阅读的主要影响因素是藏书和家庭书香氛围两方面，这种影响主要体现在直接的教导作用和潜移默化的影响。学校因素来自于教师的启发引导，以及以图书馆为主体的书香教育环境，教师在课堂上的鼓励和推荐可以直接影响学生的阅读行为和阅读兴趣，图书馆作为学校第二课堂，有更为广阔的资源环境、学习环境服务于学生阅读。他人因素在高中阶段随着年龄的增长与同伴之间的互动和相互影响增多，反映在阅读能力上，就是高中读者认为同学、他人对自己的影响要更多一些。抓住学生成长的关键阶段，综合各类因素，不忽略任何一方的力量，合力推动学生的阅读能力和阅读兴趣培养和发展是教育者也是图书馆人的职责。

但是，在学生成长环境中，深圳中学学生的阅读状况中有令人欣喜的优势，也存在一些令人担忧的问题，从学校的图书馆借阅数据可以看出：30%

的学生是图书馆的优秀读者，这部分学生从内心喜爱阅读，在书籍的选择、阅读的精度和广度上都可以成为典范；其中有50%的学生是阅读的追随者，他们的阅读兴趣来自于教师和他人的影响力，阅读的主动性一般，选择的书籍也以消遣为主；另外有20%的学生因为学业的压力和其他的爱好占据其主要精力，他们中间存在有从不阅读或仅为完成作业的阅读。在任何一所高中都存在类似情况，不同的只是群体分布的比例不同。所以，开展阅读推广，让不喜欢阅读的学生喜欢上阅读，让深阅读与广阅读在学生中推进，让阅读好书的种子种下并成长，让学生在高中阶段完成阅读人生的培养，这是每所学校的阅读推广者应该努力追求的目标，是学校和图书馆培养学生成为一名知识丰富者、深度探究者的职责所在。

二、我校图书馆开展的阅读推广活动

深圳中学学生来自各个学校的精英层次，深圳地缘优势、人才优势决定很多学生来自于从小注重阅读培养的家庭，家庭因素直接影响了孩子的阅读能力和阅读习惯。学生对图书馆的需求决定学校对图书馆的工作定位和要求，深圳中学图书馆是深圳市学校图书馆中开馆时间最长的，也是唯一的在学生上课期间没有因为任何理由而关闭过的图书馆。图书馆每学期组织教师、学生去书城采购图书，提升师生对图书馆的关注和支持。除此以外，学校图书馆积极开展有针对性、有实际意义的阅读活动，来教育读者、提升读者阅读行为，在不断的探索和实践中开展阅读推广工作。

深中图书馆以全员阅读、社团带读、全媒体阅读和全时阅读为阅读推广工作的指导思想和发展特色，取得了较为理想的效果。以下从这四方面介绍深中图书馆的阅读推广活动。

（一）全员阅读，坚持开展“每周一书”“好书推荐”“交换阅读”宣传推荐工作，让学生感受到好书的吸引力

葛劳德说：“生活最大的危险是一个空虚的心灵，正像一所空房子一

样，容易被邪恶钻进来。好的书，是最好的保障。”所以我们要让学生有书读，还要知道该读什么书，如何汲取书中的营养。我们通过张贴海报、定期制作推荐资料等形式将值得推荐的好书籍的相关内容、馆藏信息、书评等传递给学生，并组织社团学生直接下发到各班级上，给喜爱阅读的同学送去馆内的好书信息，把还没有建立起阅读习惯的同学的目光吸引到图书馆来。在2000—2007年中，我馆阅读排行榜上榜的以金庸、古龙等武侠小说和学习教辅资料为主，在后来的阅读书目中，我馆有过重点推荐的书籍，如：《文化苦旅》《雷雨》《追风筝的人》《巴别塔之犬》《明朝那些事》《全球通史》《1Q84》《1984》《目送》《亲爱的安德烈》《漫画分子生物学》《细胞王国的探索》《叩响命运的门》《百年孤独》《常识》《傅佩荣译解论语》等，这些图书经常在我馆的阅读排行榜上出现。

与此同时，我们利用图书馆空间设立的“交换阅读”书架，长期开展“图书漂流”等活动，得到了学生们的热烈支持。每年学校的在校学生和毕业学生都会将自己喜欢的图书拿出来跟同学们分享，同学们在“交换阅读”书架上自由取阅和自主将个人的藏书及个人笔记放到书架上，让身边的小伙伴可以共享阅读，分享阅读，让书的香气在传递中散发出来，让更多的同学爱上阅读。

（二）社团带读，建立学生社团组织成为学校阅读文化推广的基石，学生是践行者也是受益者

深圳中学“图书馆学生社团联盟”简称“图学联”，聚集了一批对阅读有共同兴趣和爱好的学生，由学生担任社长，图书馆老师来管理和引导，每学期接收60—70名成员，通过培训让社员熟悉图书馆的馆务，在协助图书馆完成图书整理、借阅等业务工作的同时，重点负责同学阅读交流活动的组织、网站微信平台管理、读书月、阅读活动策划组织等工作。通过参加图书馆的实践活动让学生们走进图书馆、认识图书馆、融入图书馆，逐步建立与图书馆的亲密接触。让自我阅读、习惯阅读的种子在学生群体中生根。当学生接过同龄人归还的图书，拿起的每一本书都可能对他（她）产生潜移默化

的作用，当他（她）走过藏书架，看到分类体系目录下的图书，打开的就是一扇一扇的门。学生在更新门户网站、微信平台的资讯时，其本人就是第一个接收到阅读信息的受益者。每学年有 150 名学生成为了图书馆人，在这群体中有本来就是忠实的读者，也有原本对阅读不感兴趣的群体，但经过一学期的体验，一定有那么些影响和习惯陪着他们走进高等学府、走进社会。以学生为主体性活动的目的就是在学生的愿意与不愿意中，逐步拉近其与图书馆、与阅读的距离。

图学联是图书馆阅读活动推广的主体力量，举办过的活动有不少。

1. 图书馆品牌阅读活动——墨香水榭读书会，就是社团发起的，起到了社团带读、师生共读的作用。

序号	活动名称	活动内容
1	从《红楼梦》看中国习俗	邀请古典文学社参与活动，让喜爱《红楼梦》作品的学生一起分享阅读体会
2	“风流非本意，乱世出美人”	从学生们比较感兴趣的俊男美女这个话题切入研究、了解历史及时代美的标准的变迁，加深学生们对这些人物所处时代背景及相关历史事件的认识
3	真人图书馆秀	一个学识丰富的老师，就是一个可移动的微型图书馆。通过师生的互动，激发阅读的热情
4	同读一本英文书	以优秀学生带动普通学生，培养英文原文阅读习惯
5	“20世纪中国精神生活变迁”	以一个主题开始，通过PPT内容展示、词语接龙、游戏互动、猜谜等环节，学生们进入20世纪中国的精神生活世界，通过在阅读中获得的知识，让他们深入地了解父辈祖辈所处的社会环境，加深学生们对不同年代的认知
6	雅典政制简析	民主就是普选吗？民主的反义词是什么（独裁？帝制？）？是全民统治还是专家治国更合适？“公正”与“专业”哪个更重要？如何防止专业官僚的腐化？……一系列问题的提出，学生进入探讨，激发深度的思考
7	漫谈卢梭	主讲老师选择《忏悔录》，分析作者创作背景、体会作者内心历程，16世纪初欧洲发生很多重大事件，诸如地理大发现、宗教改革、科学革命等。在这段大师辈出的时期，谈到卢梭所宣扬的自由主义、共和制理想。让同学们从这本熠熠闪耀多少年代的巨著中看到一个人所处的时代和一个处于那个时代的人
8	了不起的盖茨比	围绕着“柯立芝繁荣”“爵士时代”“美国梦”等话题展开讨论，对比原著和电影，让参与活动的同学们对盖茨比有一个全新的认识和理解

以“20世纪中国精神生活变迁”的活动为例，下面是图学联社团在阅读活动中所起到的带读作用及活动的模式：

活动引入：书，并非越新越好；人，也不一定越活越精神。所以，重读那些鼓舞过几代人的好书，对于今天的读者来说，不仅可以丰富自己的精神生活，同时更可贴近历史、了解前辈人的心灵世界。

互动环节：（1）词语接龙，所有人依次用四个词语描述20世纪中国精神生活这一变迁过程；（2）畅谈心迹，讲你心中的20世纪中国精神生活变迁；（3）年代秀，在场所有同学一次选择一个年代，里面有相应的一道问答题，且发生在20世纪中国的各个年代。若答题超时或错误答案累计三次，开始进入抢答阶段。

作品选读：从莫言作品《丰乳肥臀》《檀香刑》中看20世纪中国精神生活变迁。

话题讨论：（1）20世纪中国精神生活对21世纪的中国有怎么样的影响，又应该如何对待这些影响？（2）这种变迁的原动力在于哪里，内部还是外部？（3）这一变迁对当时青少年的影响如何，又对当代青少年的影响如何？

推荐阅读书目：《鲁迅杂感选集》《多余的话》《章太炎的白话文》《新青年文选》《尝试集·尝试后集》。

2. 电影沙龙解读经典名著

充分挖掘图书馆场所功能，利用学生课余中午、下午时段播放电影和开展围绕电影主题的沙龙活动。

有许多的影视作品都是由文学作品改编而来，有些还是经典的文学作品，语文教科书里面有一些教材就是选自各类文学作品。例如语文课文《鲁滨孙漂流记》《斯巴达克斯》等，都是在国外的名著中精心节选出来的，学生要理解这些文学作品，光靠课本上的文字资料是远远不够的，况且选入课本的文章往往是节选自原著，断章取义，缺乏相应的环境和背景，学生很难单独理解。而引进相关的影视作品，不仅保留了原来经典名著的艺术魅力，而且浅显易懂、生动活泼，为学生理解课本文字材料奠定了基础。

以《了不起的盖茨比》电影沙龙为例，这是我校图学联选取的一个阅读题材。当时图学联的社长获知很多同学对《了不起的盖茨比》原著阅读理解不够，灵机一动，在网上搜索到这本书的电影，于是推出了这档电影沙龙的阅读内容。

背景与主题：（1）柯立芝繁荣；（2）爵士时代；（3）“美国梦”。

话题思考：（1）盖茨比为什么了不起？（2）了不起的盖茨比是如何走进他的幻灭的人生？（3）梦想与现实的距离究竟有多远？

学生选取的精彩片段：

（1）我年纪还轻，阅历不深的时候，我父亲教导过我一句话，我至今还念念不忘。“每逢你想要批评任何人的时候，”他对我说，“你就记住，这个世界上所有的人，并不是个个都有过你拥有的那些优越条件。”

（2）如果打算爱一个人，你要想清楚，是否愿意为了他，放弃如上帝般自由的心灵，从此心甘情愿有了羁绊。

（3）All the bright, precious things fade so fast. And they don’t come back. 所有的光鲜靓丽都敌不过时间，并且一去不复返。

（4）可是我一面心里想，我们这排灯火辉煌的窗户高高在这都市之上，从底下暮色苍茫的街道望上来，不知道蕴藏着何等人生的秘密，而我脑海中也见到这么一位过客，偶尔路过此地，抬头望望，不知所以。我自己似乎又在里边又在外边，对这幕人生悲喜剧无穷的演变，又是陶醉又是恶心。

（5）世界不会在意你的自尊，人们看的只是你的成就。在你没有成就以前，切勿过分强调自尊。

阅读讨论的话题：（1）书中或电影中你最最喜欢的一句话；（2）你眼中的黛西；（3）菲茨杰拉德是盖茨比吗？

通过活动我们看到影视作品以其强烈画面效果和艺术感染力来实现其艺术的特色，这些视觉形象在培养学生对作品的理解有其显著的影响优势。

我们推荐对高中生有影响力的作品和影片：《论语通译》《三国演义》《红楼梦》《西厢记》《茶馆》《呐喊》《女神》《子夜》《家》《雷雨》《围城》《哈姆雷特》《堂吉诃德》《歌德谈话录》《巴黎圣母院》《欧也妮·葛朗台》《复活》《普希金诗选》《泰戈尔诗选》《老人与海》《谈美书简》《匹克威克外传》等。

在课程大纲外，还有许多影视名著值得推荐，如《战争与和平》《约翰·克利斯朵夫》《简·爱》《呼啸山庄》《红与黑》《包法利夫人》《阿甘正传》《威尼斯商人》等。许多学生在没有看电影之前，被这些名著繁杂的叙事搞得晕头转向，失去了阅读的兴趣，但是在观看了影片之后，会兴趣高昂地争着去借阅这些名著，去细读自己在看影片时不明白的地方和那些精彩的细节，在一起交流讨论影视作品与原著不同之处，以此拓展学生阅读兴趣与阅读广度和深度。

除此外我们也推荐时代大片和获奖作品：《少年派的奇幻漂流》《三傻大闹宝莱坞》《高考 1997》《放牛班的春天》《中国合伙人》《达芬奇密码》《移动迷宫》等电影，传递智慧与爱的正能量。

3. 元旦专题活动：图书馆“奔跑吧智慧女神！”过关寻宝活动

深中每年元旦组织的游园活动，其影响力由本校辐射到校外，每年元旦是校园的沸腾日，人流量达到 3 万人次，图书馆组织“奔跑吧智慧女神！”通过过关寻宝活动吸引校内校外学生进入图书馆大厅，通过知识情景设置、知识线索设定，让参与者以书为媒，穿越在书架中寻找知识钥匙，通过答题闯关，找到宝藏的所在地，获得宝物。2015 年元旦设置 20 场环节，有 600 位学生参加这次互动活动，在书海中穿梭，考验学生平时的阅读量和知识累积。图书馆人在这样的活动中尽可能地利用了场所，以书为媒，扩大了中学图书馆在阅读指导中的影响力。

4.《阅读吧》——图书馆阅读分享刊物

在 2009 年创建了图书馆的馆内刊物——《阅读吧》，由图书馆老师牵头，图学联的宣传组负责组稿，网络组负责美工设计，流通组成员负责分发，向学生们推送阅读材料。其内容涉及名人作家的阅读心得、名著的精彩片段，有学生的原创作文，有阅读排行榜，有好书书目，有图书馆的动态……内容是大伙精心选取编辑的，给在躁动青春期的同学们带去一丝阅读的浸润和甘甜。

（三）着力电子资源阅读——培养学术性、知识性阅读习惯

随着网络技术、信息技术、移动技术的发展，电子资源已无可置疑来到我们身边，通过网络，我们可以快速获取和交换信息，电子图书、电子资源借

着网络信号变得随时随地触手可得。当然我们也知道网络上的资源良莠不齐，学生很容易沉迷在游戏里或者网络小说中。我们学校在没有限制使用手机和电脑的情况下，除了学生自我约法三章自我管理外，图书馆提供围绕学习和课题研究的学术期刊网、围绕学生拓展学科知识的科普视频网站，让学生在校有限的时间尽可能地利用信息设备关注到优质资源、学术资源的浏览和使用，与其让学生将时间花费在电视、手机、网络及各种网络游戏上，不如我们主动向他们推送培养学科素养的专题电子资源和研究性学习的学术论文资源。

深圳中学图书馆从 2006 年开始，资源建设逐步从馆藏图书向电子资源转型推进，建设面向教师备课教学的学科资源，面向教师和学生学术研究的电子期刊，面向学科素养培养的自然、人文、科技视频资源——“知识视界”。2015 年统计数据显示，教师下载试卷 11502 套；期刊论文、课题报告下载 11556 篇（人均 3.8 篇，学生在这里贡献不少的数字），“知识视界”视频在校点击量达到 36462 次。

（四）全天开放的图书馆、让书香时时散发出迷人的香气，是一个图书馆的专业态度，这也决定图书馆阅读文化建设的高度

深圳中学图书馆每周开放 52 小时，周日下午、节假期学生返校，图书馆也如期开放。图书馆办馆理念：围绕校园阅读文化建设致力于资源建设，积极协同各方力量，开展各类型读者阅读推广活动。让“深阅读”成为校园文化中的一道靓丽的风景，图书馆成为学生的阅读文化精神家园。

三、我校图书馆阅读推广活动在不断探索和坚持中取得进步

从 2007 年开始，深圳中学图书馆在优化资源建设基础上将阅读推荐工作列为图书馆的重点工作，通过全方位、多途径的图书海报宣传和阅读沙龙等活动，通过图书馆学生社团管理组织，使学生之间、学生与图书馆之间的互动和交流，以他人的影响力影响身边的小伙伴爱上阅读、共享阅读。8 年的坚持与努力，随着时间推进，我们的推荐阅读活动慢慢开始产生效果。

通过学校图书馆管理软件的统计功能，我们获得2000—2014年间15个年度学生借阅排行榜数据，对每年前50名图书的种类进行分析显示，我馆自从2007年开始，通过各种渠道逐步开展阅读推广和阅读文化氛围的创建工作，读者借阅图书的结构、质量和数量都发生了明显的变化。

我们对出现在借阅排行榜上的图书，按其主体内容分为五类。其中外语学习类指各类英语教材、英汉对照、外语词典等读物，学科应试类指中学各科教科书、教辅材料、练习册等以提高成绩为目的的读物，学术通识类指自然科学、社会科学和人文、哲学、政治等方面的专业学术著作和普及性著作，严肃文学类指中西方古典名著和现当代名著，上述四类之外的书籍我们基本上归类于通俗文学类读物，即适应市场需求出版的、以消遣娱乐为目的的文学作品和流行读物。在我馆开展阅读推广活动前的2000—2006年，学生借阅的图书以通俗文学为主，严肃文学和学术通识类书籍加起来从未超过40%，还有大量的学科应试类和外语学习类书籍。图书馆主要起到的还是辅助学科教学和提供消遣娱乐的作用，距离学术图书馆的水准差距还比较大。这也是目前许多中学图书馆的现实境况。

但是，2007年之后，学生借阅的通俗文学类书籍所占的比例不断减少，外语学习类和学科应试类书籍虽然依然在帮助学生学习，但不再出现在借阅排行榜的前50名，取而代之的是学术通识类书籍和严肃文学类书籍。这两类书籍的借阅比例都稳步提升，到2013年这两类书籍的借阅量均超过了通俗文学所占的比重。目前，这两类书籍的借阅量加起来占排行榜前50名总借阅量的七成左右，更加接近于大学图书馆的文献借阅结构。说明我馆目前已逐渐成为引领学生阅读经典名著，并为学生学术探究提供知识资源的一所学术图书馆。

另外，我馆的人均借阅量有较大的提高，由2000年的人均借阅量7本逐年提升，到2009年人均借阅量达到15本。

四、深圳中学图书馆阅读推广工作的瓶颈和困难

1. 学生的借问率还可上一个新台阶。阅读推广工作的目的是让不喜爱阅

读的学生学会阅读、喜爱阅读，并让阅读理念伴随学生的成长和一生。在阅读推广活动中将阅读课程化是最有效的途径，在课堂时间里通过进入图书馆潜移默化将阅读的乐趣和阅读的引导灌输给学生。通过对广州市几所省市重点中学的了解，这几所中学基本上每学期都有阅读课，老师将学生带到图书馆，将推荐的图书摆在最醒目的位置，鼓励学生自由阅读。阅读课堂的建立实现了真正意义上全员阅读。从数据可以看出广州市重点中学的借阅率明显高过我校。

2．学校行政管理没有成为推动图书馆建设和阅读推广的动力，我校图书馆附属教学处，学校教学处的工作任务和职责中，图书馆工作基本没有列入其中，其对图书馆工作的最大支持仅限于不阻止，至于活动的组织、活动的开展完全依靠图书馆工作人员的能力和专业精神。图书馆工作绩效也没有纳入学校专业考评，图书馆人如果没有专业理念和能力就无法推动图书馆正常业务的开展。如果学校能依照教育部《中小学图书馆（室）规程（修订）》第四条规定，图书馆实行校长领导下的馆长负责制，图书馆专业人员实行专业技术职务聘任制，图书馆的管理工作的推进将更为有力度。

3．学校行政对图书馆人员配置不到位，过去的问题是图书馆成为学校富足人员和不适合原岗位人员的收容地。而今学校的机制因为没有除教师职员编制外的其他人员，在图书馆申请合理编制时屡屡受挫，学校因为人事局没有职员编制下到图书馆、学校临聘经费紧张、雇员招聘停止等问题，让图书馆人员配置成为悬念。原有两名学校老职工（目前已退休 1 人未增补）专职负责前台和书库，两名雇员及馆长负责后台图书馆的业务兼顾系统管理、采购、编目、阅读推广、资源利用推广、教材管理及前台的借还开放等工作。除了馆长，其余三位都不是图书馆专业人员。工作的繁杂可想而知，图书馆阅读推广工作增大工作人员的工作量，这也成为阅读活动能否坚持下去的一个阻碍因素。

4．教育部《关于加强新时期中小学图书馆建设与应用工作的意见》（教基一〔2015〕2 号）提到：教育督导部门要把图书馆建设与应用工作纳入依法治校，作为中小学校综合督导评估和义务教育均衡发展评估认定的重要内容，完善评估标准和实施细则，定期开展应用管理评估工作，并将评估结果纳入学校管理考核，督促和指导做好相关工作。通过行政规范、业务规范推进图书馆建设管理的制度化、规范化和专业化。教育部门和学校能否贯彻执行这些措施和工作，是推进中学图书馆的管理工作和阅读工作的着力点。

中学图书馆多年来存在的问题和现实情况，让我们意识到没有有效的管理体制、人才机制、监督机制的顶层设计，只依靠图书馆人的自我奋斗难以改变大局，国家对中学图书馆的功能发挥的期待与投入都可能成为一种尴尬，一方面没有任何一个管理者否认中学图书馆在推进全民阅读中的作用，一方面又没有任何来自教育部门的力量支持这项事业的有效推进。

总体来说，深圳中学图书馆因为有专业人士的引领和学校行政无为而治，让图书馆人有了最大的发展空间，我校图书馆在阅读推广、资源利用推广中的努力和取得的成就也得到学校师生的广泛认可，优质读者对图书馆的拥趸也提升图书馆的满意度。我们也有信心在我们的努力下，深圳中学图书馆阅读推广工作的发展一定会顺应时代发展走在中学图书馆的前端。

参考文献：

1. 张韻．中小学图书馆阅读指导现状和模式研究
2. 曾勤芳．深圳宝安区中学生课外阅读现状、问题与对策研究
3. 孙竹．对经典文学深阅读的探索．大学图书情报学刊，2014 年 9 月，第 32 卷第 5 期
4. 林翠贤．青少年阅读推广实践研究．图书馆论坛，2011 年 8 月，第 31 卷第 4 期
5. 栾雪梅．经典阅读推广的误区及对策研究．图书情报工作，2015 年 1 月，第 59 卷第 2 期

张瑾，深圳中学图书馆馆长
莫华玲，深圳中学图书馆助理馆员
黄睿，深圳中学综合实践科组教师

全民阅读服务品牌创新：书香工业园

潘金辉

【创新提示】龙岗读书会从龙岗产业大区和人口构成的现状出发，启动“书香工业园”项目，其以“融入深圳，提升自我”为主题，以读书为纽带，在全区工业园区和企业策划组织系列读书交流活动，向广大来深建设者传播阅读理念，着力推动这一群体的市民化转型。“书香工业园”项目一经推出，即得到来深建设者非常积极的响应和参与。活动开展以来，在8个街道的多个工业园区和企业举办了70多场主题活动，赠书18000余册，吸引了10万名工友热情参与。“书香工业园”采取线下和线上同步运作，重点在龙岗读书会网站、微博、微信和QQ群上开辟“书香工业园”专属板块，结合线下活动，推出“经典推介”“打工文学”“我的梦想”等系列子栏目和讨论区，打造“永不落幕”的虚拟空间，同时方便来深建设者在其中发表看法、交换心得。

一、书香工业园项目缘由

《品书空间》是龙岗区图书馆在龙岗区委宣传部、区文体旅游局的指导下为推动学习型社会建设，创新推出的品牌刊物，主旨是向全区干部群众推介当季新书、好书。该内刊至今已印发11期共5万余册，成为基层以读书为切入口，加强理论普及的有效载体。为进一步用好《品书空间》这一平台，龙岗区图书馆又策划成立龙岗读书会，这是首家正式注册的区级读书组织，采取社会化运作，委托公益团队负责运营，目的是打造一个属于龙岗读书人，更具影响力、更具包容性的现实中的开放的品书空间。依托读书会，紧密结合理论热点的学习宣传教育，不断在读书学习上大胆创新，实现了网络、微博、微信、QQ 群的全媒体覆盖，组织了数十场线上线下、形式多样的全开放式读书活动，营造出书香龙岗的良好氛围。

在龙岗读书会良性运行并取得良好社会效益的基础上，龙岗区图书馆研究提出打造具有鲜明龙岗特色读书会的目标，不仅要抓高端、走传统的路子，即定期举办主题讲座、名家论坛、读者沙龙，扩大品书效应，更要眼睛向下、走进基层，主动送读书活动到群众身边，通过讲书、荐书，播下全民阅读的种子，收获起让阅读真正成为一种生活方式，进而塑造出龙岗的精神品格。基于这一指导思想，龙岗读书会从龙岗产业大区和人口构成的现状出发，启动“书香工业园”项目，其以“融入深圳，提升自我”为主题，以读书为纽带，在全区工业园区和企业策划组织系列读书交流活动，向广大来深建设者传播阅读理念，着力推动这一群体的市民化转型。

二、书香工业园项目立项背景

工业园区是深圳最大的人群聚集地，也是文化建设的主战场；外来劳务工是对深圳发展贡献最大的群体之一，也是对精神文化需求最迫切的群体。近年来，尽管广大劳务工的业余文化生活有一点提高，但总体来说仍然存在生活方式单一、文化生活匮乏的问题。经过调研，其原因：一是工业园相对独立，劳务工群体庞大；二是针对工业园和劳务工的文化建设缺乏系统规划；三是相对忽视劳务工群体文化权利的实现。文化发展滞后，不仅阻断了广大劳务工了解深圳，融入深圳，提升自我，更是一些社会问题滋生的根本原因。

2013 年以来，为弘扬“来了，就是深圳人”的深圳观念，引导广大外来劳务工形成健康积极向上的生活方式和生活态度，推动深圳书香社会和学习型社会建设，龙岗区图书馆在龙岗区委宣传部、区文体旅游局的指导下，紧密结合中国梦学习宣传教育，从产业大区的实际出发，立足夯实基层基础、扩大品书效应，策划启动书香工业园项目。

书香工业园项目以“融入深圳，提升自我”为主题，旨在以读书为纽带，以龙岗为试点，在深圳各工业园策划组织系列文化交流活动，延伸文化“触角”，深入到广大劳务工中间，提升其综合素质。同时，充分借助网络等新媒体平台，创新文化传播形式，扩大文化活动覆盖面和影响力。

三、书香工业园项目组织架构

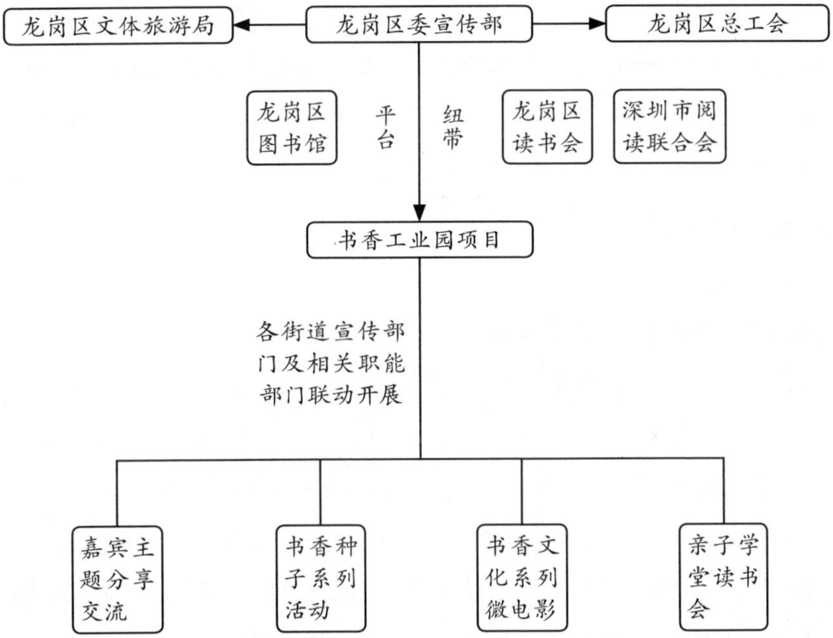

四、书香工业园项目内容

书香工业园项目，包含四大主题内容。

（一）嘉宾主题分享交流活动

旨在助力工业园青工追梦圆梦。

每场邀请三四位知名导师、作家、学者，重点以“文明龙岗，求知创新”为核心，围绕“人生梦想”“职业规划”“创业知识”“表达沟通”“城市文明”等五个方面展开交流探讨。

我们把互动作为重要环节，留出充足时间鼓励员工当“主角”主动表达，与嘉宾分享阅读体验和成长故事，在互动中答疑解惑，产生共鸣。

（二）“亲子学堂”读书会活动

旨在助力工业园里青工家庭的小孩健康成长，构建和谐文明书香家庭。

活动邀请国内知名亲子图书作家、学者，走到园区青工家庭身边，传递知识。

随着活动的不断深化，众多的青工家庭了解到了亲子阅读的重要性，在与嘉宾的面对面交流中，他们畅所欲言，积极探讨适合孩子成长的书籍，为孩子打开了一扇阅读的窗，让孩子收获快乐的童年，增强了广大青工对龙岗大家庭的认同感和归宿感。

（三）“书香种子”系列活动

书香工业园项目组积极探索全新的活动组织模式，为持久深入地在各大工业园区开展阅读活动，提升青工自主阅读、自觉学习、自我提升能力，策划实施了“书香种子”活动项目。在各大园区发掘阅读爱好者，悉心培育，播撒“书香种子”，让这些种子如星星之火，逐步形成阅读燎原之势。

开展至今，“书香种子”活动项目已成功开展了12期培训，20期主题实践活动，累计培训达1000多人次，为书香种子们提供学习平台，助力自我成长，同时发挥聪明才智，积极帮助他人，传递温暖与感动。

现已重点打造了书香种子力嘉分会和书香种子宝龙分会，策划组织了10多场的主题活动，延伸文化活动的触角，发掘新的书香种子参与推广全民阅读活动的策划组织。

（四）“书香微电影”活动

书香工业园的生命力来自来深建设者更多的关注和参与。为此我们不拘泥于既有做法，而是不断探索和创新，在主体活动之外寻求延伸和突破。策划拍摄书香工业园系列微电影，面向工业园区和企业公开选剧本、选演员，让劳务工演绎自己的真实读书成长故事，再通过各大视频平台广泛发布。目前已完成《阅读·梦》《朗读人生》《闯入心扉》3部微电影，通过微电影的拍摄制作与传播，带动社会给予外来务工人员子女更多的关心和帮助。传递阅读学习理念，关心和引导他们更好地在龙岗生活、学习、成长，成为新一代的龙岗人。

五、书香工业园项目实施效果

书香工业园一经推出，即得到来深建设者非常积极的响应和参与。从2013年开始，已在龙岗区8个街道的多个工业园区和企业举办了70多场主题活动，赠书18000余册，吸引了10万名工友热情参与，充分体现出他们旺盛的文化需求和强烈的进取意识。

书香工业园项目系列活动邀请到了深圳市城市化研究会副会长李津逵、深圳市民论坛策划主持人刘丽华、中国“打工皇后”安子、深圳大学文学院副院长相南翔、本土作家顾亚峰、《蓝白仓库》主编吉峰等20多位嘉宾代表与广大青工开展近距离面对面交流活动，为他们带来了知识、感动与鼓舞。此外，这些嘉宾们还围绕交际、创业、励志、管理、科技5大阅读方向，向青工们推荐了《赢在执行》《浴血荣光》《深圳梦》《正能量》《遇见未知的自己》等200多种优秀书籍，并赠送书籍达18000余册，及时指导和带动来深建设者读好书、好读书。

书香工业园项目在龙岗来深建设者中引起强烈反响，备受好评和欢迎，并得到了众多企业和单位的支持。从2013年8月份开始，龙岗区总工会高度赞扬与肯定了书香工业园为服务来深建设者的价值和意义，并愿意一起将活动更加深入工业园、企业，更加广泛地推进书香工业园项目建设，共同服务好广大来深建设者。

为避免活动流于形式，“书香工业园”积极探索启动“书香种子”项目，2013年9月份启动在全区发掘阅读爱好者，在企业中播撒“书香种子”，通过优秀导师的培训指导和真实读书类活动的策划组织，让这些种子如星星之火，形成燎原之势。活动开展期间，成功开展了12期培训，20期主题实践活动，累计培训达1000多人次，一批龙岗优秀的书香种子正在茁壮成长。

书香工业园项目系列活动受到了各大媒体的关注报道，包括《南方日报》《羊城晚报》《深圳特区报》《晶报》《深圳商报》《深圳晚报》《深圳侨报》“龙岗新闻网”等都进行了活动的报道，特别是2014年11月读书月期间《深圳特区报》市民论坛对书香工业园进行了直播报道，获得了市民的广泛关注，书香工业园项目累计报道次数达200多次。

六、书香工业园项目的运作经验

广大来深建设者对书香工业园项目的热捧以及这种超乎想像的巨大热情，倒逼我们不断思考，书香工业园要探索一条创新之路，即这个项目不仅仅是简单一场场“办完就完了”的读书交流活动，更在于建立长效机制，以举办活动为契机，以创新创意为动力，培养阅读兴趣，强化学习意识，明确努力方向，成为助力来深建设者圆梦的精神家园。

具体来说，书香工业园的主要做法体现在五个方面。

1. 以书为本，强化指引

本质上，书香工业园的起点和落脚点都在“书”上。因此，向来深建设者推介什么书至关重要。读书会专门召集热心工友调查阅读需求，明确了交际、创业、励志、管理、科技等五大荐读方向；每次活动前都会结合主题精心制作一份推介书单，选书标准兼具理论性和实用性；在活动中固定设置赠书环节，每场次发放新书都在百本以上，深受大家欢迎。实践表明，来深建设者尽管学习热情高，但由于种种原因在读书上还存在明显障碍，而面对面地荐书和点对点地送书，在一定程度上满足了他们的渴求，特别是起到了指引和带动阅读的作用。

2. **立足宣讲，传递理念**

书香工业园的主体活动形式是嘉宾对话，每次都会邀请3—5位导师或作家，结合主题畅谈读书体会和人生感悟。在嘉宾选择上，优先选择具有打工经历或个人成长本身就是励志故事以及热心公益并致力于劳务工关爱事业的。因此，嘉宾之间、嘉宾和参与工友之间，有着天然的亲近感，非常易于引发共鸣；对话内容往往从阅读引申开来，既有知识、技巧的传授，也有学习目的、理想定位、人生追求等理念层面的探讨。在整个宣讲过程中，为突破单向灌输和自说自话的刻板模式，我们把场上互动作为重要环节，留出充足的时间鼓励员工当“主角”主动表达，讲述自己的阅读体验和成长故事，并与嘉宾直接交流、碰撞，进一步深化对主题的认识。

3. **借助媒体，增进互动**

在工业园区和企业，互联网络、智能手机等新媒体已全面普及，因此书香工业园自始便是线下和线上同步运作，重点在龙岗读书会网站、微博、微信和QQ群上开辟“书香工业园”专属板块，结合线下活动，推出“经典推介”“打工文学”“我的梦想”等系列子栏目和讨论区，打造“永不落幕”的虚拟空间，同时方便来深建设者在其中发表看法、交换心得。《品书空间》内刊连续几期对接线上，设置“书香工业园”专栏，内容从单纯荐书过渡到转摘精彩观点和读书体会，还策划推出1期书香工业园专刊，集中展示工友各类原创文章，尝试向社会打开一扇了解来深建设者这一群体内心世界的窗口，架起一座增进彼此认同和接纳的桥梁。

4. **示范先行，力求实效**

书香工业园计划在全区每个街道办都举办至少3场次活动，主题是以阅读为核心，重点围绕“职业规划”“创业知识”“表达沟通”“城市文明”“人生梦想”五个方面展开，这构成了书香工业园的一条主线。为保证活动效果，我们把区内最具代表性的宝龙高新园区作为重点打造的示范点，以“阅读成就中国梦”作为总主题开展系列活动，分专题邀请嘉宾进行对话，摸索可推广和复制的宣讲体系或课程模式。目前宝龙专场已开展，活动的内容、形式、流程逐步规范化，并现场进行效果评估，成熟的模式已直接“照搬”

到书香工业园的巡回过程中，有效避免了随意性，使所有场次的实体活动紧紧围绕主题有序推进、系统运作。

5. **创新形式，立足长效**

书香工业园的四大主题活动内容丰富多彩，并在形式上不断探索创新。例如《阅读·梦》等微电影的拍摄、制作，全程受到广大员工“热捧”。为保证书香工业园项目持续、高效地运作，组织者发动招募书香工业园志愿者，这支队伍不仅是热心读者为活动提供基本服务，更要在员工中树立标杆、带动阅读。特别是我们参考“书香义工”模式，正在志愿者中培养“阅读指导员”。本着“从企业中来再到企业中去”的原则和“沃土培育自茁壮，根深叶茂惠他人”的宗旨，遴选出“书香种子”队伍，这支队伍经统一培训后，将回到各自工业园区和企业承担推广阅读的职能，成为书香工业园持久“发酵”的重要补充。

七、书香工业园项目的现实意义

1. **形势变化和时代发展的需要**

“新的世纪，以文化论输赢、以文明比高低、以精神定成败，城市间的竞争不再仅仅停留在物质财富的生产，最根本最深层的是文化和人才的竞争。”通过书香工业园来推广全民阅读、涵养书香，用文化来团结和凝聚工友，造就高素质的产业工人，提升城区的价值和品位，建设高度发达的社会主义精神文明，是龙岗未来核心竞争力的重要所在。

2. **龙岗建设“文化强区”的需要**

“文化强区”战略的全面实施，是龙岗文化自觉的标志，建设现代化国际化先进城区最根本、最核心的问题是市民的现代化，是人的全面发展。推广全民阅读，营造浓厚的书香氛围，建设知识型和学习型社会，加强对广大外来建设者的文化熏陶和技能培训，让他们热爱读书、热爱学习、自觉提高能力，在学习生活工作中体会到人生的乐趣和价值，进而形成对龙岗的认同感和归属感，这无疑对龙岗的跨越发展、科学发展、和谐发展，进而提升整个城区的人文品质和影响力意义重大。

3. **产业工人自身的精神需求**

工业园区是龙岗最大的人群聚集地，也是龙岗文化建设的主战场；广大外来建设者是对龙岗发展贡献最大的群体之一，也是对精神文化需求最迫切的群体。当前，龙岗经济社会建设已经进入了跨越发展期，经济转型、产业升级、社会进步成为主旋律，这对产业工人的素质提出更高的要求。同时，广大产业工人为改善自身的生活环境，对读书的渴望、对学习的渴求、对技能的提高、对品质生活的追求也水涨船高。所以，高度重视文化建设工作，努力创造条件去满足广大外来建设者的精神文化生活需求，是当前和今后重要的一项工作。从这个意义上来说，书香工业园项目在一定程度上也肩负着上述重任，“书香种子”就如同播种机、宣传者、传播者和组织者，今天播下种子，期待明天收获一片希望，星星之火，终成燎原之势。

八、书香工业园项目的理论基点

1. **以人为本**

人民群众是历史的创造者，人民是国家的主人。“要始终把实现好、维护好、发展好最广大人民的根本利益作为党和国家一切工作的出发点和落脚点……做到发展为了人民、发展依靠人民、发展成果由人民共享。”实施书香工业园项目，也要以人民群众、广大外来建设者和书香种子为根本，针对推广书香工业园项目的“书香种子”来说，一是要关注他们的读书渴望，为其推荐、借阅和赠送好书创造便利条件。二是要关注他们的培训需求，为其完善知识结构、提升素质和技能水平提供环境及条件。三是要关注他们参加各种读书文化活动的需求，组织他们参与读书文化活动的策划、实施全过程，使其增长组织、协调、执行各方面能力，为今后独自开展活动做好知识和能力储备。

2. **尊重人民主体地位和首创精神**

党的十七大报告指出，“要充分发挥人民在文化建设中的主体作用，调动广大文化工作者的积极性，更加自觉、更加主动地推动文化大发展大繁荣，在中国特色社会主义的伟大实践中进行文化创造。”开展书香工业园项目，就是要充分尊重“书香种子”和外来建设者在读书活动和文化建设中的主体地位、充分尊重他们的文化创造力，充分保护发挥他们的读书积极性、活动创意性，依靠他们带动身边的广大工友，一起好读书、读好书，一起参加读书文化活动、推广全民阅读，一起在书香的熏陶中提升现代文明素质和文化素养，一起成长、共同进步，为自己的人生增添文化魅力和前进动力。

3. 实现市民文化权利

1966年联合国大会通过的《经济、社会和文化权利国际公约》指出，人人都有“享受文化成果的权利、参与文化活动的权利、开展文化创造的权利、文化成果受保护的权利、进行文化选择的自由权利”，国家和政府有责任实现公民的文化权利。建区以来，龙岗高度重视保障市民文化权利，开展书香工业园项目，就是实现市民文化权利的重要举措。书香工业园项目的推动者——“书香种子”与本企业员工联系最紧密，最了解他们的所思所想，通过“书香种子”把广大外来建设者的精神文化生活需求收集起来进行反馈，有关部门和组织采取读书、培训、文化交流活动等措施点亮广大外来建设者的思想智慧之光，满足他们的精神文化需求，为他们的人生之路提供指引，让他们拥有一把打开未来美好生活的钥匙。

九、书香工业园项目分析

书香工业园项目的有效开展和推进主要有赖于以下几点。

1. 龙岗区委、区政府对基层文化建设的高度重视和支持

自书香工业园项目系列活动开展以来，龙岗区委、区政府各级领导积极给予鼓励和支持，多次参与到现场活动中来，在活动的开展和实施等方面给予了悉心的关怀与指导。

2. 广大基层来深建设者迫切的精神文化需求

工业园区是深圳最大的人群聚集地，也是文化建设的主战场。广大来深建设者是对深圳发展贡献最大的群体之一，也是对精神文化需求最迫切的群体。书香工业园的生命力来自广大来深建设者更多的认可和支持。

3. 各级相关部门的积极联动配合，协同开展活动

书香工业园活动开展得到了龙岗区总工会、龙岗区服务职工组织联合会、龙岗区各街道办事处、龙岗区义工联、龙岗区各社区工作站等的积极配合支持，共同沟通协调各方优势资源，共同服务好广大基层群众。

4. 嘉宾积极响应，无私分享经验，传递梦想

“嘉宾对话”是“书香工业园”的主体活动形式。每期邀请3至5位嘉宾，他们都有打工经历，通过阅读学习，提升了自己，一步步地实现了梦想。活动在工友们的自我介绍中拉开了帷幕，紧接着嘉宾与工友分享自己的打工成长经历，在场的工友有想法、有问题都可以拿起话筒说出来，与嘉宾及工友们一起探讨交流。全场共读一首诗的环节更是将气氛推向高潮，工友们还彼此分享了生活的感悟和参加活动的感受，与嘉宾零距离交谈，当他们领取到嘉宾签名赠送的书籍时，更是露出了幸福的笑容，久久不愿离去。

5. 不断摸索创新，保持新鲜感及生命力

为避免活动流于形式，“书香工业园”始终追求活动长效性，不拘泥于既有做法，在实践中不断摸索创新，始终在追求长效化，如积极探索“书香种子培训计划”的形式，在企业中播撒“书香种子”，通过优秀导师的培训指导和真实读书类活动的策划组织，让这些种子如星星之火，形成燎原之势。同时我们还策划拍摄系列微电影，面向企业公开选剧本、选演员，让来深建设者演绎自己的故事。目前已完成的《朗读人生》和《阅读·梦》《闯入心扉》3部微电影，自2015年5月在优酷、腾讯视频网站发布后，点击率数万人次。

6. 营造全民阅读好氛围，符合社会需求与潮流

深圳市委市政府秉承“营造书香社会、实现市民文化权利”的宗旨，着力于提升市民素质，建设学习型城市，连续十四届的“读书月”活动走进千家万户，融入市民生活，影响遍及全国和港澳地区。书香工业园项目有幸在此大氛围内茁壮成长，其系列活动的持续开展也引起了深圳读书月组委会的重点关注，还被评选为“深圳市全民阅读示范项目”。同时，深圳市读书月组委会联合书香工业园项目开展了“中国梦”宣讲鹏城行读书成才宣讲团的系列活动，将全市总共10场宣讲中的5场放在了龙岗区，并对活动的开展给予了高度肯定。

十、书香工业园项目的反思与发展

书香工业园项目在2013年、2014年和2015年持续探索创新，向前推进，在取得一定成效的同时我们也总结反思不足，主要表现在以下几点：

1. 系统性、整体性规划不够完善

书香工业园项目系列活动在龙岗全区8个街道持续开展70多场，但相较龙岗行政覆盖区域大和总居住人群多的特点，仍显力量单薄，项目整体仍缺乏系统性、整体性的规划部署。

2. 与各街道等相关职能部门沟通不够充分

书香工业园项目是一个系统性、多方面性工程，做好该项目确实需要众多相关部门的参与和努力，相关部门可参与到早期的策划、中期的具体实施等环节中来，共同推进发展。

3. 嘉宾资源还不够丰富

在书香工业园项目系列活动中，嘉宾是活动的主体，其丰富的知识、思想与人生经历，是广大来深建设者的精神导师，来深建设者迫切需要涵盖人文、职业规划、技能提升、经济等各方面的知识。目前我们活动的嘉宾资源还相对缺乏，一定程度上制约了活动的持续稳定开展，我们将采取积极的态势与深圳总工会、作协、企业家协会等相关部门沟通合作，储备更多的嘉宾资源。

4. 工业园区众多，来深建设者人数庞大，受众群不够全面

龙岗区大型企业、工业园区众多，来深建设者人数庞大，活动的开展场次难以满足广大工友的需求，项目需要政府、企业更多地投入，多方合作，增加活动开展场次，覆盖更多工业园。

5. **线上平台搭建不够完善，活动的延续性、持续性有待加强**

工业园的广大员工的时间相对有限，线下线上的互动和活动的延伸还有待加强，以保持活动的热度。

下一步，书香工业园项目系列活动将保持探索创新，继续深耕细作，优化改善存在的不足，力争能在龙岗全区更多的工业园、企业举办超过30场实体活动，带动第一期“书香种子”共同参与到阅读书香氛围的营造中来，将我们的书香传递到更多人的工作生活中，实现市民的文化权利。同时也力争能在全市范围推广，服务更多的来深建设者。

十一、书香工业园项目推广必要性

1. **政府的大力支持与高度认可**

“书香工业园项目”作为龙岗区“文化强区”战略目标的重要内容，在进一步增强区域文化软实力，打造精品文化，提升龙岗区整体形象和扩大文化影响力方面，有一定的重要性。同时，项目也得到深圳市委市政府、龙岗区委区政府的大力支持，2013年已被评为“2013年深圳市全民阅读示范项目”“2013年深圳市最佳创新项目”，2014年“书香种子”项目被深圳市读书月组委会评为优秀项目，2015年荣获“深圳市关爱行动十佳项目”，2015年荣获“首届华文领读者大奖阅读项目奖”入围奖，成了龙岗区文化发展的品牌文化项目。

2. **坚实的群众基础和丰富的活动开展经验**

书香工业园项目一经推出，即得到来深建设者相当积极的响应和参与，目前已在龙岗8个街道的多个工业园区和企业举办了70多场主题活动，吸引了十万多名工友热情参与。可见来深建设者旺盛的文化需求和强烈的进取意识，也可见书香工业园项目有着坚实的群众基础。同时，在项目的逐步开展过程中，我们也积累了丰富的活动策划组织实践能力。

3. **项目策划实施团队拥有持续的探索与创新精神**

书香工业园项目的生命力来自来深建设者持续的关注和参与。为保持项目的热度，项目策划实施团队必须拥有持续的探索与创新精神。我们不拘泥于既有做法，而要不断创新，在主体活动之外寻求延伸和突破。比如：实施“书香种子”子项目。本着“从企业中来再到企业中去”的原则和“沃土培育自茁壮，根深叶茂惠他人”的宗旨，遴选出“书香种子”队伍，这支队伍经统一培训后，已回到各自工业园区和企业承担推广阅读的职能，成为书香工业园持久“发酵”的重要补充。将来，我们还会策划出更多有生命力的子项目，能让书香工业园项目持续升温。策划拍摄书香工业园系列微电影，面向工业园区和企业公开选剧本、选演员，让劳务工演绎自己的真实读书成长故事，再通过各大视频平台广泛发布。

潘金辉，深圳市龙岗区图书馆借阅部主任、龙岗读书会负责人

阅读组织研究分报告

深圳民间阅读组织发展状况及其对建设学习型城市的影响研究

杜勤　谯进华

作为学习型城市建设的重要载体和公共文化服务的重要补充的民间阅读组织的勃兴，是近年各种阅读现象中最引人注目的一个文化现象。对民间阅读组织发展现状加以全面准确地把握，对其发展给予恰当地引导、支持，将有利于全民阅读向纵深发展，有利于学习型城市建设。

一、深圳民间阅读组织的兴起与发展

深圳的民间阅读组织的发展大致可以分为三个阶段：

第一阶段：传统读书会阶段（20 世纪 90 年代中期以前）

这类读书会多依附于公共图书馆、研究机构、企事业单位工会组织和学校内部，也存在少数个人发起的读书会。本阶段的读书组织以兴趣小组的形式出现，规模不大，活动形式以现场交流为主，阅读主题以及活动形式相对单一，管理方式较为原始。

第二阶段：网络读书沙龙阶段（20 世纪 90 年代中期以来）

20 世纪 90 年代网络的兴起，为民间阅读组织的发展带来了新的动力。这时期各大网站出现了一批以阅读为主题的论坛、社区、空间，影响较大的有天涯、百度、搜狐、21CN 等，这些论坛以网络为载体，充分发挥了网络在信息聚集和传播上的优势，吸引了大批读者，其影响力巨大，在很多方面实现了对传统读书会的超越。但是由于成员不固定、现场感以及交流的及时性不足等原因，很快被更先进的 QQ 空间、博客、微博、微信所超越。

第三阶段：现代民间组织的起步阶段（2005 年以来）

2005 年以来，民间阅读组织在规范化和专业化上了有较大发展，一批在民政部门注册登记、拥有独立法人资格的阅读社团和民办非企业组织纷纷成立。这类组织发挥自己的组织优势和在资源、专业和宣传上的优势，积极介入市民生活，凝聚效应和示范效应越来越明显，在公益阅读活动和阅读推广上逐步形成了自己的特色。

2013 年，深圳市文体旅游局开展了一次全市民间阅读组织发展状况调查。参与问卷调查的 37 个民间阅读组织显示，25% 的读书组织已经在各级民政部门登记注册成为规范的现代阅读组织，这些组织成立的时间大致集中于 2007—2013 年，与全国的发展节奏基本保持一致。

二、深圳民间阅读组织的类型和运作状况

据不完全统计，目前深圳拥有各类民间阅读组织超过 100 个，其中活跃度较高的约有 50 个，正式在民政部门注册的超过 10 个，部分机构尚在申办之中。个别组织发展迅速，三叶草故事家族在不到 4 年的时间内在全市发展了 17 个分站，彩虹花小书房也在全市发展了 13 个站点。

本课题以民间阅读组织的行业归属和活动方式两个要素作为分类依据，将深圳民间阅读组织划分为社会公益、校园、企业、书店、网络五大类。

（一）社会公益类阅读组织

在本课题组的抽样调查中，社会公益类阅读组织占到 40.5%。组织的规模大小不等，50—200 人的较为常见，占调查总数的 32%；1000 人以上的组织占到调查总数的 18.9%。较之其他类型的民间阅读组织，社会公益类的管理相对规范，拥有相对完善的内部管理和办公场地。这类组织的活动经费来源主要有会员筹集（32.4%）、社会赞助（21.6%）和政府购买服务所得（13.5%）。由于社会公益类阅读组织的相对资源优势和项目运作能力，使得这类阅读组织的部分活动有机会被纳入各级政府的公共文化服务体系之

中，从而获得提升和发展的机会。参见下文对深圳市阅读联合会、深圳读书会、龙岗读书会的案例分析。

（二）校园类阅读机构

校园读书会是深圳民间阅读组织的重要存在形式之一。主要特点如下：1. 成员 20—40 人不等，每年进行部分更新，有足够人力组织承办活动。2. 场地使用相对有保障，可以免费申请借用学校报告厅、教室，或租用学校周边的书店、咖啡厅。3. 经费来源主要是通过学校拨款，通常每次活动所需经费在 1000 元左右。4. 依靠微博、海报以及人力宣传，活动以线下沙龙、讲座为主。受活动场地的影响，校园类阅读组织的开放性相对较弱，社会影响局限于校内。

（三）企业类阅读机构

企业类读书会的特点如下：1. 内部性。会员主要为企业内部员工，定期或不定期在单位内部活动室、会议室举行面向单位内部工作人员的读书沙龙活动，参与人数在 50—200 左右不等。2. 专业性。由于各企业都有自己的业务重点，其员工所从事的工作、从学的专业大多相近，这决定了企业类读书会主题具有相当强的专业色彩。3. 延伸性。企业读书会可以利用企业内部报刊或网站（网页）组织征文、评论等阅读延伸活动，为阅读成果固化提供了便利。

（四）书店书吧类阅读组织

深圳比较知名的书店书吧有物质生活书吧、尚书吧、小津概念书房、旧天堂书店等。

书店书吧类读书会具有以下特点：1. 阅读氛围好。这类读书会可以发挥书店本身的环境和资源优势，吸引和组织读书活动。2. 具有品牌优势。这类组织由于依附于书店，在阅读活动的组织策划和创新上下功夫，品牌效应较为突出。3. 个性化与时尚化。书店类读书组织参与者大多为 18—29 岁的年轻读者，重视活动内容的生活化、特色化，重视成员之间的交流与分享，重视通过新媒体（豆瓣、微博、视频）进行宣传传播。

（五）网络类阅读组织

作为一个以高科技为特色的现代化国际化先锋城市，深圳拥有一批线上虚拟空间的网络阅读组织，如黑咖啡读书会、深圳读书会等。网络阅读组织有如下特点：1. 会员规模不等，有10—50人的小范围私人阅读团体，也有100—200人左右较大的综合性书友会。2. 一般以虚拟空间内的线上讨论、交流为主，平均每周举办1次以上的在线活动。3. 活动成本较低，一般一次线下活动经费开支在500元以内。

三、深圳民间阅读组织的发展策略

本课题组根据民间阅读组织对公共部门、公共资源的利用、依赖度，将民间阅读组织的行动策略分为纽带型、定向伙伴型、多元伙伴型、草根型、边缘型五种。

（一）纽带型

纽带型组织具有戈登·怀特所说的“社团二重性”，既有浓厚的公共部门的色彩，同时又属于社会组织，在政府和民间起着桥梁和纽带的作用。

【案例1】深圳市阅读联合会是深圳唯一一个在民政部门注册的社会团体，由深圳市宣传文化部门和深圳读书月组委会推动于2012年成立。发展策略：1. 承接政府转移职能。充分利用政府支持的优势，参与阅读规划及政策制订、阅读调研，政府资助的阅读项目绩效考评，承接全市性重大阅读项目，以此获得相对稳定的经费支持。2. 通过企业会员赞助、社会赞助（捐助），广泛筹集经费，为自办项目和会员单位项目提供经费保障。3. 发挥阅读航母的资源整合能力和业务协调能力，为会员提供业务指导。

（二）定向伙伴型

伙伴型民间阅读组织努力寻求与公共部门和其他社会机构建立稳定的合作伙伴关系，通过对合作伙伴的愿景的了解，形成或调整自己的愿景和行动策略。定向伙伴型具有合作伙伴、业务类型的相对单一性和集中性。

【案例 2】龙岗读书会是在龙岗区图书馆《品书空间》杂志基础上，在民政部门注册成立的独立阅读推广组织（2013 年）。作为龙岗区图书馆曾经的一个部门演化而来的组织，他们的发展策略是：1．成为“公共文化服务的供给者 + 政府购买服务的受益者”，它的实质就是充当政府公共资源的配送者和合作对象的服务者，在公共部门的支持、指导下向本区域内市民提供“读书、荐书、品书”服务。2．品牌（项目）管理是龙岗读书会核心业务，接受政府部门委托、以社会化运作方式具体运营“品书会”这个项目，如何策划好、管理好、发展好、推广好品牌（项目）是其业务核心。3．与政府保持“一臂之距”。开始尝试与辖区内的十多家企事业单位、民间阅读组织团体、公益社会组织合作，共同参与项目策划与管理，减轻对政府的依赖性，不断提高管理品牌和创新品牌的能力。

（三）多元伙伴型

同样选择以建立伙伴关系作为自己的行动策略的民间阅读组织，深圳读书会由于不具有公共部门背景而不得不采取多元伙伴策略，即同时和多个部门、机构保持业务合作，在合作中拓展自己的生存空间，增强生存能力。多元伙伴型组织无论是合作伙伴还是业务范围都呈现出多元性、扩展性。

【案例 3】深圳读书会是 2007 年 6 月自发组织的民间文化公益机构，以都市白领为目标群体，推广以生活为核心的泛阅读，旨在传播阅读理念，提升阅读水平。参与承办深圳中心书城“深圳晚八点”项目，并创办“爱在书香”“梦想阅读家”。

发展策略：1．强化服务意识。一方面根据参与对象的需要设计项目（如“读书交友”活动），一方面及时把会员、读者感兴趣的、有价值的阅读信息、资源通过豆瓣、微博、微信、QQ 群等网络平台向读者和公众进行推送。2. 获取企业支持。深圳读书会最为成功的地方在于它得到了企业的大力支持，它通过游说、吸纳多家高端行业（重点是IT行业）的企业作为理事会成员而得到相对充裕的资金、资源支持。3. 建立场地伙伴关系。从2008年以来，他们和深圳书城中心城合作，开展“深圳晚八点”的策划及内容组织、实施，先后举办300多期活动，参与活动人数约达4万。深圳读书会还长期与各区图书馆、小型书吧、咖啡厅等场地也保持业务合作关系。4. 建立并用好义工队伍。深圳读书会目前有来自社会各界的义工百余名，有效地缓解了人手不足、专业人员短缺的问题。

（四）草根型

草根型组织主要扎根基层，主要通过强化组织的愿景、专业水平和媒体互联网宣传，增强内部的团结，举办低成本、公益性的活动，吸引关注，赢得口碑，逐步拓展自己的活动范围。

【案例4】三叶草故事家族是一个致力于推进亲子阅读进入家庭的民间公益组织。成立于2008年，2011年在民政部门登记为三叶草阅读文化发展中心。主要实施故事讲述人研习班、阅读推广计划、社区儿童阅读加油站、书香校园之家校互动计划以及儿童阅读研究计划等，旗下拥有“故事讲述&绘本剧大赛”、社区儿童阅读加油站、妈妈宝宝好书榜等品牌活动，在深圳17个社区及珠海、杭州、长春、上海、重庆等城市设有站点。

作为获得公共资源相对较少的组织，他们的发展策略是：1.“线上+线下”活动模式。通过线下举办多种多样的活动，线上讨论、宣传等形式赢得社会影响力、知名度，从而吸引更多的家庭参与，迅速壮大规模。2.“总部+分站”业务拓展模式。通过建设社区分站将自己的触角有效地延伸到社区，同时保证自己的各项业务可以有效复制和移植，初步形成了一个品牌相对独立、标准统一、资源共享的组织结构。3. 努力建立“自主创意+政府扶持”的品牌建设模式。该组织自主创办的“绘本剧大赛”“社区儿童阅读加油站计划”分别获得“深圳读书月”和市宣传文化事业发展专项基金的资助，有效地缓解了经费压力。

（五）边缘型

边缘型民间阅读组织注重组织的独立性和自主性，有意与公共部门和其他社会机构保持一定的距离，尽可能把活动限定在组织内部，降低开放性和社会性，保持小众和高端。

【案例 5】后院读书会成立于 2009 年，2012 年正式注册为民办非企业组织深圳市后院阅读文化发展中心。读书会倡导“阅读是闲暇”的理念，主要品牌项目有“阅读接力”、萤火虫换书大会和书乡地铁等，拥有长期成员 30 人左右。

后院读书会的发展策略是：1. 控制规模。在组织规模上，后院无意于规模的壮大，在坚持闲暇、多元的特色时也相应地采取了自由、开放的组织发展方式，更倾向于小而精。2. 适度开放。在实践中，努力面向公众：一是对会员几乎没有什么入会门槛，不收取会费，使得任何人都是他们的潜在的会员；二是组织面向公众的阅读活动，他们策划实施的“阅读接力——一本书能走多远”，线下线上同时展开，延展性相当强，参与面极广。3. 与政府合作。从 2012 年起，南山区文体旅游局和粤海街道办先后与后院读书会开展合作，前者以“政府购买服务”的方式，将该区读书月活动交由后院承办，后者为他们提供活动及办公场所。

四、深圳民间阅读组织对学习型城市建设的影响

一定数量、活跃的阅读组织及其高效率的运转是学习型城市的重要指标。从实践的角度看，深圳民间阅读组织对学习型城市的作用和影响可以从以下几个层面来总结：

（一）传播阅读理念，塑造城市精神气质

2005 年以前，深圳全民阅读的重要收获是以政府为主导的阅读阵地、阅读资源、阅读理念建设，2005 年以后，深圳全民阅读的重心就转移到了阅读理念的实践上来，而阅读理念的推广和实践工作，主要是由民间阅读组

织来承担的。考察各个民间阅读组织的活动宗旨，能清楚地看出他们对阅读理念的传播和对高品位文化生活的构建意图：三叶草的“让童年溢满书香，让阅读丰盈童年”、品书会的“交流、分享、传播”、后院的“阅读是闲暇”、深圳读书会的“用阅读重新定义一种生活方式”，与深圳读书月提出的阅读理念相吻合，在强调阅读的改变与重构心灵作用的同时，努力通过阅读实践追求一种“丰盈”“宁静”“优雅”的精神生活。“让城市因热爱读书而受人尊重”“城市推崇阅读，阅读改变城市”“文化深圳，从阅读开始”等阅读理念，随着民间阅读组织的大力推动而深入人心，深刻地改变了深圳人的文化生活习惯和精神气质。

民间阅读组织的活跃度不断攀升，不仅使民间阅读组织成为深圳全民阅读的重要推动力量，更成为深圳全民阅读的一个现象而引起文化界的关注。2010 年，第十一届深圳读书月期间，举办了“2010 深圳民间阅读文化沙龙暨民间阅读文化展”，关注和支持民间阅读推进全民阅读，受到社会的广泛关注。第十二届深圳读书月又举办“2011 深圳民间阅读文化展”，展示了深圳独特、多元、丰富多彩的民间读书生活和读书精神。

（二）丰富市民文化生活，促进书香社会建设

民间阅读组织通过深入社区、校园，发动、组织各种类型的读书活动，营造了深圳基层阅读氛围，丰富了家庭、社区的文化生活内容。从录得的数据看，深圳的民间阅读组织的活动基本上都能正常开展，近一半的组织保持每月 1 次的活动频率（45.9%），每年举办 20 场、50 场活动的组织相同，各占 21.6%，超过 200 场的占 8.1%。在活动场次稳定增长的同时，阅读活动的受众也在增加。录得单次活动参与度最高的是后院读书会的“阅读接力——一本书能够走多远”，参与人数在 3000 人以上（2012 年），三叶草故事家族的“绘本剧大赛”，参与人数在 1000 人以上（2013 年）。

（三）打造读书品牌，推动全民阅读专业化和常态化

阅读活动品牌是一个策划水平、资源整合能力和执行力的综合体现，同

时也是一个机构专业化、特色化的标志。经过近几年的努力，深圳民间阅读在品牌培养上已经取得了一定的成绩，这些品牌活动较好地发挥了示范效应和凝聚作用，特别是在推动阅读的专业化和常态化上发挥了重要作用：阅读推广人培训开全国先河，不仅培育了一批阅读推广人，而且总结和形成了一套阅读推广人培训体系；亲子阅读形成规模，未成年人阅读、家庭阅读率显著提升（70%）；探索多样化的阅读品牌营运模式，形成了政府倡导资助 + 专家指导 + 民间运作的特色。

（四）主题多元，融入生活

民间阅读组织在推动学习型城市建设中的另一重要作用就是通过自己的活动，推动阅读与生活的融合。在活动主题上，民间阅读组织以“多元化 + 适度专业化”为主，在多元化中凸显阅读专业化、生活化。深圳市阅读联合会侧重开展为会员和社会提供阅读人才培训、阅读项目评估、阅读资源协调以及促进阅读公平；后院读书会坚持阅读与行走结合，把人文社会科学的讨论与高雅、前卫的生活情趣结合起来；三叶草故事家族、深圳彩虹花公益小书房、蒲公英读书会等以亲子阅读、童书推广为核心，推动阅读进家庭。这些组织活动有一个共同点，就是阅读与体验相结合、兴趣培养与素质提升相结合，融入时尚、休闲、趣味的特征，为大家所欢迎。

五、深圳民间阅读组织发展中的制约因素

深圳民间阅读组织面临的制约因素有：

（一）管理因素

深圳民间阅读组织在民政部门注册的只有 21.6%，这意味着深圳的民间阅读组织多数处于组织发展的低水平状态，离现代公益组织尚有较大距离。这体现为不仅阅读组织的管理机构不完善，而且组织负责人的管理水平也不高，大部分民间阅读组织内部缺乏系统的管理机制。大比例松散阅读组织的

存在，制约着深圳民间阅读组织的活力和持续发展能力。

（二）人员因素

专职人员的严重不足和专业化的阅读人才缺乏是深圳民间阅读组织发展的又一制约因素。在参与调查的阅读组织中，有专职工作人员的读书组织不到三成，七成以上的组织没有专职人员。人才制约还体现为各阅读组织中专业化人才少，特别是在组织管理、阅读项目（品牌）策划与管理、阅读研究等方面的人才尤显不足，导致组织间活动内容、形式乃至发展模式同质化。

（三）经费因素

因为经费的制约，使得民间阅读组织的活动规模受到很大控制，他们举办一场活动必须控制成本低于 1000 元（不含场租），一年最少需要活动经费 8000 元。但这笔经费从何而来，却是一个难题。不仅一般的阅读组织在经费上存在巨大困难，正式注册的阅读组织也为经费所困扰。由于没有经费保障，很多读书组织的专职人员从来就没拿过工资。

（四）场地因素

据调查，仅有一成左右的民间阅读组织拥有自有场所，绝大部分民间阅读组织缺乏固定场所，大多民间阅读组织举办活动的场地主要是通过临时借用、租赁等方式获得。为了减少成本开支，他们首先选择在书店、书吧、咖啡厅、会所，其次是公共图书馆、网络虚拟空间、单位活动室。在场所无法保障的情况下，不得不频繁更换地点，也造成观众群的不稳定，执行活动时的各类人力物力成本也大大增加。

（五）社会环境因素

在众多制约性因素中，社会环境的制约也许是民间阅读组织发展的最为显著也最为深刻的制约因素。现代公益组织发展的一个前提就是政府、社会及个人公益意识、公益制度的良性发展。但目前，由于资源的不足和公共资源分配机制的局限，政府部门对于公益组织的关注度和支持政策都还不到位，税收优惠政策面的狭窄和落实不到位又导致企业对公益文化的赞助积极性不高。从某种程度上说，社会环境的不理想，注定了深圳民间阅读组织一出生就营养不良。

六、进一步促进民间阅读组织发展的建议

党的十八大提出“建设学习型社会”。2014年9月，教育部、中央文明办、国家发展改革委、民政部、人力资源社会保障部、文化部等七部门印发《关于推进学习型城市建设的意见》，提出建设学习型城市，鼓励发展民间学习共同体。这说明建设学习型社会和学习型城市已成为国家的重大战略和城市战略，也表明民间阅读组织（民间学习共同体）对于建设学习型社会、学习型城市具有不可替代的作用。由此，促进民间阅读组织的健康发展，进一步发挥其服务社会、提高阅读素养，大力推动学习型城市建设，对于深圳这个新型城市来说具有特别的意义。

为进一步提高深圳民间阅读组织的建设水平和持续发展能力，发挥其在建设学习型城市中的作用，必须加强以下几个方面的建设工作：

（一）优化民间阅读组织的制度环境

民间组织因社会需求而生，对外部环境的依赖度相对较高，没有阅读环境的良性改观，民间阅读组织很难有出色的表现。优化外部环境包含三个方面的内容：

1. **完善民间阅读组织登记及监管体系**。要降低民间阅读组织注册登记门槛，减少限制，让更多的民间阅读组织浮出水面，获得身份和行动的合法正当性；加强对民间阅读组织负责人的培训，提高其内部管理水平、决策能力、执行能力和资源募集能力；加强对民间阅读组织的监管，积极引导他们在阅读和公益这个范畴内活动。

2. **建立和完善民间阅读组织扶持机制**。构建多元化的民间阅读组织扶

持体系：一是根据国家制定的政府向社会组织购买服务办法及相关实施政策，制订并实施《公共资源扶持民间阅读组织办法》《政府购买民间阅读组织服务办法》等政策措施，探索通过政府补贴、购买服务等渠道给予民间阅读组织发展所必需的经费支持；二是贯彻国家公共文化场馆免费开放政策，各级公共图书馆、文化馆、艺术馆等公共场馆免费向民间阅读组织开放，鼓励他们开展面向公众的阅读活动；三是建立民间阅读组织激励机制；四是落实阅读公益捐赠税收优惠政策，提高企业和个人对民间阅读组织的捐赠热情，为民间阅读组织资源募集创造环境。

3. **成立全民阅读发展基金**。推动成立以财政资金为主导的公募性质的全民阅读发展基金，为民间阅读组织开展的公益项目提供经费保障。深圳设立全民阅读基金条件较为成熟，一是深圳经济发展为文化发展提供了强大的物质和经济基础，二是全民阅读的良好氛围和民间阅读组织的良性发展，三是宣传文化基金、关爱基金、文化创意产业基金对各类公益项目赞助的成功运作经验，四是社会呼声强烈，民众支持。

（二）进一步优化阅读组织的结构

1. **鼓励社会资金进入公共文化领域，成立阅读公益基金会**。在深圳的社会公益基金中，以促进阅读为使命的基金会数量极少，因而，成立立足本地、面向全国的阅读公益基金会，推动本土公益阅读，是当前深圳民间阅读组织发展面临的一个迫切问题。

2. **完善阅读联合会的内部管理与运作机制，形成高效率的阅读联盟**。阅读联盟是文化部门与民间阅读组织之间的一个纽带和桥梁，可以起到筹集资源（经费与项目）、协调行动、制订标准、服务并监督成员的作用。深圳市阅读联合会的成立，标志着深圳民间阅读组织联盟的正式诞生，但是由于刚刚成立，缺少资源和经验，作用发挥不明显，应尽快在形象提升、政府及企业经费争取、运作模式构建等方面取得突破性进展，从而奠定在民间阅读组织建设和城市全民阅读领域的领头羊地位。

3. **推动民间阅读组织平衡发展**。一是通过培养阅读带头人并资助他们在阅读欠活跃地区组织民间读书会的途径，推动市中心区与其他区域的平衡；二是通过社区、工厂阅读扶持计划等形式，吸引各民间阅读组织活动下沉，实现市区两级与社区基层的平衡；三是在民间阅读组织活动的公众项目与内部项目之间保持平衡，在满足组织会员的基本需求的基础上，开展面向公众的阅读推广活动，从而实现组织利益和社会效益的“双赢”。

（三）不断提高组织的资源募集能力

阅读公益组织的资源主要通过向社会募集而来，因而提高募集资源的能力、拓宽募集资源的渠道成为民间阅读组织发展的首要课题。为了募集足够维持组织运转的资源，民间阅读组织必须采取积极有效的策略，通常包括：

1. **调整组织立场与目标**。保持与政府、企业适当的契合关系是募集资源的前提条件。

2. **科学设计阅读项目**。这要求阅读组织在策划项目过程中必须与募集对象的潜在和显在的要求相吻合，从而增加项目的吸引力。

3. **完善捐赠回馈制度**。

（四）探索建立多元合作关系

根据合作的内容及合作的紧密程度，民间阅读组织可以采取三种合作方式：

1. **公共机构合作**。主要是与政府部门的合作，这是最为稳定最为持久的一种合作方式。

2. **场地合作**。建立与公共文化场馆管理机构的长期合作伙伴关系。根据场地合作的程度，场地合作可以分为紧密型、相对紧密型、松散型、临时合作四类。这四种场地合作类型在深圳都有成功的案例。

3. **项目合作**。项目合作是指民间阅读组织与有关单位部门为着一个明确的目标、任务而开展的业务合作，合作的内容、形式以及各自的责任、权益都经过充分的协商，存在正式或者非正式的协议关系。这是一种专业化程度较高的合作方式。

（五）打造高效率的运营团队

一个优秀的民间阅读组织运营团队的基本特征是：精干（拥有一支少而精的专职人员队伍）、专业（懂得NPO组织管理和阅读活动运作）、高效（较强的执行能力）、团结（较强的凝聚力）、稳定（不因一人一事而出现大的波动）。团队的业务重心应重点集中在以下6个方面：1. 决策及调适机制；2. 资源募集能力；3. 项目策划与管理水平；4. 执行能力；5. 宣传与形象塑造能力；6. 财务管理能力。

此外，民间阅读组织还应该加强自己的公关协调能力，在发展过程中处理好：1. 公益与营利的关系；2. 组织独立与满足社会的关系；3. 组织内部与公众需求的关系；4. 长期与眼前的关系，在获得良好发展环境的同时，保证自己正确的发展方向。

经过政府和民间层面多年的推动，深圳的全民阅读环境已经有了很大的改观，无论是政府扶持的力度，还是民间组织的管理水平，乃至民众对阅读的重视和对阅读组织的认可度都有很大发展，建设学习型城市任务的提出，又为民间阅读组织的发展提供了历史机遇。民间阅读组织应当抓住机遇，创新发展，谋求自己在学习型城市建设的总体格局中发挥更大的作用。

杜勤，深圳市政协科教卫体委员会主任
谯进华，深圳市文体旅游局新闻出版处处长

三叶草阅读文化发展中心：公益亲子阅读的创新探索者

宋　阳

三叶草故事家族，是一个致力于推进亲子阅读进入家庭的民间公益组织。2008年在深圳发起，并开始向外扩展影响，七年间，已涵括全国近三万个家庭。2011年5月11日，三叶草阅读文化发展中心正式获准注册成立，当年荣获深圳市首次颁发的“全民阅读示范单位”荣誉，并多次获读书月最佳活动项目奖。三叶草故事家族通过线上网站和线下举办的活动积极推进亲子阅读。以“童心、爱心、慧心”阐释着故事家族的核心价值，并以“我是一棵会阅读的草”构成“草籽”们共同的语言密码。

一、“三叶草”的核心与起源

经三叶草的创始人介绍，之所以取“三叶草”这个名字，在于三叶草是一种无处不在、绿意盎然的丛生植物，它一蓬蓬一簇簇，亲密无间，它以纤细的嫩茎支撑起三颗心。这三颗心就是“三叶草”这个民间亲子阅读组织的核心价值观，被形象地演绎为：“童心、爱心、慧心”的核心价值。童心，即守护童年，永怀赤子之心；爱心，即爱人如己，生命充满激情；慧心，即喜阅善思，尽享智慧人生。“三叶草”的宗旨是让童年溢满书香，让阅读丰盈童年。除了“三叶草”的这三个核心，它还有牵引和驾驭它的“三驾马车”，那就是朵米妈李迪、星星老师周其星和番茄张红。他们是三叶草的精神核心。

朵米妈李迪在出版传播界工作，她在求学时代就喜欢阅读、喜欢绘本，并有许多收藏。做了妈妈以后，开始凭着直觉为自己的孩子找书、读书，后来一次偶然的机会，参与了中央教育科学研究所“国际儿童阅读论坛”，认识了一些在儿童阅读领域的朋友，发现还有很多人和她一样在关注亲子阅读。2008 年 11 月 24 日，她和几位朋友建立了深圳第一个以童书阅读为主题的 QQ 群，取名为“童书会”，逐步发展成为今天的“三叶草故事家族”。李迪不仅是亲子阅读践行者、深圳市优秀儿童阅读推广人，还是深圳新闻频率先锋 898 年度优秀嘉宾、《中外少年》绘本剧专栏作者，她的童书作品《一粒小豆子》曾获 2011 年信谊原创图画书入围奖。李迪除了本职工作外，成立“三叶草”故事家族后，“三叶草”整个机构的组织架构的建立与管理，媒体、政府关系的疏通与联系，“三叶草”每年举办千余场活动的策划与组织，都可见到她亲力亲为、忙前忙后的身影，她是“三叶草”的创立者也是维护者和推动者。

而另一位发起人周其星是一位小学语文老师，他一直是亲子阅读的参与者和倡导者，参加了很多全国各地关于儿童阅读的论坛、研讨会，非常了解亲子阅读在中国的发展现状，他越深入了解，越觉得中国的儿童阅读这一领域需要引起人们的高度重视，而现阶段老师在推动儿童阅读方面的作用远远没有得到最大限度的发挥，被条条框框束缚，被教育体制制约。作为老师，他致力于打造一间彩色的阅读教室，和孩子一起享受阅读带来的滋润与快乐；突破教材教学的局限，构建文学课堂，和孩子一起赏析经典的文学作品；精心编排绘本剧，屡获国内大奖，成为国内绘本剧的推动者和引领者；创造机会让学生与大师面对面，让孩子亲近作家，亲近文学，爱上阅读与写作；作为一名高品质儿童阅读的推动者，他不仅立足深圳，悉心指导中小学教师的儿童阅读推广工作，还在全国各地指导学生阅读，与同行分享自己的经验和心得。他被《中国教育报》评为“2012 年度全国十大阅读推广人物”、被深圳评为“年度优秀阅读推广人”。

番茄张红是理工科出身，从事电子类的工作。做了妈妈之后，她对如何给孩子选书、读什么书曾经很苦恼，一直一个人在迷雾中摸索，后来在一次读书会上遇到李迪和周其星，也加入了“三叶草”的家族。她的网名起源自绘本《我绝对绝对不吃番茄》，在“三叶草”成员的心中地位很高，被大家亲切地称为“番茄”。

这三位有着共同疑惑和关注的爸爸妈妈们聚集到一起后，分享阅读、推广阅读，从此开启了与阅读有关的另一种人生。他们通过故事妈妈培训、专家阅读讲座、社区故事会、主题文化沙龙、新书试读会、年度讲述大赛、故事剧团等不同方式组织各类阅读活动，谋求更多关注亲子阅读的组织或个人的热心支持和加入，打造出一支强大的故事妈妈团队，让更多的家庭弥漫浓郁的书香，更多的童年享受阅读的快乐。从2008年至今，七年时间，“三叶草”故事家族已从最初的十几人发展为遍布全国的近三万个家庭，在全国建立了55个社区站，在2015这一年中做了1563场阅读活动，参与人次也上扬至15万人次，在深圳、广州、珠海、上海、杭州、长春、沈阳等省市都有“三叶草”家族的踪迹。“三叶草”故事家族的品牌活动主要有：培育“故事讲述人”的亲子阅读推广计划，开展社区故事会的社区儿童阅读加油站，每年定期举办的故事讲述大赛和绘本剧大赛，通过故事妈妈团队建设来推动家校互动计划，通过好书推荐、新书介绍来开展儿童阅读研究计划，等等。

三叶草为什么在深圳有如此快的发展呢？这和深圳这座城市的精神气质有着密切的关联。对此，李迪表示，“三叶草在深圳发展有适合的土壤，首先，深圳是一座年轻的城市，接受新事物的能力很强，像绘本这种新事物深圳的妈妈们很快接受了，并将它作为亲子阅读的重要载体。其次，深圳大力推广民间的各种社会组织，而且创新力强，民间的社会组织就能吸收到方方面面的营养，并回馈给社会。”而张红认为，十三年读书月的书香熏陶，让深圳形成全民阅读、热爱读书的气氛，让很多妈妈也看到了儿童阅读的重要性，妈妈们首先自己有这个意识，才会想去找书给孩子阅读，在寻找中才会有机会认识“三叶草”，变成一个会讲故事、会为孩子选书的妈妈。

二、三叶草故事家族的主要活动

三叶草故事家族的成员们有一个亲切而可爱的昵称“草籽”，三叶草故事家族QQ群简称“草群”，三叶草故事家族论坛简称“草坛”，加入三叶草故事家族叫“落草”，三叶草故事家族会员的聚会叫“草聚”，三叶草故事家族的义工称为“草根”，三叶草故事家族的口号是“我是一棵会阅读的草”。从2008年建群至今，越来越多关注亲子阅读的人们纷纷“落草”，“草籽”遍布全国，在深圳、珠海、杭州、广州、长春、沈阳、广西等地设有儿童阅读加油站50余个。2015年全年，仅深圳一地，大大小小的“草聚”活动共计千余次，参与活动者逾8万多人次。

通过线上“草坛”“草群”里的培训和探讨，以及线下多种形式的“草聚”活动，“三叶草”故事家族针对不同领域组织丰富的阅读活动，通过亲子阅读推广计划、社区儿童阅读加油站、百本年度好书社区巡展、故事讲述和绘本剧大赛、书香校园之家校互动、儿童阅读研究计划、故事义工2+1成长计划等多项活动，三叶草邀请来自法国、德国、日本和中国台湾、香港与内地等地的著名绘本大师、儿童文学作家、优秀画家、资深儿童出版人与业界专家，每年举办各类阅读推广活动千余场，受益人群15万余人次，为童年发展以及城市文化建设带来了更为广阔的关注视角和发展领域。谋求社会对亲子阅读的更多关注与热心支持，让更多的家庭溢满书香，让阅读丰盈孩子的童年。

（一）亲子阅读推广计划

深圳许多父母很重视亲子阅读，却不知道如何选书、如何讲故事，深圳市少儿馆在2010年开设了“故事妈妈培训班”，原来是想教给妈妈们如何给自己的孩子讲故事。后来，少儿馆发现很多妈妈不仅局限于给自己的孩子讲故事，还走出了家门，给更多的孩子讲故事。于是在2011年联合“三叶草”故事家族发起了“故事讲述人研习班”计划，为喜爱阅读并愿意从小培养儿童阅读习惯的家长、老师、图书馆员提供系统的学习、实践机会。“故事讲述人研习班”每年开设两期，每四讲为一期，在每月第三周的周六下午开讲。凡听满一期四讲，并通过深圳少儿馆、“三叶草”故事家族举办的讲故事活动四次者，经认证合格后将获得“故事义工”证书，并可参与今后举办的各项进阶研习及其他与讲故事有关的公益活动。

2012年，在政府部门的介入下，“研习班”进一步升级为“阅读推广人培训班”。培训班设计了五个环节：课堂授课、推广实习、实习报告、能力测试、结业论文。其中，课堂授课不少于10学时，实习时间不少于两个月，共计需要3个月的培训和实践活动。深圳市民报名十分踊跃，首期培训班的学员构成十分广泛，有公共图书馆馆员、中小学及幼儿园教师、民间阅读组织成员、公务员、媒体人、企业员工和全职家庭主妇。这种不走过场的培训很有成效，学员已经开始将自己所学知识用于实践。

除此之外，三叶草故事家族还通过线上、线下的方式开办“故事妈妈成长学院”公益培训班。通过阅读基础课、阅读进阶课和专家提升课的学习，最终通过“故事讲述人”资格认定，为更多的孩子带来有故事的童年。线上讲座经几年来的高密度线上转播，受众已逾20万人次。

（二）社区儿童阅读加油站

社区作为城市的组成单元，承载着一个家庭生活、居住、休闲的基本单位。建设阅读社会，使国民素质获得整体提升，应该从关注儿童个体的成长、改善家庭亲子阅读氛围、营造社区阅读环境开始。而阅读，将成为贯穿个体一生，促进人文社区建立，构建新型邻里交往模式最简单易行，也最具有深远意义的建设性行为。

2011年10月，三叶草故事家族针对社区推出“微爱·三叶草社区阅读加油站”项目，正是以社区为阅读推广阵地，开展亲子阅读推广活动以及站点建设，在社区中广泛并深入地开展阅读推广，引起全社会对儿童阅读的关注。故事爸爸、故事妈妈们配足最炫的故事装备，穿上特制的故事衣，背上故事袋，走出家门，到小区、到图书馆讲故事，举办家庭读书会、社区故事会，设定有趣主题，精选优质绘本，配合延伸活动，演绎精彩故事，为儿童阅读加油。除了期望让孩子爱上阅读并养成良好的阅读习惯、通过亲子阅读丰富亲子关系之外，这个计划还希望能够通过社区活动促进社区内居民的良性互动，让孩子与孩子成为朋友，成人与成人也成为朋友。

这个项目得到了腾讯微爱公益基金的大力支持。从深圳的社区开始，深圳已有站点包括南山、前海、后海、罗湖、福田、布吉、龙岗、横岗、宝安、深湾等社区；南二实、翠茵、学府、东海、银鹰等学校幼儿园；外地包括珠海、杭州、广州、长春、沈阳、广西、无锡、宁波等省、市、自治区的许多社区。2015 年底，三叶草社区站点新增至 55 家，在一年中做了 1563 场阅读活动，参与人次也上扬至 15 万人次。所有社区活动的相关信息包括活动策划方案、活动实施的现场视频、照片等记录均会及时在三叶草阅读论坛及微信订阅号、腾讯微博公布。所有费用实现全部公开，除向捐助者提供外，会及时在三叶草阅读论坛及微信订阅号、腾讯微博公开。还建立了社区建站机制，为以后的社区阅读建设铺平了道路。社区计划帮助更多的家庭建立亲子阅读的共识，使阅读成为贯穿个体一生，促进人文社区建立的最具有深远意义的行为。

（三）百本年度好书社区巡展

妈妈宝宝好书榜评选活动一直是三叶草故事家族一项非常重要的活动。他们通过媒体、论坛、微信和 QQ 群等多种方式来让妈妈和宝宝们自主投票，选出各自最喜爱的年度童书。经过全年多轮新书抢鲜读、年度童书书目编汇、三叶草阅读达人多轮投票、听取专家意见、参考销售排行等多个环节，从 2000 多本童书中筛选出 Top100 基础书单。

2012 年，他们更是别出心裁地和十余家学校、幼儿园、社区、图书馆及中心书城合作，采用线下巡展的方式，让这 100 本书目在深圳各个社区进行巡展。在巡展的地方，孩子们会通过自主阅读、亲子共读、读书会等多种形式去读书，接触到好书，通过网络及纸质投票相结合的方式，选出自己喜欢的童书，进而爱上读书，学会享受读好书带来的乐趣。还通过广播电台主题阅读系列节目将精选新书及阅读理念推广到更多的家庭，让更多的孩子爱上读书、读到好书。

（四）故事讲述大赛和绘本剧大赛

每年6月面向家庭开展的故事讲述大赛和每年11月以小团体为参赛单位的绘本剧大赛，是三叶草故事家族的两大年度盛事。爸爸妈妈和孩子们采取讲述、讲演、手偶剧、舞台剧等方式，自选绘本，自编自导自演的年度好戏，推动更多家庭参与到亲子阅读中来。其中，故事讲述大赛是面向家庭开展，由家庭成员共同参与的故事讲述大赛，在各个社区、站点举行。绘本剧大赛是面向社会小团体开展，妈妈和孩子们自编自导自演的绘本舞台剧大赛。

绘本剧，由于其动态阅读与体验阅读的特点，成为深受儿童喜爱的阅读形式。一直致力于亲子阅读多元化模式探究的三叶草故事家族于2009年首度提出绘本剧概念以来，在每年11月深圳读书月之际作为深圳读书月重点活动项目，举办绘本剧大赛，已成功举办七届，并连续多年荣获深圳市读书月年度最佳活动奖，成为在全国颇具影响力的儿童阅读界盛事。至今，已累计改编并演出绘本剧百余个，参与演出的有2000多个家庭，演出剧目曾获得全国科普剧邀请赛总分第一名。

除故事讲述大赛和绘本剧大赛，三叶草故事家族每年还会组织三叶草故事剧团，即由三叶草故事妈妈组建的故事剧团，主要负责原创剧目的研发与展演；绘本剧交流论坛，邀请海外、台湾、香港与内地等阅读界、戏剧界专家学者共同出席研讨儿童阅读与绘本戏剧的发展；国际儿童剧展演，邀请国际著名剧团与优秀剧目到深演出，为孩子们奉上优质剧目。

（五）书香校园之家校互动

书香校园之家校互动通过故事妈妈进课堂、家长故事培训、故事讲述大赛与绘本剧大赛的阶段性成果展示等活动，推动家庭与学校的良性互动，以阅读为支点，为孩子的身心发展提供双重的保护与支撑。

早期与新教育集团合作发起的书香校园阅读计划，是三叶草获得的第一笔公益基金资助。2015年12月，三叶草受到深圳市教育局的委托，在深圳全区发起“十万教师阅读行动”，通过线上微分享与教师阅读高峰论坛的方式推动学校成立教师读书会，鼓励教师阅读。由文学界、教育界以及国外教育组织负责人、教师代表、阅读组织代表等组成的深圳市教师阅读联合会专家委员会给全市教师推荐了首批教师阅读书目，按照核心价值观、儿童认知与教师修养、教育思想与教学艺术、学段与学科六大分类推荐了12本书籍，希望通过教师阅读为教师提供自我发展的空间和人文关怀，为深圳基础教育系统的教书提供精神食粮和丰富滋养，并带动校园阅读氛围，进而引领班级甚至家庭的阅读风尚，达到推动全民阅读的目标。

周其星老师原来是中央教科所南山附属学校的老师，在学校针对家长与学生发起了各种不同形式的阅读活动，被央校评为“2010年度感动央校十大人物”之一。同时，他还在“三叶草”故事家族中发起了“到孩子班上读书”的倡议，号召更多的“草籽”到自己孩子的班上为同学们读书。几年过去，已经有多所学校和幼儿园开设了专门的故事妈妈团，有的还辟出了专门的场地，带动了更多的人参与到为孩子读书的美好事业中。

在2011年上半年国家新闻出版总署、新阅读研究所共同发布的“中国小学生基础阅读书目”评选过程中，李迪还作为咨询专家被邀请参与书目的选定与评议，提出了一些问题与建议。

（六）儿童阅读研究计划

由阅读而生发，立足阅读的终端。围绕一个主题、一本书或孩子阅读成长中的一个现象，举行亲子读物深度品读的主题故事沙龙；为家庭提供系统的新书抢鲜读方案，收集并跟踪一线读者的阅读体验，进行阅读受众基础调查；每天发布三叶草微信订阅号推送，从网站收录原创精华，制定民间亲子阅读原创读物出版计划；每年发布中国民间首创的妈妈宝宝年度好书榜，选出年度100本好童书供家长和孩子参考。

譬如，三叶草的“亲子阅读系列专家讲座”，曾邀请美国《神奇校车》作者、卡梅拉作者、法国塞吉·布罗什、德国《闪电球探长》的作者、英国《可怕的科学》的作者、日本宫西达也、台湾方素珍、香港王添强，以及内地邓康延、南兆旭等作家、学者举办亲子阅读共成长讲座30余场，使深圳成了南中国的儿童阅读重镇。

（七）故事义工 2+1 成长计划

2012 年，为了推动更深层的教育改革与更大范围的阅读推广，三叶草的研发团队专门研发了故事义工助力计划以及乡村阅读教师成长计划，结合以往为贫困地区带去新鲜优质童书的经验，还将对大学生志愿者以及当地的教师进行儿童阅读观念的更新和阅读推广策略的实操培训，来吸引并带动起更多的人群一起走在推广儿童阅读的路上。

儿童不同阶段的发展，有其不同的心理特征。本着对孩子这一特殊生命时期的尊重，三叶草故事家族凭借多年儿童阅读项目的实践经验，特邀台湾、香港与内地儿童阅读专家、推广人、教育界人士及资深故事妈妈组成专业的讲师团队，研发出故事义工成长计划，致力为儿童公益、支教助学、文化教育、阅读推广等公益组织提供故事义工的成长助力方案，通过两天 + 一个月的培训与实战演练指导，让一名心里没底行动茫然的故事义工，拥有与孩子打交道的能力和自信，顺利成为孩子们心中的故事达人。以书籍为载体，为学员与儿童接触提供专业支持，并通过志愿者、教师及家长的传递，为乡村与城市中的孩子奉上同等优质的阅读资源与高品质服务。

（八）中国新民间

中国新民间，是三叶草故事家族在 2015 年出于对中国原创童话的希冀而创建的一个新的民间文化系列活动。希望通过更多的社会力量，为中国原创童书创造更多被看见的机会，为中国原创童书事业营造更好的创作条件和氛围。

在经济高速发展和西方思潮浸润的影响下，代表中国传统美学和精神内核的民间故事日渐式微，越来越多的孩子和成人只知道美人鱼而不知道《鱼姑娘》，只知道钢铁侠而不知道《格萨尔王传》，而实际上中国有许多优美生动、引人入胜的民间故事。中央美术学院绘本创作工作室的几位老师将上世纪 50 年代收集改编过的民间童话故事，配上生动新颖的故事表述和细腻温馨的画风，用大众喜闻乐见的绘本样式呈现出来，向中国小朋友和家长展示了一套有特色有内涵的中国原创民间绘本。“中国民间童话”系列第一辑四本：《金头发》《长发妹》《两兄弟》《鱼姑娘》。

2015 年，三叶草举办的第一届中国新民间活动主题为：送故事回家。在新民间主题论坛中，三叶草邀请了中央美术学院“中国民间童话”系列丛书的创作老师向华、云南白族三弦非物质文化遗产传承人以本民族的方式演绎民族故事，两人同台演出大型故事会，发起“送故事回家”与“送少数民族文化进校园”的公益阅读活动，将少数民族故事带给孩子们，并反哺这些故事的诞生地。在活动中，三叶草还特邀国内名师、设置民族绘本进课堂，进行故事妈妈民族绘本讲述培训，通过论坛与深圳本土作家、创作人共同探讨多元文化对儿童的影响等。

三、“三叶草”故事家族的特色

“三叶草”故事家族作为公益性的民间文化组织，在促进亲子阅读的过程中，显现了它的鲜明特色：

（一）不断完善的线上培训计划

“三叶草”故事家族是公益组织，她最大的目的就是力促亲子阅读，让孩子热爱上阅读。但是孩子并不是天生就喜欢阅读看书，而是需要父母的带领和指引，但是现在有的父母自己都没有阅读的爱好和习惯，或者知道阅读的重要性，却不知道如何为孩子选书、如何指导孩子读书。“三叶草”就是在这种提倡阅读的大环境下，为这些迷茫的父母们指点了迷津，指引了方向。针对亲子阅读除了前文讲述的几项大的活动和计划外，“三叶草”做得最好的就是线上培训计划，利用 QQ 群进行亲子阅读培训。

2012 年 3 月，“三叶草”正式开通了线上培训，更加方便“草籽”们进行学习和探讨亲子阅读。据了解，截至 2015 年底，“三叶草”在全国各地建立了 37 个 QQ 群，拥有会员超过 2 万人，充分利用网络进行培训。“三叶草”现有新手群、培训群、社区群和工作群，从入门级别开始，在这个群里参加足够数量的培训课程并通过后，可申请加入另一个级别更高的培训群，进行更加深入的培训。为了使“三叶草”线上培训层级更清晰、定位更准确，“三叶草”的创始人正在重新规划线上培训的梯度及课程体系，新的线上培训将通过“故事妈妈成长学院”的系统课程开展，会更利于“草籽”提升和进阶，建立起浓厚的学习和交流氛围，也有利于未来各项活动的参与者、义工队伍和管理队伍的建立和培养。

除了线上培训外，“草籽”们还可以通过观看讲座视频进行培训。在“三叶草”的网站上有培训的讲座视频，随时随地都可以观看，方便了许多平时工作繁忙的父母们。现在“三叶草”论坛网站上的讲座视频有如何为孩子选择合适好看的书籍、如何理解儿童、如何给孩子讲故事、如何开展社区故事会、一位优秀的故事妈妈是怎么炼成的、如何提高讲故事的技巧，等等。

（二）超级强大的义工队伍

由于“三叶草”故事家族的成员组成都是兼职的义工，一方面他们都是有自己的本职工作，另一方面几乎这些义工都是孩子的爸爸妈妈。但是对于“三叶草”的活动他们总是满腔热忱、全身心地投入，从不计较时间和金钱的付出。每场活动之前，“三叶草”在论坛上发起“义工名单统计贴”，就迅速有人报名，有负责报名后统计和现场确认的统计义工、维持现场秩序和整理工作的现场义工、帮助孩子讲述故事的故事讲述义工、负责活动照片拍摄的摄影义工、负责现场文字记录的活动整理记录义工等。“三叶草”还特意设立了活动小义工，让小义工帮忙布置故事会现场、负责故事会结束之后的现场整理工作，来提高小朋友的动手能力、参与能力和责任感。

义工的付出是不计回报的，但是“三叶草”故事家族为了感谢和鼓励义工们的奉献精神，制定了“新书义工借阅制度”，即在三叶草故事家族“年度妈妈宝宝好书榜评选活动”及“年度新书抢鲜读活动”结束后，为回馈广大三叶草故事家族义工们的辛勤付出，特将年度“新书抢鲜读”活动中的试读新书归集起来，开始提供给义工们借阅，需要借阅的义工在论坛跟帖报名。

对于义工们的奉献，在"三叶草"创始人星星老师的博客上有这样深情的记载：

"我相信，很多人都像我一样，因为和三叶草结识一场，才悄悄改变了生活的状态。虽然我并不知道，这样的气息相投彼此融洽会持续到多久，我希望，哪怕是随着孩子的逐渐长大，我们还会在这里那里种着三叶草，我们可以成为终生的友人。所以，等到我们老了的时候，满头白发苍苍，我们变成了故事爷爷故事奶奶，还会精神抖擞地去给孩子们讲故事。回想起我们共同奋斗的日日夜夜，身边有这么多志趣相投至纯至性的友人，真觉得人生好幸运。我们这些人啊，原本都有着自己的生活，挣扎在自己工作的那片天地，日复一日地忙碌。可是有一天，我们因为种种机缘，竟然走在了一起，将满身的能量和满腔的热情奉献给孩子，感染了别人，也感染了自己。"

正是这些义工爸爸义工妈妈们，为"三叶草"的成长辛勤劳动着、无私奉献着，为孩子们美好的童年时光撑起了一片天，为深圳的亲子阅读事业增添了一份力量。

（三）利用腾讯微爱计划进行筹款

据李迪介绍，目前的亲子阅读是"快乐且艰难"的状态。首先，从事亲子阅读感觉很快乐，有收获并且充满热情；另一方面，亲子阅读也存在生存问题，"三叶草"现在的一切活动，包括讲座、沙龙、进社区、故事讲述大赛、绘本剧大赛等都是公益性质的，早期活动过程产生的成本基本都是通过三叶草故事家族内部的资源消化掉的。如今"三叶草故事家族"已经发展到有 2 万多个家庭参与，除了深圳本土，还扩展到全国其他城市，这也在一定程度上加大了工作的难度和资金的短缺。

"三叶草"故事家族从 2012 年开始参加"腾讯公益微爱筑力计划线上筹款"。腾讯微爱是腾讯公益慈善基金会于 2011 年推出的长期对民间公益组织和高校社团进行资金帮扶和能力建设的互联网公益产品。其核心机制是通过微爱开放平台，由腾讯公益慈善基金会出资、公益组织或高校社团出项目、网友参与做主，将资金捐赠给希望支持的公益项目。腾讯公益发起的“筑力计划”由一个网络社区和三大帮扶行动组成，包括“筑力社区”与“回响行动”“微爱行动”和“成长行动”。公益组织可以通过“筑力社区”建立机构公益主页、发布公益项目和发起公益活动等。由网友自主选择受赠对象，为优秀公益项目及公益组织提供资金扶持，首期出资超过1000万元。

2012年，“三叶草”以社区阅读加油站项目参加“腾讯公益微爱筑力计划线上筹款”，历时2个月，筹款到了42869元。2013年，“三叶草”继续通过腾讯微爱项目筹集到了5万元的资助。但是这些资金用来承担全国范围内的这么多场活动是远远不够的。

除了场地和资金的问题，作为一个民间阅读组织，“三叶草”的自我管理也有待提高。尤其是随着加入的人数越来越多，相对松散的组织已经无法承担，工作可能就无法高效和保证质量，有些很好的活动无法普及到每一位真正有需要了解亲子阅读的家长和孩子身上。

宋阳，深圳市特区文化研究中心副研究员

彩虹花公益小书房：从讲故事开始

宋 阳

在深圳，有这样一群妈妈，她们不但培养自己孩子的阅读习惯，还将阅读这件美事传递出去，将好的读物和阅读方法与更多的小朋友和家长分享。多年的坚持和收获，让她们亲手创建的亲子阅读小组拥有了正式的身份，成为民办非营利社会组织，并荣获“深圳市全民阅读推广示范项目”。这就是深圳市彩虹花公益小书房。

一、彩虹花公益小书房的缘起和发展

2004 年，凭着对儿童文学的热爱和早期阅读对自己成长过程的影响，儿童文学家漪然创建了国内首个公益性的儿童文学网——“小书房”。这是一个专门普及儿童文学的个人主页，在书房日记里为少年儿童们推荐国内外优秀图书和阅读指引等。后来由阅读推广人艾斯苔尔参与建设，又在儿童文学作家流火等人的帮助下建立起了一个正规的网站，并在莫音等一批网上义工的帮助下，渐渐将网站内容丰富起来。2007 年，漪然发出“阅读童年，收获梦想”的公益小书房阅读推广活动的倡议书，并得到众多网友的响应，纷纷报名成为公益小书房的志愿者。

如今的小书房从简陋的个人主页，发展成为一个拥有数百万经典儿童图书、上万会员的儿童文学网站，线下阅读推广站遍布 21 个城市，志愿者近千人。小书房渐渐形成了自己的公益团队，并一直在网上网下，为儿童阅读推广奉献着一份力量。公益小书房是为儿童文学读者搭建的一个公益性平台，它通过网络读书社区和网下读书会的形式，为儿童文学读者提供自己评论、自主交流、自发组织阅读活动的机会，共同分享阅读的快乐。从过去到现在，一直到将来，小书房的宗旨只有一个：聚集儿童文学爱好者，为儿童文学的传播和创作贡献一份力量。目前，公益小书房在深圳、北京、上海、南京、杭州、青岛等多个城市都已经开办了开展阅读活动的“公益小书房”站点。深圳公益小书房的站点是由李波——一位普通的全职妈妈一手创办。

李波从宝宝胎教开始就喜欢用阅读的方式和孩子交流，当孩子出生后，开始涉足亲子阅读。学美术出身的她经常跑到自家孩子就读的幼儿园，一边当美术老师，一边给孩子们讲故事、读绘本。她发现孩子们接触绘本故事后非常快乐和满足，于是领着一群义工妈妈开始探索推广社区亲子阅读活动这件有意义的事。最初她靠着学美术的特长，通过对绘本的个人理解去向孩子们讲述。通过在幼儿园和社区里讲故事、办活动，李波和义工妈妈们积累了不少经验和总结，李波还自掏腰包在社区里租房办起了一个图书角，在这里开展亲子阅读活动。但是，通过举办活动，李波也发现自己和义工妈妈们在阅读、引导等方面的专业知识不够。2007 年，一次偶然的机会，李波在上网搜索过程中，发现了小书房世界儿童文学网，在这里她找到了专业指导和志同道合的朋友们。2007 年 5 月，这个网站发起创办了儿童公益小书房活动，动员全国热爱儿童文学的人积极响应，李波也成为响应者之一，在深圳申请办站点。

2009 年 3 月，李波联合猪小一妈妈、斗斗妈妈等几位常常一起参与讲绘本故事的义工妈妈们，成功申请了公益小书房深圳站点，并获得网站 300 元建站费的支援。虽然只有 300 元，但这是对大家的一种鼓励。为了让活动覆盖面更大，她们把推广地点扩大到图书馆。第一家进驻的是宝安区图书馆。活动开展非常顺利，那些潜水在世界儿童文学网的妈妈们得知深圳建起了站点，也主动参与到图书馆的推广活动。阅读推广活动让许多全职的义工妈妈们走出了家庭的小天地，也让她们在社区阅读推广活动中寻找到自我的社会价值。

2011 年 1 月，在专业人士的帮助下，公益小书房深圳站点正式向深圳市民间组织管理局申请登记，成功注册名为彩虹花公益小书房，成为深圳市首家依法登记的民间亲子阅读推广机构，并获得恩派公益组织发展中心的入壳孵化。深圳彩虹花公益小书房以“推广亲子阅读理念，构建亲子良性沟通渠道，让孩子体验到阅读的乐趣”为使命；以“阅读童年，收获梦想”为愿景；重点关注社区家庭亲子阅读成长和流动儿童家庭阅读状况。经过前期的长期积累和成为公益组织后的迅速发展，如今深圳彩虹花公益小书房在全市已经拥有深圳市图书馆、宝安区图书馆、南山区图书馆、龙岗区图书馆、罗湖区图书馆、桃源村社区、阳光棕榈园、桃源居、沙井、观澜、泥岗、布吉、莲塘、福保街道，以及中心书城等15个社区分站站点，拥有桃源彩虹花绘本馆和宝安阳光海彩虹花绘本馆两个绘本馆。机构核心管理人员约50人，注册义工680多名，讲师团29人，参与活动的义工1000多人的庞大队伍，建构起完善的组织架构，有清晰的责任和分工。有顾问团、理事会、监事会和秘书处，职能管理下设宣传部、培训部、网络服务部、义工管理部等。

2014年5月，桃源村彩虹花绘本馆成立，这是目前深圳市最大的民间公益绘本馆。桃源村彩虹花绘本馆项目是桃源社区服务中心在充分发挥社区服务中心平台作用的基础上，与彩虹花公益小书房合作，在工作站的监督下，由双方协作并邀请居民共建的形式建设的一个以绘本为主要内容的公益图书馆。绘本馆将为周边社区居民提供绘本阅读服务，为有意愿参与共建的社区居民提供借阅服务。这是公益组织进入社区，与社区合作的一种创新模式。

彩虹花公益小书房在成立民间非政府组织过程中，得到了政府和专业人士的大力支持和帮助。成功注册后的公益小书房发展方式更加正规，经过专业系统的公益组织培训后，彩虹花公益小书房的组织能力增强了，专业素质和工作效率都提高了，开展活动和宣传时也更易受到社会认可。注册后，彩虹花公益小书房成功申请到招商基金、腾讯公益基金，活动经费有了保障。一些大型企业如深圳房地产信息网、太吉公司等也主动邀请他们共同开展活动。

作为民非组织，彩虹花公益小书房荣获“深圳市全民阅读推广示范项目”。2013年深圳读书月期间，彩虹花公益小书房被评为“深圳市全民阅读示范基地”。在北京举行的“2014 北京共同阅读促进大会”上，彩虹花公益小书房脱颖而出，获评“优秀民间读书会”。

二、阅读和亲情是彩虹花公益小书房使命

“给孩子十本杂书，不如给他一本好书；给孩子十本好书，不如给他一种阅读的方法；给孩子十种阅读的方法，不如给他一个可以和他分享阅读的爸爸妈妈。”这是公益小书房的创办理念。而小书房的使命就是推广亲子阅读理念，建立家庭的良性沟通渠道，让更多的孩子体验到阅读的乐趣。

自深圳彩虹花公益小书房组建以来，越来越多的家长在公益小书房内开始了系统的亲子阅读教育。彩虹花公益小书房的常规活动主要是两种类型：一是亲子读书会，每周在各个站点都有举办。每年年初，各个站点就会将一年里各期活动的主题确定下来，每个月会有 2 名义工妈妈作为策划人，负责召集义工、选择书目、策划活动。义工妈妈们精心设计每期活动，首先要寻找场地、开展活动宣传预告，从琳琅满目的国内外儿童读物中选取一些经典的作品供活动现场的家长和小朋友阅读，还要设计诸多互动游戏，尽可能满足小朋友活泼好动的天性。亲子读书会主题涉及儿童心理成长、亲情、感恩、环保、科学等多方面，活动形式多种多样，有故事妈妈讲故事、宝宝讲故事、表演故事、纸偶表演故事等，并指导和鼓励亲子同台讲故事，还不定期举办“亲子阅读推广讲座”、讨论育儿亲子阅读经的“花粉沙龙”活动，推动了深圳的儿童阅读质量，使更多的孩子爱上读书，使更多的家长学会如何为孩子做阅读指导。减少了儿童的诸多不良习惯，为社会稳定和培养优秀儿童做出了不可磨灭的推动。二是线上阅读分享。彩虹花公益小书房有自己的微博、网站，还有 5 个千人 QQ 群，分为管理群、分享群，每个群都有信使会定期发布信息。在全民阅读网上还有自己的活动圈子。每一期阅读活动都会在小书房儿童阅读网上刊登活动预告、报名及活动的详细记录，做到了活动的公开、公益，获得了合作方及参与家庭的极大好评，也得到了孩子们的喜爱。在网上分享开展的亲子阅读推广活动、推荐各种优秀儿童书目、交

流和分享亲子阅读经验。

彩虹花公益小书房的大型活动一般一年两次，一是在4·23世界读书日举办的绘本文化节，自2012年4月首次举办，至今已经成功举办三届，活动包括绘本剧表演、绘本嘉年华游园、绘本推广论坛讲座、“百年绘本阅读”绘本发展历史知识展览、亲子活动等。二是在11月深圳读书月期间，多个站点以同样的主题举办联动活动，如读书宝贝秀，给爱读书的孩子们一个展示的机会，有的以故事的形式、有的以诗歌朗诵的形式、有的以绘本演出的形式，收获阅读与表演的乐趣和喜悦。表演要求全家齐上阵，亲子同台表演。虽然不是专业的编剧导演，但爸爸妈妈为了让孩子秀出精彩，无不用心尽力，从绘本故事选择到改编剧本，从舞台背景设计到剧情配乐，从道具制作到服饰搭配，每个家庭都做足了准备。活动还特别邀请孩子们来当小评委。小评委们认真谨慎的态度，也令大人们刮目相看。不仅增强了孩子们阅读的兴趣，更是全方位锻炼了孩子们的能力。

除了提高儿童阅读兴趣，彩虹花活动的第二个重要目标就是促进亲子关系。深圳人工作非常忙，常常是一家两口都在上班，根本没有时间照顾孩子，孩子要么就交给老人，要么交给保姆，要么交给学校，孩子跟家长之间的沟通越来越少了。彩虹花公益小书房希望以书为媒来传递教育理念，促进亲子关系。亲子阅读不仅提高了孩子积极的学习兴趣和读书习惯，更加促进了亲子关系，加强了孩子与家长之间的沟通。彩虹花的活动进入社区、图书馆和参与一些政府项目，都受到了家长们的热烈欢迎。他们不仅为孩子们讲故事，也注重培养义工，教会父母如何更生动地为孩子读书，正确为孩子选书，互相交流和学习育儿经验。亲子阅读是非常好的工具，直接解决了家庭教育的很多问题，让孩子和父母之间的关系更为亲密，父母们通过陪伴孩子阅读更加了解自己孩子的情感和性格。

除了举办亲子读书会和读书活动，彩虹花还有一项一直坚持并越做越成功的公益活动：梦想书包。“梦想书包”是一项针对来深务工人员子女为主的小学一年级学生及其家庭的儿童阅读公益项目，以学校为合作主体，计划每学期为5所学校提供约300个“梦想书包”，平均每个班级10个，每个

“梦想书包”有6本绘本书籍，包括桥梁书、科普、奇幻、人文、生命教育及其他不同类型，无偿提供给获益班级的儿童阅读，预计一学期惠及1500个家庭。彩虹花公益小书房从规划设计、协调沟通到确定书目、购书、书包分装、书包送校、校园宣讲，深度介入，直接把优质的童书送到孩子手里，满足流动儿童的阅读需求。

梦想书包，仅仅有书籍，优质的书籍，还远远不够。只有书、儿童、家庭、学校真正的融合联动，才会为儿童打造一个良好的阅读生态。在“梦想书包”的公益项目中，彩虹花通过“书籍免费赠阅、故事会引发孩子兴趣、父母讲座促进家庭阅读”三合一服务方式，增加了班级读书会、儿童主题阅读课程、教师培训、家长理念讲座等软性服务，一方面教家长们如何培养孩子的阅读兴趣和习惯，另一方面给孩子们讲故事，教他们如何制作阅读记录卡以及保护书籍，让小学一年级学生群体及其家庭亲子关系亲密起来，养成阅读习惯，让孩子们的生命花园更加精彩。据彩虹花公益小书房公布的数据显示，2014年全年在4个城中村社区投放了60个“梦想书包”；2015年全年在5个城中村社区投放了150个“梦想书包”，与幸福会合作了5所小学的“梦想书包”项目；2016年全年将在11个城中村社区，预计投放400个“梦想书包”，另外3所民办小学预计投放的书包数量1000个。

三、志愿服务为彩虹花公益小书房护航

“不但要培养自己孩子的阅读习惯，还要将阅读这件美事传递出去，将好的读物和阅读方法与更多的人分享。”这是众多无私奉献的义工妈妈们参与公益小书房志愿服务的首要理由。

作为一个公益机构，彩虹花公益小书房的运作主要是靠义工支撑。这些义工并非一时的心血来潮，而是在不影响家庭、工作和生活的前提下，持续地、有计划地、有组织地、负责任地发挥爱心、热心与能力，同时也收获内心的满足感、成就感和荣誉感。在彩虹花公益小书房中服务的义工是一群爱阅读、爱和孩子阅读、愿意与他人分享、共同成长的热心人士。他们有优秀

教师、幼教人员、律师、画家等，还有博士、海归都参与到他们的核心团队当中，专业知识丰富，其中绝大部分人是为人父母，对孩子有耐心有爱心有责任感，对儿童阅读推广事业也有着浓厚兴趣和信心。这些义工们常常为筹备活动自掏腰包，贡献财力、物力和精力，小书房里上千套藏书更是由爱心家长捐赠的。正是有了他们的无私奉献和专业支持，彩虹花公益小书房的亲子阅读推广事业日益成熟化、专业化。

为了义工们能更高效有序地服务于各项活动，彩虹花公益小书房制定了《深圳市彩虹花公益小书房读书会义工职责》，将所有义工分类，规定各自职责，各司其职，有分站负责人、活动策划义工、活动预告贴发布义工、活动主持义工、阅读引导员（故事妈妈）、绘本推荐义工、签到义工、秩序义工、PPT 放映义工、录像义工、拍照义工、道具制作义工、延伸活动义工等。

为了更好地推广亲子阅读，义工妈妈们成立了“彩虹花故事妈妈讲师团”。彩虹花讲师团是一支全部由公益小书房资深义工组成的讲师团队。在绘本故事讲述、文字书阅读引导和讨论、英语绘本启蒙、阅读推广公益等方面经验丰富，富有个人魅力。主要负责对普通家长、企业员工、公益小书房义工、教育工作者等受众，进行有关儿童观、儿童阅读、亲子阅读、儿童阅读引导等方面的培训和指导。妈妈讲师团一边积极参加培训提高自身，一边主动走向深圳的各个角落，走进企业、小学、幼儿园，不仅分享亲子阅读经验，传播良好的阅读方法，把阅读的快乐传播出去，同时还把爱与奉献也传入人心。“彩虹花故事妈妈讲师团”的主干人员如下：

李波，喜悦妈，深圳市彩虹花公益小书房发起人，现任理事长。她是一位可亲的故事妈妈，是一个了不起的奉献者。同时，她还是一名美术从业者，手工达人，从事儿童美术教育多年，曾为多个儿童出版物配画插图，在儿童美术艺术引导上，具备多年丰富的经验。

猪小一妈妈，是一位奔走深港两地、实力超强的偶像级故事妈妈。从会计学硕士、执业注册会计师和知名投行业务董事到全职妈妈，2003 年开始亲子阅读实践，2007 年和李波一起推广儿童阅读，通过深港两地学校、图书馆、幼儿园，网络论坛和电台，以读书会、家长讲座和电台节目等多种形式推广儿童阅读。

安竹妈，小书房最富感染力的海归故事妈妈，原新东方明星教师，宝安图书馆少儿英语俱乐部活动主持人。旅美五年，英语听说能力俱佳；多才多艺，除英语外，擅长绘本讲述、声乐、服装设计。熟谙少儿心理，擅长运用自然拼读、故事、歌谣和绘本剧等方法来提高孩子们学英语的兴趣和语言能力。

安谙，集深度和创意于一体、才华横溢的故事妈妈，深圳市首期阅读推广人培训班毕业学员，公益小书房资深义工、主力讲师，现任深圳市彩虹花公益小书房秘书长。善于思考，因擅长组织历史、哲学等主题的深度读书会而备受瞩目。

恰恰妈，美丽优雅、热情有爱的语言学博士故事妈妈，心理语言学博士，彩虹花公益小书房资深义工和讲师，深圳市总工会讲师，曾在大学任教五年。

闪电，极富亲和力、博学多才的清华博士故事妈妈，清华大学管理学博士，副研究员，主要从事社会组织领域的研究，业余时间积极投身公益事业，将理论研究与公益实践紧密结合。现任彩虹花公益小书房监事。

西西妈，英语语言文学专业，深圳市彩虹花公益小书房资深阅读引导员，深入研究了关于亲子阅读和绘本的相关理论，对绘本故事的讲述有独到见解。特别喜欢与孩子共读英文原版绘本，培养孩子的英文耳朵。

慕容胖胖，彩虹花公益小书房活动部部长。留学英国回来的法学硕士。她善于思考，才情横溢，富有创造力，主持、策划了多场精彩的小书房活动，受到广泛好评。

远远妈，细腻温和、严谨睿智的故事妈妈，彩虹花公益小书房前任秘书长兼项目部长、培训讲师、亚基会组织治理培训深圳站助理讲师、深圳市首批阅读推广班正式毕业学员。2009 年开始在公益小书房做亲子阅读的推广，先后组织策划近 60 场亲子读书会活动和阅读体验活动。

兜妈，教育管理硕士，曾荣获吉林省新世纪辅导员“十佳”明星称号，“深圳市优秀班主任”荣誉称号。彩虹花讲师团明星讲师，担任深圳读书会亲子阅读部部长、深圳市首届阅读推广人、深圳市少儿图书馆荣誉馆员、深圳市先锋898“文化星空”特邀嘉宾、深圳少儿图书馆“阅读跨年夜”特邀嘉宾。

豪豪妈，朴实淡雅、豁达开朗的理财师故事妈妈，国家高级理财规划师，深圳市彩虹花公益小书房理事、讲师；彩虹花绘本馆创始人，捐赠图画书2000余册。热爱亲子阅读，热心公益事业的“公益达人”，工作之余带着孩子一起做公益。

四、彩虹花公益小书房面临的问题与困难

在重视读书的深圳，近年来不断有各类民间阅读机构相继成立，为全民阅读事业做出很大贡献，但是这些民间阅读机构在可持续化发展上遇到了很多生存困境。民间阅读组织的发展困境引起了有关部门的重视，政府部门对此开展了“民间组织阅读发展状况”的课题调查，这个调查通过“深圳读书会”的官方微博，已经收集到了不少阅读组织的回应，目前来看，仅凭发起人个人出资，后期的运行费用何以为继，是大多数民间阅读机构都存在的问题。问卷调查中，有一项是“你所在的阅读组织目前面临哪些问题？”其中“经费不足”“资源掌控较少”“缺少政府的重视与扶持”“缺少社会各界的赞助与支持”等成了热门选项。而在“开展活动所需经费通过何种渠道取得”的选择中，绝大多数人的答案是“自筹”与“会员临时筹款”，但“政府赞助”“社会公益赞助”和“商业赞助”等选项则选者寥寥。

经费问题也是彩虹花公益小书房一直以来面临的最大问题。活动的经费最开始都是靠义工自己掏腰包，以一切从简为原则。在注册为民间非政府组织后，也申请到一些少量的资金，为他们的活动注入了一些经费，譬如成功申请了城中村阅读共成长项目资助5000美金；成功申请腾讯筑力微爱——流动图书馆项目30000元资助；成功获得深圳市未成年人德育教育项目资助8000元。

“梦想书包”在2014年启动，全年实施的是“梦想书包”社区项目，是由深圳市阅读联合会和美国的UMM公司（太吉公司）赞助；2015年由于该项目细化成了社区和学校两个类型，社区项目仍然是深圳市阅读联合会和美国的UMM公司（太吉公司）赞助，学校项目则与深圳市幸福慈善基金会合作，由基金会资助；2016年仍然分为社区和学校两个类型，社区项目还是原资助方，学校项目的资助方分别是龙华妇联和彩虹花自己通过“为爱行走”的筹款所得。“梦想书包2016”在“为爱行走”的网站上公布的预计筹款数为154050元，并公布了详细的善款使用明细，至2015年12月12日，已筹集资金116471.30元，仅完成76%的目标，善款的筹集还是有一定难度。

这些资金一般都是项目基金，是基金会、爱心企业为彩虹花一些好的项目专门成立的基金，仅服务于项目，整个机构的运作还是捉襟见肘。除此之外，没有固定办公场所，缺少专职人员，也是彩虹花面临的主要困难和需求。目前，彩虹花公益小书房的固定办公场所就是在李波和另外一名义工的家里。没有全职的员工，所有活动全部靠义工的帮助，但是义工时间不能保证，都有家庭、工作需要顾及。彩虹花公益小书房在经历了几年的发展壮大期后，必须要在组织管理、组织运营、资金筹措、宣传推广等方面进行深入思考和专业发展，才能可持续发展下去。

生存的压力迫使民间阅读机构开始寻求新的出路。像一些亲子阅读机构与一些出版社合作组成了“亲子阅读联盟”，为企业或其他团体提供亲子阅读成长的课程，培训讲师团，订制购书清单等服务，为机构寻求可持续运行的方式。彩虹花在2013年底开始探索与聚橙网络技术有限公司达成战略合作，利用资源，相互促进，一起为孩子的心灵成长而努力。亲子阅读和亲子演出，资源互换，尽力而为，第一年为非量化、非强制约束性的协议合作，以后稳步推进。合作模式包括，提供义工赠票、抽奖票，互相支持其活动、相互宣传等。

宋阳，深圳市特区文化研究中心副研究员

后院读书会：一个公益组织的文化实践

王绍培　宋黎鹃

一、后院读书会的缘起

2009年10月中旬的一个星期六，王绍培和几个书友开始了在一家名叫“后院”的餐厅的第一次聚会，并由当时最年轻的书友宋交交分享了她正在阅读的一本书《秘密》。参与聚会的书友刘敬文、黄河、宋黎鹃、任离等人介绍了自己正在阅读的书，推荐了一些值得留意的书目。那天的读书会上，大家还确定了下一讲的主讲人以及要事先预习的书籍。他们决定把这个业余兴趣阅读小组称之为“后院读书会”，除了活动所在的地方就叫“后院”之外，还希望这是一个有别于广场的、属于个人的“懒洋洋的小角落”（罗兰·巴特语）。

从那天开始，每到星期六的下午，书友们就从城市的各个地方赶到位于深圳华侨城创意园的这个“懒洋洋的小角落”，在庞大的菠萝蜜树影的笼罩下，谈书、谈阅读、谈写作、谈生活在这个移民城市的感受，然后用AA制的方式聚餐……这个定期的聚会聊天被一些人看作是一件“奢侈的事情”，因为类似这种“缺少功利动机”的活动在深圳是不多见的，但也可能正是因为这种纯粹性，越来越多的爱书人被吸引了过来。

后来成为后院读书会会长的宋黎鹃当时说的一句话成为后院坚持活动的一个原因，宋黎鹃说：“我之所以参加活动是因为后院读书会提升了我在这个城市生活的幸福感。”而王绍培则用“第四种状态”来解释为什么类似后院读书会这样的兴趣小组受到欢迎。所谓“第四种状态”就是在工作、运动、休闲之外的一种“闲暇”状态，王绍培说，越来越多的人不满于自己的现状，他们希望克服自己的“异化”状态。正是闲暇使我们成为一个真正的人和完整的人。事实上，后院读书会的长期存在赋予了“后院”全新的含义，后院意味着闲暇、平等、开放、宽容、游戏、多元、低调、个人、民间和边缘……

早期参与后院读书会的一批人都好玩。彼时微博方兴未艾，于是大家合谋如何把微博跟阅读结合起来，让线上和线下互动，使虚拟和现实连成一片，就这样，“一本书能够走多远——阅读接力”活动应运而生。第一次走出后院的尝试产生了意想不到的影响，很多人开始认识到：读书其实也可以是社交，也能够很好玩，而这种“阅读新玩法”可以让更多的人爱上读书。从这时开始，后院读书会在一定程度上改变了初衷，不再局限在“三五素心人”满足自己的兴趣，带动身边的人一起读也成为一个新的诉求。

随着后院读书会的影响日益广泛，读书会不可避免面临着一个如何严肃认真地承担社会责任的问题。有人建议将读书会正式注册，以方便展开更多的公益文化活动。2012 年 9 月，后院读书会注册为民办非企业社会组织——深圳市后院阅读文化发展中心。这一次的注册也帮助后院读书会厘清了自己的定位和思路。其中包括：明确了后院读书会的宗旨是“提倡民间阅读，丰富社区文化”；制订了后院读书会的目标是“以读书会、论坛、创意读书推广活动等具体形式，将民间阅读落实在每一场社区活动中，建立民间阅读文化活动新模式”；后院读书会的口号是“岁月如书，后院读过”；后院 LOGO 则是一组图案，这组图案的含义是“一点烛光，两页书香，三瓣簕杜鹃，四格后院窗……无门槛，有温度，人因书聚，花为书香”。

2013 年 6 月 16 日，深圳市南山区粤海街道办提供了位于南山区文心二路 78 号的一处约 100 平方米的空间作为后院读书会的固定活动场所。一个朋友间的个人兴趣小组升级换代，成为一个“社会公益组织”。

2013 年到 2014 年，后院读书会组织了多次大型阅读推广活动，包括“城市萤火虫”换书大会、8+2“阅读南山”系列活动，以及以微信群为载体的音频读书会“听说后院”，将阅读的薪火传递到更广泛、更具体的社区和人群。

从2015年开始，后院读书会回顾初衷，重新回到原点——也就是认真读书。他们开始把阅读的重点放到哲学原著的阅读上。2015年上半年，他们精读了美国哲学家所罗门的《哲学大问题》一书，这是美国大学哲学专业的入门书。从2015年下半年开始，他们计划用一年的时间阅读黑格尔的《美学》四卷本，并把2016年称之为“美的一年”。他们把哲学原著的阅读计划叫“哲学席明纳”。英语单词Seminar的意思是讨论会，但是社会学家费孝通先生认为“讨论会”传达不出Seminar的精神，于是用一种音意兼顾的办法翻译为“席明纳”。“席”是大家围成一团谈论问题；“明”是把问题讲明白、听明白、弄明白；“纳”是从大家的讨论中收获有营养的思想养分。这个“哲学席明纳”活动将长期继续下去，成为后院读书会的又一大特色。

二、后院读书会概况

（一）组织架构

后院读书会的最高权力决策机构是理事会，理事会由10—20位理事组成，理事长为理事会总召集人，并聘请有法律顾问、财务顾问、监事若干人。理事会大会选举会长，审核并批准会长的工作报告。会长是行政负责人，会长有权任命执行会长、秘书长等职务，负责后院读书会全部日常工作。

（二）活动类型

后院读书会的活动大致分为三种类型。一种是小型的阅读分享，通常在数十个书友之间展开；一种是大型的读书报告会，活动会选择在较大的场地，邀请知名的作者或者译者来分享他们的心得；还有一种是户外活动，从几十人到数千人规模不等。

初建时，后院读书会每周一场阅读分享活动，后来调整为每两周一次。每次活动先确定一个主讲人——这个人可以是受邀请而来的，也可以是某个书友自己提出来主讲某本书或者某个主题。主讲人先用一段完整的时间介绍主题，然后大家提出问题，参与探讨。主讲的题目话题宽泛，有时候是一本书或者是一类书，有时候则是一个热门话题。还有些时候，后院读书会的书友们会到一些地方游历，这就是大家所说的“走读”。

2012年注册为“民非”之后，后院读书会开始组织一些大型的户外活动，比如：阅读接力——利用微博进行阅读接力；换书大会——让爱书人到广场去交换喜欢的书；书乡地铁——倡导公交上的纸质阅读；海上阅读——乘坐帆船到海上读诗诵诗；迎新晚会——一年一度的书友聚会；语音分享——微信群里用语音的方式介绍自己读过的书，等等。

（三）后院粉丝

后院读书会以其无门槛的方式向社会大众开放，参与后院读书会的同仁主要是一些记者、编辑、出版家、作家、文化学者、设计师、咨询师、广告人、律师、医生、公司白领、教师、企业家、投资人，等。至今，参加过后院活动的人已达数万人次，有数百位资深会员经常参加活动。

（四）后院嘉宾

到2015年底，后院读书会共计完成线下文化沙龙240场。参与的主讲专家超过300位，听众过万。来后院主讲过的嘉宾五花八门，国外如爱尔兰作家、英语文学中的语言大师科尔姆·托宾，犹太教拉比、作家、演讲家大卫·雅科夫·科恩，翻译家Bruce Humes（徐穆实）等人；台湾著名导演魏德圣，作家杨照，作家薛仁明，漫画作者弯弯，资深媒体人宫玲；香港文化学者马家辉，导演陈安琪，《乐现剧场》及《一刻苏眉剧团》创始人余诗颖等都曾经做客后院；内地学者秋风、张曙光、寇延丁，养生达人正安中医创始人梁冬，世界武当太极养生协会执行长杨硕诚，龙氏八卦推腹法传人龙帅江，都曾受邀来后院做专题演讲。至于深圳本地的嘉宾就更多了，文化学者尹昌龙、胡野秋、刘申宁、老亨，出版家南兆旭，制片人邓康延，电影评论家王樽，小说家薛忆沩、庞贝，媒体人胡洪侠、王海鸿等等，都曾经不止一次到后院读书会分享。

（五）后院专家

2015年10月，后院读书会成立5周年之际，聘请了以下15位为后院读书会特约专家，他们是：深圳出版发行集团总经理、北大博士尹昌龙；深圳国民纪录影视公司董事长、著名纪录片导演邓康延；著名作家、湖北省作家协会副主席邓一光；著名作家、影评人王樽；深圳君亮资产管理公司董事长、“中国申请预算公开第一人”吴君亮；著名作家、编剧、翻译庞贝；文化学者、作家胡野秋；深圳生态观察家、出版人、纪录片监制、深圳越众文化传播有限公司董事长南兆旭；青年作家钟二毛；清华大学艺术学博士、教师聂晓梅；著名作家薛忆沩；深圳市华文国际传媒有限公司总经理魏甫华等。

三、后院读书会活动

后院读书会自成立以来，除了常规的阅读沙龙，还积极策划富有创意和时代先锋精神的阅读推广活动。主要的创意活动包括：

（一）“听说后院”微信语音读书分享会

听说后院微信语音分享会是后院读书会创新策划的读书会形式，在2014—2015年间，总计进行了四季共400多场。“听说后院”是一种有专人主持的以微信群为载体的读书分享，它突破了时间和空间的限制，将阅读与当下最热门的社交载体“微信”结合起来，充分利用碎片化时间，吸纳各行业阅读精英的思想精粹，受到了包括北京、上海乃至海外人士的热烈追捧，被誉为互联网时代阅读新模式的典范。在有着丰富夜生活的城市，后院读书会会员以众筹的方式共同完成了一场场书香盛宴，一场场辛苦而又饱满的阅读马拉松！对于社会来说，互联网上的后院读书会展现了一种值得珍视的文化微景观：人们不是用新媒体去替代传统阅读，而是运用新的科技手段拓展并创新了文化习惯。

活动的具体形式：每周一至周四的晚上8—10点，有3—5位会员在后院读书会群里分享阅读体会，每次分享都会先在后院读书会公众号上发预告，当晚 8—10 点，会有专人主持分享会。分享会结束后，其中比较优秀的分享会被工作人员挑选出来，制作成音频，再次放到后院读书会公众号、官网（听说后院频道）或荔枝、喜马拉雅等网络电台的后院读书会专号上推广。

据统计，参与此活动会员性别比例男女对半；年龄最大是 1948 年出生的，其他以 70 后、80 后为主；职业背景以商界、文化产业、IT 业人士、媒体、培训师、艺术家、政府公务员为主。

分享的书籍类型包括政治制度、经济学、社会学、国际关系、民族关系、文学（小说）、宗教、心理学、性学、教育（亲子教育）、历史、地理、社会人文随笔、传记、绘本、戏剧、美食、旅游、摄影纪实、健康养生、媒体（信息）技术、物理学、证券（炒股）。在这些类型中，以宗教（如《正见》）、心理学（心灵成长）、文学经典（如《瓦尔登湖》《薄伽梵歌》）、社会学经典（如《乌合之众》）较多。

参与该活动的会员聂子禅博士评价道："许倬云提出坏空时代的解决之道是'东方思维 + 科技文化'。微信时代的后院读书会似乎在社会一隅印证了这种可能性。它是传统时代坐而论道的读书文化与互联网精神的结合：重视参与、重视分享、重视规则。而我不认为这仅仅是一场短暂盛宴。对个人来说，它更像一种带有'众筹'意味的长期读书投资：每个人投资了 10 分钟个人读书体验，收获了 150 倍的阅读分享，收获了自己未曾涉足的阅读地带，收获了日常生活之外的静夜悦音，收获了旅途中的私人读书电台，收获了每一晚的文化期待，收获了精神偶遇的惊喜，收获了不曾谋面的读书人之间的君子友情。"

（二）"城市萤火虫"换书大会

从 2013 年起，后院读书会每年都会举办一次大型群众性阅读推广活动"城市萤火虫"换书大会，至今已经是第四届。每一届，都创新主题，第一届是微博换书，通过微博平台晒出 200 多本图书，换书大会活动现场超过

500人参加。第二届扩展到大学生、企业白领、儿童等，都设有换书专区，影响面持续扩大。2015年更是加入无人机作为换书活动的全新元素，在全市乃至全国开创阅读推广活动之先河。

作为第十六届读书月“悠然南山8+2换书系列活动”之一，第四届“城市萤火虫”换书大会之无人机换书专场由中共南山区委宣传部（文体局）、南山区粤海街道办事处共同主办，后院读书会承办，它紧扣第十六届读书月“互联网+”的主题，创新地将无人机的3大优势紧密结合在活动中：首先，活动开场，无人机带着“学在南山、读在粤海”活动标语环绕全场，向广大民众阐释活动主题；其次，无人机搭载书籍，循环往复地完成换书过程，让来自企业、高校、社区的广大民众充分体验智能电子设备给阅读带来的全新体验；再次，无人机还发挥航拍特长，全程记录具有美妙视觉效果的换书活动。这次换书大会不但沿袭了往届“城市萤火虫”换书活动中的经典元素，包括灯光带铺就换书区、闪烁小灯装饰书籍等，还加入了富有文化气息的演出，包括身着汉服吟诵诗经，后院读书会会员合唱原创会歌等，有包括企业白领、高校学生、社区群众、少年儿童等在内的超过200人参与换书。

本次无人机换书活动，受到群众及媒体的热捧，《深圳特区报》《深圳商报》《深圳都市报》都在头版予以报道。深圳卫视“第一现场”栏目在活动当晚进行了现场报道。

（三）哲学席明纳

目前，随着手机、微信的普及，碎片化阅读、浅阅读逐渐成为趋势，经典反而被搁置、冷落，甚至被人们“抛弃”。尤其是哲学类的经典著作，由于需要相当的知识储备和时间积累，更是让人们望而生畏。从2015年起，后院读书会创新推出对经典书籍的深度阅读形式：哲学席明纳，用三个月或一年时间，30位左右的会员在一起研读经典哲学著作。

2015年5—7月，后院读书会正式启动了“哲学席明纳”这一学习形式。“席明纳”一词是社会学家费孝通先生对seminar的翻译。他认为，

seminar 简单地可以译作“讨论会”，但“讨论会”这个名称传达不出它的精神。而“席明纳”更为传神地表达出研讨的精神和气质——“席”，席地而坐讨论问题；“明”，明辨是非；“纳”，大家都从讨论中有所吸纳好的意见和思维方式。鉴于学员水平参差不齐，前一小时由导师主讲 30 分钟，两名副讲各讲 10 分钟。后一小时采用席明纳式，学员一起讨论对某章节看法。

后院读书会的“哲学席明纳”旨在通过经典著作的精读，学习常识，培养思考能力。哲学席明纳第一期是以罗伯特·所罗门的《大问题——简明哲学导论》为读本的，为期三个月，因为活动形式新颖，选择的书籍又独具特色，获得了包括《深圳商报》《深圳晚报》《晶报》《南方都市报》《羊城晚报》等在内的媒体争相报道。因为深受会员欢迎，2015 年底已经开启哲学席明纳第二期课程，学习黑格尔的经典哲学著作《美学》，学期一年。在第二期的课程中，除了集中研读，后院读书会还结合香港巴塞尔艺术展、深港城市建筑双城双年展等展会，组织了多场美学走读会，请来了顶级珠宝设计大师陈世英（Wallance chan）等专家进行专场美学导览。

（四）阅读接力

早在 2012 年，后院读书会就发起“一本书能够走多远”的阅读接力活动，参与者通过微博寻找接力读书的朋友，在 5 个月内共 100 本书参与接力，书籍传递到了包括中国台湾、美国、法国在内的多个地点，借助微博的影响力，共计有 150 万人次关注到本次活动，媒体影响力巨大。

2014 年完成了以“读书月十大好书”为特色的获奖书籍阅读接力，是当年读书月持续时间最长（从 2014 年 10 月 30 日到 2015 年 4 月 23 日）的民众阅读推广活动。活动不仅参与人数多，影响范围广，因为结合了 6 场获奖书籍作者 / 译者的独家分享会，而收获了坚持高品质阅读的好口碑。

（五）地铁阅读

地铁作为城市交通的枢纽，一直是民间阅读推广的重要载体，后院读书会多年来致力于推动和地铁相关的阅读实践。

2013年7月4日，后院读书会发起“通往书乡的地铁”活动，会员们在地铁枢纽线路中，集体阅读纸质书，并在地铁站口派发推广阅读的宣传材料，倡导用搭地铁等碎片化时间来阅读，应者踊跃。

2014年10月11日，后院读书会发起“丝巾问卷·地铁阅读”调查，活动通过向地铁乘客赠送丝巾、派发问卷的形式，深入了解深圳地铁阅读现状。

2014年11月30日，后院读书会和深圳市地铁集团有限公司合作举办“通往书乡的地铁暨地铁小说还乡活动——地铁小说集首发及漂流”，旨在呼吁大家不要沉迷于手机，沉迷于网络，唤醒大家对深度阅读的关注，为深圳地铁营造出书香氛围。此次活动的照片通过微博、微信及媒体的报道后，引发了关于地铁阅读的大讨论。

（六）海上阅读

2013年9月7日，后院读书会与中国杯帆船赛组委会合作，组织会员进行“海上阅读”，参与者身穿泳装，搭乘帆船在海上读书。在帆船上，大家不仅分享了《正能量》《奥登诗选》等书籍，还在瑜伽老师的带领下体验了梵歌唱诵，画家刘海涛现场速写，记录了蓝天大海中的诗书乐享。活动结束后，在《南方都市报》上引发了关于海上读书的激烈讨论。后院读书会回应道，组织此次活动，旨在打破常规思维，体现阅读的无界限。

（七）化装年会

作为一个民间阅读推广组织，年会该怎么开？怎样来一场既热烈有趣、又雅俗共赏，还环绕着文化氛围的年会？2016年1月23日晚，后院读书会策划了“天黑请闭眼”新年化装晚会。读书，大可不必只是书斋里的正襟危坐；读书，就是一种生活方式，古人说的厕上马下皆可读书。正如著名制片人邓康延所说：“文字自有黑白，生活何妨多彩。治国著书谈恋爱，都离不开食、欲，所谓会读书若烹小鲜也。”

“天黑请闭眼”新年化装晚会在深圳气温逼近50年最低的冬夜里举

办，来自财经、设计、法律、传媒、IT 等行业 200 多名后院读书会会员，化装成各种形象参会。为了激发参与者热情，后院读书后设立了“最具创意造型奖 TOP10”，现场每位来宾既是候选人，也都是投票人。当晚，后院读书会会员们果然天马行空发挥想象，扮成哈利·波特、妖神、奸商、阿拉伯王子、海盗、冰雪奇缘中的爱莎，在汉服文化推广人徐俊生的带动下，还有很多会员选择了古风盎然的汉服造型。晚会“最具创意造型奖”被“山寨版厨师”拿到。一位会员灵机一动借了活动举办餐厅大厨的衣服和大勺，扭动“电动马达臀”热舞亮相，引来餐厅正版厨师们集体走秀，现场热爆……邓康延先生赞其：“突发奇想、妙勺成席。”当晚，著名作家邓一光、文化学者胡野秋、深圳出版发行集团副总经理曹宇等出席本次活动，并欣然登上舞台走秀。

晚会最后一个环节是后院读书会的“经典例牌”——换书。每一位参加者带来一本心仪的书，写上感悟、写上祝福语，或者除了一个微信号什么也不写，再挑选一本其他会员的书带走，让书的奇妙缘分继续。本次年会活动，在《深圳商报》《香港商报》《蛇口消息报》上均有精彩报道。

四、后院读书会理念

在某种意义上讲，后院读书会是一个具有明确的文化自觉的公益组织，他们对于自己所从事的活动价值和意义大致是十分清楚的。换言之，后院读书会有一套完整的理念指导自己的文化实践。这些理念包括：

（一）闲暇

一般来说，我们的人生分为三种状态，一种是工作状态，工作为我们提供生存的条件；一种是运动状态，运动维持着我们身心的健康；一种是休闲状态，休闲使我们能够补充生命的能量。在这三种状态之外，还有一种状态是闲暇。

闲暇很容易被混同于休闲。但是，闲暇不是休闲，不是玩乐，更不是懒惰。如果说休闲是身心的放松、放空、无所事事……那么，闲暇则不是。一个处在闲暇状态中的人，他的身体没有劳作，但是，他的头脑，他的精神，他的心灵，则处在某种程度的紧张或者活跃的状态中，闲暇让我们静观存在的真相，体会生活的意义，享受生命的喜悦，因此，也可以说闲暇是“另一种类型的工作”。闲暇是“一种心灵的态度”，闲暇培养我们对世界的观照能力。

德国哲学家约瑟夫·皮珀在他的名著《闲暇：文化的基础》一书中告诉我们，人的存在不是为了工作，工作只是手段，闲暇才是目的，有了闲暇，我们才能完成更高层次的人生理想，也才能创造更丰富完美的文化果实，因此，闲暇是文化的基础。

总体来说，深圳是一个崇尚工作、财富、物质的社会，而后院读书会则在会员当中传达一种不大一样的理念，也就是闲暇的理念，让越来越多的人明白人生的目的是什么，生命的意义在哪里，完整的生命状态意味着什么，并使阅读行为跟闲暇发生紧密的联结。

（二）平等

改革开放的几十年，同时也是一个社会阶层分化日益明确的过程。很多人产生了越来越强烈的身份意识以及阶层意识，以“阶层区隔”为特征的民间组织多如雨后春笋，这或许也是有某种必然性和必要性的。但是，另一方面，现代化本质上是一个“反金字塔”的过程，是社会从金字塔结构向网络结构过渡的过程，因此，我们其实也需要很多以消除社会阶层界限为特征的社会组织，以降低社会沟通的“交易成本”。在这个意义上，平等不仅具有人权方面的普适价值，而且也具有社会进化中的工具价值。

后院读书会无门槛的初衷以及“哲学席明纳”的后续，都传达出一个核心理念，那就是平等。后院读书会一直坚持来去自由的开放性原则，强调参与活动的每一个人无论身份职务是什么，精神人格都是平等的。尽管有时候一些人把后院读书会称之为“精英读书会”，但是后院同仁并不认同这个说法，“去精英化”也是后院读书会的诉求之一。后来的“哲学席明纳”更是强调“去导师化”，以参与活动的书友为中心，自我教育，互帮互学，也是强调思想上的平等精神。后院读书会的不拘一格在一定程度上消除了人们心目中的阶层意识，实现了直接性的跨阶层交流。

（三）开放

我们每个人的头脑中有太多的条条框框，我们每个人都会情不自禁地为自己或者为他人设置藩篱，来自社会和个人的原因都使我们很容易就踏上了一条通向保守的道路。我们之所以陷入被奴役的状态之中，在认识的意义上，都跟我们精神缺乏开放性有很大关系。

而阅读不仅通向开放状态，而且它本身就是一条开放性的道路。阅读在本质上是拆除藩篱的行动。换言之，一切具有拆除藩篱效果的行为都是阅读，而设置藩篱是反阅读的。

后院读书会曾经策划“海上阅读”活动，引起较大争议。这个案例证明，即使在读书人当中，他们对离经叛道的阅读行为也是不能够迅速理解的，他们无法把帆船跟阅读联系起来，无法让比基尼和诗歌发生关系。事实上，后院读书会的诸多活动都是在非阅读的非议中进行的，太多的人把阅读界定一种必须正襟危坐的读书行为，这样的理解跟开放性精神实在是大相径庭的。也因此，后院读书会看似妙手偶得的策划实则也是深思熟虑。

（四）对话

因为教育、阅历、禀赋、环境、立场等各种原因，我们每个人的思想看法不尽一致是必然的。很多时候，人们往往会对同样一件事情有完全不同甚至截然相反的意见。很多人是有一种“独断论”的思维习惯，以为只有自己的意见才是最客观、最公正、最正确、最全面的，因此，我们会争论不休。如果说争论是必要的，那么，学会争论则是十分重要的。

后院读书会提倡把争论转变为对话。对话的前提之一是学会聆听，尽可能听完、听懂对方的意见，不急于表达自己的观点；对话的前提之二是假定对方是正确的而自己有可能未尽周全，尽可能汲取对方的有价值的意见；对话的前提之三是求同存异，保留不同的意见，悦纳相同的见解……

（五）游戏

游戏是审美活动之一种。如果说一般性的审美侧重静观默察，那么游戏是在运动中、活动中进行的审美。之所以说游戏即审美，是因为游戏的无目的之合目的性、游戏的愉悦、游戏中的合规则的自由，都跟审美活动是高度一致的。因此，游戏精神就是审美精神。

后院读书会一直倡导把各自活动都当作是游戏来进行，因此，强调活动中的愉悦性，活动的美学意味，活动对于我们自由目的的启示性意味。后院读书会策划了很多以好玩为名义的游戏活动，将活动的目的性和功利性进行适度的分解，甚至常常将意义搁置在一边，为的也是凸显游戏的本性。

五、后院读书会荣誉

2012年11月，后院读书会策划实施的“一本书能够走多远——阅读接力”被深圳读书月组委会评为“最佳活动创意奖”。

2013年11月，后院读书会被深圳读书月组委会评选为“深圳市阅读示范基地”。

2014年4月，后院读书会获得首届“伯鸿书香组织提名奖”，该奖项由中华书局、桐乡市人民政府发起，联合光明日报社、中国阅读学研究会共同主办。

2015年4月23日，后院读书会在南方都市报主办的2015深圳领读者传媒大奖中获评“十大民间阅读组织”，后院读书会会长宋黎鹃获评“十大领读者”。

2015年11月28日，听说后院微信语音读书分享会被深圳读书月组委会评为“第三批深圳全民阅读示范项目”。

2015年11月29日，后院读书会获得“首届华文领读者大奖”之阅读组织提名奖，后院读书会创始人王绍培获得“华文领读者提名奖”。“首届华文领读者大奖”由南方都市报、深圳读书月组委会办公室、宝安区委宣传部、深圳市阅读联合会、中国阅读学研究会联合主办。

2016 年 1 月 26 日，第四届“城市萤火虫”换书大会之无人机换书专场，获深圳市阅读联合会颁发的“2015 年度全民阅读推广活动优秀项目奖”。

六、后院读书会影响

后院读书会曾经被各种新老媒体多次、反复报道，这些媒体包括：中央电视台读书频道、中央人民广播电台华夏之声的“名人有约”（两期专访）、《中国新闻出版报》、深圳电视台《第一现场》、深圳卫视财经频道、深圳电台先锋 898 的《鹏程一路一号》和《文化星空》《深圳特区报》《深圳商报》《深圳晚报》《晶报》《南方都市报》《深圳都市报》《南方周末》《羊城晚报》《广州日报》《南方日报》《香港商报》《周末画报》《新财富》等报纸；新浪网、搜狐网、腾讯网、凤凰网、深圳之窗网等网络媒体也做过专题报道。各大媒体的相继报道，使后院成为深圳民间阅读模式的代表。

王绍培，后院读书会发起人
宋黎鹃，后院读书会会长

阅读空间研究分报告

深圳书城建设和发展报告

廖智勇

为推动现代化国际化创新型城市的建设，实现建成更高质量的民生幸福城市的目标，深圳出版发行集团在承担好现有罗湖书城、南山书城、中心书城、宝安书城四座大型书城社会公共服务的情况下，按照促进特区一体化进程及公共文化服务标准化、均等化发展的要求，全面推行“一区一书城”发展战略，将进一步规划建设龙岗书城、湾区书城、龙华书城、光明书城、大鹏书城及配套服务基地等六个市级公共文化设施，并已列入了全市十二项重大民生工程项目及深圳文化创新发展2020（实施方案）重点建设项目。同时，深圳书城模式作为深圳的文化品牌，积极向全国输出，已落地安徽合肥、江西萍乡等地区，成为深圳在全国的靓丽名片。下面就深圳书城发展历程和未来规划情况进行详细报告。

一、深圳书城20多年发展历程

1996年11月，第一代书城——罗湖书城建成运营，这是新华书店首次转型发展，同时被市文化局、旅游局列为“文化旅游景点”。2004年5月，第二代书城——南山书城建成运营，对提高南山区作为全国先进文化区的文化品位、为南山区营造一个健康繁荣的文化氛围起到了积极作用。2006年11月，第三代书城——中心书城建成运营，该书城是单层经营面积最大的书城。自开业以来，该书城的客流年增长率一直位居全国大书城前列。2014年第十届文博会期间，中宣部副部长、国家新闻出版广电总局局长蔡赴朝同志视察中心书城时，充分肯定了“书城模式”，并给予中心书城“规模体量最大，环境最为舒适优雅，功能最为齐全，运营管理最好”的高度评价。2015 年 5 月，第四代书城（创意书城）——宝安书城建成营业，作为深圳特区一体化战略实施以来，设立在原特区外第一个由市、区两级政府共同投资建设的市级公共文化设施，为切实落实市民文化权利的均等化，打造深圳西部文化高地起到引领作用。

在 2015 年市审计局对市级政府投资文体项目绩效审计中特别提到：“宝安书城、龙岗书城的规划建设，填补了原特区外大型综合购书场所的空白，有利于实现全市文化体育事业的均衡发展。宝安书城项目以大型购书平台为载体，集购书购物、休闲娱乐、简餐服务、培训体验、交流展示、文化创意为一体，较好解决了深圳西部区域文化配套设施不足的问题，对促进深莞交界地带文化产业发展有积极意义。”

历经 20 年的探索实践，以中心书城为代表的深圳书城模式，已从一个传统书店转变为城市公共文化生活中心、具有旺盛生命力的产业集聚平台及市民公共文化服务设施。

二、深圳书城所承担的社会责任

（一）深圳书城是推进全民阅读活动的重要平台

2013 年 10 月 21 日，联合国教科文组织将“全球全民阅读典范城市”的称号授予深圳，正是对深圳塑造学习型社会推崇阅读的精神嘉奖。联合国教科文组织总干事长伊琳娜·博科娃曾多次参观中心书城，在颁奖现场她充满感情地说道：“我走过很多地方，去过很多城市，没有一个城市一个地方像深圳那样，那么多家庭那么多孩子，聚集在书城尽享读书之乐，这快乐温馨的场面，我永远都不会忘记。”从第一届“深圳读书月”在罗湖书城启动，迄今已成功举办十六届。各个书城一直是“读书月”活动的重要主会场。深圳人均购书量连续 24 年保持全国第一，是名副其实的“阅读之城”。阅读被认为是“第一等好事”。“让城市因为热爱读书而受人尊重”已成为深圳十大观念之一，阅读成为城市的新民俗，阅读文化已成为深圳的文化基因，提升了城市的品位。

（二）深圳书城是零门槛的公共文化设施

深圳书城坚持追求社会效益优先，不拒绝任何一个读者，是零门槛的公共文化设施，有效保障市民文化权利的实现。

1. 不间断举办各类公益活动是深圳书城提供公共文化服务的主要方式

书城投入运营以来，累计接待读者近 3 亿人次，举办各类文化活动累计 12000 多场次，极大地丰富了市民的文化生活，推动了全民阅读活动的深入开展。（详见下表）

现有书城文化活动情况汇总表

项目名称	开业时间	累计举办活动场次		累计接待读者人次（贡献人流量）
		每年	历年累计	
罗湖书城	1996年	100（从2014年开始稳定计算）	5000多场次	逾2亿人次
南山书城	2004年	300（从2014年开始稳定计算）	1800多场次	2000余万人次
中心书城	2006年	700（从2007年开始稳定计算）	5300多场次	7000余万人次
宝安书城	2015年	100（预计每年举办场次）		100余万人次

2. 高品质的选书荐书是深圳书城传播先进文化、弘扬主流价值观的显著体现

做阅读的指引者是书城作为公益性文化设施的重要体现。深圳书城通过多种方式和途径争做优秀内容的提供者和阳光阅读的指引者：一是通过“深圳书城选书”“深圳书城选碟”呈现为读者推选好书好碟的专业精神；二是采用名社专架陈列为好书找读者；三是通过推行“三金工程”（金牌买手、金牌店长、金牌导购员）持续提升图书采、销环节的专业性和服务水平；四是长期坚持开展“深圳晚八点”“全民品读会”“讲书会”等讲书、荐书活动，引导充满智慧和正能量的阅读潮流，引领优雅、健康、向上的社会风尚。书城已不再是静态的图书卖场，而是传播知识，传播先进文化，弘扬主流价值观的重要阵地。

3. 推动“大书城小书吧”建设是集团落实推进特区一体化，实现公共文化服务均等化的重要举措

根据特区一体化发展战略和深圳全民阅读的推广要求，集团确立了“大书城小书吧”的战略，落实“一区一书城，一街道一书吧”战略布局。未来集团将进一步在深圳新城市中心和副中心区规划书城群落布局，加快龙岗书城、湾区书城、龙华书城、光明书城、大鹏书城及配套服务基地的建设，加快街道特色小书吧的投资运营，构建结构合理、层次清晰、大书城和小书吧互为呼应的公共文化服务平台和全民阅读设施体系。

（三）深圳书城是高效能的文化事业产业综合体

深圳书城运营单位作为转企后的市场主体，摒弃了事业单位体制弊端，不断进行经营模式创新，通过公共文化服务供应商的角色更好地履行文化国企的社会责任。

1. 丰富完善的生活配套，多样化的文化休闲资源有利于深圳书城聚集人气、提高公共基础文化设施的使用效率

随着人们的生活品质不断提高，对休闲的需求更加多元化。书城作为公共文化服务平台，不仅具有图书馆阅读、学习、社交等功能，同时突破以买书卖书为主要功能的传统运营模式，打造以“积极休闲”和“能动生活”为特征的一站式综合性文化生活空间，呈现全新的阅读体验，休闲、怡情、雅兴的生活方式。其空间项目组合除了图书、音像、文具等核心层产品，还提供教育培训、创意文化等紧密层文化项目，以及咖啡、休闲、娱乐等配套服务，还举办图书推荐、讲座展览、音乐欣赏、文艺沙龙等公益文化活动。深圳书城不仅是图书卖场、阅读空间，更是文化领域的“万象城”。

2. 市场化运作、事业产业协同发展有利于深圳书城撬动资源、提升文化服务质量，建立公共文化服务长效机制

深圳书城在高效运行中，实现了公共文化设施效益的最大化，成为城市公共文化服务的重要平台，这得益于其文化事业产业综合体的性质。一方面，深圳书城运营单位作为国有文化企业，坚持把社会效益放在首位，具有很强公益性。另一方面，书城运营单位作为经营性企业，具有积极性和专业性，更能从公众需求出发，进行市场化运作，撬动更多的资源和能量，满足个体多样化的文化需求，提供高质量的文化服务。同时以经营性项目弥补公益性项目的支出，实现了社会效益与经济效益的良性循环，有利于建立公共文化服务长效机制。

（四）深圳书城是复合体验式的现代公共文化生活空间

1. 现场感和空间体验感是实体经济区别于电商的最大优势

静态的实体建筑、建筑空间的灵活利用，以及人们由此产生的联想、体验、解读等三要素，构成了一个有性格的空间，呈现一种独特而内在的精神气质。深圳书城通过一流的建筑设计、空间布局和氛围营造，成为公共文化生活空间的生产者，以其浓郁的文化与休闲气息形成独特的、标志性的、充满魅力的文化“场”，提供自在闲适、文明雅趣、能动积极的独特文化体验，使顾客愉悦地徜徉其中，并引发美好的联想和情感，从而成为人们向往和流连忘返的场所。

2. 文化活动是实体书城与网络书店的重要差别，也是提高市民参与热情、不断拉近读者距离的最佳方式

深圳书城连续十六年总承办深圳读书月，并作为全国第一个民间阅读组织（深圳阅读联合会）的会长单位，不遗余力地发挥主阵地作用，将全民阅读活动引向纵深和更广阔空间。成功打造了“深圳晚八点”“沙沙讲故事”“全民品读会”“讲书会”“书立方”等知名活动品牌，每年累计举办上千场次的公益性文化活动，在深圳全社会范围内掀起举办和参与文化活动的新高潮。

3. 推进线上线下互连互通的O2O模式是未来深圳书城克服实体书城的有限性，实现智能化的主要方向

在“互联网+”背景下，深圳书城将综合利用互联网和移动互联网技术、微信支付技术、无线定位技术等，积极探索从单一网上图书卖场的电子商务模式到线上线下一体化。通过建设精准的室内定位导购系统，建立与顾客互动交流的阅读咨询微信群平台，探索自助购书、书吧自助付款等服务，

进一步加大线上线下的相互引流，从而扩大实体书店的服务范围和功能，助力开展图书精品化等个性化的服务，使实体书城的有限空间在与虚拟书城的结合中成为无限地带。

三、深圳书城及配套服务基地规划建设情况

按照“一区一书城”发展战略及全市“12项重大民生工程”建设要求，加快推进龙岗书城、湾区书城、龙华书城、光明书城、大鹏书城及配套服务基地项目规划建设。同时，合肥中心书城、萍乡中心书城已在动工建设，正全力推进。

1. **书城的主要建设内容为：**以图书大卖场为核心，融合创意生活空间、公益活动平台、文化休闲娱乐等于一体的综合市民文化活动中心，社会公益、图书部分及图书相关产品面积与文化休闲服务配套面积比达7.5∶2.5。

（1）龙岗书城已于2015年底开工建设，计划2018年建成并投入使用，总投资约4.86亿元，总建筑面积3.5万平方米。

（2）湾区书城拟选址位于宝安中心区海滨广场地下空间及地面空间，计划于2017年开工建设，2020年建成投入运营，总投资约10.4亿元，总建筑面积逾6万平方米。

（3）龙华书城拟选址位于龙华广场旁，计划于2017年开工建设，2019年建成投入运营，总投资约4.74亿元，总建筑面积约4.3万平方米。

（4）光明书城拟选址位于光明新区管委会旁，计划于2018年开工建设，2020年建成投入运营，总投资约3.9亿元，总建筑面积约3.5万平方米。

（5）大鹏书城尚未进行选址，计划于2019年开工建设，2021年建成投入运营，总投资约3.9亿元，总建筑面积约3.5万平方米。

（6）合肥中心书城选址位于安徽省合肥市滨湖新区，计划于2016年开工建设，2018年建成投入运营，总投资约8亿元，总建筑面积约10万平方米。

（7）萍乡中心书城选址位于江西省萍乡市经济技术开发区，已于2015

年 12 月开工建设，计划于 2018 年建成投入运营。总投资约 1.2 亿元，总建筑面积约 1.5 万平方米。

2. **配套服务基地主要建设内容：**一是集团作为深圳文博会及读书月的重点活动单位，将充分利用集团在文化领域、图书行业的丰富经验、资源，进一步推动深圳阅读文化建设，打造具备品牌、价值、人气的图书阅读数字化指引及线上线下互动平台，为深圳市民提供优良的阅读指引和学习互动功能；二是作为数字书城的后台总部基地，利用互联网和移动互联网技术，打造以深圳书城智慧书城（实体书城智能化）、云书城（网上书城）、微商城（移动书城）等为主要内容的数字书城，为实体书城、书吧提供数字化后台服务，提升客户的现代化体验；三是规划以海天出版社、华文国际传媒为核心的数字出版发行产业基地，开展出版、教育数字化建设。拟选址位于坪山新区，总投资约 7.5 亿元，总建筑面积约 10 万平方米，计划于 2017 年开工建设，2020 年投入运营。

四、小结

深圳作为全国最年轻的一线城市和“四个全面”的排头兵，深圳的城市发展、创新能力尤为引人注目，而其核心是城市精神和文化气质的优秀。深圳书城群落作为最具社会效益最能体现深圳精神与文化气质的公共文化服务设施，是这座城市值得骄傲的文化名片。深圳书城历经 20 年发展，历经 4 代书城发展过程，分别对应图书超市大卖场、BOOK MALL、体验式书城和文化创意书城四个发展阶段，大力践行“书城 +”战略，集聚了书店、影城、艺廊、创意空间、文化活动、学习培训等模块，已成为城市公共文化服务提供者。未来规划建设的原特区外五座书城及一座配套服务基地项目，亦将极大地促进特区一体化及公共文化服务均等化进程，是推动现代化国际化创新型城市建设的有力举措。

廖智勇，深圳出版发行集团书城规划建设部

实体书店的战略转型探索

——以简·阅书吧为例

吴锦波

近年来，越来越多的书店正消失在城市的地图中，2010年广州“三联书店”关闭；同年北京的两家“光合作用”直营店倒闭；上海书城淮海店近年来销售也出现大幅下降，2011年更是同比下跌了20%。这些仅仅不过是近年来众多陷于困境中的实体书店的一个缩影。据相关资料显示，我国实体书店在2007到2014年期间，大约减少1.5万家，全国2011年上半年停业的中小型书店在1.2万家以上，中华全国工商联合会书业商会在一份调查中指出在过去10年里，有近五成的民营书店倒闭，而倒闭趋势还在加剧。当前在实体书店的发展中，还出现这样一种现象：越来越多的实体书店逐渐成为网络书店的样品间，人们从实体书店寻找自己需要的书，记录下书目名称、作者、出版社等信息，之后在网络书店进行购买，直接影响实体书店的销售业绩。

电子商务异军突起，网上销售非常火爆，这是因为在网络的时代下，使用电子的方式越来越普及，成为新的时代特征。而且电子商务不断发展，传统的书店已经无法有效地生存下去，其中有很多陷入了经济问题之中。由于当当、卓越发展迅猛，传统的实体书店已经无法与其抗衡，在新的文化冲击之下，我们的阅读方式、阅读时间都发生翻天覆地的变化，相当多的因素制约着书店的生存，他们必须采取其他措施才能摆脱困境。因此，在网络时代不断发展的今天，传统书店应探索新的发展之路。

一、实体书店面临的发展困境

数字信息化不断发展的今天，实体书店经营异常艰难，众多实体书店纷纷倒闭，其中不乏实体事业的巨头。任何事物的出现与变化都有其内在和外在的原因。而内在原因对事物的变化起着主导性的作用，既主导着事物向纵深发展的方向，也反映着事物变化的根本性质。因此下面先从实体书店的自身因素，来分析与归纳其发展中出现与存在主要问题的关键原因，再论及导致其发展困境的外部原因。

实体书店面临的发展困局，自身存在的缺陷是不可忽略的，主要分为以下几个方面：

1. **经营理念落后，市场化程度相对低**。长期以来，许多传统书店是人们不断深化知识和了解新信息的窗口，但是随着改革的不断发展，人们的观念意识不断向前，人们不再仅仅局限于图书的内容，而开始从外部可接触的媒体、媒介了解国内外的信息。因此实体书店的单一化图书销售模式有些落后，市场化程度低，不能满足现代人对知识和信息的渴求。

2. **经营方式落后**。互联网时代，实体书店的坚守者，在苦苦维持着多年艰难创下的书刊门店，充当文化传播者的同时，也成了止步不前、一成不变的传统经营模式的代名词。当前多数实体书店仍采用传统的经营模式，既没有突破老框框，也没有形成自身特色，同质化现象十分严重。如今，图书领域的竞争日趋激烈，图书销售早已成为买方市场，一成不变的经营方式，最后只能导致实体书店更加举步维艰。

3. **价格**。在实体书店难以看到网上书店出现的10元、5元甚至1元的折扣情况，一般情况下，是不打折销售。例如深圳书城要持有会员卡才能享受八八折优惠。网上书店由于其自身的特点因此在图书价格方面具有显著优势，对传统书店造成较大压力。

4. **存在时空局限**。实体书店尚未实现全天24小时营业，无法满足许多现代人快节奏生活的需求。在网上书店，采购人员通过网络可查询任何一家书店，无论是位于国内还是国外，只要输入相应的书目名称，在短时间内就可搜索到数十条相关信息，包括书目简介和价格。

5. **经营成本的提升**。经营成本的上升是实体书店没落的客观原因。实体书店成本主要来自店面租金、税费和员工工资三部分，而这几乎成为压垮实体书店的三座大山，不少实体书店因其经营成本太大惨淡收场。近些年，部分实体书店如新华书店能够生存下去的原因在于教材教辅的经营，因为每年此类书籍都有刚性需求，这些业务是书店赖以生存的基础，几乎占到全部经营收入的80%。而与之形成鲜明对比的是当当、京东等网络书店。网络书店不仅在房租、人力成本、资金、运营成本、规模等方面成本极低甚至为零，而且借助于互联网平台，销售策略变得更加简洁有效。

导致实体书店发展困境的主要外部因素是多方面的，既有来自网络书店的冲击、电子阅读的兴起，也有国民阅读习惯的改变与缺失。

1. **电商发展势头依然迅猛**。近几年，以卓越亚马逊、当当和京东为代表的网络书店对实体书店形成了巨大的冲击，而造成这种冲击最大的因素在于网络书店低廉的价格。由于省去了大笔的门店租赁费用，为占领市场，网络书店大打价格战，甚至以低于成本的价格售出图书，以求赢得市场。网络书店新书，一经上市，即以7折左右的价格出售，加之满减、限时抢购、低价秒杀等各类型的促销活动，赚足了消费者的眼球。其次，网络购书的便捷性，也是导致网络书店在与实体书店的竞争中取得优势的重要因素。一方面，网络空间几近无限制的存储空间可以同时上架百万种图书，巨大的图书陈列空间是任何一个实体的书店无法比拟的，有了巨大的图书数据库与服务平台的支撑，网络图书品种多样、搜索方便、快捷，并且可以借助第三方软件在各个网络书店之间进行价格比较，赢得了不少“购书粉丝群”。

2. **电子阅读异军突起**。随着信息时代的快速发展，移动互联网技术正在深刻地变革阅读的方式。以电子书为代表的数字出版产业显现出强大的发展潜力。2015年8月，国家新闻出版广电总局发布了《2014年新闻出版产业分析报告》（以下简称《报告》），《报告》显示，2014年我国数字出版产业实现营业收入3387.7亿元，较2013年增长33.4%。近3年来，数字出版产业的总收入已超过图书、报纸、期刊三项产业收入之和。据《第十二次国民阅读调查报告》显示，2014 年我国成人人均纸质图书阅读量为 4.56 本，与 2013 年的 4.77 本相比，减少了 0.21 本；电子书阅读量为 3.22 本，与 2013 年的 2.48 本相比，提升了 0.74 本。电子书携带方便、价格低廉，已经成为中青年一代读者新的选择。与此同时，终端阅读器等配套服务也不断改善，不仅是手机和电脑可以实现轻松阅读，以 ipad 为代表的平板电脑和以亚马逊 kindle 为代表的专业阅读器更是使得电子阅读更加舒适化、专业化。虽然我国当下最主要的阅读方式还是纸质阅读，但是数字化阅读已经在渐渐地吞噬纸质阅读的市场份额。

3. **我国国民阅读习惯的改变和缺失**。网络时代的到来，人们的阅读方式发生着深刻变化，新型的阅读方式深刻地影响着每一个人，电子化阅读方式逐渐取代纸质阅读，许多年轻读者的习惯也因此发生了不少变化，他们认为纸质图书已经落伍，电子阅读更加经济且方便，网络产业得到了大力支持，发展迅猛，终端阅读产品也为消费者提供很多新鲜资源。另外一部分是他们只在实体书店看书，却从不购买，只是在网上购买而已，由于这些因素，导致了实体书店的经营更加艰难。

相比国民阅读习惯的改变，国民阅读习惯的缺失显得更为严重。2014 年，国民阅读调查数据显示，我国的阅读量相比于国外差距很大：2013 年我国成年国民人均纸质图书阅读量为 4.77 本，远低于韩国 11 本，法国 20 本，日本 40 本，以色列 64 本；人均每天读书 13.43 分钟，超过一半的人认为自己的阅读量是很低的。由于社会浮躁，生活艰难，读书这个能充实人民精神生活的领域逐渐淡出人们视线。

二、实体书店存在的必要性与发展机遇

当前实体书店面临一场出版发行业的革命，既是新技术导致的人类消费方式、阅读方式的变革，也是技术对出版业的“重塑”。变革已淘汰了一部分止步不前的实体书店，但部分实体书店实现了突围，浴火重生，原因在

于，互联网时代，实体书店依然有其存在的必要性与优势。

（一）实体书店存在的必要性

首先，实体书店展现文化内涵。随着经济的发展和人民精神文化需求的日益增长，实体书店在文化传播方面发挥着重要作用。它不仅展现了国民的阅读态度和文化底蕴，还体现了国民对于文化的重视和追求。实体书店不仅仅是书店，它还是城市的文化坐标，是社会的文明符号，也是市民的“精神绿地”。

其次，实体书店提高国民素质。一个国家、一个民族的竞争力在当代社会更多地取决于其软实力，而实体书店作为软实力的一部分有其存在的必要性。阅读本身看似一种个人行为，但更是一种社会风气，很大程度上反映民众素质的高低。实体书店的大量存在，可以增加国民的阅读欲望，有利于促进全民阅读，提高民族的整体素质。

再次，实体书店体现生活态度和生活方式。在喧闹、浮躁、紧张的现代生活中，实体书店的存在不仅仅是一个提供买书的场所，它更是一个文化消费场所，人们在此阅读、交流、聆听，它承载的是人们精神世界的一个出口，是人类灵魂的栖息之处。

（二）实体书店的发展机遇

1. **实体书店的优势依然明显**。一是品牌优势。目前多数实体书店在国内建立时间较早，且部分书店已在人们心中深深扎根。如拥有65年历史的新华书店，由毛泽东亲笔书写的“新华书店”四个大字曾经在很多人的成长过程中产生过魔幻般的作用，同时也是许多人的首选购书地点，因而对很多人在情感上产生较大影响。二是专业优势。实体书店经过多年的发展，拥有一批懂业主、懂专业的发行队伍。他们对于市场需求有着敏锐的市场触觉，和出版社有着长期稳定的联系，能够及时了解出版信息。卖场图书陈列更加有序，分类更加准确，能够给读者提供专业咨询，免去读者选书时间。三是文化优势。图书卖场所独具的文化韵味对于读者有不可抗拒的吸引力。一进书店便能给人一种浓厚的文化气息，顾客可以真实感受书架、货架，在书店中可以尽情欣赏和翻阅图书，了解关于图书的详细、相关信息。这种真实感和可视感能够为读者提供一种温馨、安全亲切的购书氛围，可以直接刺激读者的购书欲望和持续关注。此外，实体书店不仅是购书售书的场所，也是文化交流的场所。文化讲座、同人沙龙、签名售书等文化活动是实体书店赢得读者青睐的有力保障。

2. **大众对深阅读的需求依然巨大**。网络书店和电子阅读的异军突起，让人们获得成倍的信息量，当大众习惯浅阅读，再加上信息时代的便利，使得“舆论广场”上的人们对一个问题还没有全面弄清楚，就开始发表言论，长此以往形成了以懒惰、钝化为特点的“浅思维”“浅分析”。除了知识来源的随意和不可考量，人们凭借表层化的话题交流，也不利于形成深层次的思想共识。

人们需要对事物有更深入的深知和见解，而这些在电子阅读上是难以很好地实现的，大众对阅读环境和深度的需求一再增加。而这恰恰就是实体书店所拥有的，实体书店的店长一般都是书籍爱好者，同时亦是一个文人，顾客也可以同店长进行交流，在愉快的体验中构建着自己的精神生活空间，从而获得心灵上的愉悦。

3. **政府对实体书店的政策支持进一步加大**。政府通过政策手段，扶持实体书店的发展，包括免税、设立扶持资金等，实体书店发展迎来了发展的绝好契机。

（1）2012 年初全国“两会”期间，各界代表纷纷提出拯救实体书店的建议，如作家张抗抗提出的政府免征书店所得税、协调书店和房地产商之间的关系、设立图书公益基金及国家进行图书限价等。2014 年 1 月 1 日，财政部和国家税务总局联合下发《关于延续宣传文化增值税和营业税优惠政策的通知》指出，自 2013 年 1 月 1 日起至 2017 年 12 月 31 日，免征图书批发、零售环节增值税，实体书店免税政策终得以实行。

（2）2013 年财政部首次安排实体书店奖励资金，12 个城市的 56 家特色实体书店获得 9000 万元资金支持；2014 年奖励范围扩大到 12 个省市，共获得奖励资金 1.185 亿元；2015 年奖励范围扩大到 16 个省市。

（3）各地均出台地方性扶持政策（选取北京、上海、广东为代表）。2012 年 2 月，上海市政府发布《上海市出版物发行网点建设扶持资金管理办法》及《上海市出版物发行网点建设引导目录》。上海每年从新闻出版专项资金中划拨 1500 万元支持出版物发行网点建设。2013 年，广东省委宣传部联合广东省书报刊发行协会共同制定了《民营实体书店开展阅读推广服务扶持奖励办法》，从 2013 年开始，每年设立 100 万元专项扶持资金。2014 年 4 月，北京出台《海淀区扶持书店行业健康发展暂行办法》，从 2014 年起，北京市海淀区将每年出资 400 万元扶持实体书店。

三、简·阅书吧的转型探索

2014 年 4 月 8 日，北京三联韬奋书店开始通宵试营业，十几天的尝试就为书店带来了可观的收益，总销售额相当于过去的两倍多。4 月 23 日"世界读书日"，国务院总理李克强回信赞赏该书店推出的"深夜书房"很有创意，希望把 24 小时不打烊书店打造成为城市的精神地标。这一事件令许多实体书店为之振奋，各地纷纷仿效。2014 年 5 月，杭州首家 24 小时书店——杭州新华书店解放路店悦览树书房正式开业；6 月，陕西两家书城——万邦书城和嘉汇汉唐书城开始 24 小时不打烊；7 月，广州首家 24 小时书店 1200bookshop 开始营业……这都在表明，实体书店通过转型发展，以精准的创意、独具一格的特色，主动迎合读者需求，将可以走出一条行之有效、适合自己的发展道路。

深圳出版发行集团不断总结经验、创新发展，适应市场发展和市民日益增长的文化需求，在发展大书城的同时，对小型实体书店进行了模式创新，在集团内形成了三代书吧发展体系，从最早的"24 小时书吧"到学苑书屋，再到新一代的社区书吧——简·阅书吧，书吧模式历经了"主题书店""复合型阅读生活场所"到"以人文关怀为灵魂的社区文化生活空间"的蜕变。

（一）迎合市场需求

书吧已经不单是书店的概念，以书为灵魂，集阅读、休闲、沙龙于一身，它的出现不但是阅读方式本身的改变，更是一种新的生活方式的变革，是“生活新常态”下的时尚、舒适、随性的生活态度。与传统书店比较，简·阅书吧的特点在于：1. 它提供了特定的休闲空间和服务。具体来说，它在售书的同时，还提供咖啡、茶等各种饮料的服务，同时提供相应的休闲空间为读者使用；2. 在空间布局上，书吧不再是传统书店那样以书籍陈列为主，而是书籍陈列与休闲空间的结合。书吧会开辟一定的空间，摆放舒适的桌椅，便于读者静心阅读与休闲。简·阅书吧以“简单生活、自在阅读”为理念，将生活与阅读结合在一起，提倡一种新的生活方式。它不像书店只是单纯地卖书，无法阅读和休闲；它不像图书馆那样拘束、压抑，不能高谈阔论、交流会友。简·阅书吧正是这样一个地方，它给爱书之人提供了一个专门看书、谈书、享受书的“专业”场所与舒适环境。

（二）倡导快乐阅读的理念

伴随后现代主义转型与数字、网络技术的普及，人们的阅读方式正由传统阅读向享受性转变。这种阅读更注重追求阅读过程中的视觉快感和身心愉悦。简·阅书吧就十分明确地倡导“悦读”新概念，营造“书、咖啡、音乐”环绕的读书卖书氛围。书吧给消费者提供阅读环境，包括书吧的室内装饰陈设、氛围、音乐，等等。几乎所有书吧的环境氛围都是轻松、安适而有美感的。木桌、沙发或座椅，错落有致的书架，温暖的灯光，静谧的氛围，几枝干花或时尚的装饰，构成了一个书吧的整体框架。书吧音乐的选择一般都与店里的整体氛围相一致，通常会选择比较舒缓飘逸的曲子，让乐符在屋子里自由自在地流淌，无论是休息还是读书，都会给消费者一种身心的松弛与愉悦。在这种宽松的文化空间里，可以一个人看看书、听听音乐、观看展览，甚至发呆；也可以与孩子亲子共读、合作创意 DIY，与朋友家人品茶、喝咖啡。营造一种快乐阅读的环境与氛围，让人们在这个空间享受更有品质的阅读生活，是简·阅书吧不同于传统书店的一个重要标志。

（三）突出体验感

“体验经济”一说最早出现于美国未来学者阿尔文·托夫勒1970年写的《未来的冲击》一书中。他认为体验经济是一种全新的经济形态，它的出现将改变企业的生产方式，也将改变消费者的消费方式。简·阅书吧提供的不仅仅是商品或服务，还带给消费者以情感的力量，给消费者留下难以忘却的感受与回忆；消费者消费的也不再是实实在在的商品，而是一种感受，是一种与消费者的情绪、体力、智力相关的精神体验。书吧的产品不只是书，而是综合性的体验服务，它不注重阅读结果，而更注重阅读的过程及体验。书吧的环境与整体氛围直接影响着消费者对书吧的选择。它包括书吧的外观设计、室内环境与陈设的设计及氛围的营造。假如你走进简·阅书吧观澜店，就会发现书房里摆放着沙发、植物、灯，以及精致的茶艺器具，等等。店内的桌椅全是用实木制造的，可见店内陈设的精心与品位。

（四）突出互动性

读者互动是书吧提供的体验服务的另一重要内容。简·阅书吧会经常举行各类讲座和沙龙，为顾客提供获取专业领域信息，或与有共同兴趣和爱好者交流的机会。简·阅书吧在2015年就与深圳市政协合作，在各门店举办了“政协委员社区讲堂”，邀请了多位不同领域的顶尖人才，为社区群众讲说关于医学、育儿、生活等知识。简·阅书吧还定期举办“简阅换书会”、儿童表演、书吧选书、亲子阅读、周末放映室等主题活动，2015年共举办100多场次活动。书吧举行的各种活动，灵活开放而又十分个性化，使消费者获得特别的、难以忘怀的体验。对于不少消费者来说，参与这些活动，以及活动中的感受体验及其他所获，可能比书吧中的书籍、饮品更为重要。这些活动正是书吧提供给消费者的与众不同的独特体验服务。

（五）跨界融合

深圳书城品牌旗舰店深圳书城中心城之所以获得巨大成功，已成为深圳最具影响力和代表性的文化地标，有一个成功的经验在于：突破传统的书业模式，创造性应用了“跨界”的理念，经营跨越书业、文化、教育、商业、设计、创意、展览等不同领域的核心地带，成功创造出体验式书城业态和书界跨界运营的商业模式，成为“以书为媒”的文化活动中心。简·阅书吧经营继承了这一发展理念，在书吧发展之初，便提出了“书吧+”的经营理念，简·阅书吧的主业不是卖书，而是提供以书为主体的文化服务。基于这个理念，简·阅书吧除了书之外，还跨界经营了少儿艺术培训、移动课堂、动漫体验、创意产品、书画、展览等，并创造性实施了“书吧+图书馆”模式，现逐渐发展为全方位、多层次的文化活动场所。此外，不断丰富的书吧业态为书吧能够产生盈利，良性运转贡献了重要力量。

（六）规模化发展

简·阅书吧第一家门店龙华店2014年1月14日正式投入运营，受到了当地政府和居民的热烈欢迎。之后不断加快扩张速度，并提出了“一街道一书吧”的战略布局。目前，已建成运营书吧11家，仍有4家正在装修，多个选址正在进一步洽谈当中。出版发行集团计划分三个阶段规划建设书吧项目，第一阶段是培育起步期，于2014—2015年在全市重点的原特区外地区规划建设10—15家街道特色书吧；第二阶段是开拓发展期，于2016—2017年在全市规划建设30家街道特色书吧，并力争完成在原特区外地区的布点；第三阶段是稳定成熟期，至“十三五”末完成100家特色书吧建设，累计经营面积50000平方米。目前，出版发行集团在“一街道一书吧”的基础上，提出“用书改变城市”的理念，让书吧进入社区、产业园区、学校，并启动“书香医院”计划。通过不断加快书吧发展的速度和质量，形成规模效应。

书店，一座城市的文明风景线、精神栖息地，是城市文化流动、鲜活、传承的汇集地。尽管电子商务经过十几年的迅猛发展，极大地影响了人们特别是熟悉网络技术的、年轻一代的消费模式，但热衷传统阅读的人依然存在，崇尚体验感的精神需求依旧存在，书店作为传播知识与文化的渠道依然被需要，已成为城市文化生活不可或缺的重要部分。实体书业能否凤凰涅槃，在这时代变迁中寻找出一条适合自己发展的道路，关键在于引入新的发展理念，走出新的发展方式。出版发行集团简·阅书吧品牌转型发展是探索实体书店创新发展的有益实践，为实体书店转型探索出了一条在新时期指引传统书店转变模式、重焕生机的道路。

吴锦波，深圳市书城文化投资控股公司事业发展部副经理

书啡：生活图书馆

何　玲

一、创建背景

“人生风景何处寻，云在青天书在手”“书是唯一不死的东西”……读着这些句子，总会为爱阅读的人们升起一种敬意和钦佩，在众多冰凉的数字告诉我们现实的残酷时，实体书店在无奈苍茫中苦苦寻找路在何方，曾经备受尊敬的阅读场所似乎也在落寞而孤寂地消失于大众视野。

深圳，作为唯一获得联合国教科文组织颁发的“全球全民阅读典范城市”，总干事博科娃曾说：深圳是全球唯一获得这个荣誉的城市，从中可以看到中国人对于全民阅读的重视和热爱。这个荣誉代表了中国人民热爱读书的形象。

有着如此辉煌光环映照，实体书店特别是民营实体书店的经营仍然是举步维艰，深圳友谊书城自 20 世纪 90 年代开始在深圳市区外扎根，经过 20 多年的默默耕耘，在中国书店行业名列前茅，每年不断在空间改善、产品升级、文化落地等方面做产业调整，随着市场形式多元化、多格局、互联网模式的不断冲击，依然面临着巨大的生存压力和行业挑战。

联合国教科文组织代表罗西先生说，“对于一座城市而言，阅读是最有价值的投资之一。阅读之所以是一笔极其宝贵的精神财富，是因为它无法被任何东西所取代，也无法被外界的任何力量夺去，它代表这座城市的气质和心灵，也是城市发展的支柱和动力。深圳能保持源源不断的活力，与她十多年来坚持推广全民阅读是分不开的。”

作为深圳读书文化中最精致、最高瞻远瞩、影响力最深远的活动——深圳读书月，已成功举办了16届，深圳读书月为何能历久弥新、门庭若市，这关键在于持续不断的运作创新。深圳读书月的运作模式概括起来就是“政府倡导、专家指导、媒体推动、企业承办、社会支持、群众参与”。它打破以往单纯按系统或行政划分的局限，将活动交由深圳发行集团总承办，新闻单位等其他部门联合承办，同时还吸引了知名品牌企业共同参与。政府每年确定读书月的活动主题，具体活动策划及运作全部交由企业完成，企业又与众多社会团体和机构合作，为读书月带来了更专业的服务、更有效率的运作、更充足的资源，使读书月的各项活动更加精彩纷呈、引人入胜。

运作创新是深圳读书月成功的关键。借鉴读书月坚持和摸索出来的道路，友谊书城开始着手从创新形式和创新运作两个方面入手，在现有实体书店的基础上，开创新的模式、另辟新的思路、充实新的团队、增加新的品类，用生活化的文化空间呈现全新的阅读模式。

二、品牌定位

提供图书借阅，却不出售图书；提供料理美食，却不是传统餐厅；调制手工咖啡，却不是咖啡馆；策划艺术展览，却不是画廊展厅；她不是单纯的书店，却吸引着爱阅读的人……

书啡是什么？——生活图书馆。

2014年2月，书啡生活的概念开始萌芽，最初的理念，源自于对深圳这座城市文化的思考。深圳，一个移民城市，30多年的改革开放铸就了她独特的气质，吸引了许多来这块热土寻梦的创作者，孕育了一批极具深圳特色的本土作家，他们以丰厚的作品诠释着深圳这座城市的存在与精神。

书啡就为展示深圳的文化和灵魂而存在，她立志于大量收纳、展示深圳文化人作品：

书籍、绘画、音乐、雕塑、设计、动画、摄影……关于时光、关于深圳、关于发展、关于改革……表达出包容与坚守、效率与创新、开放与时尚、活力与超越……记录一座城市记忆的图腾，这或许才是深圳这座城市存在的内涵，也是深圳文化的希望和力量所在。

三、品牌内涵

（一）空间

营业16小时，从8:00am到12:00pm，灯为你亮。

Loft风格式建筑：上下双层复式结构，钟塔阁楼般的尖端屋顶、欧式古堡的回环楼梯，透明橱窗和暖光——500平方米的立体场域里，我们用书籍、餐饮、咖啡、艺术展演的跨界组合，用心打造深圳第一个集工作、休闲、社交、娱乐、收藏、艺廊等功能为一体的多元美学空间，为您呈现最文艺的生活方式。

在这个场域里，我们创作行为艺术，举办作品展，喝一杯咖啡畅谈理想，读一本好书分享人生。

（二）图书

以“私人藏书室”为灵感，我们不仅为每一位访客提供咖啡和餐饮，还提供海量图书的店内阅览、外借服务。

在传统实体书店日渐衰微的今天，我们仍坚守实体书店的情怀。力求在图书经营品类和摆放布局上的精准定位——聘任专业的图书管理员，负责采购陈列。他们的职责不仅是选择好书，还反复斟酌，考虑每一本书的正确摆放位置，让您用最简易、最舒服的方式，从书架上取下您心仪的作品，并为您导读。

文学、传记、历史、设计、艺术、摄影、休闲、时尚、音乐……覆盖人文学科与艺术门类的众多书籍，甚至是台版书籍、外文原版书籍。这个空间里的每一行字，不仅是先哲思想的结晶，更是您享用咖啡的“配茶点心”。

我们如果不了解一本书，便没有底气，也没有饱满的热情向您推荐它。

我们如果不了解书啡，也不会饱含深情地介绍它，像父母介绍自己优秀的孩子。

（三）艺术

我们常说，“艺术来源于生活”，书啡认为，艺术也应当走入生活。传统定义里的艺术，是诗歌、是音乐、是画作、是雕塑、是戏剧、是每一个远方和梦想的相关。不懂艺术的人，称其为神乎其神的天马行空，或是创作者无病呻吟的矫揉造作。但艺术从不是少数人的舞蹈，它应是雅俗共赏的狂欢——在这个物欲横流的时代，我们为不受瞩目的有才华者提供展示的平台，邀请青年艺术家进驻，开办展览，分享创作的点滴情感。不同领域的艺术家，在这空间里碰撞，切磋技艺，分享思想。

这一季度的欧洲油画展过后，是老北京纯手工布艺的专场秀；也许下一月份的新闻摄影专题，接替的是后工业时代风格的雕塑展。多元的艺术形式，绝不重样的展演方法，若博物馆和美术馆已不能满足您的艺术品鉴需求，请来书啡，自己感受。

有高大上的艺术展演，也有接地气的文创周边——钥匙扣、明信片、小布偶、马克杯、帆布袋、珠手串……这些来自台湾的小确幸，请随意挑选，尽情打包带回家。

每件艺术品和文创产物，书啡都用作者署名，表达我们对作者的敬意和感激。

（四）美学

艺术的进驻终究是外来之物，书啡有自己的一套生活美学。

餐桌上，我们供养一株植物，青苔铺陈，根系滋长，让自然的滋味从您的眼角蔓延到舌尖的每个细胞。咖啡吧台的背后，竖起一方红砖墙，墙上凿开小洞，点上温暖的烛光。蜡烛的每一滴泪，和烛泪顺势而下而在红墙上留下的银白色蜡痕，都是这个空间里的元素，是窥见艺术的光。每一件实木家具，都有年头，待在最适合的区域里，等一个读者或者餐客，想给他们看看岁月的年轮，讲讲雕刻它们的木匠的传说。二楼的阳台，是书啡的后花园地带，在深圳这样炎热多雨的夏季里，冰凉的鹅卵石和碧绿的青草坪，让你拥有一个清凉的心情。花园边缘筑起一道白色的矮墙，起伏的墙面轮廓，好似垦丁海滩上卷起的浪花，请闭上眼去感受，来自太平洋畔的海风……

这是视觉的美学，还有听觉上的享受——台湾音乐大师JIMMY担任音乐总监，为书啡每一时刻，量身选定一首独特的歌。

推开门来，午后3点的阳光正是恰到好处地慵懒，空间里回荡着的，是卡朋特的《close to you》。夜晚7点，华灯初上，前来赴约的情人点起烛光，一首手嶌葵翻唱的《Rose》，让暧昧在一个吻的时间里慢慢延长。深夜打烊，店内单曲循环着《Holy night》，让这个城市在入睡前，不再感到孤单。

每一处门把的图案、每一面墙的壁画、每一盏不同角度的灯光、每一扇带铁艺的橱窗，都是打造者匠心独运的结晶。

艺术就是这样，不着痕迹地走进我们的生活里。它可以是一寸阳光折射进窗台的角度，也可以是往咖啡杯里投进一颗方糖的优雅举动。简单到细节里，却又需要琢磨，这便是书啡美学。

（五）人文

建筑的脉络，光影的明灭，文字的波澜，都属于人的创作，是人赋予空间的生命力。

书啡的设计者，带着浓烈的爱，顶着烈日糊上白墙的水泥，亲手贴上盥洗室的每一块瓷砖。从图书的门类选购，到健康的餐饮，设计者饱满的人文关怀和事必躬亲的态度，让书啡这个场域涤荡着能量和情怀。

人是空间里的生命体，或傍书阅读，或画前信步，灵魂都宛若穿越时空，去与往故的先哲交谈，我们希望忙碌的城市人能在此沉淀一份闲适，也期待内心丰满的人带来不一样的思考。空间格局与理想高度的契合，这是书啡力求塑造的人文氛围。

（六）咖啡

精选巴西、哥伦比亚咖啡产地的优质咖啡豆，历经日晒，水洗……十几道工序。每一颗的醇香，都是非洲科契尔庄园十日阳光的浓缩。

吧台咖啡师，拥有“SCAE欧洲精品咖啡师协会二级冲泡师”的头衔，从研磨到冲泡，为您的每一口负责。

卡布奇诺、焦糖玛奇朵、摩卡、拿铁，是传统的名字，却由咖啡师重新创作，力求在经典里创新。每一款咖啡，我们也挑选不同的精美器皿呈现，满足您挑剔的审美。

（七）餐饮

在图书馆吃到法式流程的中西合璧创意料理!

松软饱满的芝士蛋糕刚从烤箱里端出，从厨房，到您的餐桌，一路弥散着午后玉米地里日光的味道。侍者送来一小壶蜂蜜，蘸上一勺，涂抹在酥软的表皮上，看着那透明的淡黄色琼汁，渗到蛋糕表面每一处因为烘烤而开裂的缝隙里，轻缓，慢柔。这是一份面点的诚意。

柠檬榨汁、酪梨去核、肉碎成泥……我们把一份“墨西哥玉米片佐酪梨莎莎酱”的烹饪方法，细细列出，印成菜单上的烫金字，让您在品尝完餐点之后，带着回家——这是书啡“实验厨房”的理念，每月一次的厨房讲座，由五星级酒店的三星主厨亲自授课。我们开发新品菜色，却不吝啬于占有这些美味的“秘密”菜谱。全食主义、素食养生、无奶蛋的烹饪方式、全麦杂粮……欧美正在大力提倡的健康饮食理念，也是书啡希望带给顾客的体验。

让家里的餐桌更加丰盛，更加健康，是书啡从一而终不变的情怀。

四、经营思路

（一）书啡特色：优设计、家生活、高品质

作为台湾的文化名片——诚品书店，已经面市15年，她的空间设计和文化渗透可以说做到了极致化，从产品价值、服务价值和形象价值三个方面突破，获得各界人士的高度认可和青睐。友谊书城曾组织团队多次拜访台湾诚品书店，交流经验、坦诚求教，结合深圳本土特色，邀请台湾知名空间美学设计师龙君儿老师担纲整体空间设计创意总监。龙君儿在台湾享有盛名，

曾自己创办过多个文化相关的实体空间，其中“龙君儿之家”在二十多年前需要提前两个月预定才能排到位，“艺术家的小木屋”引领当时台湾艺文界人士最前沿的思潮。

龙君儿从选址开始进行逆向思考，并不选在人潮旺盛的市区商圈，而是选在市区外的龙华新区大浪街道，她相信通过一系列精品设计和优化组合，可以让爱阅读的朋友慕名而来，沉淀下忠实的读者粉丝。于是她从家的概念出发，让每一位进入书啡生活的读者都能感受到温馨和舒适，空间的高低错落、沙发的颜色搭配、灯光的多层递进、音乐的时段契合、食物的品位组合、饮料的精致天然、书籍的优选内涵……图书馆开业时，被读者称为“360 度无死角自拍”，在店内任何一个角度都可以拍出你想要的效果。

目前馆藏书籍一万册，全部都是从十多家出版社多次精心挑选的可读性很高的书籍，书啡希望走进馆内的每一位读者花在翻开一本书的时间，无论是半小时还是一整天，都是值得的。书啡的咖啡豆采用的是有着高口碑的 90+ 咖啡，来自全球顶级的咖啡庄园，经过严格筛选和特殊工艺加工，让爱咖啡的读者和咖啡爱好者均可在书啡喝到高质量的精品咖啡；书啡的果汁采用现榨无添加一滴水的制作方法，浓浓的黏稠度加上独特的摆盘器具，一喝便知道她的天然和用心。书啡的餐食是另一大亮点，来自五星级酒店的厨师，采用国际化的料理流程，加上台湾的用心处理食材和摆盘方法，让我们的用餐变成一道艺术风景，有时会忘了是在哪里读书、在何处吃饭、在喝什么饮料，看着眼前的空间、听着空间的音乐、闻着音乐背后的咖啡香、触摸咖啡香里的书籍，今夕何夕之感，油然而生。

（二）书啡首创：16 小时生活图书馆

每一天都有 24 小时，书啡提倡保证 8 小时的休息外再来多读书，从早上 8 点营业到晚上 12 点，书啡每天都用 16 个小时呈现自己，迎接所有读者。

我们尊重每一位走进书啡的读者，无论其身份，都可以在书啡的空间里阅读每一本馆藏书籍，馆内的所有书全部拆掉了封套任由读者翻阅，如果时间不够阅读完，可以选择办一张借阅卡，免费带回家阅读。

书啡希望有缘去到的场地，都能为当地的读者和周边人群带去知识的传递，做一个有温度的图书馆，更是一家可以分享文化的生活图书馆，城市的发展需要高素质的市民。深圳提出建设自主创新城市，这要靠丰富的知识和创意来支撑，所以必须提高市民的文化素质，阅读就是重要手段之一，为了满足新的市民社会里每个市民的文化权利。随着经济社会的高速发展和加速转型，城市竞争已经从拼经济、拼管理进入到拼文化的新阶段，文化、文明、精神正在逐渐成为城市未来发展的决定性力量，而阅读正与文化、文明、精神密切相关。以文化论输赢、以文明比高低、以精神定成败，这既是深圳面向未来参与城市竞争作出的战略姿态，也正是深圳十余年如一日不遗余力推动全民阅读蓬勃开展的前瞻抉择。只有一座城市以知识为追求，只有一座城市的市民普遍将阅读作为不可或缺的精神生活，这个城市的文化才是真正有生命力、有竞争力、可持续发展的文化。

（三）书啡实体：纸质书的魅力

与实体书店的冷清与落寞相比，网上书店的生意最近几年却很是红火。周围的朋友都曾经在网上买过书，据他们讲，网络购书确实有很多传统书店无法比拟的优越性，比如价格便宜，一般都能打五折到八折；而且送货上门，拿货交钱。在网上下了订单以后，几天之内，快递公司就会把书送到家门口。

正是因为网络书店对传统书店市场的一步步挤占，才导致了实体书店的现状。当然网络购书也有不如实体书店的地方。对于很多爱书人来说，他们还是愿意在周末空闲时间，甚至是饭后散步的时间，走进一家书店，慢慢地翻阅，仔细地寻找，最后带着一本自己心仪已久的书往家赶的感觉，在网络上购书是体会不到的。再者，一些年纪偏大的读者，因为对电脑和网络不熟悉，也不习惯在网络上购书。

正因如此，与网上书店相比，书啡最大的优势就在于其浓浓的书卷氛围。它可以像磁石一样，把爱书人牢牢地吸引过来。面对网上书店的竞争，许多成功的书店都在营造独特文化氛围上下足了功夫。书啡生活图书馆，不仅可以看到各种适合修养身心阅读的实用书籍、休闲读物、外文原版图书，吸引眼球的还有造型独特的各类艺术雕塑品，独具匠心的日常杯盘器皿，风格典雅的文创用品。这些不同类别的物件摆放在一起，营造了一种非常融洽而闲适的气息。楼上更是专门辟出一处“书啡光屋”，这里常会聚集各类沙龙活动的爱好者，有人读书、有人喝咖啡、有人忙着上网。与其说书啡生活馆提供的是书籍和餐饮，不如说经营的是一种具有读书情调的生活方式。这也让更多读者愿意来书啡，呆上半天或是一天，拿起一本心怡的纸质书，读上一篇或是一整本。

IT 作家张银奎认为，好的实体书店要有书卷气，要有高品位的文化气息才能购吸引高品位的读者。这类读者对价格不敏感，而网上书店的最大魅力就在打折。书啡生活馆用美学的格调，在发挥自己的独特魅力。

（四）书啡面对面：组织主题活动

丰富多彩的主题活动也是实体书店吸引读者的重要手段。开业一个多月，书店曾经举办过李昕《出版竞争策略谈》、李筱懿《阅读是最美好的奢侈品》、十二《不畏将来、不念过去》等一些作者签名售书并和读者见面活动，取得了良好的业绩和人气。现在，书啡希望通过和各大出版社合作，推出新书签售会、作者见面会、社会热点问题讲座等各种活动，吸引书迷、粉丝前往。这些活动不仅可以帮助读者增长相关知识，而且给作者与读者之间搭建了沟通的桥梁，所以非常受读者欢迎，基本上场场爆满，座无虚席。

书啡本身的设计和陈列就叫读者赞不绝口，经营上注重专业性以及经营和服务的多样性相结合。书店内部有图书及杂货卖场空间的同时，还为艺术家、摄影家、作家书籍开辟专柜和专区展示，在中央电视台雕塑大赛上荣获中央电视台雕塑大赛佳作奖、“百花杯”中国工艺美术精品奖银奖的《嘻—百年百福—小眯嘻》，书啡开业时，其刚从法国卢浮宫参展完毕，便来到书啡展出，很多艺术爱好者都慕名而来参观，同时对那件独特的“上慈下孝”作品都给予极高评价。

书啡不拒绝任何门类的文化相关活动，打开门迎接所有正能量团体来共襄盛举，本着聆听百家言语、分享万千声音的原则，欣赏丰富、包容多元、爱惜沉静、珍藏记忆，为书啡生活图书馆的文化多元增添一抹鲜活的亮色。

（五）书啡营销：实施多元经营

传统书店的没落其实未必完全是坏事。从历史上看，销售的方式在不断发生变化，图书的销售遇到了互联网、快递业务发展的新时代，后者的结合形成了巨大的产业优势。实际不仅仅是图书，互联网也充斥在各种各样商品的零售业上。这就是新旧经营方式正常的新陈代谢，有其积极的意义。

据了解，业内大部分书店在一般图书经营方面还有很多资源没有被开发出来，多元化经营也确实是我们的必由出路。目前，很多书店始终停留在卖场模式，始终没有自己的品牌产品。虽然已有很多省级新华书店着力打造自己的书店品牌，但也还只是一个服务品牌，缺乏自己的核心产品。希望求得长远发展，书啡生活图书馆期待打造属于自己的品牌产品，如：地方版图书、书啡沙龙、书啡生活书友会等等，并在品牌定位上着力提升文化品位，要尽力将其塑造为一种文化气息浓郁、品牌高端的形象。在提升企业形象的同时，避免与其他低端品牌形成恶性竞争，保证产品的利润率。

书啡生活图书馆专门开辟专柜摆放深圳本土作家作品，得到深圳文化界人士的高度赞誉，第十六届深圳读书月活动的“十大好书评选”书啡站，50多位来自全国各地的知名作家、评委、图书行业专家等来到书啡，开玩笑式地为“深圳本土作家展示”定位成：深圳本土作家的大本营。

作为一个文化经营实体单位，书啡生活图书馆组织成立“书啡生活书友会”，为众多线上线下的读者提供现场或是线上传播的活动，既能聚积人气，又能传播社会当下的前沿思想，还为图书馆增加营业收入。自媒体发达的时代，每个参与者因为来到一个有格调的场地、参加了一场有品味的活动、吃了一顿难得一见的料理大餐，都会大肆晒出自己的朋友圈，让更多的人知道这个值得分享的好地方，以分享一个高格调的文化场所为荣。

微信公众平台是现在流行的传播渠道，一篇内容独特、排版漂亮的微信文章会得到大量的转发，也就相当于会得到大量的阅读，书啡生活图书馆注重微信平台的编辑、配图、排版，因此争取每期出品都是精品，为广告阅读者提供有营养、有内容的文章，不仅只是简单的转发和赚取眼球，开业时推出《深圳等了35年》，单篇阅读量已过两万，在没有做任何第三方推广的前提下完成这个数字实在难得。

（六）书啡服务：无形的增值服务

在平常的图书借阅中，读者们都希望店员能具备相关书籍的业务知识，这样对书的推荐和比较会起到意想不到的效果。如果店员们对顾客想要的书有所了解，能介绍一些相关的内容，顾客会对店员产生信赖并被激起阅读欲。在西方很多书店的店员，清楚地知道哪一本书在哪里，跟读者的互动也很好，书啡生活图书馆也在借鉴学习。

借阅图书如果没有一定期限的话，很难完整地在一段时间内读完，书啡小伙伴会提醒读者快到期尽快阅读，我们会有其他书籍推荐给读者接着阅读，让读者感受到一个读书不是一个人在进行，而是一个有强大支撑力的团队在共同赛跑。

在一个美学空间里久了，自然也会被其气质感染，我们的分享活动有各类实用的生活技巧和具体方法，比如如何打理自己的家、学会如何赏析一首乐曲、如何真正地品一杯红酒、优质口感的面包是如何制作出来的、组织某个行业的专业人士专场活动等等，这些活动为不同领域的不同层次人群带去了身边的实惠。

五、社会效益

从古至今，读书是一种散发着文化芬芳的文人雅事，而在深圳，阅读不仅是众多市民的个人乐趣、生活方式，亦是一座城市高贵的坚持、执着的坚守——专家亲切地比喻为“精神文化的盛宴”和“城市文化的狂欢节”。

龙华新区大浪街道给了书啡生活图书馆鼎力支持，将商业中心内地理位置最好的区域留给书啡，成就了今天可以见得的商业中心内的“文化院落”。在刚刚举办的创意十二月活动中，书啡生活图书馆作为本次活动的文化部落场所，成功举办两场现场讲座：《龙君儿教你品美学》《吉米教听音乐》，得到新区和街道领导的高度肯定，也获得现场听众的一致好评。

对一座城市而言，能否抓住文化关键期，最终决定着城市的格局和气象。一座只有30多年建城史的年轻城市，15年来坚定不移地推动全民阅读；一座因发展速度闻名于世的经济特区伴随着深圳人走过15年，用大气压制浮躁，用优雅驱除粗俗，在润物无声中滋养了人们的心灵，构建了崭新的城市人文风景。书啡生活图书馆将这种坚持做到了更具体的人群中，因为我们知道：最深远的影响，在于观念。改变一个人很难，影响一个人的观念或许可以用文化的途径潜移默化地完成。

书本仍然是那些书本，老师依然是那些老师，书啡生活图书馆用一种更温暖的形式敞开怀抱邀请读者来体验另一种慢生活，这是创意驱动的拾级而上，更是通往高尚路上的一路同行。书啡希望走到任何一个角落，都能成为现在读者口中评价的：大浪人真有福气！惠民工程不仅只是钞票的增加，还可以是共享共创文化成果，空间里书声琅琅、琴声叮咚、创意勃发，文化清泉悠悠流淌。

这是“商潮不掩读书声”的从容，更是“云在青天书在手”的自在。

六、未来计划

一个城市真正的气魄和精神，不仅体现在高楼大厦、经济发达，更重要的还在于文化，文化正日益成为城市的核心竞争力。一组数字，可以读懂深圳人与书的情感——深圳人均购书量连续24年位列全国第一；深圳人一年进馆2710万人次，常住人口平均一年进馆两次以上；公共图书馆总藏量达2823万册，人均藏量2.25册；深圳拥有公共图书馆639个，自助图书馆200台……

这是一组绝对值得骄傲的数据，深圳作为一个受益于改革开放的城市，先行先试的精神取得了落地的发展，文化提炼也收获了可喜的沉淀，站在时代的浪潮之巅，我们更需要继续保持这种创新加创意的思路，借助互联网的平台工具，进入读者的生活，走进他们身边的社区，把借阅送到小区里，把文化沙龙开在家门口。

书啡生活图书馆计划未来更多地进入社区里，一是影响更多的读者来阅读纸质书，在阅读过程中真正与作者进行隔空对话，抚摸纸质书的温度；二是将文化沙龙活动送到更多的人身边，既提升文化品位，也让更多的文化人生活状态得到更好的改善，文化作品可以与市民进行亲密接触；三是提升社区市民的幸福感，每个人最后的终极理想一定是得到文化的沉淀和熏陶，让阅读成为一种高贵的坚持；四是让社区市民的生活因为有个精神寄养地而感受到生活的选择多元化，可以用另外一种方式慢下来品一杯咖啡、吃一顿饭、读一本书、见一个人；五是通过众多的社区书啡来了解中国读者目前的状态，社会可以不断进步，资讯也可以高度发达，然而最后落实在我们每个人身上的只是一种具体的生活方式，我们会如何呈现，现在的网络虚拟社会中会表达一部分，然而真实的状态还是一言一语、一颦一举中得到最真实的答案，书啡希望得到这些最真实的状态与文化专家互动，请他们为真实提炼精华，萃取可以滋养真实生活的营养元素，再度以文化的相关形式回馈给广大读者。

城市推崇阅读，阅读改变城市。对个人而言，阅读可以提高修养，提炼智慧；对一座城市而言，阅读则是提升城市文化品位的台阶，是塑造城市精神的基石。友谊书城经历了二十多年的打磨和探索，在书啡生活图书馆项目做一件需要全社会共襄盛举的事业，这项事业不会被任何力量夺去，她代表城市的气质和心灵，也是城市发展的支柱和动力。让所有的中国人因阅读而受尊重！

何玲，深圳市友谊书城有限公司副总经理

附 录

2015年深圳全民阅读大事记

高小军

1月

1月1日，深圳图书馆“讲读厅”正式启用，免费向大众开放。每周从早7时至夜11时开放，为大众提供阅读推广和学习自修的空间。同时将定期开展各类公益阅读活动，以培训、公开课、小型演讲、辩论等类型活动为主，读者可免费免证参加。

1月15日，福田区公共图书馆理事会专业委员会成立。包括：文献资源建设委员会、阅读推广指导委员会、绩效评估考核委员会。根据委员会章程，三个专业委员会作为理事会下属的专业咨询机构，为理事会决策参考提供有关全区公共图书馆文献资源建设、阅读推广、绩效评估考核的相关信息，并受理事会委托指导和监督全区公共图书馆文献资源建设工作、阅读推广工作和绩效评估工作的开展。

1月18日，海天出版社新书《深圳口述史》（1980—1992）首发式在深圳中心书城举行，深圳市政协主席王穗明等领导出席了首发式。该书收录了不同行业60多位口述者的回忆，这些改革开放大背景下的小故事，反映了历史的各个侧面，展示了历史的丰富性和鲜活性。

1月18日，由深圳市阅读联合会主办，南山书城承办的2015年首场“深圳全民品读会”之“书评人沙龙”活动——深圳知名学者胡野秋携新书《闲人，书生活》分享会在南山书城三楼主题活动区举行。“全民品读会”主题为“一座城市的阅读”，每月一期，以论坛、演讲、讲座等丰富的活动内容呈现，深受市民喜爱（编者注：“全民品读会”2015年其他重要活动包括林苒品读《钱文忠解读〈三字经〉》、湛汝松《荔枝红了》作品分享活动、钟国康《金字招牌》新书发布会暨文化沙龙、《故宫日历》背后的故事阅读分享会、《梅林闲笔》作家何永炎畅聊新作等）。

1月20日，深圳图书馆少儿区完成改造升级对外开放，创建人文关怀的公益“悦”读空间，深圳图书馆与深圳创意谷公益文化发展中心合作，对原少儿区进行空间优化改造，成为“深圳图书馆V-care公益空间”。改造后的少儿区针对不同年龄段儿童的色彩感，通过“七巧板”和“森林树”的装饰设计理念，营造愉悦的“悦”读空间。

1月24日，由南山区委宣传部、晶报社共同主办，深圳书城南山城和后院读书会协办的“年度十大好书阅读接力”首场活动，邀请了著名作家阿来，与读者分享其新作《瞻对：终于融化的铁疙瘩》。该活动把“阅读接力”作为“年度十大好书”评选之后的线下延续与分享，邀请十大好书的作者与深圳读者互动。随后还举办了十大好书方言朗读、十大好书阅读接力活动精彩回顾主题演讲、阅读接力大家谈等环节，颁发了“最佳志愿者”和“最佳书评”奖项。

2月

2月，深圳出版发行集团申请的广东国家数字出版基地深圳前海园区获国家新闻出版广电总局批准同意筹建，并将被列入深圳市十三五规划重点建设项目。园区将发挥深圳数字技术和内容创意产业集聚优势，推动传统出版与新兴出版融合发展，打造与深圳城市地位相适应的“深圳出版”。

2月，中心书城被中央精神文明建设指导委员会授予“全国文明单位”称号。中心书城已成为城市公共文化服务的提供者，致力于为市民提供一个集阅读学习、展示交流、聚会休闲、创意生活于一体，提供文化消费和精神体验的复合式城市文化生活中心和文化综合体，成为推进全民阅读、涵养城市文明、引领城市风尚的主阵地和重要平台。

2月4日，龙华新区启动“龙华读书节”活动。由光华科技基金会向新区捐赠价值500万元的书籍和物资。活动惠及新区图书馆（室）、工业园区、社区党群阵地、U站、新区对口援助地区，以及“光华公益行龙华青年团”成员的母校、单位和春运返乡青年。

2月8日，深圳图书馆举办首场“读剧”艺术演出。“读剧”是深图艺苑2015年新增的艺术形式，是通过朗读剧本来展现剧情、用语言塑造人物形象、以表演者的声音能力为主要表现手法来诠释作品的一种形式。读者能通过现场聆听名著经典，享受到不一样的阅读体验。首场演出由深圳图书馆与深圳市知否读剧社共同主办，上演了《剩女郎》和《费德尔》两个剧目。

2月12日，由海天出版社和广西美术出版社联合出版的《关山月全集》（7卷9册，海天出版社书号）荣获2015年国家出版三大奖项之一、由中国出版协会评选的第五届“中华优秀出版物奖”。

3月

3月，海天出版社《中国花文化史》《非遗·中国年画经典》两种图书获得2015年国家出版基金资助。

3月3日，深圳图书馆发布年度阅读数据，2014年度深圳图书馆累计服务读者900.8万人次，接待到馆读者391.4万人次，举办各类读者活动959场。与2013年相比，服务读者和进馆量分别增长了14.1%和14.9%，读者活动场次增长了70.9%。

3月5日，在南山书城举办了“我们的节日·元宵经典诗文诵读”活动，该活动由深圳市文明办、深圳市教育局、深圳读书月组委会办公室主办，深圳书城南山城实业有限公司承办，通过深入挖掘春节、元宵、清明、端午、七夕、中秋、重阳七个中国传统节日的文化内涵，引导未成年人继承和弘扬中华民族的优秀传统，丰富节日文化生活，践行社会主义核心价值观。

3月12日，由深圳特区报联合深圳新闻网举办的“爱·文明——点赞深圳十大文明行为”评选结果正式出炉。“爱读书”以票数排名第二入选。

3月20日，龙华新区观湖街道“简·阅书吧观湖中心店·观湖阅读中心”在观湖体育活动中心正式开业。深圳市委宣传部相关领导出席了挂牌仪式。

3月25日，由《诗刊》“中国诗歌阅读馆”主办，题为“对话余秀华——将生存之痛转化为生命之爱”的对话，在福田文化广场举行。“对话余秀华”的嘉宾为著名诗歌评论家耿占春和著名诗人、《诗刊》副主编李少君。

4月

4月，由深圳出版发行集团和福田区文明办联合举办的“文明再提升，健康新生活”活动，于每周周末在中心书城举行。活动紧扣“文明与健康”两个核心主题，从日常生活中的小事谈起，持续开展贴近生活的文化讲座活动，旨在丰富市民的休闲文化生活，促进家庭和谐，指导人们科学养生，快乐生活，深受广大市民欢迎。

4月3日，深圳图书馆联合中国图书馆学会阅读推广委员会举办《2015南书房家庭经典阅读书目》专家评审会，中国图书馆学会副理事长王余光、中国阅读学研究会会长徐雁、中国图书馆学会阅读推广委员会主任吴晞、广东省图书馆学会理事长刘洪辉、深圳阅读联合会会长尹昌龙、深圳大学文学院院长景海峰、深圳文化学者胡野秋、深圳资深媒体人王绍培等专家参与评审。经审议形成《2015南书房家庭经典阅读书目（30种）》，将于“4·23世界读书日”面向社会正式发布，该书目是深圳图书馆的一项长期计划，定于每年“世界读书日”发布，旨在向广大读者推荐适合当今中国家庭阅读与收藏的经典著作。

4月7日，深圳市阅读联合会与深圳市文体旅游局联合开展的2015年“阅读推广人下基层”活动正式启动，从全市公益阅读推广人培训班结业学员中遴选出15名阅读推广人，5月至12月在深圳原特区外10个基层示范点开展80场公益阅读推广活动，带动基层阅读氛围。

4月8日，深圳宣传文化系统重点项目《深圳学派丛书》（第二辑6

种）、《深圳改革创新丛书》（第二辑 6 种）首发式暨新闻发布会在深圳市社会科学院学术报告厅举行。

4 月 12 日，南山书城策划举办“荐书会”首期活动，通过书城金牌导购员长年对图书的深度了解，挖掘精品好书推荐给读者，帮助读者开启阅读趣向。活动以深圳书城金牌导购员和读者面对面讲座交流的形式举行，每月一期，是南山书城全力打造层次丰富、立体联动的阅读推广活动又一创新模式。

4 月 17 日，由中国教育新闻网、南京市栖霞区委宣传部与亲近母语研究院联合举办的“第十一届中国儿童阅读论坛暨 2015 年度‘阅读改变中国’颁奖典礼”在南京举行。深圳民间阅读推广机构——“三叶草故事家族”荣获年度机构奖。

4 月 18 日，深圳少年儿童图书馆举办 2015“图书馆之夜”活动，分为集体阅读、分组阅读、家庭阅读三大活动板块并在馆内露营。此活动在全国公共图书馆中为首创，已经举办了两届，读者反应热烈，成为每年“世界读书日”前读者们热切期待的阅读活动之一。

4 月 18 日，罗湖区启动“家庭阅读嘉年华”系列活动。该活动以家庭图书馆为依托，通过结合辖区不同家庭图书馆的藏书特点及馆长意愿，特别邀请深圳市阅读推广人、作家、学者、阅读志愿者赴家庭图书馆开展各类主题家庭阅读沙龙。同时搭建社区家庭藏书、旧物分享交换平台，以书为媒，以书会友。

4 月 19 日，文化部文化科技司在深圳召开“图书馆智慧平台的研究与示范”项目专家验收会，盐田区委、区政府历时两年研发的智慧图书馆项目通过验收，并获得高度评价。国内首个“智慧图书馆”正式落户盐田。

4 月 22 日，在中心书城多功能厅举办了“民间读书会交流座谈会”。中国阅读研究会等 9 家外地民间读书会负责人和深圳读书会等 8 家本地民间阅读组织负责人参加了会议。国家新闻出版广电总局原副局长、中国出版协会常务副理事长、中国图书评论学会会长邬书林出席了会议，并与民间阅读组织代表座谈，交流各地读书会的活动经验，探讨新形势下读书会的发展机遇和相互合作。

4月22日，“4·23世界读书日”期间，读书月组委会办公室、深圳市阅读联合会、深圳广电集团在深圳图书馆联合举办“第一等好事还是读书——对话全民阅读”高端访谈活动。邀请了王京生、邬书林、聂震宁、樊希安四位重量级嘉宾，围绕“全民阅读”展开对话，并与300多名市民分享他们对阅读的理解，畅谈推动全民阅读的经验。

4月22日，“中国诗歌年度论坛暨首届经典诗文音乐会”在坪山新区举行。作为中国诗歌最具影响力的年度诗歌总结大会，由此确定将落户坪山新区5年，本年度论坛为首届。与此同时，坪山文学周于当天启幕，活动以文学坪山“6+1行动”的7个亮点行动丰富文学内涵，延续文学温暖。

4月23日，由深圳市委宣传部、深圳市文体旅游局主办，各区（新区）文化部门、公共图书馆承办的2015年“4·23世界读书日”系列活动圆满举行。包括“图书馆之夜”“深港读书征文”“家庭阅读嘉年华”“我阅读·我快乐”之外借文献“增量·增时”行动、阅读推广人下基层、光明大讲堂等主题活动101项158场次。

4月23日，由深圳读书月组委会、深圳市文体旅游局、深圳市教育局、深圳市阅读联合会联合主办，深圳少年儿童图书馆、深圳晚报社承办的2015年度“深圳十大童书”评选活动在中心书城正式启动。承办单位将通过参评书目、基础书目、候选书目、入围书目、最终榜单五个阶段的评选活动，在10月31日揭晓2015年度“深圳十大童书”。

4月23日，在“图书馆之城”统一服务框架下，深圳图书馆牵头实施“我阅读·我快乐”——外借文献“增量·增时”全城行动，全市已加入统一服务的227家公共图书馆及分布在全市的220台城市街区自助图书馆实施联动，100元借书押金读者证可借中文文献上升为10册/件（50元借书押金读者证可借中文文献上升为5册/件），可预借图书册数上升为3册，期刊和音像资料的外借期限延长至21天。满足了读者日益增长的借阅需求，节省了读者的时间成本。

4月23日，为了让在深的服刑人员“有书读、读好书”，南山书城联合深圳监狱在“世界读书日”期间举办了“书香进狱园”图书现场展销活动，发挥书香的教化功能，有效传递正能量，建立了良好的沟通机制，为服刑人员送去知识关爱。

5 月

5 月，“深圳市全民阅读研究与推广中心”获批事业法人机构许可，办理法人资格证书并落户深圳出版发行集团。“中心”的宗旨和业务范围：为深圳市全民阅读研究与推广提供服务，推动全民阅读重大课题研究，实施全民阅读活动示范推广，促进深圳市全民阅读进一步广泛深入地开展。

5 月 12 日，简·阅书吧横岗店在横岗区新城二零一三创客园正式开业，深圳副市长吴以环女士到现场考察指导，对书吧产业给予肯定与支持。

5 月 14 日，由海天出版社出版的《柳鸣九文集》（15 卷）在深圳市文博会主会场隆重发布。国家新闻出版广电总局副局长孙寿山、国家出版基金规划管理办公室副主任祁德树、广东省新闻出版广电局局长黄小玲等领导出席新书首发仪式并为该书首发揭幕。

5 月 14 日，海天出版社携近几年来获得国家出版基金资助的《中国玉器通史》《乌莎巴罗》《中国设计全集》《关山月全集》等 6 个项目亮相第十一届深圳文博会。国家出版基金规划管理办公室副主任祁德树莅临海天展位视察指导，对海天社近年来图书出版的成果给予高度肯定。

5 月 15 日，深圳书城宝安城正式开业运营，并作为第十一届中国（深圳）国际文化产业博览交易会分会场同期启动。宝安书城是深圳出版发行集团和宝安区政府倾力打造的第四代超大型创意书城，采用“书城 +”模式，围绕“知识和创意”跨界组合了影城、培训、创意文化用品、品牌餐饮等项目，为公众提供全媒体的立体文化生活和阅读体验。宝安书城是特区一体化后在原特区外规划建设的第一座大型公共文化服务创意综合体，有望成为深圳西部隆起的“文化高地”。

5 月 16 日，中心书城策划主办了“第六届中国亲子阅读论坛之文博会专场”。邀请了台湾小鲁文化出版社社长、金鼎奖最佳主编奖的得主陈卫平，“读书月十大童书”、丰子恺儿童图画书大奖获奖者汤姆牛，两度入选博洛尼亚儿童插画展的台湾生态绘本作家邱承宗，丰子恺儿童图画书大奖评审主席、著名童书译者柯倩华等知名作家、译者、编辑及阅读推广人，在文博会主会场的会展中心和分会场的中心书城，展开了系列讲座、读者互动及签售活动，获得读者、媒体、民间阅读组织的热烈欢迎。

5月16日，由海天出版社、深圳市华文国际传媒有限公司主办的“21世纪丝路出版与人文国际研讨会”在深圳图书馆举行，来自国内外30余名出版、设计与规划界的专家、学者共聚一堂，探讨在“一带一路”战略背景下，深圳如何推进亚太国家与地区之间的出版与设计行业的合作与交流。会上，深圳出版发行集团与韩国坡州出版城签署了《战略合作框架协议》，双方将充分发挥各自的产业优势和资源优势，不断巩固和拓展合作领域，共同推动亚太文化交流与合作。

5月30日，深圳市、区图书馆联合举行的“少儿智慧银行”项目启动。该项目旨在鼓励少儿读者通过阅读行为累积自己的智慧财富，激发阅读兴趣，提高阅读能力，培养良好的阅读习惯，项目评出了50名借阅量最高的“智慧星”少儿读者。活动现场发布了深圳少儿读者阅读数据：少儿读者2014年人均借阅量为23.55册，是成人读者年人均借阅量的1.5倍。

6月

6月，深圳图书馆荣获中国图书馆学会命名的“全民阅读示范基地”称号。

6月5日，深圳市阅读联合会制定的《2015年全民阅读典范城市推广计划》获深圳市宣传文化事业发展专项基金资助500万元，用于该协会会员单位举办的46项1200场阅读文化活动。

6月13日，深圳青春文学创作论坛暨海天版图书“重温经典，放飞青春：《花季·雨季》系列图书”首发式在中心书城举行。这是海天出版社基于《花季·雨季》的品牌效应，将作者郁秀的旧作和新书《花季·雨季》《太阳鸟》《美国旅店》《不会游泳的鱼》《少女玫瑰》五种图书统一出版，在文学出版界引起反响。

6月18日，盐田区图书馆“习学书吧”启用，标志着盐田区首家社区书吧的建成和首个民间公益读书会的成立。“图书馆＋书吧”模式是盐田区图书馆与社会企业合作、积极拓展馆外延伸服务、打造优质休闲阅读场所、创新基层公共文化服务模式的全新尝试。

6月27日，福田区图书馆“社区图书馆激活计划”正式启动。福田区图书馆结合街道、社区文化服务场所，联合成熟的公益阅读推广团体，共建社区图书馆阅读环境，深入探索图书馆新的服务模式。目前，福田区图书馆联合“三叶草故事家族”在福田区园岭街道图书馆、南园街道图书馆、华富街道图书馆、香蜜社区图书馆等10个街道社区图书馆进行试点。

7月

7月，罗湖区图书馆荣获中国图书馆学会2014年全国“全民阅读先进单位奖”。

7月4日，首届“晨星·晋康奖”中国科学与幻想文学大赛在深圳启动。大赛由深圳市科学与幻想成长基金主办，是国内首个由公益基金资助的科幻文学大赛。大赛以中国科幻文学泰斗王晋康先生冠名，每年一届，在暑期进行。大赛设立长篇、中篇、短篇、微科幻小说奖及晋康特别奖，总奖金达25万元。

7月6日，市文体旅游局联合深圳市阅读联合会共同举办的“深圳市阅读推广人高级研修班”启动，从深圳市阅读联合会聘用的公益阅读推广人及会员单位从事亲子阅读的相关人员中遴选15名学员。研修期间邀请国内著名儿童文学专家来深开设主题讲座，并组织学员赴台湾进行儿童阅读推广实地访问交流，通过理论与实践的结合，切实提高我市公益阅读推广人的专业素养。

7月15日，第二十六届香港书展在香港会展中心举行。深圳出版发行集团赴港开展“深圳出版2015香港宣传推广周活动”，进行品牌推广、重点图书推介和展销、版权交流以及出版阅读文化活动等。组织1200种适合香港市场销售的图书参展，并设立专题专架展销“深圳读书月年度十大好书”“深圳书城选书”以及海天出版社精品重点图书。海天出版社在现场进行版权作品陈列及合作洽谈。海天社《柳鸣九文集》香港首发式、“城市阅读空间的营造”香港交流会两项重点配套活动同期举行。

7月16日，罗湖书城完成升级改造正式开业，并举办了“老书城，新出发：深圳书城20年发展历程展”活动。国务院参事王京生，市委常委、宣传部部长李小甘、老领导李灏等出席了启动仪式。新改造后的罗湖书城呈现出多层次的阅读空间，更加注重读者多元化的阅读体验，“打开了、亮起来、方便了”，获得社会各界好评。

7月19日，第二届中外诗歌散文邀请赛获奖作品揭晓。深圳诗人王钻清的诗体游记《回归或出发》一书荣获此次大赛图书一等奖。

8月

8月，深圳出版发行集团、罗湖区图书馆被中共广东省委宣传部、广东省新闻出版广电局授予“2015‘书香岭南’全民阅读活动示范单位”称号。中心书城被广东省书报刊发行业协会授予“广东省全民阅读示范书店”称号。

8月18日，深圳读书月组委会、深圳市文体旅游局主办，深圳市阅读联合会和读书月组委会办公室承办的第三批深圳市全民阅读示范单位、示范项目、优秀推广人评选活动启动。

8月22日，由深圳市文体旅游局和深圳市阅读联合会联合主办的“深圳市阅读推广人高级研修班”正式开班。来自全市优秀阅读推广人、图书馆阅读推广人员15人参加了研修培训。

9月

9月，深圳图书馆被中共广东省委宣传部、广东省新闻出版广电局评为“2015‘书香岭南’全民阅读示范单位”，成为广东省百家示范单位之一。

9月，海天出版社出版的《中国玉器通史》《薛定谔之猫》《高贵的坚持》等9种（套）图书被中国出版协会城市出版社委员会评为2015年度全国城市出版社优秀图书。《中国玉器通史》被美国印刷工业协会评为美国印制大奖优异奖。

9月1日，宝安区图书馆新馆全面开放。新馆所有楼层从上午9时起开始服务，实行“6×12”服务时间表，每周开放72小时。宝安图书馆新馆坐落于宝安行政文化中心，整个建筑以“绿色、节能、生态、环保”为设计宗旨，以曲线起伏的形态体现“水流蚀石”的设计理念，与周边广场公园“绿色海浪”的设计主题相互融合。

9月5日，深圳出版发行集团海天出版社《柳鸣九文集》北京首发式暨学术座谈会在京隆重举行，柳鸣九先生亲临现场并致辞。中国社会科学院原副院长、著名西方美学史研究家汝信，北京大学教授、文学翻译大师许渊冲，中国社会科学院外国文学研究所所长陈众议，以及深圳出版发行集团领导等50余位国内一流专家学者、出版界人士出席会议并进行深入研讨。

9月10日，举行2015年深圳读书月组委会全体委员会议。会议确定以“互联网+读书”作为年度主题。市委常委、宣传部部长、深圳读书月组委会主任李小甘提出，要以创新的思维、改革的办法，与时俱进办好读书月，让全民阅读成为深圳一种无处不在的社会氛围、社会风尚。

9月19日，由中国图书馆学会、韬奋基金会、中国出版集团公司、中国新华书店协会主办的“图书馆界出版界全民阅读年会”在苏州开幕。罗湖区图书馆“家庭图书馆”、深圳市杂文学会“说文解字”项目分别被评为“2015全民阅读优秀案例”一等奖、二等奖。

9月25日，深圳出版发行集团书城投控公司成功取得“沙井街道文化艺术中心运营管理服务”6年运营管理权，标志着深圳出版发行集团除书城文化综合体经营外，向文体场馆运营迈出了成功一步。沙井街道文化艺术中心总建筑面积为25359.36平方米、道路广场面积11544平方米，主要设置有图书馆、影剧院、艺术综合楼。

10月

10月，中心书城24小时书吧被中国书刊发行业协会授予“文明店堂”称号。

10月，简·阅书吧河源店在河源市巴伐利亚度假村正式开业，这是深圳出版发行集团简·阅书吧品牌走出深圳的第一步，为推动“深圳书城”模式走出深圳、辐射全国，在物流配送、人员管理等方面积累了有益经验。

10月，由深圳出版发行集团和福田区委宣传部联合举办了“文明·乐读一小时”公益阅读分享活动。该活动于每周周末开展，以导读、领读、讲读、共读的形式开展，带领读者开口读书，旨在强化文明阅读、快乐阅读的概念，丰富广大市民的业余生活，引导市民增强文明阅读的观念。

10月17日，深圳图书馆荣获全国社会科学普及工作经验交流会组委会授予的“全国社会科学普及教育基地”称号。

10月28日，深圳图书馆调剂书库项目完成建筑设计国际招标方案评审工作。深圳图书馆调剂书库总建筑面积约3.6万平方米，定位为深圳市“图书馆之城”建设的基础配套工程、深圳市“全球全民阅读典范城市”的重要资源平台，阅览座位达1000座以上。

10月28日，为期两天的“诗润福田”国际华文作家交流会暨第二届深圳文学季·国际华文作家写作营活动在福田图书馆正式启动。本届活动由广东省作家协会（国际笔会广州中心）、深圳市文学艺术界联合会、深圳市福田区公共文化体育发展中心主办，深圳市作家协会、深圳市福田区作家协会承办，包括5场诗人校园行活动，盛邀海内外多位知名华文作家参加活动，其中包括旅美的严力、旅日的田原、瑞典籍的李笠、法国籍的宋琳、台湾的陈克华。

10月29日，“第二届深圳文学季·华文作家写作营暨全球化时代的汉语写作”学术讲坛在深圳图书馆举行。旅美诗人严力、旅日诗人田原、瑞典籍诗人李笠、法国籍诗人宋琳、来自中国台湾的陈克华和广东诗人杨克、深圳本土诗人张尔，就“全球化时代的汉语写作”主题展开对话。

10月30日，2015“图书馆之城”大数据由深圳图书馆正式对外发布。数据显示，截至2015年9月，“图书馆之城”统一服务平台累积读者达到143万人，其中19至35岁的青年读者达82万人，占到总数的57%，成为图书馆服务的主要人群。2014—2015年度，共有48.2万名读者在“图书馆之城”统一服务平台借过书，人均外借量达到17.05册，43.8%的读者外借量超过10册，24.5%的读者外借量超过20册。

10月31日，由深圳市文联、深圳大学、北京大学中文系、深圳出版发行集团、海天出版社等联合举办的《胡经之文集》座谈会在北京大学举办，中国社会科学院、中国艺术研究院、北京大学、中国人民大学等研究机制和高校的30多位知名学者聚首研讨。该书由海天出版社出版，五卷厚重的著作，近400万字，凝聚了胡经之教授一生的心血和成就。

10月31日，深圳读书月2015“年度十大童书”评选正式揭晓，《迟到的理由》《手绘世界地图儿童百科绘本》《克拉拉的箱子》《看不见的魔术师》《独一无二的伊凡》《周末图书馆》《妈妈向前跑》《我想长成一棵葱》《帕瓦娜的守候》《黑暗》成功入选。

10月31日，福田区举行第十六届深圳读书月启动仪式。首推的“阅读马拉松”成为新亮点，整个活动包括市民图书推荐、读书分享交流、图书评鉴、阅读表彰奖励等活动环节，结合当前最流行的运动健康理念及线上线下交流活动，为广大市民营造一个热爱阅读、热爱运动的氛围，旨在养成全民长期阅读、规律阅读的良好读书习惯。

11 月

11 月，由南山书城承办的“第三届大学生文化节”在第十六届深圳读书月期间举行。该活动由深圳读书月组委会主办，深圳南山书城实业有限公司承办，以“青春书作伴，真我秀风采”为主题，内容包括大学生“‘阅读之星’朗诵大赛”、街头文化传播协会舞蹈开放日、戏剧展演、阳光文化论坛、文艺汇演及文化节颁奖闭幕式等等。此活动为广大高校学子提供多元文化展示平台，全方位展示学子们的青春风采与文化素养。

11 月，海天出版社深化出版改革，创新出版机制，成立“胡小跃出版工作室”。胡小跃是我国著名的法语翻译家和出版人，在海天出版社策划出版了大量优秀的法国文学作品。因其在中法文化交流方面的突出成就，曾获“傅雷翻译奖”，并被法国文化部授予法兰西“文艺骑士”荣誉勋章。

11 月 1 日，深圳少年儿童图书馆组织发起的青少年城市阅读平台“阅读榜”正式上线。阅读榜利用互联网、电脑、移动网络设备等现代技术，收集青少年阅读大数据，在促进阅读推广同时，通过建立数据分析模型，第一时间分析并掌握青少年的阅读现状、阅读兴趣和阅读能力，帮助青少年扩大视野，开展深层次阅读。

11 月 3 日，《2015 年深圳阅读指数报告》发布，年度深圳阅读指数为 124.83，比上年度增长 14.7%。2015 年深圳居民日均读书（包括纸质图书和电子图书）62.53 分钟，比 2014 年（29.72 分钟）增加了 32.81 分钟。2015 年深圳居民年均阅读纸质图书的数量为 6.61 本，高于 2014 年国民阅读调查全国人均阅读 4.56 本的图书阅读量；深圳居民人均年阅读电子图书 10.42 本，远远超过 3.22 本的全国平均值。

11 月 4 日，第十六届深圳读书月暨“书香中国万里行 · 深圳站”启动仪式在中心书城举行。国家新闻出版广电总局副局长吴尚之，广东省委副书记、深圳市委书记马兴瑞，深圳市委副书记、市长许勤，深圳读书月总顾问李灏、厉有为、李海东、王京生（国务院参事），中宣部出版局巡视员刘建生共同点亮“深圳阅读地图”，启动本届深圳读书月。本届读书月以“互联网 + 读书”为主题，策划主题活动 943 项，其中重点主题活动 53 项。

11 月 4 日，深圳读书月首次评选“深圳读书月年度作家”，表达深圳对文学的尊重，杨争光高票当选。该项活动在罗湖书城举办了杨争光作品分享会，展出了作家 30 年来出版的作品以及手稿和大量珍贵的照片。

11 月 5 日，“深圳书城中心城亲子阅读中心”在中心书城正式揭牌，深圳市委宣传部、深圳市教育局和深圳市文体旅游局相关领导及嘉宾出席了揭牌仪式。该中心的成立标志着深圳出版发行集团推进“全球全民阅读典范城市”建设，进一步强化实体书城指引力、个性化、便捷性、体验感，提升书城公共文化服务功能方面再上新台阶，进入新阶段。

11 月 7 日，深圳劳动者文学（宝安）创作孵化中心在宝安书城启动，中国作协副主席、书记处书记吉狄马加，美国诗人梅丹里，谢冕、叶延滨等 20 余位全国知名诗人、作家和评论家汇聚宝安书城出席揭牌仪式。“中心”由深圳市文联、宝安区委宣传部和深圳出版发行集团三家单位联手创办，旨在扶持打工文学青年圆自己的作家梦，是实现基层劳动者文化权利的惠民之举，也是提高全民阅读权利均等化的重要文化工程项目。

11 月 7 日，由光明新区公共事业局主办、光明新区图书馆承办的第十六届深圳读书月重点主题活动“阅读吧！宝贝——光明新区‘阅读起跑线’计划”正式启动。该计划面向辖区 0—3 岁儿童及其家长免费发放“阅读大礼包”，凡在新区居住和工作的 0—3 岁儿童家庭均可提出申请，同时配套开展涵盖孕妈妈、准父母、婴幼儿童的“阅读起跑线”主题系列活动，首期发放了 500 份“阅读大礼包”。

11 月 10 日，2015 年“中国最美的书”评选结果在上海揭晓，由海天出版社出版的诗集《你是哪里人》成功进入获奖名单。这是深圳出版首次入选“中国最美的书”，海天出版社也成为本届广东出版界唯一获奖者。

11 月 10 日，“文学的光芒——第二届深圳文学季”开幕式暨深圳经典诗文音乐会在深圳大剧院举行。本届深圳文学季以“提升文学原创，打造文学之城”为主题，以“致敬经典，致敬原创”为关键词。活动期间举办了第十一届全国打工文学论坛、2015 中国女性作家峰会、深圳文学 35 年座谈会、诗文朗诵会、文学进基层、文学沙龙、新书发布、学术讲座、征文比赛等近 20 场系列活动。

11 月 13 日，由深圳市文联、深圳出版发行集团主办的深圳市文艺评论家协会成立 20 周年座谈会暨《胡经之文集》首发式在中心书城多功能厅举行。深圳市委常委、宣传部部长李小甘出席了活动并讲话，他表示，深圳的文艺界要学习贯彻中央关于繁荣社会主义文艺的决定，不断提高文艺创作的综合实力，创作出更多像《胡经之文集》这样有影响的佳作。

11 月 14 日，深圳出版发行集团与雅昌文化集团签署战略合作协议。双方计划在重点图书出版、外贸进出口、图书定制与印刷、企业文化交流、股权投资项目等领域展开一系列深度合作。

11 月 17 日，第十六届深圳读书月深圳读书论坛拉开首场演讲的大幕，受邀请嘉宾为著名作家、出版人许知远，演讲主题为“重新想象阅读”。深圳读书论坛邀请了许知远、聂震宁、魏小河、连清川、刘克襄等五位专家学者，为市民奉上精彩的三场演讲和一场“在历史的天空下”的对话。

11 月 18 日，第十六届深圳读书月“鲲鹏文学奖——全国打工青年诗文大赛”在深圳启动。大赛由中国青年报社、深圳读书月组委会、中共深圳市宝安区委宣传部联合举办，深圳市宝安区文联、深圳市宝安区作家协会、宝安日报社《打工文学》周刊承办。大赛面向全国进城务工青年中热爱文学创作的文学新人和文学骨干，写作内容以反映进城务工青年工作、生活为重点。

11 月 20 日，深圳图书馆联合深圳市外事办公室创设的“世界文化区”正式开放，同期推出“深圳友好城市和友好交流城市推介展”。该区收藏 62 个国家和地区的中外文文献 4000 余种，分世界文化展览区、世界文献区、世界文化交流区三个部分，展示以人文、历史、地理、旅游、教育为主的世界各国文献，定期举办主题展览，承接国际性的文化宣传活动，打造国际图书馆合作与交流平台。

11 月 22 日，第四届“城市萤火虫”换书大会在南山举行。本届活动沿袭了往届“城市萤火虫”换书活动中的经典元素，包括灯光带铺就换书区、闪烁小灯装饰书籍等，还创新性地加入无人机换书环节、汉服吟诵诗经等活动，超过 200 人参与换书。

11 月 27 日，第九届“诗歌人间”年度活动在大鹏湾拉开大幕。于坚、吕德安、小海、宗焕平、高春林等 11 位来自全国各地的诗人参加了活动，与大鹏本土诗人一起，进行了以“融媒体时代的诗歌现状与前景”为主题的诗歌研讨活动。

11 月 28 日，“第十六届深圳读书月总结分享暨温馨阅读夜启动仪式”当晚 7:30 在中心书城举行。国务院参事樊希安、王京生、蔡克勤、张抗抗、李烈、蔺永钧，深圳市委常委、宣传部部长、深圳读书月组委会主任李小甘，深圳市副市长、深圳读书月组委会副主任吴以环等领导出席了总结分享会。本届读书月，市民以各种方式参与读书月活动近 1200 万人次，中央及省市各级媒体对读书月活动的原创报道近 1800 篇（条）次。随后在中心书城彻夜举行的“温馨阅读夜”，以“阅然纸上，情动万里”为主题，推出 8 个板块、14 场公益文化活动，将读书月再次推向高潮。中心书城当天通宵营业至次日早 8 点，吸引了 4 万市民参与。

11 月 29 日，“领读者，创时代——首届华文领读者大奖”在深圳书城宝安城华夏星光国际影城揭晓，张抗抗、樊希安等国务院参事，国家新闻出版广电总局原副局长、中国出版协会常务副理事长、中国图书评论学会会长邬书林，以及深圳市委宣传部、深圳出版发行集团等领导和嘉宾出席了颁奖典礼。樊阳获年度华文领读者大奖；杭州图书馆、西西弗书店获阅读空间奖；爱读书会获阅读组织奖；深圳晚八点、班班有个图书角共同斩获阅读项目奖；书评人奖项空缺；深圳读书月被评为唯一的年度致敬奖。作为全国首个以表彰阅读推广人物和机构的颁奖盛典，大奖以“传媒视角、民间评价、专家意见”为特色，在全国范围内挖掘并表彰优秀的华文领读者、阅读组织、阅读空间、阅读项目和书评人，并试图从中梳理出阅读的时代特性与生长脉络，建构起阅读世界与现实世界的关联。

11 月 29 日，第十六届深圳读书月“年度十大好书”评选在深圳南山会堂揭晓。《午夜之子》《我的凉山兄弟：毒品、艾滋与流动青年》《秩序的沦陷：抗战初期的江南五城》《耶路撒冷三千年》《群山之巅》《零年：1945》《毛泽东传》《悲伤与理智》《鸦片战争》《人性中的善良天使：暴力为什么会减少》入选2015年度十大好书榜。

12月

12月，为服务于深圳文化强市建设，由深圳市委宣传部组织编纂，以城市为单位，综合反映深圳市2014年度文化产业总体情况、行业发展情况及各区文化产业年度发展情况，集中展示深圳文化产业新业态、新成就、新经验的大型图书项目《深圳文产年鉴2014》由海天出版社出版。

12月，海天出版社国家出版基金项目，国内首部《中国花文化史》出版，受到出版界及花卉、园林界的广泛关注。

12月，海天出版社出版的《柳鸣九文集》入选百道网2015年度“中国好书榜”。

12月，中心书城被中国出版传媒商报授予“最智慧书城”。

12月，简·阅书吧三家店开业，分别是：简·阅书吧沙井店在沙井市民广场正式开业，该店与三联韬奋书店合作，并已签订战略合作协议；简·阅书吧福永店在宝安区福永图书馆一楼正式开业；简·阅书吧西乡店在宝安香缇湾小区（原宝安图书馆）正式开业，成为首家在社区阅读中心上改造而成的书吧。深圳出版发行集团的书吧项目已成为便民、利民的重要基层文化阵地和载体，丰富了居民文化生活，提升了社区文化品位。

12月，深圳书城江西萍乡书城和安徽合肥书城相继动工，预示着深圳出版发行集团异地书城项目全面进入施工建设期。其中，合肥中心书城规划建筑面积约10万平方米，将成为亚洲最大的单体书城。此次携手联投地产进军合肥图书市场，建设深圳书城第五代产品“书城文化创意综合体”，跨出了深圳书城模式在深圳之外地区拓展的重要一步，是深圳出版发行集团创新文化发展的升级实践，此举在社会各界引起强烈反响。

12月，“深圳晚八点”2015年在中心书城共举办活动350场。“深圳晚八点”构建了一个新型的、以“阅读”为核心的、开放的都市晚间文化生活空间，已成为深圳市民文化休闲生活的重要选择，展示深圳市民别样晚间文化生活风采的窗口。2015年，“深圳晚八点”中新增“家长有约”栏目，将周四的“音乐时空”升级为“艺术时空”。

12月，由深圳市教育局主办，读书月组委会办公室、市教育学会学前教育专业委员会、中心书城承办的“沙沙讲故事”比赛2015年共举办活动18场。该活动以学前儿童及其家庭为主体，通过讲书中的故事这一有趣的形式，让小朋友在愉悦的环境中热爱阅读，从小养成良好的阅读习惯，使阅读成为孩子童年生活的重要部分。

12月，由深圳市阅读联合会、中心书城主办，彩虹花公益小书房、深圳读书会亲子部承办的“童书帮帮堂”活动2015共举办活动11场。该活动邀请了黄志民、石丽蓉、彭懿、汤姆牛、颜展敏、张大光、迈普里斯·安徒生等多名国际绘本界的名家和阅读推广人，担任活动的主讲嘉宾。

12月1日，深圳市阅读联合会举办“2015年全民阅读推广活动优秀组织奖及优秀项目奖”评选活动。经评选，深圳图书馆、深圳市彩虹花公益小书房、听涛读书会等10家单位获优秀组织奖，“光明大讲堂”“爱阅电台”等10项阅读推广活动获优秀项目奖。

12月5日，由深圳读书月组委会、深圳广电集团主办的深圳读书月经典诗文朗诵会《今夜，我们有共同的远方》在深圳广电演播厅举行。深圳市委常委、宣传部部长李小甘，深圳市副市长吴以环等领导与千名市民一同观看了演出。朗诵会邀请了张家声、瞿弦和、郎永淳、康庄、严晓频等名家，与深圳本地朗诵艺术家苏洋、吴庆捷、红石等联袂演出。

12月5日，由深圳读书月组委会办公室主办的大学生文化节闭幕式暨阅读之星朗诵大赛颁奖典礼在南山书城举行。

12月6日，央视著名主持人、新闻评论员白岩松携新书《白说》在中心书城举行读者见面会。在见面会现场，他说，“我去其他书店，我与读者的交流是面对面，只有在深圳的中心书城，我是仰视读者的。中心书城的大台阶是中国最美好的风景之一，我一直这么认为，今天终于有机会可以表达。”

12月11日，2015年度“市长质量奖”获奖单位出炉。深圳图书馆荣获“市长质量奖鼓励奖”。深圳2015年度“市长质量奖”评选启动以来，全市有200多家单位参与，覆盖经济、社会、城市、文化、生态和公共服务六大领域。

12月11日，“睦邻文学奖”颁奖礼在福田举行，现场颁发2015年度深圳、福田“睦邻文学奖”年度大奖、年度十佳共22名及年度优秀奖68名。“睦邻文学奖”是深圳“全民写作计划·社区文学大赛”的专属奖项，旨在以“睦邻”为价值导向，奖掖深圳本土题材的文学作品。先后由洛夫、李敬泽、苏童、格非、邓一光、高叶梅、虹影、谢有顺、南翔、方方、贺绍俊、徐则臣等文学名家担任评委。

12月12日，“深港澳中学生读书随笔写作比赛”在香港九龙湾罗陈楚思中学举办了颁奖典礼。作为读书月的重点主题活动之一，至今已经成功举办了七届，活动得到了深港教育文化界的高度重视与支持，老师学生积极参与，累计征稿达2万多篇，对推动深港文化交流，促进深港中文阅读写作起到了积极作用。本届活动参赛地区新增澳门，是深圳读书月走进港澳，加强深港澳三地文化交流，推广三地的中文阅读，实现读书月宣传推广而量身打造的读书交流联谊平台，鼓励中学生“分享阅读、快乐写作”。

12月15日，由中国图书馆学会主办，深圳图书馆、深圳图书情报学会承办，广东图书馆学会支持的2015年中国图书馆年会学术会议“会前会”在深圳图书馆召开，来自全国图书馆界的知名专家学者、图书馆馆长以及深圳本地图书馆人近300名代表齐聚一堂，共商公共图书馆发展大计。大会发布了深圳“图书馆之城”阅读数据，通过以大数据为基础的技术手段，向全国图书馆展示了深圳的社会整体阅读面貌。

12月19日，2015年“书香福田”绘本剧大赛活动在福田区文化馆戏剧主题馆星空剧场举行。该活动由福田区委宣传部（区文体局）和福田区公共文化体育发展中心主办，由福田区图书馆和三叶草阅读文化发展中心承办，包括三场来自国内外的绘本剧邀请剧、两场儿童戏剧主题讲座、四场聚焦儿童戏剧工作坊，最后以绘本剧大赛完美收官。

12 月 24 日，《深圳经济特区全民阅读促进条例》（以下简称《条例》）获深圳市第六届人大常委会第四次会议表决通过，将于 2016 年 4 月 1 日正式施行。《条例》是国内阅读推广领域第一部运用特区立法权制定的法规，共五章二十八条，明确和规范政府在全民阅读活动中的责任与行为，鼓励企事业单位、其他组织和个人开展全民阅读促进活动，为市民阅读提供更多更好的资源、产品与服务。

12 月 24 日，盐田区图书馆新馆和盐田区档案馆、盐田区游泳馆、盐田区老干中心（文体康乐中心）举行正式启用仪式，标志着盐田区的公共文体服务设施进入新的运营阶段，将更好更多地惠及辖区市民。

12 月 25 日，第二届“深圳十大佳著”颁奖典礼在福田图书馆举行。王樽的《人间烟火》、张若雪的《时代感》、滕叙兖的《不信青史尽成灰》、秦锦屏的《女子女子你转过来》、魏小河的《独立日：用一间书房抵抗全世界》、王顺健的《我做调解员的日子》、许石林的《桃花扇底看前朝》、程鹏的《在大地上居无定所》、戴斌的《舌尖上的乡愁》以及刘深和苏润菁的《逃出生天——美军“飞虎队”克尔中尉香港历险记》上榜。

12 月 28 日，深圳市阅读联合会第一届阅读指导专家组正式成立，尹昌龙博士担任本届阅读指导专家组组长，梁二平、黄士芳等 12 人为本届阅读指导专家组专家。

高小军，深圳市特区文化研究中心助理研究员

后 记

阅读，关乎民众素质和民族复兴。2012年，党的十八大报告历史性地提出“开展全民阅读活动”，“倡导全民阅读”也连续三年写入了政府工作报告，各地全民阅读活动蓬勃开展，全民阅读已然上升为国家战略。

深圳领国内全民阅读风气之先，自2000年起开展的以读书月为代表的全民阅读活动硕果累累，深入人心，已成为这座年轻城市的新风俗、城市文化名片和实现市民文化权利的重要载体，为涵养城市文明、激发创新潜能注入了活力。深圳也因阅读而广受尊重，2013年荣膺联合国教科文组织颁发的“全球全民阅读典范城市”称号。为推动全民阅读活动更加广泛和深入开展，2014年，深圳市委宣传部以超前的眼光，指导成立“深圳市全民阅读研究与推广中心”，系统整理深圳全民阅读实践成果与成功经验，构建理论体系，创新推广模式。“中心”成立后，迅速组织我市阅读文化界专家、学者和机构组织撰稿，编撰了《深圳全民阅读发展报告（2016）》（深圳阅读蓝皮书）。

作为目前我国首部以城市为单元的阅读蓝皮书，本书以深圳2015年全民阅读活动为主线，由特稿、总报告、分报告、大事记等专题内容组成，涵盖全民阅读的新理念、新思路，以及阅读创新的实践过程、成效及对策建议等。我们期待本书能成为全民阅读研究领域的新阵地，成为我市各区各系统、民间阅读组织以及兄弟省市的同行们学习交流的纽带和桥梁。

在本书编写过程中，得到了国务院参事室、深圳市委宣传部、深圳市文体旅游局、深圳市特区文化研究中心等单位的大力支持；樊希安、王京生、李小甘等领导以及杜勤、尹昌龙、曹宇、谯进华、黄士芳、宋卫等阅读文化界专家学者积极出谋划策，提供稿件。特别是王京生参事、李小甘部长为本书撰稿，令我们非常感动，深受鼓舞。在此，向各相关单位和个人表示衷心的感谢！

2016 年 4 月 1 日，《深圳经济特区全民阅读促进条例》正式实施，为深圳开展全民阅读活动提供了法律保障。当前，全市宣传文化系统正在全面落实《深圳文化创新发展 2020（实施方案）》，努力建设与现代化国际化创新型城市相匹配的文化强市，以“深圳读书月”为标志的全民阅读活动必将在这一进程中发挥越来越重要的作用。我们将以此书的出版为契机，进一步深入开展科学系统的阅读研究，推出更具创意、更为精彩的阅读活动，丰富市民的文化菜单，为推动深圳学习型城市、和谐社会和书香社会建设，尽一份绵薄之力。

深圳市阅读研究与推广中心

2016 年 4 月